——千古詞帝的山河

南唐後主李煜 的情與愁

吳俁陽 著

雕欄玉砌應猶在，只是朱顏改，
問君能有幾多愁，恰似一江春水向東流

情深至此，逃不過命運的淒涼挽歌
風月為證，留不住一片飛花逐月的真心
斷腸之地，終成李煜詩中無盡的怨與悔

從江南的水色春光到深院的冷月孤影
他的愛恨糾葛如詩如畫，卻注定訴盡哀傷

目 錄

第 1 卷　飛花逐月
- 夢依秦淮 …………………………………………… 008
- 深宮劇變 …………………………………………… 017
- 春江花月 …………………………………………… 038
- 西樓望歸 …………………………………………… 051

第 2 卷　杏花春深
- 春風揚州 …………………………………………… 060
- 情動荷香 …………………………………………… 068
- 思君不見 …………………………………………… 090
- 珠聯璧合 …………………………………………… 096

第 3 卷　雨瑣朱窗
- 風中落花 …………………………………………… 106
- 亂世迷情 …………………………………………… 119
- 吳苑秋霜 …………………………………………… 132
- 漁歌唱晚 …………………………………………… 143

第 4 卷　情生意動
- 禍起蕭牆 …………………………………………… 158
- 深院寂月 …………………………………………… 166

目錄

　　　　子夜夢醉 ················· 171

　　　　心聲淚痕 ················· 183

　第 5 卷　情海生波

　　　　蓮舞留春 ················· 192

　　　　燭花碎影 ················· 198

　　　　梧桐夢魘 ················· 205

　　　　情逝春江 ················· 211

　第 6 卷　傷妻悼子

　　　　月落花飛 ················· 220

　　　　相思成災 ················· 226

　　　　落紅成殤 ················· 232

　　　　恨見東風 ················· 237

　第 7 卷　偎紅倚翠

　　　　芙蓉蝶戀 ················· 246

　　　　梨花問情 ················· 253

　　　　秋水長天 ················· 259

　　　　柳枝羞春 ················· 265

　第 8 卷　秋風乍起

　　　　寂寞寒砧 ················· 272

　　　　空山悲雪 ················· 277

鴉啼影亂…………………………………281

離恨斷腸…………………………………286

第 9 卷　漁陽鼙鼓

春紅匆匆…………………………………296

獨上西樓…………………………………300

惆悵風絮…………………………………305

倉皇辭廟…………………………………313

第 10 卷　夢迴江南

望斷江南…………………………………324

烏夜悲啼…………………………………333

流水葬沙…………………………………344

春水愁腸…………………………………357

目錄

第1卷
飛花逐月

夢依秦淮

煙籠寒水月籠沙,夜泊秦淮近酒家。
商女不知亡國恨,隔江猶唱後庭花。

—— 唐　杜牧《泊秦淮》

「煙籠寒水月籠沙,夜泊秦淮近酒家。」

在春暖花開、草長鶯飛的四月,古色古香的槳聲燈影裡,她 —— 秦淮河,再一次攜著金陵城六朝金粉的古今夢幻,沿著川流不息的江水一路輕歌而來,於夜色正濃時,驀地闖入我驚倦的眼簾,如同月光平靜又無聲地傾瀉。

氤氳的夜色裡,我緩緩走在煙雨濛濛中的秦淮河畔,看著她用滿腔的溫柔一筆一筆地描驀出一座座玲瓏剔透的橋梁,用滿腹的相思一點一點地刻劃出一艘艘流光溢彩的畫舫,用不羈的才情一滴一滴地渲染出一幕幕萬頭攢動的街巷,似是在星空下蜿延纏綿,又似在風塵中凌波曼舞,但最終還是把自己流淌成了某個前朝女子遺落下的珠鏈,每一次湧動都浮泛著掛在時空頸項的古韻,令每一個行走的人都會忍不住為她駐足停留或是等待期盼。長久的歌吟裡,桃紅柳綠依舊搖曳於碧波之上的槳棹間,悠悠緩緩地唱出了憂傷的「莫愁」,哪怕從來都無人問津;古城牆外的紫金山亦依然投以淺淡的微笑,將她種種的過往隨風傳送至河畔的每一個角落,只是回眸之間,那些掩映在春風裡舊去的廊簷早已沒了「舊時王謝堂前燕」的閒趣,也少了秦淮八豔的溫香軟玉,留下的只是遊人的歡聲笑語,或是文人的寂寞感懷。

暖暖的春風輕輕地吹來,帶著秦淮河特有的細膩與甜潤,一股腦兒地撩開我的寂寞。於是,此時此刻,我只能靜靜地倚在某處不起眼的廊簷

夢依秦淮

下,任憑那一抹來自遠古的靜謐月色慢慢撫摩我眼中漾起的朦朧憂傷,然而無論如何,那一絲絲模糊中滲透著的傷感依然揮之不去。放眼望去,河畔的每一塊青磚黛瓦都是一首錐心刺骨的悼歌,每一座亭臺樓閣都是一段悽婉纏綿的故事,那粼粼的愛情之波,曾經淹沒了陳圓圓的國色天香、董小宛的傾國傾城、柳如是的俠肝義膽、卞玉京的詩情畫意、顧橫波的奇情雅趣,卻未能掩蓋李香君的血染桃花,也未曾濾去那一幕幕老去的盛世奇緣。歷盡滄桑,風雨斑駁後的媚香樓絢爛依舊,秦淮河畔車水馬龍的街巷繁華依然,卻是舞低楊柳樓心月,歌盡桃花扇底風,故事終歸只是故事,當年的主角亦早已在歷史的煙塵中化作了一泓無從找尋的流水。

忽地想起「繁華落盡」一詞,仔細推敲它的含義,怎一個唏噓了得?逐個來看,每一個字眼皆有說不盡的荒涼、道不盡的滄桑。看似燈紅酒綠、花團錦簇,看似倚紅偎翠、琴瑟和鳴,然,只一個繁華語一個落盡詞,這箇中滋味怎會是一種情緒、一個長句就能分得清楚道得明白?物在,景在,情卻不再;你在,我在,愛卻不再。不知道李香君若早些明白「繁華落盡」後的滄桑會做怎樣的慨嘆,是否還會一如既往,為愛執著一生?儘管能夠洞悉「繁華落盡」的淒涼與悲慟,我卻仍無法為那些舊去的事蹟、遠去的背影感到釋懷,領首低眉間,看到的還是幻影裡的李香君在漫天飛舞的桃花叢中守候在侯方域身前,不停地掩面唏噓、哽咽無語的情景,心裡便又陡地升起一股莫名的失落。

默默,走上掩映在重樓疊宇中的文德橋,旖旎的秦淮河水從腳下蜿蜒而過,在橘紅的燈影裡、斜織的雨霧中,輕輕蕩起一圈圈金黃色的漣漪,由開始的氤氳模糊逐漸變得清亮舒展、柔軟纏綿,不僅透著一種含蓄的古典美,還有著一種別緻的詩韻。遙想當年,秦淮河畔燈火璀璨、樓臺林立、笙歌不絕,那些身穿錦繡的公子哥們日以繼夜地飲宴於兩岸酒家,倚紅偎翠,鬥酒千杯不言醉,那些手調琴瑟的豔妝歌女們則斜坐畫舫之中,

顧盼生輝，鶯歌燕舞至拂曉。無奈，「夕陽無限好，只是近黃昏」，那些醉生夢死的場景轉瞬間早已隔了天涯、阻了海角，再難尋覓，今日的我，不由得多出幾份難禁的惆悵來。

　　手扶欄杆站在橋上，沿著夜幕在燈影下那深淺不一的痕跡向深邃的遠處望去，竟發現從前那總是習慣負載煙雲、流嵐、虹霞的秦淮河，此刻居然顯出幾分清靜的顏色來，而夜色也因此變得輕如水霧，一陣暖風吹過，所有的浮華便被吹散得了無痕跡，再也無從找見。霓虹的燈影裡，我只隱約地看到平靜的河水在畫舫穿梭後，留下一條韻律的光影，然而那光影剎那間又驀地在船尾悄然消逝，似是它的出現只是為帶走那些殘留的六朝金粉。靜謐的夜風裡，溫婉的秦淮河濾去了所有的金屑香粉，只留下那漾漾的柔波，任我在從前那些留過痕跡的地方裡，去尋找往日的琴聲、歌聲、笑聲、槳聲，還有那份只屬於自己的悲憫情懷。能尋得到嗎？想來那些風花雪月已是再也無處尋覓的芳夢，看來今時今日也唯有把從來都只是恍如一夢的繁華寄託在這夜遊秦淮的繽紛與浪漫中了。

　　忽地，遠處傳來划船的聲音，等船近了，才看清划船的是一位身著古裝的少婦，卻不知道她穿越了幾個世紀的光陰才來到這依舊燈火通明的秦淮河。我朝她揮揮手，船停了下來，然後便載著我和幾位有著不同口音的遊客逕自向秦淮河深處划去。此時的秦淮河宛若流蘇，在溫婉的水霧中如綢帶般游移、飄動，美得無處可藏，而我卻不知道該用什麼詞彙去形容她的沉靜與嫻美，於是只能默默地把眼前的景象一一銘記在心中。船槳在水面上輕輕劃動，槳葉拍擊水面的汩汩聲在靜謐的夜裡顯得清亮悅耳，如詩如歌，宛若快樂的行板，在河的五線譜中騰挪跳躍，瞬間便搗爛了水中溫柔的燈影，讓一切都變得撲朔迷離。

　　行在如歌的秦淮上，小船彷彿一葉輕舟，徐徐劃破河水緩緩前行。此時，濛濛細雨開始變成淅瀝的小雨，兩岸的遊人也逐漸稀疏，喧囂的秦淮

河在剎那間便安靜下來，我們這些坐船夜遊的人也不自覺壓低聲音，唯恐不經意間便驚醒這水上的夢。抬頭，望向遠處消逝在煙靄中的媚香樓，我又想起了李香君，難道這裡真的就是她和侯方域相識相知又悵然訣別的地方？秦淮河正以她無聲的沉默訴說著那個遙遠而又悽美的故事，就像剛剛從與我們擦肩而過的那條畫舫裡飄蕩出來的用吳儂軟語吟唱出的歌聲，雖然不是太聽得懂它的意思，但那旋律卻始終叩擊著我的心扉，令我無法不被它感動。

　　我輕輕嘆息著，或許，孔尚任當年便是在這雨中秦淮的某處閣樓裡借了這水的靈氣，才能夠潛心描摹創作出那流傳千古的戲曲名篇《桃花扇傳奇》的吧？只是不知那時的他有沒有像李香君那樣，也曾無數次推開臨河的紗窗，深吸這秦淮的鍾靈毓秀，我想應該是有的吧。

　　雨越下越大，夜風愈吹愈狂，吹得船頭船尾的燈籠搖擺不定，連河上景物的倒影也跟著搖晃起來，而兩岸璀璨的燈光也漸漸黯淡了許多。此情此景，倒更像朱自清筆下的秦淮河了──黯淡的水光，像夢一般；那偶然閃爍著的光芒，就是夢的眼睛了。回眸之間，愈下愈密的雨絲像斷了線的珍珠般簌簌落落地打在兩岸遊人撐起的傘上，那聲響雖不驚天動地，卻也聽得人心裡發慌。

　　河面上早已因為雨水的侵襲升起一大片濛濛的薄霧，而水面漾起的一圈圈漣漪，頓時便揉碎了落入水中的旖旎燈影，那些橘黃的、淺粉的、玫瑰紅的色彩，都在各自的世界裡顧盼生輝、爭妍鬥豔，而後又被雨水調和到一起，旋即變成令人思索不定的一灣斑斕。此時此刻，我頂著雨水踩踏著槳葉一路冥思，四望遠近大大小小的船塢，但見畫舫橫斜、曲橋醉臥，兩岸亭榭錯落，其間人影浮動、舣簀交錯。剛想緬懷一下六朝舊事，驀地，卻傳來歌女用吳儂軟語咿呀吟唱出清朝詩人陳與王的《題桃花扇傳奇》詩：

第1卷　飛花逐月

玉樹歌殘跡已陳，

南朝宮殿柳條新。

福王少小風流慣，

不愛江山愛美人。

又是李香君。同行的女遊客眼睛突然變得溼潤起來，卻不知她是有感於李香君的愛情悲劇，還是傷懷自己的身世。她是孤身一人遊秦淮的，我猜她和李香君一樣，曾經邂逅了令她一見傾心的男人，但是也和李香君一樣，從開始相遇便注定了將為情痴為愛傷的悲慟。

「秦淮無語送斜陽，家家臨水映紅妝。春風不知人事改，依舊歡歌繞畫舫。誰來嘆興亡？青樓名花恨偏長，感時憂國欲斷腸……」女遊客輕輕念出了《桃花扇》的唱詞，卻是泣不成聲。愛一場夢一場，縱然情深意重，最後亦逃不過悽然收場的結局。李香君臨去之前還為情郎留下一句痴話：「公子當為大明守節，勿事異族，妾於九泉之下銘記公子厚愛。」可惜，她的侯公子最後連玩世的犬儒主義者都沒做成，白白汙了香君的名聲，而這女遊客心儀的男子又帶給了她怎樣的傷痛？

船到桃葉渡，畫舫輕輕搖晃著掉轉船頭，緩緩穿過淮清橋，朝來時的方向悄然劃去，女遊客亦在靜默中停止了啜泣。人約黃昏後，道是有情卻無情，但尋商女，無覓簫聲，卻是惆悵起無名。遙想當年的羽扇綸巾，醉擁墮鴉青，未知桃葉今誰渡，誰又解伶俜？不見六朝遺老，問金陵舊曲，可遣重聽？卻嘆秦樓畫舸，只是無語入心冥。裹起一身瑟瑟冷風，寂然中，我莫名地想起了東晉大書法家王獻之的《桃葉渡三首》：

桃葉復桃葉，桃樹連桃根。

相憐兩樂事，獨使我殷勤。

桃葉復桃葉，渡江不用楫。

但渡無所苦,我自迎接汝。

桃葉復桃葉,渡江不待櫓。

風波了無常,沒命江南渡。

想起了他於桃葉渡迎來送往的愛妾桃葉,想起了桃葉回贈給他的《桃葉歌》、《團扇郎》和《答王團扇歌》三首:

桃葉映紅花,無風自婀娜。

春花映何限,感郎獨採我。

——《桃葉歌》

手中白團扇,淨如秋團月。

清風任動生,嬌聲任意發。

——《團扇郎》

七寶畫團扇,燦爛明月光。

飼郎卻暄暑,相憶莫相忘。

青青林中竹,可作白團扇。

動搖隨郎手,因風託方便。

團扇復團扇,持許自障面。

憔悴無復理,羞與郎相見。

——《答王團扇歌》

桃葉雖好,王獻之最愛的女人卻是元配妻子郗道茂。郗道茂是東晉名臣郗鑑第二個兒子郗曇的女兒。東晉初期,由於郗鑑苦心經營,郗氏遂成東晉門閥政治中舉足輕重的名門望族,王、謝、庾、桓四族亦不敢小覷之。王獻之的父親,有著「東床快婿」之稱的書聖王羲之之妻便是郗鑑的女兒,也就是郗道茂的親姑姑,有史書記載王羲之的《蘭亭集序》當年便

第1卷　飛花逐月

是贈予郗曇做殉葬品的，後因戰亂才被軍閥掘墓盜出而流傳於世。

　　郗道茂年長王獻之一歲，二人自幼青梅竹馬、兩小無猜，等她剛及婚嫁之齡，與郗曇交情深摯的王羲之便親自登門，替七子王獻之向郗家提親，將郗道茂娶進了王家。然而好景不長，王羲之和郗曇卻於西元361年先後離世，而王獻之的母親郗氏於早前亦已去世，新婚燕爾的一對璧人才過了幾天幸福美滿的小日子，卻不得不面對至親故去的接二連三打擊。但是志趣相投、情真意重的他們卻在患難中相互扶持，共同度過了最為困窘的那段歲月。由於父親遠播江湖的聲名，以及朝廷重臣謝安不遺餘力的延譽，婚後的王獻之宦途很順暢，但是其人狂傲不羈、宦情淡泊，和其父一樣醉心於書畫藝術，整日流連於碧水青山之間放浪形骸，絲毫沒把做官進階放在眼裡。對此，美麗貞靜的郗道茂無一怨言，只是默默相伴左右，夫唱婦隨，兩情洽洽。沒多久，她就為王獻之生下一個女兒，起名玉潤，不過這個女兒不久就夭折了，之後的數年內，她一直盼望著能為丈夫添丁進口，怎奈天不遂人願，後竟無所出，讓她心頭蒙上了一層巨大的陰影。

　　就在郗道茂跟隨丈夫縱情山水之際，她怎麼也沒想到的是，王獻之的風流蘊藉卻引起了另一個女人對其地位的覬覦。從一開始，她就注定成為最終的失敗者，因為愛慕丈夫的女人不是普通人家的女子，卻是簡文帝的女兒新安公主。新安公主對王獻之仰慕已久，無奈早已下嫁大司馬桓溫之子桓濟，只能將一腔愛慕深埋於心底。然而，庸碌的桓濟卻給了新安公主別嫁的口實，孝武帝即位之初，桓濟與其兄桓熙參與了加害叔父桓沖的祕謀，事情敗露後，桓溫在臨死之前下令拘捕了兩個兒子，於是，孝武帝立即廢黜了桓濟的駙馬封號，將他流放到長沙，新安公主也從禁錮她多年的不理想婚姻中解脫了。

　　皇帝的女兒不愁嫁，新安公主與桓濟離異後，立即把目光瞄向了早年就已心儀的王獻之，怎奈王獻之早已娶了郗家女，新安公主就算再痴戀於

其，也不可能下嫁王家作妾，於是她求到了母親徐貴人門下。徐貴人愛女心切，又去求孝武帝下旨，以郗道茂無出為由，強令王獻之將其休黜，再娶新安公主為妻。王獻之深愛郗道茂，自然不肯休妻，但是皇命難違，為拒婚他只好用艾草燒傷自己的雙腳，以期新安公主打消這個荒唐的念頭，但是即便如此仍然無濟於事，在皇室的淫威之下，他只好含著兩眶淚水忍痛休了郗道茂，成為新任附馬。其時郗道茂父親已死，與丈夫離異後的她只好投奔伯父郗愔籬下，淒涼度日，終身再未他適，最後鬱鬱而終。

郗道茂是有情之女，王獻之也終是有情之男。雖有風情萬種的侍妾桃葉相伴左右，但是王獻之終身都未能忘情於郗道茂，臨死前還對其念念不忘。情據《晉書》記載，王獻之被迫休妻後曾經寫過一封信派人送給郗道茂，述說了自己對其思念若狂的情愫。信曰：「雖奉對積年，可以為盡日之歡，常苦不盡觸類之暢。方欲與姊極當年之足，以之偕老，豈謂乖別至此！諸懷悵塞實深，當復何由日夕見姊耶？俯仰悲咽，實無已無已，唯當絕氣耳！」自此後，王獻之對郗氏一直心懷愧疚，在他奄奄一息之際，做法的道士問他平生有何憾事，他卻枕著郗氏的音容笑貌仰天長嘆道：「不覺有餘事，唯憶與郗家離婚。」由此便可窺見其對前妻的情深意重，以及當初分離的深深不得已。

想著王獻之與郗道茂的悽美情事，踏瀟瀟落雨，望滿階寒涼，我不經意望向那個面容黯淡的女遊客，禁不住在心底輕輕叩問起這一池春水，難不成這天下所有的真愛都會轉瞬成空？難不成這世間所有的山盟海誓都會在別離的淚水後消逝得了無蹤影？

李香君去了，侯方域去了，桃葉去了，郗道茂去了，王獻之去了，儘管他們的身影如落英繽紛的花事，被歲月侵蝕得找不到一絲痕跡，可舊去的胭脂味卻依舊纏繞在秦淮河兩岸，綿綿不絕，永無盡頭。愛情是什麼？我心裡忽有所動。或許就是那遠處的燈火吧，夜幕降臨時，便見得燈火輝

煌，而曙光微熹時，那燈火便又歸於平靜，倏忽消逝。

女遊客掏出絹帕，小心翼翼地擦拭著眼角的淚水，我望著在夜色中愈顯溫柔的河水和兩岸依然奪人眼目的綵燈招牌，心裡不禁泛起些許難捨難分的感覺。也許，這就是相見時難別亦難吧？

然而我究竟在緬懷誰呢？我不知道。朦朧月色裡，我悄悄瞥著身邊神情黯然的女遊客，但見她白淨的面龐已被淚痕沾溼的胭脂弄花，卻不知她心裡是不是也藏著李香君、郝道茂一樣的情殤。說到底，李香君和郝道茂還是值得豔羨的，直至臨去的最後一刻，她們還心懷那至死不渝的愛情，用一輩子的血淚承載起了那個大寫的愛字，而女遊客心裡的那份愛卻在悄無聲息中被加上了一道暗鎖，想到這裡，心不禁莫名地疼了起來。

歸途中，夜涼如水。風已漸漸歇了，月亮卻不知躲到哪裡去了。路上行人稀少，華燈閃爍，夜雨中的金陵城朦朧有致，只是走在這燈光流瀉的幻影裡，聆聽那「五更桐葉最佳音」的雨聲，我竟不知身在何處，心繫何方了……

六朝金陵，金粉所在。秦淮河，經歷了多少的故事，埋藏了多少的傳說，又掩蓋了多少的情感？每一幢閣樓，每一座亭臺，都在我疲倦的眼底婉轉低吟著它們千迴百轉的痛苦身世，任清瑩的淚水一點一點地滑過它們滄桑的面龐，然後匯聚在一起融入五彩斑斕的水中，隨著時間的流逝一直不停地向遠方流淌，卻永遠找不到歸依的盡頭。

我站在碼頭的石階上默默注視著眼前的一切景象，那水霧瀰漫的風情似乎已在我的緬懷中成為過去的影子，遙遠而不可觸碰。目光所及之處，所有的景物都已似是而非，從前那份纏綿委婉的靈動都已消逝不見，但聽得水聲汩汩處驀地響起南唐中主李璟那首名滿九州的《應天長》來：

一鉤初月臨妝鏡，蟬鬢鳳釵慵不整。重簾靜，層樓迥，惆悵落花風不定。

柳堤芳草徑，夢斷轆轤金井。昨夜更闌酒醒，春愁過卻病。

—— 李璟《應天長》

低低吟著李璟的《應天長》，我終於明白我在這裡緬懷著誰了。是的，我想起了李煜，想起了那個和大周后纏綿於秦淮河畔的翩翩公子南唐李後主。只是，我們的故事還得從他的父親李璟，從這首動人肺腑的《應天長》說起。遠處燈火闌珊，卻不知是否中主李璟案頭那縷未盡的燭光，頷首低眉處，掌心上未曾老去的章節，終將情歸何處，又可否會凋零為朱顏辭鏡的詩篇詞章？我不得而知，俯仰間，我已望向一千零六十八年前的西元943年。

深宮劇變

一鉤初月臨妝鏡，蟬鬢鳳釵慵不整。重簾靜，層樓迥，惆悵落花風不定。

柳堤芳草徑，夢斷轆轤金井。昨夜更闌酒醒，春愁過卻病。

—— 李璟《應天長》

那一年，是南唐烈祖升元七年。烈祖李昇因誤信方士之言，服食金丹企圖延年益壽，不料疽發於背，群醫束手，輾轉床褥已非一日。五十六歲的李昇自知來日無多，盡快選定南唐國的繼承人便成了當務之急。可是要將三千里地河山的南唐國交到誰手裡才是最穩妥的呢？李昇想來想去，還是覺得長子李璟不是最理想的人選，可是除了他，又有誰比他更合適呢？

自天福二年，即西元937年十月，他從吳帝楊溥手裡受禪即位，化家為國後，選立太子的事便一直是他的一塊心病。長子李璟文采斐然、人品

第 1 卷　飛花逐月

出眾，為人謙和溫順，卻偏偏對軍國大事不太上心，如果在太平年代，這個兒子倒是可以成為一個守成的君主，但現在天下卻是一派干戈、俶擾不寧、群雄逐鹿的形勢，那些手握節鉞的藩王紛紛稱王稱帝，割據一方，究竟鹿死誰手尚在未定之天。南唐雖有三千里地山河，但是北有後晉，西有後蜀、荊南，東有吳越、閩，南有南漢、楚諸國，都對其虎視眈眈，稍有不慎，便會成為他人刀俎上的魚肉，在這種紛亂的情勢下，他又怎能放心將政權交到優柔寡斷的長子手裡？

在五個兒子中，李昇最為鍾愛的是次子景遷。景遷自幼穎悟，有過目不忘之才，且長得玉樹臨風、風度翩翩，年紀輕輕就被吳帝選為東床快婿，成為吳國第一風流人物。景遷不僅才貌雙全，而且性尚儉約，不喜奢侈，為人純謹，因此大得吳帝歡心。李昇偏愛次子，與朝臣宋齊丘的推波助瀾也不無關係。當時吳國的都城在揚州，而手握重權又因軍功被封為齊王的李昇卻在金陵出鎮，為了方便遙控朝政，他便以長子李璟為司徒平章事居朝輔政，但宋齊丘卻猜忌李璟，傾心結交駙馬景遷，並推薦門下食客陳覺為景遷的師傅，盛稱景遷之賢，極言李璟之短。李昇遠在金陵，不知箇中原因，只道是李璟卑劣無能、輔政無方，便將他召到金陵，任鎮海軍節度副使，以景遷為太保平章事，代秉國政，顯然有取代之意。李璟也看出了父親李代桃僵的用意，一句也沒爭辯，就默默地退歸藩位。

豈料天有不測風雲，人有旦夕禍福。天祚二年（936），十九歲的景遷突然一病不起，病革之際請以兄弟自代，李昇在悲痛之餘卻又把目光投向了三子景遂，在景遷病逝後，再次將李璟冷落在一邊，立即授景遂為門下侍郎參政事的顯赫官職，留其在揚州輔政。與此同時，早就對帝位心生覬覦的李昇也加緊了化家為國的一系列手段，要從吳帝楊溥手裡將帝位搶奪到自己手裡。

其實吳國自立國以來，朝政大權一直被大丞相、東海郡王徐溫牢牢掌

握在手裡，楊氏一族只不過是名義上的君主，實則卻是一具具任人擺布的傀儡。吳帝楊溥的父親楊行密本是唐末淮南節度使，有生之年雖未稱帝，卻是江淮一帶的實際統治者。唐昭宗天復二年楊行密被拜為東面行營都統、中書令、吳王；唐哀帝天祐二年末，楊行密因病去世，長子楊渥嗣位。楊渥，驕奢淫逸、不恤政事，居喪期間居然晝夜酗酒作樂，更有甚者，竟點燃十圍粗的巨燭與寵臣擊球狂歡，一燭費錢動輒數萬。不僅如此，生性好玩的楊渥還不顧大臣的勸說，經常單騎出遊，竟日忘歸，連侍從們都不知其所向，只好跟蹤候命，奔走道路。其親信又不斷欺壓元勳舊臣，將領們對此頗感不安，時任右衙指揮使的徐溫和左衙指揮使張顥屢次坦誠規勸，他竟勃然大怒，指著二人咆哮道：「爾謂我不才，何不殺我自為之？」

為了盡興騎射，楊渥更不計後果，輕率地將捍衛衙城的親軍撤到城外，並把營地改成靶場。由於楊渥昏庸無能，遂使得軍政大權旁落，集中到張顥、徐溫手中，張顥與徐溫面對扶不起的楊渥，毅然於天祐四年以迅雷不及掩耳之勢發動兵變，共掌軍政，自此楊氏大權旁落。次年，楊氏否認朱溫稱帝，拒用後梁年號，張顥藉機殺掉楊渥，對外佯稱吳王暴死，妄圖瞞天過海，但又怕事情敗露，楊氏舊將群起而攻，便密謀向朱溫投獻吳王轄屬的版圖戶籍，以求後梁庇護，結果事洩，授人以柄，被徐溫以弒君之罪所誅。

張顥被殺，徐溫遂獨攬江淮大政，並立楊行密次子楊隆演為淮南節度使。徐溫本是海州朐山人，年輕時以販鹽為業，楊行密廬州起兵，徐溫即投身其麾下，與劉威、陶雅等號稱「三十六英雄」。徐溫雖無卓著戰功，卻足智多謀，深得楊行密青睞，留在府中參謀軍機謀劃。楊行密和楊渥死後，徐溫表面上極力維護任其擺布的政治傀儡楊隆演的政權，實際上自己總掌百揆、獨攬大權，並用心腹嚴可求、駱知祥治軍理財，行政安民。為

了早日實現篡位竊國的夢想，徐溫先後制服了楊行密的宿將劉威、陶雅、李遇，逐步翦除了誓為楊氏孝忠的舊將勢力，並外鎮策略要地金陵，遙控朝政，命其長子徐知訓留守揚州「輔佐」楊隆演，又命養子徐知誥駐兵潤州策應。一旦時機成熟，父子三人便要裡應外合，改朝換代。

徐知訓怙權恃勢，我行我素，頤指氣使，狂傲不羈。他不僅對群臣目空一切、驕橫跋扈，而且連吳王也不放在眼裡，處處尋釁，肆意狎侮。有一次，吳王賜宴文武百官，徐知訓在席間提議君臣聯袂表演「參軍戲」助興。他自演主角參軍，幞頭綠衣，英姿颯爽，而讓楊隆演扮演參軍的僕從蒼鶻，穿戴寒酸，卑躬折節，跟在趾高氣揚的參軍後面亦步亦趨、唯命是從。另一次泛舟濁河，他不滿吳王先於他收槳停船登岸，竟極為蠻橫地以彈丸擊打楊隆演，被吳王的貼身侍衛以盾牌擋住。還有一次，禪智寺賞花，他又使酒罵座，侮辱吳王，楊隆演敢怒而不敢言，只好忍氣吞聲，回宮暗自流淚。老臣李德誠的家伎，姿色頗佳，被徐知訓看中，欲納為妾，李德誠差人婉言謝絕，徐知訓惱羞成怒對來人說：「吾殺德誠，並娶其妻，亦易爾。」

為了加快從楊氏手中奪權的步伐，在徐溫除掉劉威、陶雅、李遇等楊行密的舊屬部將後，徐知訓也把歹毒的目光投向了英勇善戰、功勳顯赫的行營副都統朱瑾身上。朱瑾是江淮一帶聞名遐邇的戰將，徐知訓深知其將來必會成為徐氏父子稱王的絆腳石，所以一向視其為眼中釘、肉中刺，處心積慮要加以剔除。朱瑾家蓄養的寵伎良馬，也使徐知訓饞涎欲滴，於是，徐知訓便絞盡腦汁暗算政敵朱瑾，最後他決定襲用歷史上陰謀家們慣用的「清君側」手法，盜用吳王楊隆演的名義，宣布外放朱瑾出任靜淮軍節度使。對於徐知訓的倒行逆施，朝臣們都是敢怒不敢言，此召一出，立即激起朱瑾的怨憤，為了先發制人，他佯稱赴任之前舉行家宴，與徐知訓把盞話別，並贈以歌伎駿馬。徐知訓不知其間有詐，興致勃勃地前往朱府赴宴。開宴之前，朱瑾在

側室埋伏下刺客，並預先約定擊掌為號，又將兩匹雄性烈馬同槽拴在廊下，任其踢咬嘶鳴，混淆外人視聽。席間，朱瑾令府內色藝雙全的寵伎輪番敬酒，等酒過三巡，徐知訓醉意朦朧之際，朱瑾又令夫人陶氏出堂拜謁，趁徐知訓拱手答拜不備之時，朱瑾抽出笏板猛擊徐知訓的後腦，並擊掌三聲。刺客聞聲趕到，手起刀落，結束了徐知訓的性命。

隨後，朱瑾用手提著徐知訓那顆血淋淋的頭顱出府，嚇得徐知訓的隨從作鳥獸散。朱瑾翻身上馬，直奔王宮。面奏楊隆演：「臣朱瑾今日已為大王除害，從即日起大王得以親政矣。」膽小怕事的楊隆演見狀大驚，嚇得魂飛魄散，忙用衣袖掩面，不敢再看。因為朱瑾與其父同輩，又與其母同姓，所以楊隆演平日稱朱瑾為「舅」，此時仍按舊稱哀求朱瑾：「舅自為之。甥不敢知。」朱瑾見他膽怯如鼠，不禁大失所望，便厲聲喝斥道：「汝果真是一個扶不起的阿斗！孺子如此軟弱無能，吾怎能與汝共成大事！」說著，便憤然將徐知訓的首級朝著王宮內的圓柱擲去。這時徐知訓的親兵已像潮水般向王宮席捲而來，朱瑾在宮中不敢再多停留，便提劍向外衝殺。不料前面宮門緊閉，朱瑾只好返身奔向後園，試圖翻牆脫身，結果墜地折足。他自知難於倖免，便在絕望中仰天長嘆道：「吾為萬人除害，以一身擔禍，當死而無憾矣！」接著便將手中利劍朝頸部一橫，倒地殞命。

徐知訓被殺的消息在第一時間內傳到了鎮守在潤州城的徐知誥耳裡。徐知誥因為是徐溫養子，所以徐知訓一向輕賤蔑視之，不僅人前人後地稱其為「乞子」，甚至將其視作朱瑾一樣的心腹大患，總在找機會要將其除去而後快。有一次，徐知訓趁徐知誥到揚州覲見楊隆演之機，邀請徐氏諸兄弟於府中共飲，徐知誥恐其居心不良，迴避不至，徐知訓直言不諱地說：「乞子不欲酒，欲劍乎？」還有一次，徐知誥不得已應邀到場飲酒，徐知訓又事先設下埋伏，欲趁機使人殺之，幸虧良知未泯的徐知諫暗中以足碰撞徐知誥的足踝，徐知誥才藉口如廁逃脫，而窮凶惡極的徐知訓卻不依

不饒，又命殺手刁彥能前去追殺，刁彥能不忍加害徐知誥，中途而返。這次徐知訓被殺，對屢涉險境的徐知誥來說自然是一次化險為夷的時機，接到消息後，他星夜引兵渡江入城控制住混亂的局勢，並接替徐知訓執掌吳政，解了長期鬱積在心頭的恨意。

為了更好地操縱朝政、改變自己權重位輕的處境，徐溫一再鼓動文武同僚擁戴楊隆演稱王，並於天祐十六年（919）推戴楊隆演即吳國國王位，舉行大赦，改元武義，建宗廟、社稷，置百官、宮殿，文物制度均用天子禮儀，只是不稱帝號。同時，拜徐溫為大丞相，都督中外軍事，封東海郡王；授徐知誥為左僕射，參知政事。楊隆演雖為名義上的吳王，其實整個國家都操縱在徐溫父子手裡，建國稱王後的他非但沒有感到一絲一毫的快樂，反倒覺得異常惆悵苦悶，為了排遣心中的失落，索性放縱於酒色之中，不久便纏綿病榻，於吳武義二年（920）去世。國不可一日無君，徐溫父子雖然早就有取代吳王之心，但深知楊氏一族還未失人心，遂也不敢冒然造次，便勉為其難地立其弟楊溥為新任吳王，並改元為順義。

順義七年（927），大丞相徐溫率吳國文武大臣上表勸楊溥即皇帝位，楊溥未許而徐溫病卒。十一月庚戌，楊溥御文明殿即皇帝位，改元乾貞，大赦境內，追尊楊行密為武皇帝，兄楊渥為景皇帝，楊隆演為宣皇帝，追贈徐溫為齊王，並拜徐溫養子徐知誥為太尉兼侍中，拜徐溫子徐知詢為輔國大將軍、金陵尹，治溫舊鎮。楊溥雖然登基為帝，但是朝政大權仍然掌握在徐溫的養子徐知誥手裡。其實這個徐知誥不是別人，正是南唐開國君主烈祖李昪。那麼李昪又是怎麼成為徐溫養子的呢？原來李昪年幼時本是徐州附近一個父母雙亡的流浪乞兒，因機緣巧合，被淮南節度使楊行密看中，便將他帶回家中，意欲收為養子，但是長子楊渥卻容不下他，無奈之下，楊行密就將其送給部將徐溫做了養子，此後便改姓為徐，從徐氏諸子行，名為知誥。徐知誥雖為徐溫養子，但徐溫待其情同己出，一直視其為

可以倚重的左臂右膀，這份器重自然引起徐氏諸子的忌恨，知訓、知詢，尤與知誥不睦，幸虧其足智多謀、多方周旋，才未使自己陷入險境。

乾貞三年十一月，徐溫子、金陵尹、徐知詢來朝，徐知誥擔心其與自己爭權，便誣其有反狀，留之不遣，以為左統軍，並斬其客將周廷望。除去了心腹大患，徐知誥又透過一番權謀，被吳帝楊溥拜為中書令，接替徐知詢出鎮金陵。乾貞三年吳帝改元大和，徐知誥又被晉封為東海王。大和七年，楊溥再改元天祚，然而無論吳帝再怎樣謙恭，也不能改變徐知誥取代楊氏的決心，於是一系列千奇百怪的事情便在這個時候悄然上演了。

古往今來，凡是要推翻一個政權，總是要先造輿論。而在人們篤信天命和天意的封建時代，寓意莫測的民謠、讖語，是最能蠱惑人心的。因此，徐知誥的心腹們就充分利用這條最容易深入民心的管道，對流傳在江南水鄉的民謠「東海鯉魚飛上天」大肆穿鑿附會，為徐知誥登臨皇帝寶座鳴鑼開道。他們不遺餘力，在通衢鬧市和鄉野草廬繪聲繪色地傳播「天意」：東海，徐州之謂也；鯉魚，李氏之喻也；飛上天，坐天下之舉也。東海鯉魚飛上天，蓋徐州李氏坐天下之意也。同時，又廣泛流傳開另一首隱喻李氏興、楊氏衰的民謠：

江北楊花作雪飛，

江南李樹玉團枝。

李花結子可憐在，

不似楊花無了期。

與這兩首民謠遙相呼應的是，在吳國都城揚州街頭居然出現了一個頭戴黃冠、束髮蓄髻的瘋癲道人，手執一根釣竿，竿頂高懸一尾碩大的木刻鯉魚，連續多日走街串巷，反覆吟唱濠梁新鯉將要取代盟津舊鯉，新鯉尚未被人所識的短歌，意在四處尋找世間眾多的「識魚人」。其歌云：

盟津鯉魚肉為角，濠梁鯉魚金刻鱗。

盟津鯉魚死欲盡，濠梁鯉魚始驚人。

橫排三十六條鱗，個個圓如紫磨真。

為甚竿頭挑著走？世間難尋識魚人。

無獨有偶，就在瘋道人消失在揚州街頭後，江南的金陵城也出了一樁怪事。一天午夜，夜深人靜、萬籟俱寂，古城上空突然響起一陣急促的鐘聲，驚醒了滿城酣睡的兵民。人們惶恐不安地走出家門，紛紛湧向街頭探聽此中根由，全城頓時陷入了混亂之中。徐知誥聞訊後大發雷霆，立即責令有司速將撞鐘人緝拿歸案，並要親自審訊。待有司將肇事者押解到府，徐知誥才發現撞鐘的人居然是個老和尚。問其原因，乃因偶得好詩一首，難以抑制內心的激動，故而借鐘聲抒懷。原來只是虛驚一場，老和尚深夜撞鐘本算不上大罪，可偏偏怪就怪在令老和尚激動得忘乎所以的那首《詠月》詩上：

徐徐東海出，

漸漸入天衢。

此夕一輪滿，

清光何處無？

當老和尚在徐知誥的責令下吟誦出這首詩時，在場的所有人都被驚呆了。這首五言絕句的詩義竟然與童謠「東海鯉魚飛上天」的內涵有著異曲同工之妙，這難道還不足以說明徐知誥取代楊氏政權是天命所歸嗎？因為有了這層緣由，徐知誥非但沒有責難老和尚，反而加以重賞，悄悄將其釋放了。

在緊鑼密鼓的謠讖宣傳之後，接下來便輪到徐知誥的親信們粉墨登場，輪番表演勸進的鬧劇了。他們扮演的角色儘管莊諧不一，但目的都是為了眾星捧月，把龍袍披在徐知誥身上。天祚三年，吳帝楊溥在大勢已去的無

奈境地中被迫遜位，派次子楊璘為欽差，專程趕赴金陵，將天下禪讓給當時還叫做徐知誥的齊王徐知誥。徐知誥也不客氣，當即便在金陵詔告天下，改國號為齊，以金陵為西都，廣陵為東都，成為名正言順的一代君主。昇元三年，徐知誥改國號為唐，複姓李氏，更名昇，將三子景遂派往策略重鎮揚州為東都留守，徙封長子李璟為齊王，卻遲遲沒有給予他應得的太子名份。

李璟明白，在父親眼裡，自己非但難以與已故的二弟景遷媲美，也難與三弟景遂相提並論，更明白李昇遲遲沒有明確其儲君之位，是因為想將皇位傳給景遂，但廢長立幼畢竟於情於理均不契合，且李璟本身又無過錯，如果冒然立景遂為嗣，必將引起朝野譁然，所以這事便被擱置了下來。

光陰荏苒，轉眼就到了昇元六年，李昇春秋五十有五，朝中大臣對未立太子一事頗有怨言，李昇無奈，只好在這年八月下詔立李璟為太子。不料生性淡泊的李璟非但對父親的偏心毫無怨言，反而上表固辭，不願接受太子的封號。李昇本不想立其為嗣，見他自己固辭不受，倒也了了一樁心病，於是將計就計，又把立嗣的事拖延了下來，打算再找一個合適的時機將景遂立為皇嗣。

天算不如人算。就在李昇要將景遂立為皇嗣的關鍵時刻，他卻因為服食金丹病倒了。躺在病榻上的他首先考慮到的還是傳位的問題，趁著自己尚有一息之氣，早日了卻此事，九泉之下也可以瞑目了。然而就在這個時候，他最寵愛的妃子種時光居然也把目光對準了皇儲之位。

種時光十六歲入宮為教坊樂伎，常靚妝去飾，態度閒雅，宛若神仙，不僅貌美如花，而且生性警惠，知道如何討人歡心，很快便得到李昇的寵愛。李昇晚年因服食丹藥過量，性情變得狂躁不安，時動肝火，發怒時吼聲如虎，大殿的門環經常會在他的怒吼中被震壞，所以每逢其發怒，左右

大臣都膽顫心驚、如喪考妣。每每這個時候，種時光便會捧著一碗食物送到李昇面前，握著勺子餵他吃東西，一如平時從容自如、毫無懼色，李昇看到她這樣，滿腔的怒氣便也跟著消失無蹤，因此對她更加寵愛無度，稱帝後即封其為夫人，寵逾六宮，就連李璟的生母宋皇后也都因此被逐漸疏遠。

種時光恃寵而驕，偏偏又在李昇即位的第二年生下幼子景邁，母憑子貴，更加不可一世，居然動起奪嫡的歪心思來。李昇少時娶妻王氏，王氏早卒，便由徐溫做主，將跟隨王氏陪嫁來的侍妾宋福金扶為正室。婚後，宋福金一口氣替李昇生下了景通（即李璟）、景遷、景遂、景達四個兒子，夫妻和睦、恩愛異常，但不曾想，種氏的到來卻直接威脅了宋氏的后位，幸好李昇念及數十年的夫妻恩情，沒將宋氏的后位廢黜，但種時光卻沒有放棄，做不成皇后，當個太后總是可以的吧？可要當太后，自然要自己的兒子當上太子才行。種時光明白，景邁年紀尚幼，除了二哥景遷早夭外，其餘三個哥哥都已長大成人，又都是嫡出，如果沒有特殊的理由，李昇是不可能答應立景邁為嗣的，但因為景邁是李昇受禪後生下的第一個兒子，所以格外受寵，種氏便利用這一點，在李昇面前大展媚功，為奪嫡做準備。

就這樣蹉跎了數年，沒想到李昇卻又因為服食過多金丹病入膏肓，雖然李璟拒絕了太子封號，但畢竟還是嫡長子，如果李昇在生前沒有確立景邁的接班人地位，那幫老臣勢必會在烈祖駕崩後擁立李璟為帝。怎麼辦，怎麼辦呢？望著輾轉榻上呻吟不斷的李昇，種時光的心揪成了一團麻。這些該死的方士，為什麼要拿長生不老的話來欺哄老頭子，這要了他的命不要緊，毀了景邁的前程可是天大的事！還有，因為她的介入，李昇對宋皇后的態度日漸冷淡，如果讓宋后的兒子當上皇帝，以後她還能有好日子過嗎？想來想去，她決定一不做、二不休，效仿漢高祖的寵妃戚夫人，索性

趁李昇神志慌亂之際把話挑明，求其下詔立景邊為太子，正式確立她和景邊將來在南唐國的地位。可這話又該如何說出口呢？種時光知道，李昇脾氣暴躁，萬一惹怒了他，非但自己地位不保，景邊的前程也將毀於一旦，思來忖去，她把目光投向了齊王宮的齊王李璟。

種時光明白，李璟在烈祖眼裡從來都不是理想的繼位人選，但在南唐群臣眼裡，沒有太子名份的他卻又是唯一名正言順的接班人，只要將他解決了，剩下的景遂、景達也就不足為慮。透過多日的暗中觀察，種時光發現李璟於烈祖患病期間於齊王宮彈奏樂器，心想：「這可真是踏破鐵鞋無覓處，既然是你李璟自尋死路，就別怪我心狠手辣了！」眉頭一蹙，頃刻間便讓她想到了一個錦囊妙計。這日，種時光見李昇的病情略有好轉，便勸他下床走動走動，到外面透透氣轉換心情，李昇向來寵愛種氏，自然不忍拂了她的好意，於是在侍從的攙扶下出了寢宮。

外面陽光明媚、碧空如洗，又有美人相伴，望著眼前的江山美景，久病的李昇頓時心花怒放了起來，跟種氏有說有笑，早已把疽發於背的疼痛忘得一乾二淨。種氏趁機進言，請烈祖移駕齊王宮探視齊王，以褒獎齊王在烈祖病中這些日子監國的辛勞。李昇不知是計，立即擺駕前往，正好撞見李璟在宮中和樂人們一起吹奏笙簫，聲樂聞於宮外，不禁勃然大怒，一句話也沒說便攜著種氏拂袖而歸。

李昇這一氣非同小可，怨怒積鬱於胸，導致病情迅速惡化，背上的疽瘡開始崩裂，悲號之聲響徹宮內外。對李璟這個兒子，他失望到了極點。這樣一個玩物喪志、不務正業的人怎能繼承他的帝位，帶領南唐三十餘州的老百姓屹立於攘攘紛爭的天下而不倒呢？李昇因怨生憤，之後李璟前來探視都被擋在了宮外，就連宋皇后的面也不肯見了。所有的人都誠惶誠恐，唯獨種時光在背後暗自慶幸，只要兒子能當上太子，繼承南唐的帝位，她才不在乎老頭子早死晚死呢。

第 1 卷　飛花逐月

「豎子不足與謀！豎子不足與謀啊！」李昇瞪大雙眼，盯著榻前連日衣不解帶侍候著他的種時光悲愴地嘆息著，「早知如此，就該早些把景遂從東都叫回來！」

「叫壽王回來做什麼？」種時光裝作不解地盯著他，伸過纖纖玉手替他整理著衣領，「皇上是想念壽王了吧？」

李昇點點頭：「孤這個樣子，恐怕時日無多了。景通不是治國之材，所以孤想叫景遂回來立他為太子，現在也只有景遂才能保我大唐江山不至毀於一旦了！」

種時光不聽這話猶可，一聽之下，立即「撲通」一聲跪伏在榻前，涕泣交流地向其請死。

「愛妃……」李昇伸手指著哭得梨花帶雨的種氏愛憐地問，「你這是……？」

種時光見李昇發問，知道機會來了，連忙哽咽著說：「齊王玩物喪志，不足以擔大統，可是陛下膝下子嗣尚多，難道除了壽王，陛下就沒有更中意的人選嗎？」

李昇沒想到平日裡溫柔可人的解語花種氏會說出這番不知輕重的話來，自登基以來，南唐宮廷歷來嚴禁女子干涉朝政，種氏這番話自然引起李昇的警惕，但因對其寵愛有加，一時也未忍當面喝斥。豈料種氏卻錯會了他的意思，索性抓住這最後的機會，一股腦兒把心裡想說的話通通倒了出來：「景遏自幼聰敏機靈，才能勝過齊王、壽王諸兄，又深得陛下歡心，妾斗膽進言……」

話到此，李昇已經明白種氏想說什麼了。他立即抬起手想阻止她接著說下去，沒想到種氏卻不識抬舉，繼續哽咽著說：「景遏是陛下受禪後所出，秉承天命，大唐江山交到他手裡最合適不過，陛下若是憐憫我母子，

不想讓人彘慘禍再現唐室，就請立景遐為太子吧！」

「你！」李昇再也忍不住了，他沒想到種氏會在自己病危之際說出這番大逆不道的話來，瞪著她憤然地罵道，「齊王壽王尚在，太子之位怎會輪上景遐？你要再胡說，恐怕人彘之禍真的不遠了！」

「陛下！」種時光在榻前匍匐泣道，「自古立嫡以長，既然齊王失德，不足以承祧，陛下又為何非要取壽王而捨景遐？難道陛下過去對景遐的寵愛都不是真的嗎？」

「你！真是越說越不像話了！子有過，父教之，這是人之常情，也是天下禮數，齊王有錯，孤自當教之，朝政的事豈能容得你一個女子在這裡胡攪蠻纏！」

「陛下！」

「來人哪！」李昇探起身向殿外大聲吼道。

「陛下！您這是……」此時，種時光才知道自己闖下了大禍，嚇得花容失色，連忙趴伏在李昇面前求饒。

侍衛應聲而入。李昇顫抖著身子，指著早已嚇得癱軟在地的種時光喝道：「還不將這個妖言惑眾的賤婢帶下去！」

李昇發話，侍衛不得不遵，哪還管眼前哭得一塌糊塗的美嬌娘曾是烈祖面前最受寵的女人？種時光到這會才明白伴君如伴虎這句話的分量，可現在悔亦遲矣，往日裡恃寵而驕的她失去了君王的恩寵，變得一文不名，無論她怎麼哭鬧乞求，都更改不了被脫去簪珥、棄之冷宮的命運。

種氏被廢的消息在這天傍晚傳到了齊王宮的李璟耳中。雖然知道種氏是圖謀奪嫡才被父皇打入冷宮，但李璟的心情卻是異常的沉重。說實話，他從沒想過要跟誰爭奪帝位，與當皇帝管理國家比起來，他更想做像謝靈運、陶淵明那樣縱情於山水之間的閒雲野鶴，寫寫詞，作作畫，和王妃鍾

氏、宮人耿氏一起閱金經、調素琴，便是他今生最大的心願。奈何他卻偏偏身為烈祖的嫡長子，是皇位名正言順的第一繼承人，雖然他多次拒絕太子之封，但在滿朝文武及老百姓的心裡，他就是當今的太子、未來的唐帝，一切的一切似乎在他出生之初就在冥冥之中有了最終的安排。

當皇帝有什麼好的？他坐在窗下的案几邊輕輕嘆息著。父親李昇為了君臨天下，運籌帷幄數十年，將一干異己分子殺的殺、逐的逐，到頭來還不是逃不過生老病死的輪迴？人生苦短，當及時行樂才對，何必為了這些虛無的名利爭爭奪奪，血濺宮廷？對想奪其君位的種氏，他一點也恨不起來，甚至深深同情起她的遭遇。這個女人，才貌雙絕、知書達理，卻偏偏以及笄之韻齡嫁做老態龍鍾的父親為妾，雖然誕下皇子，母憑子貴，一朝飛上枝頭作鳳凰，但終究比不上嫁給一個平民逍遙快活。如果她沒進入皇宮，沒成為皇妃，憑她的才智，又怎會成為一個處心積慮，一心只想奪嗣的庸婦？又怎會將自己如花的前程葬送，到頭來卻淪落為一個被幽居冷宮的棄妃？

想著種氏的變故，他不禁仰天悵問，這世上為什麼還有那麼多的王公貴族擠破了腦袋，非要把家中女眷送到宮裡為妃為嬪？難道他們就不明白「女無美醜，入宮必妒」的道理？自己雖然才德淺薄，不足以繼大統，但三弟景遂、四弟景達卻都是濟濟人材，父親之所以不願意立自己為太子，就是擔心他無法承擔一國之君的責任，難道一個年僅七歲的小娃倒比他更堪繼承大統？種氏這個時候提出立景遐為儲，非但是不智之舉，且是不知天高地厚，可這又怪得了她嗎？她只是個女人，是個愛子心切的母親，或許就像她自己說的那樣，她只是害怕父親殯天後，母親宋氏會效仿呂后所為，報奪寵之仇，釀下人彘慘禍，為求自保，才不得以謀奪嫡嗣。可是母親宋氏會是那樣的人嗎？自種氏入宮後，宋后一直被李昇冷落在一邊，可她一句怨言也沒有說過啊！嫻惠敦厚的母親，又怎會做下那種慘無人道的事情？

正胡思亂想著，王妃鍾氏領著七歲的六子從嘉從殿外踱了進來。未等鍾妃開口，他早已拉著從嘉的手，將其抱置於膝上，一邊吻著愛子的額頭，一邊望著鍾妃嘆息著說：「從嘉與景遏年紀相仿，自幼享盡榮華富貴，而今種夫人被廢，景遏的日子勢必不好過，夫人要是有時間，多去看看景遏吧。」

「臣妾早就將景遏接過來了。這孩子雖小，卻已經知事了，知道他母親被廢，哭得死去活來，這會耿家妹妹正在屋裡哄著他呢。」

李璟點點頭：「父皇正在氣頭上，興許，過幾天氣消了便會放種夫人出來了。」

鍾妃聽了他的話，搖了搖頭嘆口氣說：「只怕已是晚了。」

「什麼晚了？」

「皇上已經下旨，命種夫人削髮為尼了。」

「什麼？」李璟放下從嘉，迅速站起身，抬腳便往殿外走去。

「殿下要去哪裡？」鍾妃立即拉著從嘉的手緊步跟上，「皇上正在氣頭上，殿下去了豈不是火上澆油？」

「難道就這樣看著種夫人削髮為尼嗎？」李璟停下步伐，怔怔盯著鍾妃，囁嚅著嘴唇說：「景遏還小，他不能沒有母親，種夫人即便罪不可赦，也不至於被勒令削髮為尼啊！」

「殿下還不了解皇上的脾氣？」鍾妃苦口婆心地勸著，「皇上本來就對殿下心生不滿，這會過去豈不是自找麻煩？皇上正在病中，要是惹怒了他，出了什麼意外，只怕殿下的罪過就大了。」

「那……你說，我們到底該怎麼辦？」

鍾妃搖搖頭，含著一汪晶瑩的淚水說：「恕臣妾直言，看皇上的樣子，恐怕已是時日無多，種夫人的事依妾身看來還是暫且不要提起，等日後再

慢慢從長計議吧。」

「可……」李璟望著鍾妃，知道急切裡也想不出什麼兩全其美的好方法，索性抱著從嘉轉身返回殿裡去了。

怎麼會？父皇怎麼會勒令種氏為尼？這一夜，李璟一宿都沒有闔眼，小從嘉也一直守在書房裡陪著他。暮色四合，朦朧的光影中，他彷彿看到蛾眉淡掃的種夫人於黃昏裡久坐在冷宮的風簷之下，凝眸之處，再也沒了往日的風光，跌入眼簾的唯有滿滿的殘陽與沙沙作響的落葉。儘管遭到摒棄，但他知道，種夫人還在憧憬著奇蹟的發生，於是他看到她在無精打采的慵懶中勉強擠出了一絲微笑，看到她用指尖輕綰回憶的青絲成一個驚豔的髻，看到她在詩書裡採下一枝樂府小令輕輕簪於油光可鑑的髮間，依然情深款款地等著父親輕叩那深掩的重門，再邀她庭前吟風唱月，彈落三朝的情思，撥斷五代的琴弦。怎奈，望穿秋水處卻聞杜宇聲聲，她盼來的唯有那些影影綽綽的思念，驀然回首時，所有的美好，曾經的恩愛，都早已陷於遙遠的紛沓之中，不再生起絲毫的繾綣。

一鉤初月臨妝鏡，蟬鬢鳳釵慵不整。重簾靜，層樓迥，惆悵落花風不定。

柳堤芳草徑，夢斷轆轤金井。昨夜更闌酒醒，春愁過卻病。

——　李璟《應天長》

他舖開紙箋，惆悵著種夫人的惆悵，感傷著種夫人的感傷，於筆下輕輕劃出一首《應天長》小調，任那哀怨猶如落花一般，滿地飄忽，時時刻刻都在窗前縈繞。

「一鉤初月臨妝鏡」，如鉤冷月冉冉升起，映在冰涼的銅鏡裡，更彰顯出獨坐妝鏡前的她那份難耐的孤獨與寂寥。為什麼是一鉤初月？看來這個獨守空房的夜晚才剛剛開始，沒有愛人的相伴，這漫漫長夜她又該如何打

發？還有，月亮為什麼偏偏要映在她的鏡子裡，難道它也想來笑話自己被棄的遭遇嗎？

「唉……」她默默地流淚深深地嘆息，再不是與心愛的人相擁鏡前畫眉施妝的日子，也再不是揣著懵懂與期冀用心打扮自己的清晨，映入眼簾的唯有空中那輪與自己一樣孤寂的曉月，還有這無限淒冷的夜晚。只是今昔究是何昔？以後的以後，她真的要在這悽清的冷宮裡度過冗長的一生嗎？想到這裡，她還是忍不住趴伏在窗下失聲痛哭起來。

「蟬鬢鳳釵慵不整」，她是個注重儀態的女子，在他面前，她總是把自己打扮得美豔可人，為了吸引他的注意，她不惜花重金從宮外買到一本早已失傳的妝書，學習魏文帝曹丕的寵妃薛靈藝，總是把鬢髮梳得彎彎的、薄薄的，猶如蟬翼般輕靈飄緲，又特地遣人打製了貴重的鳳釵，成為南唐後宮一道最為顯眼的風景，可現在她已不再是他的妃，甚至連最卑賤的宮人都還不如，蟬鬢鳳釵的裝點又有什麼意義？自古女為悅己者容，已是見棄之人，縱使青春美貌，縱使麗質天生，他不在了，她還能為誰梳妝打扮？

「重簾靜，層樓迴，惆悵落花風不定。」陣陣風聲叩響門扉，她知道，等待的人今夜不會來了，他的心已和自己隔得太遠太遠，或許永遠都不會再來，任由她老死闕下。抬頭，望著一彎冷月，她輕輕抽泣著，如果他能回心轉意，能夠原諒她的野心，能夠一紙詔書將她重新召回宮內，那麼她一定會鶯鳴相答，奔門而出，撲入他溫暖的懷抱，可她也明白，這終究只是南柯一夢，失去的就不會再回來了，縱使她莫愁湖畔落筆千言，也再不能追回他往日的一滴溫存了。

曾經的花前月下，所有的美好都在她斷腸的淚水中逐漸遠去，就連那層層的簾帷、迂迴的樓閣，彷彿都成了禁錮她痛苦心靈的枷鎖。可就算衝開這些枷鎖又能如何呢？掀開那沉悶的簾帷，踱出那迂迴的樓閣，眼前的景緻依舊是寂寥淒涼。月黑之夜，那無情的風將枝頭的花瓣片片打落，任

由落花在她眼前飄蕩著、掙扎著、呻吟著，怎不惹人惆悵傷懷？他不要她了，她唯一能做的便是裹著一身的無可奈何，在搖曳的燭火中借酒澆愁，要把那心底的不愉快通通抹去。

痛苦的掙扎並不能改變既定的命運，冥冥中似乎早已注定她應該與那落花一樣只能歸於最後的沉默。就在剛剛，他已派人宣詔，隔日就要將她遣入尼庵削髮為尼，既然這樣，她還留著這頭青絲做什麼？失寵的女子宛如落水的鳳凰，連雞都不如，與其讓別人剪去這一頭為他而生的秀髮，還不如自己及早斬斷了的好。她一邊端起酒杯一杯接著一杯地狂飲，一邊慵懶著舉起剪刀，對著冰冷的銅鏡將縷縷青絲輕輕鉸斷，在這節令深處，沉醉不知歸路。

「柳堤芳草徑，夢斷轆轤金井。」抽刀斷水水更流，舉杯消愁愁更愁。恍惚著，恍惚著，她彷彿看到從前的自己和他在那楊柳依依的河堤上攜手戲綵蝶，在那芳草萋萋的小徑上挽臂賞百花的一幕一幕，那時的他們是那麼恩愛，那麼親暱，而今，柳堤還是那個柳堤，芳草間的那條曲徑通幽的小路還在，只是魂夢斷處，才發現柳堤的盡頭卻是一口轆轤金井。

轆轤金井，轆轤金井……多少次，她曾共他徘徊井畔，仰望空中一輪明月，耳鬢廝磨、竊竊私語，而今正是轆轤金井，滿砌落花紅冷，卻已失他所在，終究只換得從此篁紋燈影，黯銷魂。

「昨夜更闌酒醒，春愁過卻病。」更漏將盡，她從酒醉中醒來，才發現原來與他相聚只是春夢一場。再回首，曾經的歡聲笑語如今皆成泡影，那些歡樂、期盼、思念通通沉入海底，激不起一朵小小的浪花，宛如隔世。醉了固然是痛苦，而醒來卻又是一片茫然，人生最大的痛苦莫過於夢醒了卻眼睜睜無路可走，既然他已不再留戀自己，那就讓她在這寂寂的冷宮裡獨自惆悵憂傷好了。

望著東方發白的天際，她痴痴傻傻地笑了又哭，哭了又笑。罷了，罷了，往事已矣，左思右想也是枉然，既然逃不出命運的牽絆，那自己也只好在尼庵中獨自品味這杯她自己釀造的寂寞的苦酒了。

　　「唉！」李璟掩卷長嘆一聲，將剛寫好的《應長天》用紙鎮小心翼翼地壓好，又想起自己長年不被父親認可的遭遇，與現在被幽居別宮的種氏又有何別？不禁心生惆悵，好不淒涼。罷了，罷了，既然父親始終認定自己不是理想的繼位人選，那自己又有什麼可爭的？倒不如就像種氏那樣帶著美好的回憶在寂寞中慢慢沉澱，直到眼底再也興不起絲毫的漣漪，也不失為一種幸福的人生，又何必非叫那些無可奈何迷亂自己的眼睛，傷亂自己的情懷呢？

　　輕輕迴轉過身，他這才發現蜷身坐在太師椅上哈欠連天的小從嘉，連忙拉著他冰冷的手放在嘴邊呵著熱氣，心疼地問他說：「怎麼，你一直在這裡守著沒回寢宮？」

　　「母妃讓兒臣在這裡侍候父王，所以兒臣不敢大意。」小從嘉連忙跳下椅子，畢恭畢敬地給李璟作了一揖，「父王這下該回宮安寢了吧？」

　　「父王今晚就在書房歇息了。」李璟瞟著小從嘉，「你呢？父王是派人送你回寢宮，還是……」

　　「兒臣想在這裡陪著父王。」

　　「那今晚你就在這裡陪父王一起歇息吧。」

　　「是。」小從嘉點點頭，忽地抬起頭望向案上墨跡未乾的詩箋，嘟囔著嘴問：「父王又寫詞了？」

　　李璟把他抱到膝上：「父王睡不著，所以只好寫詞打發這寂寥的時光。」

　　「父王很寂寞嗎？」小從嘉不解地問，「父王有母妃，有大哥二哥，還

有從嘉、從善陪著，為什麼會感到寂寞呢？」

「每個人都會感到寂寞的。」李璟望著他語重心長地說，「你皇爺爺，你母妃，還有景逿小皇叔，他們每個人都會有自己的寂寞。」

「那種妃娘娘呢？」

「種妃娘娘？」

「種妃娘娘好可憐啊！皇爺爺居然讓她出家為尼，還有景逿小皇叔，他母妃要真當了尼姑，以後就沒有人疼他愛他了。」

「誰說種妃娘娘要出家為尼？」

「母妃和父王的談話，兒臣都聽到了。皇爺爺真是不近人情，種妃娘娘對他那麼好，他居然下令要她削髮當尼姑！」

「小孩子不要胡說！」李璟連忙伸手捂著他的嘴，正色盯著他說：「跟父王說說沒關係，但出了這個門，這樣的話你絕對不能再說第二次！要不皇爺爺也會送你出宮削髮為僧的。」

「皇爺爺要送兒臣去當和尚？」小從嘉嚇得吐了吐舌頭，眨著眼睛盯著李璟害怕地問。

「你只要把今天看到的聽到的事都爛在肚子裡，皇爺爺就不會送你去當和尚了。」李璟伸手輕輕點了他的額頭，「明白了嗎？」

「明白了。」小從嘉連忙保證說，「從嘉以後再也不敢亂說了。」

父子二人正說著悄悄話，忽有宮人進來報說太醫吳庭紹求見。「吳庭紹？他不在父皇宮裡待命，怎麼會在深更半夜跑到齊王宮求見？莫非父皇的病情加劇了嗎？」聽到吳庭紹三個字，李璟的心撲通撲通跳個不停，立即讓宮人請其入內，還沒等吳庭紹開口，立刻起身問道：「吳大人深夜造訪，莫非是皇上他⋯⋯」

「皇上還好,只是⋯⋯」吳庭紹瞥一眼坐在太師椅上的小從嘉,猶疑不決地望向李璟說,「庭紹深夜求見,是因為⋯⋯是⋯⋯」

「有話但講無妨,不要吞吞吐吐。」李璟回頭望一眼小從嘉,立即宣宮人將其抱出殿外,這才拉著吳庭紹的手問:「到底發生什麼事了?是不是父皇他龍體⋯⋯」

「不是皇上,是壽王⋯⋯」

「壽王?」

「實不相瞞,皇上擔心來日無多,所以派人寫了密信送往東都,要壽王立即返京。殿下也知道,皇上早有立壽王為儲的意願,如若這個時候讓壽王回京,要將殿下置於何地?」

李昇要將帝位傳給三弟景遂早已是朝臣皆知的祕密,所以李璟得知父親密召壽王回京的消息後一點都不吃驚,只是望著吳庭紹淡然地說:「孤王本無意繼承大統,父皇心裡既然已經有了更好的繼位人選,孤王定然謹遵聖諭,在金陵恭候新主的到來。」

「殿下何出此言?難道您要棄天下百姓於不顧嗎?」

「壽王也是皇上的兒子,誰來當天下的皇帝對孤王來說都是一樣的。」

「可是天下臣民心裡仰慕的只有齊王您。他們都翹首期盼殿下您成為天下共主,您這麼說豈不寒了所有士民的心?」沒等吳庭紹開口,大臣內樞使兼同平章事周宗便闖了進來,瞪大眼睛望著李璟大義凜然地說:「這個天下是皇上的天下,也是齊王的天下!除了齊王和皇上,臣等眼裡再也沒有第三個皇帝!」

「周卿你!」

「請殿下恕罪!」周宗從懷裡掏出一封密信,「這是皇上派人送往東都的密信,已經被臣等從半道上截下了。」

「什麼？你們的膽子也太大了，這可是皇上的聖諭！你們……」

「皇上現在病得不省人事，昏亂中說的話豈能算數？」周宗振振有詞地說，「密信很可能是皇上受了像種夫人那樣別有用心的人攛掇才發出的，這樣的聖諭臣等及天下黎民百姓都不能接受！」

「你……你們……你們到底想怎麼樣？」

「請殿下隨臣等立即進宮面聖，冊立太子的事再也拖宕不得了！」周宗話完，和吳庭紹一左一右，拉著六神無主的李璟出了殿門，直奔李昪下榻的崇德宮方向而去。

春江花月

　　碧砌花光錦繡明，朱扉長日鎮長扃。夜寒不去寢難成，爐香菸冷自亭亭。

　　遼陽月，秣陵砧，不傳消息但傳情。黃金窗下忽然驚，征人歸日二毛生。

—— 李璟《望遠行》

　　海上生明月，天涯共此時。思念的季節裡，我離開南京，一路跟著飄舞的楊花順流而下，到了晚唐詩人杜牧筆下「春風十里揚州路，捲上珠簾總不如」的揚州古城。

　　我們曾經見過的，是嗎？是的，在夢裡。在夢裡，我和你 —— 揚州，早就有過約定，相逢一笑，其實本是故人。

　　沿著碼頭拾級而上，輕輕唸著李白的《送孟浩然之廣陵》：「故人西辭黃鶴樓，煙花三月下揚州。孤帆遠影碧空盡，唯見長江天際流。」心裡默

默揣測著，一千二百多年前的那個春日，在黃鶴樓畔送孟浩然東下廣陵的李白恐怕至死也未曾料到，自己無意中留下的惜別詩句，竟能傳誦千古，成為詠懷揚州最膾炙人口的名句。

遙望古城，我輕輕地嘆。一棹孤舟，兩杯濁酒，煙花三月，黃鶴樓頭，水天一色，大江東去，拱手相送，再見何期？別離情，是最濃。此情此景，正合為千古絕唱，心頭不禁又泛起一闋《憶秦娥》來：

簫聲咽，秦娥夢斷秦樓月，秦樓月，年年柳色，灞陵傷別。

樂遊原上清秋節，咸陽古道音塵絕。音塵絕，夕陽殘照，漢家陵闕。

——李白《憶秦娥》

訴不盡的相思，唱不完的離愁。原來，相見總是為了別離；原來，離別總是永恆的主題。

放下行囊，已近黃昏。開窗遠眺，我看到外面飄起了淅瀝小雨。密密的細雨如絲如線，斜斜地織出錦繡繁華，瞬間潤溼整個天地，給人一種毛茸茸的柔軟與細膩的清爽之感。遠近的綠樹與假山一律被洗作了鉛灰色，亭臺樓閣像是塗了一層釉似的變得晶瑩剔透，令人不由得想起那句「紅了櫻桃，綠了芭蕉」的小令來。最動人的是滿園的牡丹芍藥，在斜風細雨中更添一份別緻的風情與雅韻。

吃過晚飯，我漫步在夜幕降臨的揚州街頭。夜晚的揚州沒了城市的浮躁，少了遊人的喧囂，靜如處子，卻又透著詩人的韻味，讓沉浸其中的每個人都情不自禁地去閒庭信步，去風花雪月，一切都顯得從容而不迫，沒有一絲一毫的矯情。

雨後的古城清新如初生的嬰兒，楊柳拂面，心意蕩漾，不是夢中，卻疑是在夢中。徜徉瘦西湖畔，看水上亭臺掩映在靜謐的夜色中，朦朧而雅緻；看錯落的紅燈籠倒映在水面上泛著迷離的光，暈染一湖溫柔，心裡不

第1卷　飛花逐月

禁泛起陣陣甜美的漣漪。遙望二十四橋，我輕輕吟起杜牧另一首詠懷揚州的《寄揚州韓綽判官》詩：「青山隱隱水迢迢，秋盡江南草未凋。二十四橋明月夜，玉人何處教吹簫？」原來夜裡的揚州竟是如此優柔，它就這樣輕輕觸動了我心底那根沉睡的弦，叮叮咚咚，奏著逝去的曲調帶我沉入遠古的懷想，只是一眼，那一刻我便知道自己喜歡上了這裡的夜色。

雖是煙花三月，桃花已經次第萎謝，早就看不到滿地眩目的落英繽紛。然，落花是落在了水裡隨風飄逝，還是化作了肥沃的春泥？瘦西湖畔只餘下那依依的柳枝，是不是又在訴說一場亙古的離別？

怎麼又是離別？我望向湖面上輕輕漾起的漣漪，那是來來往往的遊船留下的痕跡。只是來的來了，去的也終將去，相聚過後便是別離，些許痕跡從來都掩飾不了眼底的惆悵纏綿，到最後都歸於瞭然無蹤，心頭頓時一片蕭索。

為何要來？「相見爭如不見，有情何似無情！」只是相逢不如別離！

我到底是為誰而來？是為了在那二十四橋明月夜下教人吹簫的玉人？

我搖搖頭，又點點頭。我真是為了那個不知來歷、無從相見的玉人而來？還是為了南宋詩人姜夔筆下「波心蕩，冷月無聲」的瘦西湖美景？我不知道，我只知道那一夜我沉醉在了這滿湖春色的朦朧裡，冷不妨，卻被她的琵琶聲牽引著，淌進了那個白衣男子用娟秀小楷描繪的廣陵古城……

那一夜，一襲白衣白衫、羽扇綸巾的他也是被她一曲悅耳的琵琶聲牽引著淌進揚州古城懷抱來的。

草長鶯飛的季節裡，他手拈一枝素白的瓊花，斜披一襲溫婉的月色，打馬路過奼紫嫣紅的湖畔，渾身都流瀉出一種恣意的風情。那飄飛的白衣在風裡翻捲成一面耀眼的素旗，與他如玉盤般溫潤飽滿的面龐相得益彰，只一個淺淺的回眸，便將他與生俱來的風流倜儻與精緻剔透描摹成一幅天

上人間難有的丹青勝景，在柳色青青的水面橫斜成長短不一的詩篇。他身後還跟著一群意氣風發的年輕人，個個精神抖擻、目如朗星，有的手持弓箭，有的懷抱琴瑟，有的以扇遮面，有的勒馬樓畔，說不盡的瀟灑，道不盡的飄逸。然而，無疑只有他才是今天的主角，所有人都圍繞著他，眾星拱月般的奉承著他、迎合著他，即便天色已晚，他們的歡聲笑語仍然是縱情歡暢的無所顧忌的。風從湖面上吹來，小廝們捧上一壺酒遞到他手邊，他一邊豪飲，一邊拈花輕笑，四周的空氣裡流溢的是滿滿的酒香與瓊花的芬芳混合在一起的馨香，剎那間便醉了整個瘦西湖，還有湖畔的所有亭臺樓閣，以及湖中的所有輕舟巨舸。

那時那刻，她斜倚在畫舫窗下，心裡若有所動，冷不妨輕輕撩開珠簾，定睛朝湖邊望去，正要循著那股馨香尋找那歡聲笑語的蹤跡，忽地卻不見了他的影蹤。那個如水的夜色裡，她就那樣靜靜守在廣陵城外的繽紛花事裡，懷揣著不可告人的少女心事，徬徨在靜謐的月色下，任十指纖纖在寂寞中散發出的馥郁芳香在瀲灧的波光裡輕輕地蕩漾，頷首處，指尖觸碰到的每一個角落都沾染著瓊花的芬芳，還有他恣意的歡笑。

琵琶聲動，燭影輕移，搖曳的燈火下，她淡掃蛾眉、薄施粉黛，將一曲《廣陵散》彈撥得如泣如訴、出神入化。他在芳草萋萋的湖畔遙遙相望，那大珠小珠落玉盤的高超技藝令他神魂顛倒，而那聲聲的絃動彷若讓他嗅到秦淮河畔熟悉的花香，芬芳、清純、淡雅，而又帶著些許的凜冽，整個人都不由自主地為之震顫著。那淡淡的清香從他心間汩汩流淌而出，一直從秦淮河畔綿延到瘦西湖畔，並由最初清晰似眼前的亭臺樓閣漸漸模糊成遠處隱約可見的忘川，到最後，就連詩賦裡那羽乘風而去的黃鶴都成了他心際揮之不去的芳醇記憶。那是誰家的女子，怎能把琵琶彈得那麼動人心魄？他不得而知，只是徘徊在水邊，順著二十四橋下波光瀲灧的月影執著地追尋起她清芬的身影。

流珠告訴她，那個手拈瓊花打馬路過的男子是從京城金陵來的富家公子。因為笙吹得一流，又兼生得面如冠玉，不是潘岳賽似潘岳，所以揚州城裡人人都以潘岳的小字喚他檀郎。檀郎？她輕輕放下手邊的琵琶，終是忍不住掀開珠簾，偷眼瞧著簾外拍馬而還的他，朝其投去羞澀的驚鴻一瞥。

她沒想到他一直守在那裡，守在那片如玉的月色裡等著她的粉墨登場。只是這一眼，體態風流的他便醉了她懷春的眉眼，整個身子都彷彿被磁石吸進了他多情的眸底，在心底激起一圈圈青春的漣漪。

檀郎？他叫檀郎？揚州城裡吹笙吹得最好的樂手？四目相對，情深款款，他們彼此沉醉在了對方一見傾心的神色裡，無法自拔。他隔著一湖春水，將手裡的瓊花朝她簾外扔來，驚喜若狂，滿面春風，笑聲四溢；她卻慌忙放下珠簾，伸手撫著發燙的面龐，強逼著自己不再去思，不再去想。

檀郎。那一夜，她像是著了魔，望著案几上鋪開的新墨，正待譜新曲，卻是半晌無才思，十指纖纖，單單劃下「檀郎」二字。腦海裡飄飛的總是他白衣翩翩、玉樹臨風的身影，緣何他指間的瓊花帶著淡淡的幽香？緣何他的笑聲若流泉般清澈？依稀裡，他模糊的影子鋪滿她手底整張畫布，宛若靜放的瓊花，卻又似湖畔那泓燃亮了的目光，在她心底綻開芬芳的渴望，迷離中，竟將檀郎二字低低地喚出口來。

雕欄玉砌、粉牆黛瓦，都不及他萬分之一的好。微熹的晨光中，還沒來得及在夢中與他凝眸，低眉頷首間便又看到他一身白衣勝雪，從綠柳掩映的湖畔一路逶迤而來，就那麼淡定自若地駐足在她手邊的素箋上，而他指間輕拈的那朵素白的瓊花，竟在晨曦的光影裡灼灼燃燒起來，瞬間便驚豔了她明亮的眸子。那一日，她照例沒事似地喚了流珠去湖畔看花。沿著柳絲低垂的湖堤，放眼望去，滿城皆是看花的人，卻不見那個手拈素白瓊花的他，不由得心裡一緊。沒有人知道她今天的心思壓根就不在花上，她只是想見到他，見到那個傳說中令揚州城裡所有少女都為之心動的檀郎，

可一身白衣飄飄的他又在哪裡？

　　一縷飄緲的笙歌，若有若無，似斷似續，從遠處輕輕地飄來，又輕輕地飄去，那一瞬，她看見堤上原本熙熙攘攘的的遊人開始變得愈來愈多，不一會的工夫便萬頭攢動、摩肩接踵起來，所有人幾乎都朝向同一個方向飛奔而去，隨之而來的則是雷動的歡呼與喝采。流珠引導著她撥開人群，往人群聚集的地方匆匆走去，還沒回過神來，便看見十餘位素妝女子正坐在璀璨的櫻花樹下旁若無人地撥弄著手邊的琴弦，一個個神態自若，清麗脫俗得宛如九天下凡的仙子。定睛望去，突地卻又瞥見他，依舊是一襲白衣白衫，依舊是仙風道骨的羽扇綸巾，依舊是滿臉流溢著明媚而又燦爛的微笑，唯一不同的是他手裡已多了一管碧綠晶瑩的笙。

　　他站在那十餘位撫琴女子的身後，透過花蔭不卑不亢地注視著她，如水的眸子中盛滿清澈瀲灩的波光，而那起伏迭宕、婉轉悠揚的笙樂更若一抹清新甜潤的春風向她撲面而來，轉瞬間便將她周身裹得嚴實。雖然自幼精通音律，但她從未聽過如此悅耳動聽的笙樂，那一剎那，她沉醉在了他忽而若海底撈月，忽而若白鶴沖天的笙歌裡，心潮久久不能平復，難怪揚州城的少女都要為之心動若狂呢！檀郎檀郎，這就是那個賽潘岳的檀郎嗎？為什麼世間男子所有的好都集中在他一人身上，就不怕造物主也對他心生嫉妒嗎？他是誰，她來不及思量，額頭早已沁出了潮熱的汗珠，心也一直不停地突突跳著，這到底是怎麼了，難道她也和滿城的少女一樣不由自主地迷戀上了他？不，她香汗淋漓，驀然心驚，怎麼會，她根本不認識他，也不知道他姓甚名誰，怎麼就會⋯⋯她不敢把那兩個字說出來，哪怕只是想想也是不該的，可若不是有緣，他又怎會在這裡出現，在她最渴望見到他的時候出現？

　　陽光在他如水般澄澈的眸光中靜靜流淌，風過處，琴聲與笙聲完美地演奏出這世間最令人驚嘆的樂章，讓她禁不住感慨，原來那驚破水雲的竹

第1卷 飛花逐月

笙竟然能讓那個馬上拈花的七尺男兒如此痴迷，只是，究竟在哪一句笙歌裡，她才能從他不動聲色的神態裡遇見他按捺不住的心動？他的眼神在笙歌裡沉迷，她心裡卻忽有所動，沒來由地升起一絲莫名的驚懼，似乎每一聲笙歌的起落都有可能錯過他們相伴一生的希冀。當繁花褪盡、月上西樓之時，浮華背後，他是否還會留意到她眼裡只為他深藏的溫馨與柔軟？

滿城的櫻花在她眼前斜斜地飛過，四目相對之際，琴聲流淌在瘦西湖畔的每一個角落，而他漫卷的笙歌卻被春風緩緩吹散在她青綠色的夢裡。似乎沒有留下任何的痕跡，甚至沒有留下任何的記憶，只有淡淡的芳香與馨暖被深深烙在了堤畔盤旋的煙柳中，只一回眸，她便悄然隱退在他的笙歌之後，回首之際，唯一記得的便是他檀郎的雅號，竟連自己的乳名「娥皇」也忘得一乾二淨。

她在夢裡靜靜等他，亦如他在笙歌裡將她默默找尋。終於，在十里瓊花捲起浪漫情事的日子裡，他打聽到那個月夜之下於瘦西湖畔彈得一手好琵琶的女子竟然不是別人，而是南唐國勳臣元老周宗的長女娥皇。娥皇，他欣喜若狂地念她的名字，香豔、朦朧、迷離、婉轉，除了她，這天下再也沒人能配得上這兩個充滿詩情畫意的字眼了！

他開始找各種理由與她相見。她視他若神仙般的人物，只要聽到他充滿磁性的嗓音從湖畔遠遠傳來，便忘了自己大家閨秀的身分，於是，二十四橋下，五亭橋畔，她總是欣然赴約，楚楚動人，宛若神女自巫山而來。初見的那個月夜，她十指纖纖，掐下一朵素白的瓊花印在略施粉黛的額間，望著他羞澀地笑，而他居然也有一絲拘束，竟不知道該對她說些什麼好，只是漲紅了一張臉痴痴盯著她看，彷彿一個不經事的懵懂少年。

那時那刻，櫻花沉睡，笙歌又起，一曲《春江花月夜》便從她櫻桃般的小口中逶迤而出，聽得他如痴如醉。他吹笙，白衣勝雪，玉樹臨風；她撫琴，低眉淺笑，顧盼生輝。偷偷的一瞥，是冷暖兩心知的柔軟與體貼，

是她對他的仰慕，亦是他對她的珍愛。突地，他放下了手中的竹笙，緊緊握住她撫琴的纖指，滿眼都是暖暖的的笑意，而她周身瀰漫的卻是他給的輕柔與希望。他說她是他的春夢，夢裡開滿奼紫嫣紅的花，他說她是他的生命，每一個舉手投足都流瀉著他的心跳，他說她是他的陽春白雪，分分秒秒，給他的，總是妙不可言的美好與清芬。他就那樣微笑著注視著她，時間彷彿在她的回眸中停滯了，但他知道，面若芙蕖的她，眼底正流瀉著一種叫做情深不悔的情愫，而這恰恰印證了他對她的愛沒有白費。二十四橋明月夜下，他們執手，笙琴相伴，相視莞爾，那些溫暖愜意的片段，縱千百次地掠過他們年輕的心懷，卻仍舊帶不走他們些許的歡笑，而那抹能夠令春風沉醉的笑容，一如藍田生煙，在他們心間氤氳、瀰漫，始終都令他們心動地醉著，再也分不清哪個是他，哪個是她。

娥皇，他喚她的時候，她心裡泛起陣陣明媚的喜悅，滿城驚豔的瓊花剎那間便瀰漫了她微醉的眉眼，任她眸子裡盈著一汪梅子的青澀，於是，只好躲在綠蔭背後羞澀地掩袖，假裝不去看他。自此後，那一聲聲婉轉的笙歌，恰似滿城開得如火如荼的瓊花，鋪天蓋地地一直激盪在她心底，而從他一如既往的溫柔的眸光裡，她亦終於明白，十七歲的她迎來了人生裡最燦爛的春天。

碧砌花光錦繡明，朱扉長日鎮長扃。夜寒不去寢難成，爐香煙冷自亭亭。

遼陽月，秣陵砧，不傳消息但傳情。黃金窗下忽然驚，征人歸日二毛生。

—— 李璟《望遠行》

這世間所有甜蜜的愛情都抵不過一句生離，縱是愛得如漆似膠，也有分別的那一天。遠行時，當他吟起李璟新作的《望遠行》小調時，她才明

白，原來，把笙吹得出神入化，傾倒揚州仕女的那位公子並非檀郎，而是君臨天下的大唐皇帝李璟第六子鄭王李從嘉。

他說她一定會來揚州提親，將她娶回金陵宮闕。她說她高攀不起，配不上他。其實她是名門千金，身為東都留守的父親周宗也曾在朝為官，而且是權勢煊赫的一人之下、萬人之上的宰相，可她終究只是個靜處深閨的女子，從來不曾想到自己會在瘦西湖畔邂逅自幼便以聰穎聞名天下的鄭王李從嘉，莫非這一切只是做了一場春夢？

他叫她不要驚慌，不要害怕。終是含著熱淚鬆了她的手，在侍從的攙扶下，依依不捨地踱上了停泊在碼頭的大船。而她只能靜靜守在暮色昏昏的夕陽裡，無可奈何地望著他遠去的背影，回首間早已是淚沾衣襟。

他走了，終究還是遠去了她的世界，叫她如何不惆悵不徬徨？她相信他會回來，可又不敢期待，只能無助地守在送行的江邊朝向他離去的方向不停地揮手，直到他的身影由清晰變模糊，最後徹底消失在她的目光裡。緩緩轉過身去，又飛快地移步至樓頭，將他臨別前送她的竹笙送到唇邊，嗚咽著吹了起來，卻不知道這一首離別的調子究竟是吹給誰聽。風起，一曲銷魂，兜兜轉轉後，滿眼裡除了兩泓晶瑩的淚水，便只剩下漫過長堤的寂寞煙花和滾滾東逝的長江水，哪裡還有當初的你儂我儂？

「春草碧色，春水淥波，送君南浦，傷如之何！」輕輕念起大才子江淹《別賦》裡別離的句子，更是傷心難禁。送君南浦，送君南浦，記竹裡題詩，花邊載酒，只是魂斷江干春暮。他不在的日子，她又該如何憶取他曾經給她的暖？

竹笙，不經意間，從她懷中滾下樓去，她不知道這意味著什麼，但隱約地覺察到這恐怕不是什麼好兆頭。怔愣片刻之後，她腳步匆匆地飛奔下樓，把竹笙輕輕揀起時，卻發現載著他遠去的巨舸早已消逝在天際，再也

找不他遺留下的一絲絲溫存。她不願再任由自己悲傷的目光，肆無忌憚地在江邊追逐著他飄渺的身影，可此時此刻，除了枕著舊去的時光一點一點地憶念他的好，她還能做些什麼？

回不去了，過去的終將成為過去，而明天卻是她眼下怎麼也過不去的河。從嘉啊從嘉，你真就這麼走了嗎？可知你轉身而去後，再多的姹紫嫣紅也無法讓我孤獨的軒窗變得流光溢彩，再多的燈紅酒綠也無法填補我內心的空虛。我要的只是秉燭夜談、琴瑟和鳴，我要的只是紅袖添香、耳鬢廝磨，你不在了，縱是春深似錦、高山流水，於我而言亦只不過是一幕又一幕深深的空洞罷了！都說女為悅己者容，從此以後，還有誰能讓我願意為他濃妝豔抹或是淡掃蛾眉？我的美麗如果沒了你的點綴與陪伴，就好比天空失去了飛鳥、池塘失去了游魚，縱使再耀眼璀璨，有的也只是虛張聲勢後的蒼白與荒蕪，禁不起任何的推敲。知不知道，我有太多太多的話要對你說？知不知道，所有的良辰美景都應有你盛情的參與？知不知道，我所有的風姿都只為你一人而盛放？自今日起，你回你的金陵，做你的王爺，無論歡樂還是憂傷，我都會為你守候在揚州城的柳色青青裡，做一個等待的人，哪怕從此無人問津、無人憐惜，哪怕終日獨坐在柳蔭深處哀傷嘆惜，哪怕再也無心梳妝打扮，成為人見人厭的棄兒。可你要相信，即便到了山窮水盡的時候，我也會憶著你曾經的笙歌，在寂寞裡撐起一片只屬於我們的長生天，哪怕那天地裡滿滿剩下的都是我的孤單與無奈。

他走後，她日夜悵坐簾下，將那一管憂傷的竹笙吹了又吹，用連篇的詞賦寄取無限的相思，卻終是愁絕西窗夜雨，無人與共。隔著窗外迷亂人眼的柳絮，她在揚州城裡遙遙凝望一江之隔的他，看到的卻不再是他的羽扇綸巾、白衣白衫，而是他如水的眸中她憂傷的眉眼。凝眸，笙管上還綴著他當日送她的瓊花，衣袂上還沉澱著瘦西湖畔笙歌的幽咽，而她卻再也吹不完整一首像樣的曲子，從嘉啊從嘉，縱是你遣人把皇宮裡最好的玉笙

送來，縱是你讓天下最好的樂工譜就最臻完美的曲調，恐怕我這顆日漸憂鬱徬徨的心也無法左右自己吹奏出能夠令你激賞的韻律了啊！

風吹羅衣，滿庭生香，寂寞的日子裡，她只能守著一懷寂寞，默默地遠眺、駐足、徘徊、嘆息，縱使聲聲的呼喚換來的只是日以繼夜的傷心難禁。看窗外一隻隻蝴蝶在花間穿梭嬉戲，心底那縷思念的波濤依舊翻滾如昔。檀郎，檀郎，她日日夜夜守在他曾經打馬路過的小徑，將他的名字唸了又唸，喚了又喚，卻不知道六朝金粉的金陵城是不是也有她這樣的痴心女子，能時時刻刻歡喜著他的歡喜、悲傷著他的悲傷，亦不知道皇宮裡是不是也有她這樣的細心女子，能把他照顧得無微不至。如果她在他身邊，該有多好，至少她是懂得他的，亦知道該如何討他歡心，如何撫慰他那顆疲憊的心。從嘉，當飛花掠過你雕花窗櫺的時候，窗下作詩的你可否聽到我輕聲的低喚？我在想你，在這溫婉的月色之下，任思念都化作素箋上字跡潦草的詞賦，每一字，每一句，都浥染著我心底青澀的嘆息，然而，你聽到了還是沒有聽到？

唉！她緩緩唸起別離時，他在江畔唸給她聽的那首《望遠行》。那是他的父親，當今天子元宗皇帝李璟寫的一首新詞，字字句句，無不透著一股悲愴的淒涼。她曾聽父親說過，李璟擅長以女子的口吻寫閨怨詞，藉以表達他內心無法排遣的憂愁悲苦。堂堂天子，要風有風，要雨有雨，後宮佳麗三千，他還會有什麼愁苦煩悶呢？小時候的她總是托著腮，眨著明亮的眼睛調皮地問著父親，父親便不厭其煩地向她講解軍國大事，儘管很多事她都聽不太明白，但卻懂得了一個看似深奧實則淺顯的道理，那就是在這個世上，快樂並不和權位的高低、財富的多寡成正比，富貴如皇上，也逃不脫一個生老病死，又怎能沒有煩惱愁苦呢？

「碧砌花光錦繡明，朱扉長日鎮長扃。」短短十四個字，一個思念征人的怨婦形象便在李璟筆下唯妙唯肖地出現了。春光明媚、花團錦簇，獨處

深閨的女子卻緊掩朱門，足不出戶，沒有任何興致去欣賞外面盎然的春色，這和她周娥皇現在的心情又有什麼分別？念他時卻見不到他，只能在孤獨中拈一朵案上早已冷去的芳華，任其幻化成指間的韶光墨香，在夢裡共他一同篆寫楚辭賦，一同雕琢秦磚漢瓦，然而卻又深深明白現實的世界裡無法牽他之手，只好在寂寞深閨裡將他已然冰冷的笑靨浸在相思的淚水中，念了又念，盼了又盼。

「夜寒不去寢難成，爐香煙冷自亭亭。」相思至極，刻骨難耐，便想夢中與他一見，可憐夜寒露重，夢也難成。寂靜的夜是如此的漫長，深坐中的閨婦不停地想，不停地念，那已經點了許久的香爐行將熄滅，青煙冰冷，兀自亭亭升起，卻仍然難以成眠。

推開小軒窗，但見煙鎖小橋花徑，指向春歸的路，卻不知道他的歸路在何處。念他時，她遙望迢迢春水，在水湄用青絲綰就成千千心結，只想對著未褪的月色訴一懷無期的相思，盼望他一襲白衫，披一肩明月，乘一葉扁舟從碧波中閃亮地駛來；盼望他越過兩岸盛開的萬紫千紅，在兩顆心的靈犀中點亮湖畔相望的眸，讀懂廊簷那一隻盼春燕子的寂寞。唉，她深深地嘆，她的心思，從嘉真的能讀明白嗎？征人已去，只餘思婦寂寞鎖春紅，她和那青詞小調中的女子究竟有著怎樣的分別？究竟，她是誰，誰是她？她和她，誰才是為相思瘦盡黃花的傷心女子？

「遼陽月，秣陵砧，不傳消息但傳情。」遙遠的遼陽，征人夜不成眠，仰望蒼穹一彎新月，默默思念家中嬌妻；而在秣陵，征人的消息依舊杳然，思婦依舊裹著滿身的惆悵在河畔浣洗衣裳，月下砧聲陣陣，不僅搗碎了她思夫的心，更激起她對遠在遼陽出征的丈夫的思念。可又有誰知那東昇西落的月亮和不絕於耳的搗衣聲卻傳遞著他們之間無盡的思慕？一輪明月，兩地相思，這可真應了高適《燕歌行》裡的那句：「少婦城南欲斷腸，征人薊北空回首」啊！

第1卷　飛花逐月

　　從嘉，你到底在哪？念他時，她斜倚闌桿，守著一燈昏黃的燭火，寫下一紙地老天荒的誓約，一行，兩行，三行，四行，樂此不疲地杜撰著一頁頁只屬於她和他開遍繁花的春詞，然後，心甘情願地為他髮絲長、眉眼亂，做他案上燭、樓頭月，替他守著前生今世的眉間事；念他時，她在長廊邊唱著一曲寂寞如風的歌謠，讓幽幽長長的嘆息隨風抵達他簷角下的那枚銅鈴，在黎明時分輕吟低唱，反反覆覆、孜孜以求，只為喚醒他對她許諾的歸期；念他時，她潸然淚下，執一柄遮陽避雨的油紙傘，盼望他為她撐起一方流淚的天空……從嘉啊從嘉，你便不是王爺，只是那街頭吹響一管竹笙的少年，抑或只是皇上筆下的征人，我這一生也不敢與你相決絕啊！她輕輕地抽泣，今生只想做他眼裡婉約如花的女子，只想與他結廬為舍、舉案齊眉，從此，讓相依相扶的身影與暮色斜陽映成世人口中不朽的傳說，只是，一場春夢醒來時一切終已惘然，再多的相思亦不過是空自憔悴了朱顏，又有誰來相顧？悲只悲，前世今生的痴，沒有一個人可以洞悉，難道此生與他這一段繾綣的深情只是偶爾同舟，卻永遠都無法共濟？

　　「黃金窗下忽然驚，征人歸日二毛生。」思婦的征人到底什麼時候才能迴轉家鄉與之團聚？一縷晨光掠過她蒼白的面龐斜斜射向窗戶，映照得窗櫺金光燦燦，她不禁驀地驚醒，心生恍惚。雖然相互掛念，略感慰藉，但畢竟空閨獨守，總是難熬。怕只怕等到征人歸日，彼此都已頭髮斑白，大好的青春就此虛度，怎不叫人驚心？

　　娥皇滿噙著淚水望向窗外飛散的落花，卻不知自己是不是也會等到頭髮斑白，才能將她的檀郎等回。她輕輕掰弄著手指數著日子，一個月，兩個月，三個月……從嘉離開揚州已經過了半年，可他怎麼連一封信都沒有捎回來？難道……難道……她心裡生出太多太多的疑惑，卻又不敢深究細思，難道他只是把她當作了水中浮萍，抑或他根本從來就沒有在意過她？

　　從嘉！檀郎！夜已靜，人已遠，她卻在月下將渴望、痛苦、迷茫和無

言的吶喊，於琵琶的嗚咽聲中一併深刻表白。幽暗裡，回眸的剎那，那些層層疊疊的壓抑，便都在狹小而刻薄的記憶縫隙內掙扎著苦苦向外伸展，觸控著她最敏感、最脆弱的神經，似一遊絲，牽著她在無法自拔的思念與無法排遣的鬱悶中，又一次哀傷著她的哀傷，悲愴著她的悲愴。

她清楚地記得，和他初見的那年是南唐保大十年。那會，她十七歲，而他只有十六歲，正是情竇初開的季節。

西樓望歸

風壓輕雲貼水飛，乍晴池館燕爭泥，沈郎多病不勝衣。

沙上未聞鴻雁信，竹間時聽鷓鴣啼，此情唯有落花知。

——李璟《浣溪紗》

盼啊盼啊，娥皇終於在落雪的季節收到從嘉特地派出的貼身侍從劉澄從金陵渡江送來的親筆信。原來他未如約前來，是因為南唐軍隊在桂州前線和南漢的戰爭中吃了敗仗，還沒等南唐君臣停下來好好喘口氣，將殘局收起，始料不及的兵禍便又接二連三地發生了。國難當頭，整個朝廷亂成了一鍋粥，身為鄭王的從嘉遵從母親鍾皇后之命，每天都跟在父兄身後，設法替他們分解憂愁，自然也就分身乏術，無法來揚州與她一敘離情了。

那一年，已是唐中主保大十年，距李璟即位已有十個年頭。十年前的昇元七年二月，烈祖李昇因服食丹藥崩於崇德宮；三月，李璟在大臣周宗等人的幫助下順利登基，改元保大，尊皇后宋氏為太后，冊王妃鍾氏為皇后，晉封壽王景遂為燕王，四弟宣城王景達為鄂王，絕了烈祖要將皇位傳給三子景遂的念頭。

但是天性孝慈的李璟卻不願違逆父親的本意，在即位那年的七月再晉燕王景遂為齊王、諸道兵馬大元帥、太尉兼中書令，加鄂王景達為燕王、副元帥，長子弘冀為南昌王，出為江都尹兼東都留守，同時詔告天下，約兄弟世世繼立，欲在百年之後將皇位傳給三弟景遂，並破天荒地將謀奪嫡嗣的種夫人從尼庵中接回後宮，尊為太妃，同時進封種氏之子景逷為保寧王。

雖然黃袍加身，但是對帝位本無戀棧之心的李璟沒忘記父親李昇臨終前對三弟景遂的殷殷期待。李璟明白，如果沒有大臣周宗等人的堅持，病危中的李昇是不會在榻前宣詔立自己為太子的，為滿足父親的遺願，他不顧群臣的反對，硬是在保大五年的正月立景遂為皇太弟，再晉燕王景達為齊王、大元帥，天下物議譁然。

由於李璟的優柔寡斷，南唐朝政幾為權臣左右。初，李璟即位，即以曾跟隨自己在元帥府掌書記的馮延巳為翰林承旨學士，又以延巳弟馮延魯為中書舍人，陳覺為樞密使，魏岑、查文徽為副使。此五人皆以邪佞用事，吳人謂之「五鬼」。與此同時，開國功臣、宰相宋齊丘弄權，與「五鬼」互通有無，排斥異己，侵損時政，無所顧忌，為天下人所不敢為。

恰恰就在這個時候，偏安東南一隅的閩國連年發生內亂，好大喜功的馮延巳見有機可趁，遂於保大二年聯名馮延魯慫恿李璟出兵閩國，開疆拓土。加之魏岑、陳覺等人的聯名上疏，李璟終於決定遣查文徽及大將邊鎬於保大二年十二月出兵閩國，並於保大三年八月攻克閩國都城建州，至此，閩國滅亡，但舊都福州一城尚在閩人手中。閩人為保住福州，向鄰國吳越求援。吳越念及唇亡齒寒的道理，遂發兵福州，與南唐陷入無休無止的戰爭中，勝負難分。

連年征戰，李璟幾乎用光了烈祖李昇時期累積下的鉅額財富，為盡快擺脫入不敷出的窘境，優柔寡斷的他居然於保大五年正月詔告天下，立齊王景遂為皇太弟，再傳兄終弟及之意，並晉燕王景達為齊王兼兵馬大元

帥，長子南昌王弘冀為燕王，寄期望於列祖列宗，希冀寵愛景遂、景達的烈祖地下有知，能夠助南唐度過眼前的困厄。

誰知東線的戰爭剛剛結束，偏安於南唐西南一隅的楚國又變生內亂。當時楚國情勢，內有數股勢力割據，外有強鄰南漢虎視眈眈，整天打得不可開交，楚將徐威等欲殺楚主馬希崇以自救，希崇察覺出其中變故後，遂密遣心腹前往南唐，向李璟請兵乞援。李璟立命大將邊鎬西趨潭州，十月，馬希崇在萬般不得已的情勢下率家族投降，契領宗族將佐千餘人共赴金陵，楚亡。與此同時，南漢國主劉晟趁機發兵，連下楚國蒙、桂、連、梧、嚴、富、昭、流、象、龔等州，於是楚國之地至此南嶺以北皆屬南唐，南嶺之南盡屬南漢，只剩下朗州一隅為楚將劉言所據，也不再復屬馬氏。

其時，中原後漢朝廷已為郭威建立的後周取代。十二月，後周泰寧軍節度使慕容彥超反，來南唐乞師以拒周。李璟既並有湖南，複議北略，戶部侍郎韓熙載上書諫阻，李璟不聽，出兵五千人往援彥超，結果為周師所敗，從此與周結怨。愈年，已是南唐保大十年，李璟起馮延巳為相，與孫晟同平章事。因連年用兵，府庫空虛，馮延巳以克楚為功，不欲取費於國，乃重斂楚民以給軍，楚人復生叛心。初，邊鎬入據潭州，百姓市不易肆，皆稱鎬為邊菩薩，一體悅服，後邊鎬在馮延巳疲楚政策的影響下，開始佞佛設齋、築寺置觀，所入賦稅除貢獻金陵外盡充佛事，浮費無節，凡地方一切政治，均置諸不理，於是漸失民心，終導致南漢覬覦，乘機攻陷郴州，邊鎬因而坐失軍威。

郴州既失，李璟恨南漢猖獗，於四月遣將軍張巒出兵與南漢爭奪桂州，不克，大敗而還。孰不料黃雀捕蟬，螳螂在後，朗州守將劉言眼見南唐兵敗，遂也心生異圖，陰謀兵襲潭州。消息傳到金陵，李璟頗悔連年用兵，終日憂心忡忡，叵耐箭在弦上，不得不好，只好賦詞一首《浣溪紗》，感嘆自己無可奈何的淒涼心境：

第1卷　飛花逐月

風壓輕雲貼水飛，乍晴池館燕爭泥，沈郎多病不勝衣。

沙上未聞鴻雁信，竹間時聽鷓鴣啼，此情唯有落花知。

──李璟《浣溪紗》

月上西樓，娥皇獨立樓前，將從嘉派劉澄送來的親筆信望了又望，唸了又唸。他還想著她！他心裡真的還有自己！她欣喜若狂，忍不住珠淚暗垂，悲喜交集。可是為什麼過了這麼久他才派人送來這封信？是他病了，還是他愛自己不夠多，抑或是皇上知道了他們的事，不讓他來看自己？她輕輕捧讀從嘉隨同信件一起寄來的父親李璟寫就的新詞《浣溪紗》，思緒卻隨同廊外飄飛的雪花忽左忽右，忽前忽後，恍惚間便已飛到那煙水飄渺的金陵城下。

幻境中，她跟隨父親周宗送親的隊伍從秦淮河碼頭棄舟登岸，身後是胭脂飄香的十里秦淮。放眼望去，秦淮河兩岸早已擠滿圍觀的人群，大家爭先恐後地探出頭來想要一睹她的芳姿，而就在這時，萬頭攢動、鑼鼓喧天處，一襲紅裝的她一眼便看到了錦衣華裳的他，嘴色洋溢著令人沉醉的笑容，只一瞥就惹她神魂顛倒。他依舊玉樹臨風、溫文爾雅，舉手投足間流瀉著天人才有的氣質與風姿，而瀲灩的波光與動地的鑾鼓更把他襯托神采奕奕、卓爾不群。她就那樣偷偷地瞥著他，彷彿在欣賞一幅舉世無雙的潑墨山水畫，每向前挪一步，心裡便多出一份難抑的歡喜與甜蜜，哪怕六朝的繁華次第闖入眼簾，哪怕舊時王謝堂前的燕子從她頭頂斜斜地掠過，哪怕迎親的宮人們以頂尖的技藝在秦淮河兩岸彈奏出曠世未聞的曲調，哪怕傾城的櫻花亂了所有人的腳步，她所有的注意力仍然都集中在他一人身上。

他，就是她的天、她的地、她的春夏秋冬、她的陽春白雪、她的高山流水、她的歡喜、她的明媚，也是她生命的全部，所以金陵城的風花雪月、六朝的奢靡金粉，一切的殊勝，對她來說通通是不值一提的擺設，甚

至是可有可無的累贅。她的眼裡只有他，也只容得下他，儘管在她四周圍擁了一撥又一撥的人群，儘管司禮的官員和宮人始終跟隨在她身邊，提醒她該怎麼做才能顯出一個王妃的氣度與儀態，她依然無視他們的存在，那抹滿含深情的目光始終都落在同樣滿眼深情注視著她的他身上。

　　從嘉，這是在做夢嗎？柳柳低垂的岸邊，嬌羞滿面的她任由風流倜儻的他緊緊攥著她的手，將她扶上早已準備好的花轎上，眼神裡滿是心旌蕩漾之後的迷離與沉醉。她知道，坐著這乘花轎，在秦淮河的曲徑芳堤處再拐幾個彎，她便要被抬進他的鄭王府，成為他名正言順的妻子了，可她真的準備好了嗎？她真的能扮演好鄭王妃的角色嗎？花轎被十六個轎伕輕輕抬起的那一瞬，她透過被風撩開的珠簾看到他早已騎在了披紅掛綵的高大的棗紅色駿馬上，滿臉的喜悅與自得，深情的眸子依然如溪水般澄澈瀲灩，而就在那一瞬，被花香薰暖的風中，她彷彿又聽到了他在瘦西湖畔吹響的那一支笙歌，只是此去經年，悠揚的音律後究竟藏了多少的歡喜，又藏了多少的憂傷與無奈？她不知道，也不想知道，她只知道自己即將由一個心事如花的懵懂少女變成他玲瓏剔透的妻，而這已讓她心滿意足。

　　秦淮河很長，長到彷彿沒有盡頭，而她的夢也跟著越做越長。是不是，還沒等她的船靠近碼頭，他就嗅到了只屬於她的芳香，要不又該找些什麼理由來解釋他那份難禁的欣喜與滿面的自豪？她知道，他的喜悅是發自肺腑的，是浸潤在心底的深情與不悔，而她又該拿什麼還報於他？花轎繼續沿著秦淮河岸邊古色古香的街巷不緊不慢地前行，珠簾外他恣意的笑聲又讓她轉瞬回到那個草長鶯飛的季節，於是，初見時他那身飄飛的白衣又開始在她心底輕舞飛揚，他望向她的暖笑亦依然在素白的瓊枝上輕輕蕩漾開來，將她嬌羞的面龐迅速染得酡紅一片。回眸，柳煙深處，桃葉渡的夕陽斜斜穿過她的明眸皓齒，卻見一直守護在花轎跟前的他迅速勒轉馬頭，飛快地跳下馬背，又以迅雷不及掩耳的速度掀開了她的轎簾，滿目深

情地凝望著她，卻是含笑不語。她深深吸一口氣，順著他手指的方向看到了那座近在咫尺的金碧輝煌的府邸，那是屬於他的鄭王府，只要跨過了門前那道高高的門檻，她周娥皇便是整個南唐萬眾矚目的鄭王妃了。

夢，總是在最歡喜時收場，只留下清醒後的殘酷。金陵的傾城春色終究只是南柯一夢，乍然回首，一切的明媚與璀璨都已在半夢半醒中消逝得無影無蹤，再也找不到，哪怕是一點一滴的溫馨。抬頭，窗外的景色恍然若舊，夢裡的秦淮河依舊，眼前的瘦西湖依舊，思念的清淚卻早已湮溼手中亂塗的詞箋。倚軒窗，縱是海角望斷，終是相思難疇，嘆只嘆煙花易冷，轉身而過後，又怨得了誰的無情與健忘？落英繽紛，片片，翩翩，無限的惆悵都灑落在她斷腸的眺望裡，灑落在瘦西湖畔的一片蒼茫雪色裡，於是，李璟那篇以景詠懷的《浣溪紗》，便又悄然爬上了她的心頭。

「風壓輕雲貼水飛，乍晴池館燕爭泥，沈郎多病不勝衣。」詞章開篇連用「壓」、「輕」、「貼」三個動詞，振動起整個畫面，次句點明時空，色彩明快，第三句轉向作者本人，由於情感外射，整幅畫面頓時從明快變為陰鬱，如此一來，便產生了跌宕的審美效果，增加了詞的動態美，然而卻又令讀詞的人倍覺心驚。

誰翻樂府淒涼曲？風也蕭蕭，雨也蕭蕭，只是瘦盡燈花又一宵。遠在金陵的唐帝李璟於百無聊賴中徜徉於池館內外，但見和風吹拂大地，薄雲貼水迅飛，輕陰擱雨，天氣初晴，那啣泥的新燕正軟語呢喃。然而面對這春意盎然的良辰美景，因國事憂心而變得瘦損不堪的李璟卻不禁暗生惆悵。

是啊，連年征戰，南唐開支入不敷出，幾乎用盡李昇國庫所藏幣帛，奈何楚地剛平，南漢、劉言又頻頻用兵，逼得李璟疲於應命，可這又能如何？娥皇雖然只有十七歲，但自幼隨父習文，精通書史，念著李璟的詞句，心中不禁也生出無限悽楚來。聽父親周宗說，獨立朗州擁兵自重的劉言已於十月公開與南唐作對，發兵進逼潭州，朝廷已經亂成一鍋粥，這個

時候的李璟又怎能不「沈郎多病不勝衣」呢？

　　李璟在這句話裡用了南朝沈約的典故。沈約出身於門閥士族，歷經宋、齊、梁三朝，從少年時代起就很用功讀書，白天讀的書，夜間一定要溫習。沈母擔心他的身體支持不了這樣刻苦的學習，常常減少他的燈油，早早撤去供他取暖的火。青年時期的沈約，已經「博通群籍」，寫得一手好文章，並對史學產生了濃厚的興趣，從二十幾歲始，嘔心瀝血，用了整整二十年的時間，才寫成一部晉史，正因為如此，沈約到了暮年就病倒了，日益憔悴，腰圍速減，身體變得消瘦，後世便多以「沈約瘦腰」形容病容憔悴、憂鬱多疾。

　　「沙上未聞鴻雁信，竹間時聽鷓鴣啼，此情唯有落花知。」娥皇難以想像被國事折磨得頭痛欲裂的李璟會變作何種弱不禁風的模樣，只好繼續往下唸去。

　　鴻雁傳書，出於《漢書・蘇武傳》，前人詩詞裡常常用起這個典故。流連於湖畔沙地，未聞鴻雁傳書，卻時時聽得竹間鷓鴣啼聲，更勾起李璟對遠征沙場故舊的思念，以及對用兵楚國的深深悔意。可是除了眼前這無知的落花，又有誰明白他的心緒？是宋齊丘還是馮延巳？不，他們都不明白，他們只知道爭功奪權，只知道以一己之私逞一時之快，在大兵壓境之際卻又通通失了主張，把這難以收拾的爛攤子通通交到自己手裡，想丟開也難。只是落花真的能夠體會自己的無奈與無助嗎？他搖搖頭，落花自是無言，即使它們能夠體會自己的心情，也是無可勸慰。

　　唉！娥皇輕輕丟開詞箋，瞥一眼廊下堆積的一泓冬雪，深深淺淺地嘆息著。她既替南唐的前程擔憂，也替唐帝李璟煩惱，更替那個終日侍候在父親身前脫不開身的從嘉悲嘆。身為皇子，從嘉身上擔負著常人難以想像的責任和重擔，只是自己遠居廣陵，不能替他分憂解愁，不免又傷心徬徨起來。抬頭，望向雪中的一朵輕雲，禁不住悵問蒼天，那一朵雲究竟能載

起多少思念悠悠地飄過？在事過境遷以後，又是否能讓遠方的他知道她有多想念他呢？

「二十四橋明月夜，玉人何處教吹簫！」願只願，在月滿西樓的夜晚，當蘭舟載著花香橫斜在水面之際，白衣勝雪的他，會在玉人駐足過那綻滿枝頭的瓊花下的二十四橋頭望向她莞爾一笑。屆時，她將彈起古老的琵琶與之互應，更要捧出一顆痴心裁成一葉輕舟，讓那飄渺的笙歌幻化成一柄桂槳，然後，和他手牽手，一起划著船兒遊弋在波光瀲灩的瘦西湖上，共他在三分明月有其二的揚州城沉醉不知歸路，哪怕永遠不再醒來。

問世間情為何物？直叫生死相許。她愛他，愛得低眉順眼，愛得俯首貼耳，愛得痛心疾首，愛得肝腸寸斷，甚至愛得徹底失去了自我與自尊。究竟，什麼時候才能與他重新聚首，花前月下共徘徊，那沒有歸期的歸期又該是何年何月？醉酒當歌，想他的時候，偏偏舉杯消愁愁更愁，那一回眸的深情，那一句離別的珍重，是否都和眼前零落的雪花一樣，美則美矣，一旦落到地上便化作了無盡的空虛與永恆的空洞？她搖首無語，恍惚中只聽到他昨日的笙歌依舊落在她潮湧的淚水裡，迅速漲成她泅渡不過的深海，瞬間便淹沒了她所剩無幾的希望與憧憬，留下的唯有深不見底的幽暗與無明，還有深深的自責與無助。

此時此刻，她不知道自己還能夠做些什麼，又有勇氣承擔些什麼，離別之後，或許就連寂寞的等待都是蒼白無力的，那麼她也只能日復一日地悵坐窗下，憂傷著看一段與之無關的或明媚或晦澀的風景了。再回首，那依舊婉轉的笙歌在她最不經意的時候，彷若流矢般迅速刺穿她的耳膜，直沁她依然徬徨的心扉，然後，還沒等她徹底回過神來便又聽到笙音落地時的迴響，抑揚頓挫，鏗鏘有力，只是她不明白，其實那是遠處的鼓角鉦鳴之聲，因為就在那個夜裡，武平軍節度使劉言率朗州部眾攻陷潭州，守將邊鎬倉皇出逃，南唐先前所得馬氏南嶺以北之地至此盡失。

第 2 卷
杏花春深

春風揚州

　　春日遊，杏花吹滿頭。陌上誰家年少，足風流。妾擬將身嫁與，一生休。縱被無情棄，不能羞。

—— 韋莊《思帝鄉》

　　「楊柳青青江水平，聞郎江上唱歌聲。東邊日出西邊雨，道是無晴卻有晴。」窗外，《竹枝詞》聲連綿不絕地響起，從嘉的身影再一次劃向娥皇柔軟的心海。又是花深似海的季節，揚州城裡春光一片，只是不知「春來江水綠如藍」的時候，他可否還會記得她油光可鑑的鬢髮輕舞飛揚的都是對他的景仰與思慕？又可否知道，她要的從來不是寶馬香車，不是鳳冠霞帔，不是華屋美廈，不是錦衣玉食，而是他在繽紛的落英中微笑著輕輕牽起她的手，是他在朦朧月色下傾心聽她輕彈一曲琵琶訴衷腸？

　　風清月朗的夜晚，她總是守在他打馬而去的瘦西湖畔，用新墨寫就的詩賦與聲聲斷腸的琵琶將思念織成一張牢不可破的網，不僅網住了他凝望她的灼熱目光，也網住了她對他的痴心一片，無法掙扎，亦無法動彈。她把自己困守在了無形的情網中，進不得，退不得，只能默默遙望有他的方向，滿懷期待與不捨、徬徨與困惑。在波光瀲灩的水面上來回遊弋，卻又始終無法用一汪漣漪網住他的回眸與駐足，雖然明知一切的努力都是作繭自縛，亦依舊不肯放自己一條歡喜之路。他會看見的，他會聽到的，他會懂得的，她所有的苦痛、所有的掙扎，都會在她為他彈起那首痴絕哀豔的《長相思》時，透過這清清的水波傳遞到他的窗下，只是此時此刻，在她最深的憶念裡，為何偏偏看不到他深情凝望她的目光？她把滿腔的痴情都擱在了網中，滿滿的，卻不曾料到在水中綿延的只是她一個人的固守，縱百轉千迴，亦未曾求得他哪怕是一次的回首或轉身。有多少的二十四橋明

月夜，就有多少的碧海青天夜夜心，皎潔的月光下，她看不到他，聽不到他，只能用一曲思念的琵琶化入奼紫嫣紅的春天裡，讓自己冰涼的淚水和著他溫柔略帶靦腆的笑靨，一同繫進玉色帳鉤，只期待在夢中再與他清歌婉轉，一醉方休。

　　彷彿，只需要一個回眸、一句懂得，世間所有的歡喜，所有的溫暖，便會在她思念濤起的日子裡悠然升起，而所有的不得已，所有的難為，亦都會化作她憂傷過後喜極而泣的淚水，從此後，在他關切注視的目光中，她注定只懂得幸福與安然。瘦西湖知道，她不想從他的世界裡走開，五亭橋知道，她不想從他的眼神裡走丟，她只想在滿城驚豔的瓊花下，迎著他滿腹的詩情畫意，慢慢朝他走去，哪怕這段看似近在咫尺的路要走上千年萬年，只要他們還在彼此凝望的目光中，她便覺得心安。然而，現實的世界裡，她看到的不再是他懵懂的眼神，取而代之的唯有她忐忑的心緒，她甚至搞不清內心巨大的失落究竟緣自哪一種恐懼，是明明知道卻要裝作糊塗，還是她一直都沒有勇氣面對真相？

　　從嘉，從嘉，春風化雨，鶯歌燕舞，桃花紅梨花白，正是春花插滿頭的大好時節，你為何還藏身在金陵城的王宮中，遲遲不肯出行？是什麼讓你心甘情願地蟄伏，是什麼讓你把我當作路人不再回顧？都說春風與明月是上天對揚州的恩賜，這柳色青青、百花爭豔的季節，你有什麼理由不來這裡一睹造物的風姿？來吧，來揚州看你喜歡的漫天瓊花，來揚州喝我為你斟的美酒，來揚州聽我為你新譜的琵琶曲，來揚州赴一場你與我定好的盛約，用你的才情，用你如水的眸光，再次點燃我眼裡的柔情，好嗎？她不知道他會不會來，她只知道，當琵琶撥動滿城飛舞的瓊花，燃起滿湖瀲灩的春色之際，她願化作一泓清澈的流水，緩緩流淌在他寂靜歡喜的眉間，日日夜夜，年年月月，只是，那個昨日在夢中嘴角還掛著淺淺微笑的他現在又在哪裡？曾經「春風十里揚州路，捲上珠簾總不如」，爾今滿腹離

第 2 卷　杏花春深

情別緒卻在兜兜轉轉後化作她指間琵琶的嗚咽，轉瞬便風雨飄零，半是落紅，半是流水，縱是一句怵目驚心也難以形容她難禁的悲傷與失落。

　　月色溫婉而清冽，她卻沒有心思去欣賞這份夜的沉靜與澄澈，任思念的殤沿著她失神的目光慢慢滲入五臟六腑，整個庭院裡都瀰漫著相思成災的悵與痛。他沒有回來，沒有如約而至，沒有陪她在二十四橋畔靜看明月升起、輕聽玉人吹簫，所以她只能空守這一池春水，懷抱琵琶，將遠方的人痴痴深深地凝望。只是，琵琶聲動，她盛大的思念與不悔的深情，這汪激灩的湖水真的承擔得起嗎？明月當空，照見的是她難耐的淚水，卻無法將她的痴情珍藏，亦無法將她的清芬捎至他窗外花開的枝頭，只能讓她日以繼夜地唏噓傷懷，卻又沒個奈何。唉，她輕輕淺淺地嘆，曾經是那樣念念不忘地痴迷於他飄上雲端的笙歌，卻不料今時今日每每想起卻是驚心動魄的傷，而那些濤起的思念也都成了她生命中的讖，只令她痛到痛不欲生。「我本將心照明月，奈何明月照溝渠？」那一聲相見時難別亦難的無法言說的傷，真的可以讓她在度過玉門關後，還能夠緊緊握住他溫暖的手嗎？

　　從嘉，從嘉，朦朧中，唸起他的名，將七尺髮絲輕輕綰起，凝著滿腹的幽恨望向西落的殘月，滿心裡溢位的唯有惆悵憂鬱，卻是憶君君不知、思君君不念。倏忽間，陡地想起南朝史書上記載的那位金陵第一美人張麗華來，就因為有著一頭和她一樣光可鑑人的烏髮，身為宮女的麗華才得到陳後主的眷顧，一朝飛上枝頭作鳳凰，風光無限，即使國破山河碎，也未曾令那個痴情的皇帝對她望而卻步；還有那位在白居易筆下傾國傾城、三千寵愛在一身的楊玉環，在激怒唐玄宗後被遣送出宮，卻因為剪下一絡青絲送與君王再次挽回了恩寵。可是她呢？空有一頭秀髮，卻等不來他的凝眸，莫非她真的只是自欺欺人，沉陷於一場沒有應和、無人喝采的單戀之中？不，她搖搖頭。不是的，如若他心裡沒有自己，又怎會在大雪紛揚

的日子裡派侍從劉澄從金陵趕到揚州，就為了給她送一封信呢？可是他若心裡真有自己，為什麼一晃又是兩個月過去了，卻又一點音訊也沒有了呢？

她繼續臨湖綰著長長的秀髮。一個「綰」字，婉轉迂迴，卻因沒了他的注目而變得冷寂虛無、空洞荒蕪。凝眸，一行青絲拖墜著浮雲打溼了愛的朝朝暮暮，將春天的盛事都扣成了眉間蹙起的傷，於是，她便開始在韋莊那首哀婉動人的《望帝鄉》裡苦苦尋覓起他的影子，任千絲縷、萬縷絲，縷縷絲絲，都於這悽清冷寂的孤夜，淺吟低唱成她今生的不捨：

春日遊，杏花吹滿頭。陌上誰家年少，足風流。妾擬將身嫁與，一生休。縱被無情棄，不能羞。

—— 韋莊《思帝鄉》

若青春可以作注，她已壓上一切可以壓上的籌碼，只待他開出一副九天十地的牌九，示她以最終的輸贏。她愛他，為他，她甘願如那夜奔的紅拂女，丟下唾手可得的榮華富貴與之終身相依；為他，她甘願放下一切矜持，在杏花吹落滿頭之際，拚卻今生只得一夜纏綿，即便將來遭受遺棄也在所不惜！誰知，他竟中途離開，衣袖隨長風斜過，瀟灑如偶然邂逅的路人，輕輕一個微笑便拂亂了賭局。無人坐莊，這一局牌宛如三月桃花，錯落於二月的湖面，瞬間飄散了滿湖的灰飛煙滅，了無生機。

珠簾暗捲，斜月如鉤，思念的夜裡，究為誰消瘦？去拚一個只輸不贏的賭注，值得嗎？明明知道，其實他終不過也是個路人罷了，卻為何還要把得與失的喜悅與悲傷輕易就寫在了臉上？他心裡沒有她，或者她只是他無數過往中的一個，即便她為他將流年賦了新詞，然後一字一句地唱給他聽，他轉身的瞬間，也無非演繹出了塵世裡的又一場離散，自此後只換得她一個人的憂傷與悲慟。桃花落盡芳菲去，窗外的風輕輕吹過她落淚的臉

龐，冷不妨卻又把今昔吹成了明朝，把二月吹成了五月，把她和他的故事吹成了一篇樵夫問答的戲碼，無人能共，唯有傷心難禁。

　　幻境裡，他抬手落筆，瀟灑如故，漫不經心地，便又在宣紙上轉折勾挑出紅顏的天書。清朗的月光裡，落寞傷懷的她一襲白衣素裙，淡淡一筆，被他飛快地寫下，翻過，再提起，卻成他自己都無法辨識的狂草，只怕要在多年以後由闊達的魏體悄然重寫，方可看清，當初的揮毫潑墨，竟是如此的輕易，如此的不堪。他不在的日子裡，她終是迷失在了那個五光十色的揚州城裡，常常站在夢裡望向湛藍色的天空，望向有他的地方，望向今生的他，也望向來世的自己。那些曾經的約定，舊去的山盟海誓，轉瞬間便化作了春天的紙鳶，依然華美，依然眩目，卻始終飛不過季節的天空，只能在二月的風中合著悲傷與哽咽，輕輕奏起寂寞的華響。

　　凝眸處，花飛蝶舞，滿園春色，盛大的思念中，卻尋不見那個叫做莊周的人，只能任夢帶著她踱向他的心海。然，他那小小的方寸之地究竟還有沒有她的容身之處？是忘掉他，徹底走出他的世界？還是堅定不移地迎難而上？他貴為皇子，真的會在意她一個紅塵女子嗎？南唐國何止三千佳麗，她周娥皇何德何能，能成為他心中不滅的珍愛？莫非，真要與他相忘於江湖？一個忘字，若硃砂般怵目驚心，每每想起，都折磨得她精疲力盡、心力交瘁，然而如果他不在意，她不忘記又能如何？世間的種種取捨，說到底都是因果輪迴，而今的諸般苦痛怎見得不是她前世欠他的孽債？聚散起止，念念相續，孤單的悵嘆中終究懂得，她這裡是寂寞無人追尋的天涯，他那裡卻是芳草萋萋、晴空萬里的海角，兩個世界裡的人又怎好期許能夠行走在同一條路上？只是她還是不捨，不願遠去他的世界，然而當初的離別，揮手之際雕琢出的從容清淡的笑顏，早已把來時的路走得曲曲折折、跌跌撞撞，縱使不情不願，又能如何？

　　她又想起初遇他的那個季節。那時的揚州城，花團錦簇，滿目奼紫嫣

紅，正是芳菲最好的時節。那一日他邀她去雷塘賞春，特地買了大秦珠、藍田玉、龍舌香，還有各種名貴的胭脂水粉送她，要把她妝扮成揚州城一道最為耀眼的春色，讓她翩若驚鴻的身影在他心無旁鶩的目光裡醉成一幀天下最美的水墨畫。與他同行，她滿心的歡喜，即便無法用語言或任何的詞賦來表達她的興高采烈與難以抑制的喜悅，即便因為害羞什麼話都不肯說，只是任由他牽著她的手，沿著田梗，跨過溝渠，踩著草皮，穿過花叢，一路無語地朝著雷塘的方向逶迤前行，那張青澀的臉上亦自始至終都掛著會心的笑意。草長鶯飛的陌上，她美豔如同那年採桑的羅敷，雖然不曾做出任何輕浮的舉動，但在他眼裡望去，即便她沉靜若一尊雕塑，渾身也自上而下地流溢位一種典雅與妖嬈並存的美豔氣質，既美得不可方物，更美得無處可藏，於是，他情不自禁地靠近她，用他潮溼的唇溫潤了她火熱的心，而她亦在他灼熱翻騰的目光裡迅速捕捉到了一種幸福的情愫。

　　她知道，那時那刻，她已然沉醉在了他給的暖裡，縱使山河失色、天崩地裂，她也不會在那一瞬鬆開他的手，因為就在他的唇抵達她的時候，她便開始意識到今生今世都離不開這個男人了。嬌喘未息，神思未定，他便又趁其不意，以迅雷不及掩耳的速度，在無數雙側目的眼神中，飛快地拉起她的手，肆無忌憚地衝上了不遠處那塊高高的坡上，用澎湃而又激動的心情，大聲向世人昭示著他對她不悔的深愛與甜膩的濃情。路邊踏青的少女望向他們發出訝異的驚嘆，浣衣歸來的少婦們也向他們投來震驚的一瞥，而他毫不在意，更旁若無人地，用滿腔的熱忱向滿面嬌羞的她許下一個天長地久、白首到老的諾。是真的嗎？他真的要讓她追隨他到老嗎，而她也真的準備好要與他天涯海角永相隨嗎？她不知道。她只知道，當坡下田梗邊嬉戲追逐的小童都不約而同地望向他們發出銀鈴般清脆的笑聲時，她頓時便羞得滿面通紅，而那一抹紅，恰似揚州城煙花三月裡開得如火如荼的桃花，灼灼其華，熠熠生輝。

「從嘉！」她低低喚他的名，他卻不去理會，只將她纖若柔荑的手越握越緊。那一瞬間，她醉在了他深情的眸光裡，醉在了他盛放的情感裡，嬌媚宛若枝頭的春花，輕盈宛若花下的彩蝶，只想在他溫軟的懷抱裡為他跳一支驚豔的舞，然後和他一起沉醉在旖旎的風中，慢慢飛過高高的山崗，隨風落進綠如畫布的春水裡，纏綿，交揉，再也分不出彼此來。俱往矣，一切皆成過往，然而迷離間，又彷彿看到他騎著高頭駿馬，身後是披紅掛綵的寶馬香車，還有無數的隨從轎伕，一路驅至東都留守衙前，一時鼓樂齊鳴，好不熱鬧。可是，今日何日，曾經翩翩經過她門前的他又在哪裡？佛說，前世的五百次回眸才能換來今生的一次擦肩而過，當往事已矣的時候，他是否還會用曾經摯熱的目光去撫慰她日漸乾涸的心田？

凝眸，眼底的瘦西湖畔，楊柳依依，桃紅陣陣，流珠正蹲在船頭替她浣一枝素白的瓊花，百無聊賴，無精打采。偶爾有身著錦繡的少年從岸邊打馬而過，笑聲此起彼伏，卻不能使她抬起那雙早已低垂的眼，而這一切只因她心心念念的都是那個叫從嘉的男子。此時此刻，即便駱賓王、李白、孟浩然、劉長卿、劉禹錫、杜牧等一眾故去的大唐才子紛紛穿越時空，在她眼皮底下揮毫潑墨，將滿湖春水都畫做她夢寐以求的春光，也不會引起她絲毫的興致與點滴的歡喜。煙雨流年，她只盼，水雲深處，那個白衣白衫、羽扇綸巾的他，會夾雜在那群才子之中踏波而上，披一簾斜陽，在她驚喜的目光中，再次為她吹響那管浪漫的笙歌，任他眼底流瀉的詩情畫意一點一點地化成她心底永恆的珍愛。他不在，她只能沉浸在無人與共的孤獨裡頷首無語，來來回回地聽那曲用飄渺的離殤編織成的戀歌在桃花與瓊花間不停地穿梭，然後看它落在波光瀲灩的湖面上，漫隨風轉，直至化作琵琶的嗚咽，映白那一片相思的月光。微風輕輕拂過她思念的眼，舊去的記憶也跟著漫過她和他牽手走過的紫陌紅塵，只是那落花飛舞的轉角，他如水般澄澈的眼神卻又被她丟失在了哪個角落？她找不見他，

喚不回他，便連最後的憶念也遺失在回不去的從前，莫非，真要她在如剪的春風裡剪一段明月光來祭奠她這份難抑的悲傷嗎？

　　佛雲：「三千煩惱絲，一絲更勝一絲。」反反覆覆的夢境中，她周而復始地撥弄著前生的悲歡離合、今世的惆悵徬徨，把那些沾在衣襟上歷歷可辨的情話，都藏在了流年的淚箋中，任悲傷逆流成河。她知道，春天終究會走，如是他的影子，花開花落，相遇別離，不過是厭倦的詮釋，最後留給她的只會是一紙墨香四散的煙青小篆。瘦盡了燈花，輕捻了芳夢，水月洞天裡，一個人孤單的轉身，不知擰熄了多少舊事的落幕，他不在，注定她伶仃一生心事，五更頭，然，他執意不回，她又能輕易改寫即定的事實嗎？回眸間，那支用寂寞綰起她如瀑長髮的簪子，早已劃傷了詩書中「舉案齊眉、相濡以沫」的八字箴言，而她也只能悵立風中，飲下一杯又一杯的離恨與不得已。

　　站在二月的梢頭，她懷抱聲聲嗚咽的琵琶，低眉斂目，在浮光掠影的瘦西湖畔，聆聽一朵花開的嫣紅，兀自收藏在微微蹙起的眉間，才明白絢美過後終是各自天涯的真諦。卻原來，無論曾經有過多少的歡聲笑語，到頭來，所有的繁華與喧囂，必然會伶仃成孤身一人的獨角戲，縱使有一萬個不情不願，縱使有千般難分難捨的情愫，回首之際，亦已與那轉身而過的人終成陌路，難以再續。守在菱花雕鏤的格窗前，她能做的，唯有用滿腔的虔誠緊握著滿箋的華麗虛詞，默然不語，直至春草漫生至他雕欄玉砌的窗下，直至他手拈一枝素白的瓊花，歡喜無限地踱至她在水一方的夢中，並任由她在夢裡綻放娉婷芳華，一笑傾城。

　　守著窗兒，獨自怎生得黑？他溫暖的笑靨早已消逝無蹤，她的世界也早就沒了舊時的月亮，沒了煙鎖重樓，沒了羅裳飛舞，沒了古箏低彈，只有流失遠古的墨跡在她今日的案臺隱隱再現。青銅鏡裡挑盡的燈花明明暗暗，青絲綰就，究竟該簪哪一枝驚豔才能換回他注視的目光？情深深，雨濛濛，兩

個人的痴心凝望，卻總是剪不斷，理還亂，沒個收拾處。沒有他的日子裡，孤燈月影下的她遠去了詩情畫意、月滿西樓的良辰，遠去了奼紫嫣紅、花香滿衣的美景，遠去了晚窗憑欄時靜盼佳期的閒情，亦遠去了陌上初薰時喜看雙燕南歸的逸緻。如果，離人的回憶可以下酒，或許，落字成殤便可作一場宿醉。抬頭望盡彼岸，也望斷了江南，然而她已無力跋涉，終究無法以一葦杭之，只能在這漫天飛舞的落絮裡，任記憶流浪在她一個人的孤單裡，隨風遠走，哪怕落入她耳裡的是滿城的歡呼，她亦無法與之附和。

從嘉，從嘉，你到底在哪裡？她珠淚滾滾，恍惚中，又聽得二十四橋上笙歌四起，卻是依然不見玉人模樣，只能和淚唱出一曲悲秋的春詞，以撫慰自己那顆日益消瘦疲憊的心：春日遊，杏花吹滿頭。陌上誰家年少，足風流。妾擬將身嫁與，一生休。縱被無情棄，不能羞。

只是，遠在大江之南的他可否聽到她一曲哀歌，又可否憶起她當日的一晌纏綿？盛大的思念裡，想起他曾經對她的好，她終是淚雨潸然，泣不能禁。既然無法與君再共，那麼，就讓她在這寂寞的夜裡，飲一壺用滄桑釀成的酒，用兩行清淚洗去周遭的虛無，就讓她在這飛花逐月的溫婉裡，以青絲為憑，以桃紅為印，用淡染的筆墨再次為他綰起一襲長髮，任胸口硃砂落成她相思的痣，在塵緣的彼岸安之若素吧。

情動荷香

菡萏香銷翠葉殘，西風愁起綠波間。還與韶光共憔悴，不堪看。

細雨夢迴雞塞遠，小樓吹徹玉笙寒。多少淚珠何限恨，倚闌干。

—— 李璟《攤破浣溪紗》

春語已舊，夏花爛漫。一場顧盼生輝的遇見，終在他揮手而去的瞬間輾轉成一場陌路荒涼的離別。只是，百轉千迴後，情難闌珊，她孤寂的心卻又與他在夢境裡糾纏起一場無法相忘於阡陌的塵緣，怎不惹她相思成災？

放眼，煙柳成行，桃李爭豔，花重揚州城。五月裡，一個叫周娥皇的女子在瘦西湖畔，為她的情郎挽起一朵情思，把舊去的春花秋月調成手底琵琶的幽咽，看千帆過盡，幻化成一曲紅塵劫，然後悄然轉身，踏著三千里的桃花漾遠去，低吟淺唱間平仄出一紙風月債，只餘一襲輕紗羅裙飄緲無依，在二十四橋下淚落成一篇陳年憾事⋯⋯

醒來的時候，她已忘卻了紅塵萬丈，只記得從嘉的身影在她落水的那一刻，輕輕淺淺地飄在瘦了心思的玫瑰枝頭，攜著一縷溫文爾雅，拈著滿城花香，許願要和她相愛一輩子，那句與之偕老的話似乎已隨著不朽的惦念深入骨髓，並在夢裡醉了多年。

「娥皇！」母親周夫人衣不解帶地守在女兒榻前，見她從昏迷中醒來，心中縱是有千千萬萬句話要問，卻又不知從何說起。女兒已經十八歲了，怎麼會沒有自己的心思呢？都怪自己這個當母親的疏忽，要是早發現她有異狀，又何至於發生今天這樣的悲劇？

「我不是娥皇。」她悲傷地哽咽著，泣不成聲。

「娥皇⋯⋯」周夫人瞪大眼睛訝異地盯著她，一把握著她冰涼的手，緊張地問，「你這到底是怎麼了？啊？」

「火⋯⋯火⋯⋯」

「火？什麼火？」周夫人輕輕拍著她的背，「你是落水了，就在二十四橋邊上⋯⋯」

「不，是火！」她忽地從床上跳下來，直接奔向窗前，瞪大一雙恐懼

的眼睛驚叫著：「火！火！失火了，失火了！」

「哪有火？」周夫人急步趕上前，一把將她摟在懷裡，「好女兒，沒有火，真的，你只是失足落水，受了驚嚇，大夫說了，只要好好躺在床上休息幾天便無大礙，你可千萬別嚇唬娘啊！」

「落水？」她目光呆滯地盯著周夫人蒼白的面龐，「落水？您說我失足掉到水裡去了？」

「是。可這不是沒事了嘛！」周夫人伸手拊著她一頭凌亂的秀髮，「聽娘的話，別再胡思亂想了，先上床好好睡上一覺，等睡醒了，娘讓流珠做你最愛吃的糖醋鯉魚，好不好？」

「糖醋鯉魚？」她痴痴唸著，「湖裡有好多好多的魚，它們都圍攏在橋下游來游去，好像在說著悄悄話，可是我一句也聽不懂，我什麼也聽不懂。」

望著女兒的模樣，周夫人急得如同熱鍋上的螞蟻團團轉。女兒從小到大，從沒受過任何驚嚇，她和周宗都視其為掌上明珠，含在嘴裡怕化了，捧在手裡怕掉了，不曾想現在卻變成這副失魂落魄的樣子，若是以後都好不起來，她這輩子不就毀了嗎？

「娥皇！」

「我不叫娥皇。」她伸出一根食指，放在嘴邊輕輕籲一聲，「告訴你，我有個很好聽很好聽的名字，我……」

「你不叫娥皇叫什麼？」

「我叫摩訶曼珠沙華，本是佛家聖潔的白蓮花，白色而柔軟。」她仰起頭，望著眼前的雕梁花柱，旁若無人地輕輕低吟著。

「你說什麼？」周夫人心裡一緊，使勁搖晃著女兒的身軀，「娥皇，你這是怎麼了？什麼摩訶曼珠沙華？什麼佛家？什麼蓮花？」

「佛曰：見此花者，惡自去除。佛曰：開到荼靡花事了，只剩下開在遺忘前生的彼岸之花。佛曰⋯⋯」

「別再唸了！」周夫人不敢相信眼前胡言亂語的女子會是自己如花似玉的女兒。這到底是怎麼回事？為什麼好端端的，她會往湖裡跳？莫非她是中邪了不成？

「你說我是什麼？」她望著六神無主的周夫人，笑了起來，「我是什麼？我不過是承載世人千萬年輪迴過往的一朵花罷了！」

「娥皇！」周夫人一把將女兒推倒在床，抓起被子便往她身上胡亂蓋去，「聽話，聽娘的話，乖乖閉上眼睛好好睡一覺，什麼都別想，什麼都別說，好嗎？」

「娘？你是我的娘？」她瞪大眼睛睨著周夫人，「我沒有娘！我是佛前的曼珠沙華，怎麼會有娘呢？」

「娥皇，娘⋯⋯」周夫人心痛莫名地望著女兒，頓時失了主意，急切間不知究竟該如何才好。還沒等她緩過神來，娥皇又從床上跳了下來，直接奔向門前，踮起腳尖望著院外大聲驚叫著：「失火了！快來救火啊！失火了！快來救火啊！」邊喊邊執意要往院子跑去。周夫人心急如焚地盯著病得花容憔悴的女兒，可又拉不住她，只好任由著她去，偌大一個周府頓時亂成了一鍋粥。這孩子怎麼一下子變魔障了？被娥皇折騰得六神無主的周夫人急得在屋子裡來回踱著步，女兒還沒出閣，要是傳出風聲去，可如何了得？

「檀郎！檀郎！」她撲倒在地，撕心裂肺地哭喊著：「不要！快跑！檀郎，快跑啊！」

檀郎？周夫人心裡一驚，難道女兒和外面的男人有了些許瓜葛，所以才⋯⋯？事關周氏名節，她不敢繼續往下深想，只得悄悄將娥皇的侍婢流

珠叫到房裡訓斥起來。

「誰是檀郎？」周夫人面色鐵青地瞪著流珠，「小姐輕生，就是為了那個檀郎是不是？」

「夫人……」流珠匍匐跪於地上，哽咽著泣道：「奴婢，奴婢……」

「你哭什麼？我問妳，檀郎是誰？」

「檀郎，檀郎是……」

「還不快從實招來？！」

「檀郎是……是……」

「是誰？」

「是……」

「都是你這個狐媚惑主的婢子惹出的好事！」周夫人正在火頭上，見流珠欲言又止的模樣，早已氣得七竅生煙，立即拔下頭上的金簪向流珠扔去，「今天你若說不出個子丑寅卯來，我就讓老爺攆了你出去，以後再也休想回到這裡！」

流珠剛要解釋，從衙門辦公回來的周宗推門而入，伸手間便接住了夫人扔過來的金簪。「夫人，什麼事值得跟一個丫頭生這麼大的氣？」邊說邊輕輕踱到周夫人身邊，替她將金簪重新插上髮端。

「什麼事？你問她好了！」周夫人沒好聲氣地說。

「流珠，不是囑咐過妳，不要惹夫人生氣的嗎？」周宗給流珠使了個眼色，「我剛剛去看過娥皇，她還沒醒過來，妳還是過去侍候著小姐吧。」

「我……」流珠剛要起身，卻看到周夫人冷冷地盯著她一言不發，只好依舊跪著等候發落。

「還不快過去？」

「老爺！」周夫人不解地望著周宗，「我話還沒問完，你這是……」

周宗朝流珠揮了揮手：「我有話對夫人說，還不快起來？」

流珠聞聲，立即起身跑了出去。周夫人還想埋怨，那周宗卻面不改色地望向夫人悵嘆一聲說：「家醜不可外揚，夫人是想鬧得揚州城裡裡外外都知道我周家出了這等醜事嗎？」

「老爺……」

「我都知道了。」周宗緊蹙著眉頭，「從府衙回來我就去看過娥皇了，她在夢裡還喊著那個男人的名字。」

「什麼？這麼說娥皇她真的……真的做了有辱門風的事情？」周夫人緊張得在房裡來回踱著步，「這可如何是好？如何是好？都是你，妾身早就說過不要由著她的性子讓她在外面到處瘋跑，可你偏不聽，非得等出了事再來著急！你說，這個爛攤子現在該如何收拾？」

「也不是沒法收拾。把娥皇嫁給他不就萬事大吉了？」

「嫁給他？你知道他是誰？如果對方是個樵夫，是個浪子，是個市井小民，也要委屈我們娥皇嫁過去嗎？」

「如果對方身分顯貴、家世煊赫呢？」

「身分顯貴？娥皇口口聲聲叫著檀郎，檀郎檀郎，能是什麼名門貴冑？」

「夫人還記得去年六皇子私服到揚州出遊的事嗎？」

「這和六皇子有什麼關係？」

「難道夫人沒聽說那年揚州城出了個擅長吹笙的檀郎嗎？一曲笙歌，令揚州全城百姓傾倒其中，普通伶人又如何會達到那樣的技藝？」

「你是說我們女兒遇到的那個檀郎就是那個傾倒揚州城仕女的吹笙人？可這跟六皇子又有什麼關係？」

「這關係就大了！」

「妾身不明白。」

「知道嗎，娥皇在睡夢裡喊名字是哪兩個字？」

周夫人搖搖頭：「我正想拷問流珠呢，你一回來就……」

「用不著拷問流珠，娥皇在夢裡都念出來了。」

「是哪兩個字？」

「從嘉。」

「從嘉？」

「是六皇子的名字。」

「什麼？」

「六皇子就是那個吹笙人。吹笙人就是微服出遊的六皇子。」

「你是說，娥皇心裡想的人是六皇子？」周夫人不敢相信地搖著頭，「可是……」

「六皇子風流倜儻，生性儒雅，所以才會微服到揚州出遊。誰知道偏偏又讓我們女兒遇上了他。」

「可她為什麼要輕生？好端端的，她怎麼會往湖裡跑？」

「興許是因為三月間發生在金陵的火災。這孩子心事重，可能是哪天聽我說起金陵逾月的火災，替六皇子擔憂，可又沒個可以分擔心事的人，所以長久積鬱在心，就……」

「難怪她一直叫著火火火，我還以為她中邪了呢！」周夫人懸起的心到此總算落下一半，可又有些隱隱的擔憂，「既然娥皇早就和六皇子邂逅，豈不再也嫁不得別家？可皇室那邊為什麼一點風吹草動也沒有，難道六皇子並沒娶娥皇為妃的意願嗎？」

「縱使六皇子沒這個意願，我女兒還愁嫁不出去不成？」

「可是……」

「夫人放心，想我周宗乃是開國重臣，與皇家結親也不辱沒李氏門庭，皇上若是知道六皇子與娥皇的事，定然不會有所推託。」

「只怕六皇子心有另屬，晚了，鄭王妃的位置就與娥皇失之交臂了。」周夫人一臉愁雲地嘆息著，「妾身並非貪圖榮華富貴之輩，只是娥皇生來心重，若她心裡真放不下六皇子，豈不誤了終身？」

「夫人此言差矣。」周宗搖搖頭說，「據我所知，鄭王自恃才高，不肯輕易俯就，婚事也便蹉跎了下來。既然鄭王與娥皇情投意合，老夫不妨借金陵火災為由親往皇宮走上一趟，也好探聽探聽皇上的口風，不知夫人意下如何？」

「好是好，就怕六皇子本沒那個心，只是我們娥皇……」

「我們娥皇貌若天仙、文采出眾，琴棋書畫無一不精，一手琵琶更是彈得出類拔萃，鄭王娶妻如此，夫復何求？」

「怕只怕……」周夫人還是有些放心不下，「若是皇家沒這份心，叫我們娥皇日後怎麼做人呢？」

「夫人不必擔憂，老夫此次進京，定會察顏觀色，如果皇上尚不知曉鄭王和娥皇的事，那老夫索性把話挑明，到時皇上也不得不顧及皇家顏面和老夫的體面了。」

心藥還需心藥醫，愛女心切的周宗決定親自走一趟金陵，探一探元宗李璟的口風，看皇家到底有沒有接納娥皇為鄭王妃的心意。他老年得女，因此對兩個如花似玉般的女兒由來格外寵愛，尤其是娥皇，簡直就是他的掌上明珠。為了女兒的幸福，他說到做到，很快就帶著賑災物資親自趕赴金陵面見李璟。自三月火起，一直連綿到四月，昔日繁盛的金陵城已被一

把無名天火燒得滿目瘡痍，令人不忍目睹。時至五月，雖然肆虐的大火已被撲滅，但李璟心頭卻籠罩了重重愁雲，閒步宮中，不是垂頭喪氣便是唉聲嘆氣，管絃聲樂也絲毫激不起一點快樂的漣漪，倒是周宗的到來，才讓他緊鎖的眉頭有了些許笑容。

李璟下令，在御花園大擺宴席，替周宗接風，並點名要六皇子鄭王從嘉陪侍。十七歲的從嘉風華正茂、玉樹臨風，渾身散發著青春靈動的氣息，不由得周宗不心生歡喜，私下裡早已目其為乘龍快婿。從嘉本知娥皇身分，與周宗乍然相見，倒顯得有幾份靦腆及不自在來，周宗也不點破，只與李璟把盞盡歡，暢敘往事。

宴罷，李璟邀周宗一起行至後湖觀荷，想起連年征戰、民不聊生，終導致金陵火災，不禁悵然深嘆，當即賦詩一首，以寄心中情懷：

蓼花蘸水火不滅，水鳥驚魚銀梭投。
滿目荷花千萬頃，紅碧相雜敷清流。
孫武已斬吳宮女，琉璃池上佳人頭。

────李璟《遊後湖賞蓮花》

「孫武已斬吳宮女，琉璃池上佳人頭。」周宗默默玩味著李璟最後兩句詩，一個「斬」字已透著一股無盡殺氣，再將這滿池的荷花比作宮女所斷之頭，想必更非吉兆，心裡不禁凜然一動，莫非南唐的氣數真的就此將盡？想當初，自己助烈祖建國立業，終李昇一朝，一直遵循與鄰國和睦相處的即定政策，從未輕啟戰釁，誰知李璟即位後卻聽信馮延巳、馮延魯、陳覺、魏岑、查文徽一幫佞臣的讒言，今天攻閩國，明天打楚國，後天又跟中原後周發生兵戈爭端，幾年戰爭打下來，不但造成國庫空虛的經濟危機，就連先前攻下的城池也沒法守住，輾轉至今，搶奪來的土地幾乎喪失殆盡，若再這樣下去，南唐社稷恐怕真的要步吳國宮女之後塵了！

放眼望去，滿池荷花生豔，但是周宗再也沒有賞荷的情致了。李璟本由他推立為帝，想當年，君臣和睦、情同手足，只因權相宋齊丘弄權，自己由宰相出為江州節度使，繼而轉為宣州節度使，但是儘管如此，從駐鎮之地返回京師賜宴之日，李璟還是對他親暱有加，並當著群臣的面親自替其摺袂頭腳，以表殊禮。因是兩朝功臣，周宗在朝中的地位自是無人能及，但因此也引起了馮延巳、宋齊丘等人的猜忌，屢次被貶出京師，直至遠赴揚州出任東都留守。俗話說，不在其位，不謀其政。周宗出為東都留守後，朝政逐漸被馮延巳、陳覺等近臣把持，與李璟的關係日漸疏離，多次上奏勸罷戰事也都未見批覆，所以也便懶得再言國事，樂得在揚州城中縱情山水、逍遙快活。可是這次回京，被大火肆虐後到處殘垣斷壁的金陵城卻讓他心生不安，及至聽到李璟這首充滿不祥之兆的《遊後湖賞蓮花》，更覺如鯁在喉，不吐不快。

　　「陛下⋯⋯」周宗抬頭望向李璟，欲言又止。

　　「周卿有話，但講無妨。」

　　「臣這次回京，親眼目睹火災之後的金陵一片悽慘之相，百姓流離失所，多有貧病不能自給者，可朝廷卻連年發兵征戰，導致國庫空虛，長此以往，臣恐家將不家、國將不國，還望陛下三思而後行啊！」

　　「寡人已知錯矣。」李璟深深嘆息著，「前日之戰，皆因箭在弦上，不得不發。而今天象示警，寡人已下詔悔兵，如非應戰，終身決不再輕啟戰端。」

　　「如此則國家幸甚，陛下幸甚！」周宗由衷地感嘆著，然內心仍裹著一股揮之不去的惆悵。周宗深知，馮延巳之輩不去，終是朝廷禍患，可李璟對馮氏兄弟寵信無度，恐亦非自己三言兩語就能轉圜。自保大五年，吳越軍在福州大敗南唐，馮延巳引咎辭職，出任撫州節度使後，沒想到僅僅

過了幾年時間，在撫州毫無任何政治建樹的馮延巳居然又於保大十年得以還歸京師再登相位，這難道還不足以說明李璟對馮氏的偏信偏愛嗎？無獨有偶，先前被再次遣歸九華山的宋齊丘居然也有齊王景達出面替其說情，以太傅身分被重新召回朝廷，再掌權柄。觸目所及，滿堂之上皆是奸佞之輩，就算李璟有心罷兵，但生性懦弱、耳根子軟的他又真能不再被宋齊丘、馮延巳之輩牽著鼻子走嗎？

想到這，周宗不禁覺得心寒，要知道，當初烈祖李昇是不想把皇位繼承權交到李璟手裡的，若不是自己多次據理力爭，並在最後的關鍵時刻挺身而出，毅然撕毀李昇派密使送往揚州召還景遂的密詔，李璟又怎能坐上南唐帝君的位置？還有，李璟身為齊王兼諸道兵馬大元帥留守揚州之際，時為吳國輔臣的宋齊丘卻傾心結交楚王景遷，沒少在李昇面前說李璟的壞話，並直接導致李昇將李璟召還金陵，以景遷取代之留朝輔政的嚴重後果，雖然景遷早逝，宋齊丘謀立楚王的陰謀未能得逞，但李璟即位後，卻始終對其恩寵有加，哪怕是在宋齊丘聯合陳覺等人讒構自己之際，李璟也只是採取各打二十大板的策略，將二人通通貶斥了事。想起這些，周宗不禁滿懷憂慮，可自己一介外臣，儘管有心挽狂瀾，也是心有餘而力不足矣！

李璟見周宗一副悶悶不樂的樣子，暗思這些年風風雨雨，無論自己怎樣待他，出其鎮江州也罷，調其鎮宣州也罷，再遷至東都留守也罷，儘管心有怨望，但也從未自恃功高，做出有悖臣節的事來，這樣一個有功於社稷的重臣，自己又怎能讓他長期流落異地，繼續冷落他一顆忠心呢？望向白髮蒼蒼的周宗，李璟心裡不禁對其生出一絲愧疚，輕輕嘆息著問：「東都那邊都還好吧？百姓們的生活都過得如何？」

「託陛下的福，東都百姓得以安居樂業，子民們都異口同聲地誇讚陛下仁政惠及四海。」

「你就不用拿這些冠冕堂皇的話哄朕開心了。朕知道,這些年朝廷連年用兵,百姓們也跟著受災遭殃,怎麼會說朕的好話?說起來都怪朕不聽烈祖遺言,終成敗局,實在是愧對祖宗,無顏再見江東父老啊!」

「陛下……」

「這陣子寡人一直在思索,是不是該把君太你調回京師了?這些年把你一個人放在東都,朕心裡也不是滋味。可是不讓你留守東都,放眼天下,這滿朝文武又有誰會比你更適合挑起這副重擔呢?」

「能為陛下效命是臣的榮幸。只是……」

「只是什麼?」

「只是臣已年老體衰,早就有致仕之心,如若陛下真有心調臣還朝,倒不如開恩允臣致仕,也好留得這身老骨頭與小女朝夕侍弄花草,享受天倫之樂。」

「愛卿是國之棟梁,豈能輕言致仕?眼下國事蕭條,朝中正是用人之際,依朕看,過一陣,你還是還京再助寡人一臂之力吧!」

有宋齊丘和馮延巳在朝,早已心灰意冷的周宗自是無心回朝,剛才一番致仕的話也是他多年的心願,只是一直找不到表白的機會,遂趁著今日一股腦地說了出來。

「陛下厚愛,臣受之有愧。這些年,臣不敢說替朝廷鞠躬盡瘁,卻也是任勞任怨,一心繫於國政,不曾想卻忽略了對女兒的關心,以至小女近日有失足溺水之禍。臣膝下無子,唯有兩個女兒承歡膝下,她們若是出了什麼事情,臣這一輩子也不會心安的。所以,臣斗膽請求陛下許臣致仕,成全臣一片舐犢之心。」

周宗此話一出,那從嘉卻早已驚得目瞪口呆。還沒等李璟開口,立即脫口問道:「不知周大人家哪位千金遭遇溺水之禍?有沒有性命之虞?」

見鄭王如此關心女兒的安危，周宗心裡不禁多了幾許安慰。看來六皇子心裡還是有娥皇的，要不又怎會不顧君臣之禮，唐突詢問閨房之事？

「從嘉！」李璟回頭瞪一眼從嘉，正色望向周宗問，「不知令千金貴體有無違和？」

「託陛下的福，小女已經轉危為安，只是……」周宗盯從嘉一眼，只見他目露關切，故意沉吟著說：「只是受此驚嚇，小女舉止變得多有怪異……」

「怪異？」

「小女自幼愛好詩文，琴棋書畫無一不精，尤擅琵琶，闔府目為痴人。又自恃技藝高絕，無人能及，哪知去年揚州城內突然來了一位精通音律的白衣少年，尤其是一管笙樂，更是吹得出神入化，揚州城的百姓都被他超絕的技藝迷得神魂出竅，一下子就將小女比了下去，小女心有不甘，總想找機會跟白衣少年比試一番，無奈白衣少年本是浪跡江湖之人，一夜之間便消失得無影無蹤，自此後，小女便引為憾事，終日鬱鬱寡歡，不思茶飯，就連生平最愛的琵琶也懶得一顧，以致形神憔悴、神思恍惚，所以才不慎落入瘦西湖水中……」

「還有這等奇事？那白衣少年是何等人物，竟能將一支笙吹得出神入化？」李璟正色問，「想那白衣少年在揚州引起百姓追捧，就不曾留下姓名？愛卿若是依著姓名去尋，怕也不是什麼難事，為何……」

「要是知道白衣少年姓甚名誰，臣就不會這樣煩憂了。」周宗深嘆一聲說，「臣膝下只得兩個珍寶一樣的女兒，幼女剛剛咿呀學步，還不知事，唯獨長女娥皇長成，幼時即聰敏過人、慧質蘭心、知書達理，又很是乖巧孝順，深契臣夫婦之心，沒想到卻又遭此變故，臣……」

「解鈴還須繫鈴人。看來不找出這個白衣少年，怕是治不好令千金的心病了！」深諳樂理的李璟乍然聽聞娥皇是個知音律的女子，便陡然對其

生了幾分好感，不由喃喃唸叨著說：「想我大唐人材濟濟，可是據朕所知，本朝精通音律之人無幾，能把笙吹得讓揚州一城百姓都趨之若鶩的樂人更不可能是泛泛之輩，莫非是教坊中伶人，偶然寄興前往揚州賣弄？若真是這樣，朕自當替愛卿把這人找出來，也好了卻令千金一塊心病。」

「多謝陛下美意。」周宗偷偷窺一眼從嘉，見他一副渾身不自在的樣子，更確定蕭郎便是鄭王無疑，索性向李璟和盤托出說：「聽府上侍婢說，揚州城中百姓都喚那白衣少年作檀郎，只是不知這是他的真名還是百姓們一時興起胡亂叫出來的名號。」

「檀郎？」李璟仔細品味著檀郎二字，「想我教坊司中並無檀郎之人，難道是……」邊說邊回過頭望向三天兩頭便往教坊司跑的從嘉說：「你跟教坊司的伶工關係最為融洽，知不知道誰有檀郎之號？」

「兒臣不知。」從嘉連忙搖著頭，誠惶誠恐地說：「兒臣最近醉心於詩文研究，已經很久沒跟教坊司的伶人切磋技藝了，倒是……」

「倒是什麼？」

「倒是聽說教坊司的曹生一支笙管吹得一流的好，不知……」

「曹生？」李璟想起那個不解風情的樂工曹生，不禁失聲笑出來說：「曹生要有那樣附庸風雅，就不會在教坊司待著了。再說他已年近三旬，怎麼可能是周大人所說的白衣少年？」

「那兒臣就不知道了。」從嘉早是羞紅了面龐，生怕說多了引起李璟和周宗的懷疑，連忙打住話頭往池塘裡的荷花看去，再無一言。

「你看看，這孩子說他幾句就又受不得了！」李璟搖著頭瞟向周宗說，「都是他母親寵壞了他！成天不務正業，倒跟一幫伶人混得熟稔，知道的曉得他是王爺，不知道的還以為我李唐皇室又多出個風流伶工呢！」

「六皇子風流雅緻，愛好音律也不是什麼壞事，只要不移了性情就好。」

081

「你越誇他,他越不知道天高地厚了。」李璟有些恨鐵不成鋼地盯一眼從嘉說,「好了,朕這裡不用你陪了,一會派劉澄去通知教坊司的人準備準備,晚上朕要替周大人接風洗塵,讓他們演幾齣好戲。」

「兒臣遵命。」從嘉邊說邊退了下去。

「讓他們全來。一個也不能落下。」李璟望著從嘉的背影大聲囑咐著,話完拉著周宗的手繼續說:「寡人能為愛卿所做的也就這麼多了,若白衣少年果真是教坊中人,待令千金見了他比試過後,病情自然就會好轉。」

「陛下日理萬機,還能為臣家事著想,臣真是感愧萬分。」

「這是哪裡話?大唐江山甫定,愛卿居功至偉,難道寡人還不能為愛卿一盡心力?只是不知令千金年方幾何,有沒有許字人家?」

「小女娥皇年方十八,因自恃才高,所以至今尚未許配。」

「只怕是愛卿捨不得將女兒屈就下嫁吧?」

「實不相瞞,臣夫婦膝下無子,早就有招婿入門的想法,只是高門子弟自然不願屈尊入贅,平常人家小女又看不上他,所以婚事便蹉跎下來,成了老臣心頭一塊心病。」

「十八,說小不小,說大不大,只怕再蹉跎下去便要誤了終身,若愛卿不棄,朕倒願替其保媒,不知愛卿意下如何?」

「陛下保媒,臣自然感激無限,只是不知對方是哪家兒郎?」

「愛卿先說捨不捨得割愛。」李璟故作神祕地說,「朕保的這個媒,雖不能說無可挑剔,倒也不至於辱沒了愛卿門庭。只是對方身分尊貴,不能屈就入贅,恐不能令愛卿滿意。」

「陛下所保之媒,想必對方人品才德都是一流的好,小女若能攀上這門貴親自是她命中造化,臣又豈敢委屈之入贅周府?」

「那就再好不過了。」李璟伸手往從嘉遠去的方向一指,「愛卿看鄭王從嘉如何?」

「陛下……」周宗裝作一副驚愕的模樣,順著李璟手指的方嚮往去,「陛下莫非是說……」

「從嘉年方十七,比令千金小了一歲,不過他二人皆精通音律,倒是珠聯璧合的一對,愛卿若沒他意,朕就保從嘉做愛卿之乘龍快婿如何?」

「陛下……」周宗等的就是他這句話,連忙倒地磕拜,受寵若驚地說:「陛下若是有心成全,臣哪有不願之理?只是小女姿質粗陋,恐不能為鄭王執箕箒,還望陛下……」

「愛卿快快請起!」李璟一把拉起周宗,語重心長地說:「你我雖為君臣,實則情同手足,放眼朝堂內外,鄭王之妃捨令千金其誰?若愛卿不以從嘉菲薄不足以堪大任,這門親事就莫再推辭。依朕看,等金陵重建恢復秩序之後,便著禮部選個好日子替他二人完婚,等那時愛卿也早已回至金陵,不又可以和女兒共享天倫之樂了嗎?」

「可小女的身子……」

「愛卿是擔心令千金的病情?放心,宮裡名醫無數,這次回揚州,朕就讓從嘉帶著御醫一起跟愛卿前往,三五劑藥下去還怕不藥到病除?」

「小女之病恐怕……」

「不就是一個檀郎嗎?想必令千金並不識得檀郎面目,想與檀郎比試還不容易?從嘉不就是最好的人選?」

「鄭王?」

「愛卿忘了鄭王自幼便精通音律的嗎?這孩子一點也不像他大哥弘冀,對政治毫無興趣,一門心思都花在琴棋書畫上,所以笙也是吹得一流的好。若是讓從嘉扮作檀郎,既可療令千金之疾,又可讓他二人有機會親

近,兩全其美,何樂而不為之?」

「讓鄭王扮作檀郎?」周宗不無惶恐地說,「這……鄭王乃千金之軀,小女只是一介布衣……」

「你我結成兒女親家,令千金就是名正言順的鄭王妃,又豈能以布衣目之?」李璟輕輕笑著,「這事就這麼定了,晚上我們君臣再在別殿好好暢敘別離之情。朕可是聽說令千金才貌雙絕,愛卿可要好好跟朕說說你這個天仙般的女兒!」

就這樣,一番情意纏綿的話語,一抹從容安閒的微笑,幾杯流玉飄香的濁酒,那風流倜儻的六皇子鄭王從嘉終於還是被命運的紅線牽繫著走到為之癡狂痴絕的娥皇身旁。是從嘉?真的是從嘉嗎?當他倚窗吹響一管玉笙之際,她再也按捺不住,淚水順著清瘦的面龐噴湧而出,只是,他又可曾知,這點點珠淚都是被她相思的血水所浸泡過的?

一隻蝴蝶寂寞地從她眼前飛過,看上去它並不美麗,卻有一種冷豔的傲,亦如憂傷中的她,清高而孤傲。順著他手中的笙管,她望向在他頭頂翩躚起舞的蝶,卻不知它為何偏偏落得單飛,莫非它愛的那隻蝶也棄它而去了嗎?那蝴蝶和她一樣,很孤單,很寂寞,在寂寂的夜裡靜靜地飛翔,沒有任何暇想,只是在悲傷裡悠然起舞,用沉默感受著身邊的一切聲音,任傾訴與被傾訴、寂寞與繁華、湮滅與存在,都攬在風裡散成隻言片語,絲絲緊扣著它那顆一夕之間便破碎成花絮的琉璃心。

一盞孤燈,伴一簾痴心。她秀髮松綰,眉峰微蹙,斜偎案前,在相思裡將他溫婉的面容一再憶起。檀郎檀郎,眼前這吹笙的男子真是她曾經相識的從嘉嗎?她點點頭,又搖搖頭,像是,又不太像。她不明白父親為什麼要領回這個男人,為什麼要讓他在她面前吹響一管憂怨的玉笙?難道,難道她的愛情真的要在這片寂寞的笙樂中悄然老去嗎?

望著吹笙人俊美如玉的面容，她好想起身握一把清冷的月光，把它寫成華麗憂傷的詩句，寄給秦淮河畔的他，可怎麼也找不到賦詞的入口和方向，只能任痛楚的感覺深入骨髓，又一次無能為力地讓幻想在她眼前作一次輕紗妙舞的飛翔。

　　窗外下起了淅瀝小雨，一季的相思終被夜風拉長，撲面而落，轉瞬便又在心上溼成驀然回首的絲絲縷縷，溼成了與他一起走過的點點印記，溼了他遠方的衣角，溼了吹笙人悽楚的面容，亦溼成她一生無法抹去的斑斑苔痕。她喜歡淋雨的感覺，不知聽誰說過，那明淨的雨滴便是夏天的靈魂，如果真是這樣，她寧願選擇化作一顆雨滴，在他窗前倏然下起，哪怕耗盡心力只換得他一個淺淡的回眸。在吹笙人的笙樂裡，她肆意編織著屬於她和從嘉的美夢，只想穿一襲素白的衣裳，坐在風裡折一束月光為鏡，為自己雕琢起一個精緻的表情，然後偎著他靜數門前的花開花落，任他們之間所有的故事都沉陷為一段凝眸的傳說，並在他歡喜的注視裡次第延伸成她永遠的愉悅。

　　從嘉，從嘉。她手撫錦緞衾被，輕輕唸他的名，卻不知眼前的吹笙人正是她要等的人。她不敢相信他會來，更不敢相信父親會把他帶到自己面前，在這等級森嚴、男女有別的規則世界裡，身為朝廷重臣的父親又怎會把自己朝思暮想的男人帶回府中與她相見？是的，不可能。相思的淚水一再將她提醒，這一切都是夢境，是一場觸手便會破滅的幻夢，所以她不敢再回首看他，不敢再聽他那一管哀怨的笙樂，任思緒一再在與他初識的瘦西湖畔飄渺流連。

　　從嘉，從嘉，你可知，我一直都守在寂寞深閨裡等你？無法排遣的憂傷裡，我真想用一卷澄澈雅韻的宣紙，一筆一劃地渲染出煙雨江南的小橋瑣窗朱戶，還有那滿院芳菲的亭臺樓閣，而這一切只因為我知道你永遠都是那幀景裡的主角，可你眼裡望到的為什麼不是一直在這裡為你苦苦守候

的我？當相思在夜裡翻江倒海的時候，她總是守在窗前借一片回憶的月光，用羊毫蘸滿淡墨描出掩映中柳煙花霧中重樓深院的金陵宮闕，亦不會忘記再畫一扇古舊的硃紅漆門和那半倚在門邊，擁著一身的惆悵於孤獨中吹響玉笙的男子。當然，她也被畫在了畫中，那一個總是穿著一身素淨衣裳的女子便是她，每一幅畫裡，她總是守在他的身後，始終都與他保持著一種若即若離的距離。她多想在他蹙起眉頭吹響笙管的時候，輕輕踱到他身邊，聽他講起那些深藏在鱗次櫛比小樓下的古老故事啊，又是多麼希望在他深切凝望的目光裡，感受她曾經的紅顏芳華依然在他幽長的回憶中絢爛綻放啊！只是，若真的會有那麼一天，到那時，遠在金陵的他還會於燈下沉醉在舊事中，憶起那個贈他以流水眼波的她來嗎？

　　窗外偶爾有落花斜斜地掠過枝頭，靜靜地落入萋萋的芳草中。她聽著花落的聲音，再次在案前鋪開筆墨紙硯，將他的容顏描了又摹，卻不知庭院深深深幾許的人家，是否還有一個倚著木門等待了千年的女子，正坐在守望的風中靜看時間打馬而過，於孤寂中飲下一盞甜澀的青梅酒，素手輕彈，唯任一首《長相思》彈盡前世今生的所有憾事？那一頁頁塵封的舊事，都在她思念的淚水中被瞬間隱藏在了楊柳岸邊的花前月下，美得令人心碎。恍惚中，她彷彿看到一艘艘舊了的烏蓬隨風蕩入水鄉的溝渠，又看到有素衣白裳的女子孤身立於古色古香的廊橋上，手執絹扇，悠悠望向那一艘艘烏蓬船，只管用一聲吳儂軟語的唱白悽悽婉婉地念道：「郎君啊，桃花點點墜，相思情何時？」嘆的是「夢入江南煙水路，行盡江南，不與離人遇。」她知道，那素衣白裳的女子便是她周娥皇，驀然回首，畫中古宅的院門緊閉，朱窗深鎖，卻道是門裡一個故事，門外又是一個故事，嘆只嘆苦盼了千年的重逢愣是錯過了花期，到頭來只換得幾多惆悵都落在了這茫茫的江南煙水中。相望的日子裡，也許應該燙一壺花雕，放些陳年的桂花溫在灶臺，只等他笙歌簫管來叩她朱窗繡戶，然後在經年的煙雲繚繞

中，各自揣摩彼此隔世的容顏，任所有的感動都寄於那鑼鼓喧天、鳳冠霞帔，鴛鴦綾衾之中的歡喜裡。然，這麼做了，他便能回來嗎？

　　心事，起起落落，凝眸之間，一一隱於窗外的粉牆黛瓦之中。也許，那個佇立瘦西湖畔吹響一管笙樂的男子已隱在門前的煙雨中緩緩走來，那踏歌而行的姿態是她手底這幅丹青水墨畫中最淡卻又最濃的一筆。轉身，不經意的一點墨痕悄悄濺在了心上，他唇邊的玉笙究又吹過誰眼角的新憂舊愁，濃了又淡，淡了又濃，恍若隔世？塵封的過往早已篆刻在不知名的光陰起落裡，她顫立風中，淚眼看他唇邊的笙吹成一段桃花的落紅，那隔世的溫暖，依然透過他如水的眸子，輕輕落在她的眉梢，換得從此相思深種，然而卻又不知道誰的心只是為了等候那個江南的煙雨，等候那支飄過遠山、吹開桃花朵朵的笙歌。

　　「唉！」她深深地嘆。或許，經年過後，在某年某月的某日裡，她心繫的男子還會牽白馬重新路過曾經相遇的碧水瓊花畔，只是那時的他是否還會記起當年那個倚在雕花窗櫺下，拈著瓊花為他苦苦守望的女子？是否會伸出手去，替她拔下耳畔的銀絲？一場幽夢一簾憂，皆在她悽絕的筆下溫婉成一幅幅溢彩的水墨丹青，而他，那個吹笙人卻在她緊蹙的眉頭裡不經意地走進了她的畫中。她終於抬起頭，不可抑制地舉目望向他，任淚眼潸然裡痴痴問起一句：「你真的是我的檀郎嗎？」

　　是的，他是她的檀郎，是她日思夜盼的從嘉。燈火闌珊處，滿城荷香四溢，卻是他的回眸瞬間揉碎了她眉間的溫柔，亦是他的凝眉剎那撥開了她唇邊的微笑。他又給了她千憐萬愛的承諾，一聲鵑啼過後，月光流瀉千里，滿庭香染窗間，他清麗的笙歌終和著她深情的琵琶曲，逍遙在古樂府詩韻的春江花月夜中響徹雲宵，頓時便惹得滿城嫣紅璀璨。

　　花開為詩，花落成詞，她輕輕偎在他懷裡，沉醉在他紙箋上一一舖開的三千小楷中，笑意盈盈，從容不迫，只因她知道，從此後，她將與他踏

第 2 卷　杏花春深

歌而行，與他夢入煙花三月，不再讓江南獨自春回。然，他終將還是走了，作為皇子，他身上背負著比愛情更重的擔子。就在這年六月，南唐國內發生了百年不遇的大旱以及蝗災，顆粒欠收、餓殍遍地，大批饑民流落入中原政權後周境內，面對接二連三的變故，從嘉自然義不容辭地要守在父親身邊替他分憂解愁，而作為南唐子民，她也沒有任何理由將他繼續留在身邊。只有國家富強安穩了，她和他才會等來幸福美滿的日子，所以，無論她有多麼不捨，她都必須放他離去。

很快，她便收到他離別後的第一封來信。他生就優柔的性格，所以在信後又附上了同樣易於因物感懷的父親李璟新寫的《攤破浣溪紗》詞，以述對她的相思之苦：

菡萏香銷翠葉殘，西風愁起綠波間。還與韶光共憔悴，不堪看。
細雨夢迴雞塞遠，小樓吹徹玉笙寒。多少淚珠何限恨，倚闌干。

——李璟《攤破浣溪紗》

「菡萏香銷翠葉殘，西風愁起綠波間。」秋風乍起，滿塘鮮豔婀娜的荷花都凋謝了，翠綠的荷葉也殘敗了，那被西風吹起的陣陣綠波不經意間激起一池秋水的愁緒，更拂起思婦內心的無限哀愁。李璟的心思果然是溫柔細膩的，一句「菡萏香銷翠葉殘」，從詞語的選用上，便已達成了一種深微的感受，那種驚心雖不是濃烈的，但也能瞬間震徹讀詞人的肺腑。

「還與韶光共憔悴，不堪看。」這首詞，從表面上看仍然是寫一個女子的悲秋念遠之情，字裡行間充滿了感傷和哀怨，但實則還是李璟借婦人之口暗抒胸中積鬱難平的情懷。李璟的哀愁自然不無道理，眼看國內旱災、蝗災接踵而來，百姓流離失所、飢不得食，作為一國之君的他心情又怎能不沉重悽絕？放眼望去，滿池的荷花和青春韶光都是一樣的憔悴不堪，叫人不忍再看。「韶光」後緊跟「憔悴」，再接以「不堪看」，其內心深重的悲

慨便如長江之水一瀉千里，躍然於紙上，驚起浪花千堆。

「細雨夢迴雞塞遠，小樓吹徹玉笙寒。」抱著滿腹的哀愁在細雨連綿的日子裡睡去，夢中恍恍惚惚到了遙遠的邊塞，到了思婦牽掛的征人身邊。可是夢終究會碎、會醒，醒來後流連於眼前的又是那座幽怨孤寂的小樓，日夜迴盪著她淒冷悲傷的玉笙聲，更令她感到秋的寒意和無限的淒涼。

娥皇知道，「雞塞」是雞鹿塞的簡稱，是漢代的一個邊塞，其名出自《漢書・匈奴傳下》：「又發邊郡士馬以千數，送單于出朔方雞鹿塞。」因此後人多用「雞塞」代指邊塞遠戍之地。征人遠在雞鹿塞，思婦卻只能日夜面對「小樓」之高迥，「玉笙」之珍美，將「吹徹」之深情寄於飄渺的雲端。全句寄託著思婦之情，因而才有著「細雨夢迴」的情意，也道出了李璟在國家面臨種種危險時卻無能為力的無限哀愁。娥皇一再唸著這句，字字珠璣，句句含情，何嘗不是從嘉借父皇之詞向自己表白那份相思卻不可相見的悽惶之情？

「多少淚珠何限恨，倚闌干。」念他時，眼淚像斷了線的珍珠沒了收處，心中自是愁苦無限、惆悵無限。可是眼淚又能改變什麼？無可奈何中，思婦也唯有獨倚欄杆遠望，在日夜不停的折磨中惋惜韶光罷了。一句「倚闌干」，給前一句之「淚」與「恨」更增添了一種悠遠含蘊的餘味，若不是深情之人，又怎會寫出這樣痴絕纏綿的詞句？

誠然，李璟是深情之人，其子從嘉又何嘗不是？李璟是借思婦之口述說對國事的憂愁，從嘉卻借其詞向她傾訴別離之情，只是他又可曾知，靜守閨閣的她亦如詞中思婦「多少淚珠無限恨」，別倚闌干，在他無數的相思裡「細雨夢迴」，「小樓吹徹玉笙寒」，只等那孤帆遠影碧空盡，剎那溫暖他微蹙的眉，在青山隱隱、碧水迢迢中，喚醒紅塵依依的三世情緣，讓今世所有的愁苦都在前塵的夢裡滌蕩清明？

思君不見

> 風乍起，吹縐一池春水。閒引鴛鴦芳徑裡，手挼紅杏蕊。鬥鴨闌干獨倚，碧玉搔頭斜墜。終日望君君不至，舉頭聞鵲喜。
>
> —— 馮延巳《謁金門》

十里荷塘，輕嵐似霧般籠罩在三月的金陵水湄，不是仙境，勝似仙境。這一季，她雖做不成夢寐以求的金陵女子，卻依然可以在揚州的煙花夢中一路窈窕，款款行走在秦淮河畔，拈一朵素白的瓊花，走近他羽扇綸巾的窗前。

那夜，夢入秦淮煙水路，不是奔著胭脂井邊那個香豔凝重的傳說，只想聆聽他聲聲你儂我儂的吳儂軟語；不是奔著莫愁湖畔波光瀲灩的哀愁，只想含羞收回他滿面春光的笑靨；不是奔著桃葉渡下那段唇齒相依的舊情，只想追尋馬蹄踏過他的舟楫和帆影，等到心事皆瘦成淮清橋下那彎月白時，再折柳葉作笙，落紅為曲，任思念在水調悠悠中吹出一襟煙雨，於平平仄仄裡除卻心塵，和著高聲流水的拍子，讓她青蔥的歲月流轉成他手邊的琉璃一盞，把曾經的惶恐次第驅離。

煙波槳聲裡，何處是秦淮？

夢中的她雲鬢斜綰，花容憔悴，手提一盞荷花燈，緩緩穿行在花深似海的煙花三月，欲言又止。穿過東晉的粉牆黛瓦，越過南朝的煙籠雲罩，青煙繞起間，一簷簷古樸的雕龍飛鳳，一片片礫青的魚鱗拱瓦，一波波流動的吳門煙水，一曲曲風雅的石頭吟唱，一縷縷醇厚的花雕飄香，一重重暗香疏影的孤山，一座座水巷縱橫的蠡窗，一簇簇粉雕玉琢的瓊花，輪番流轉於她晶瑩澄澈的眸……莫非這就是她終日痴痴念念的都城金陵？

她不知道，她對金陵城的印象既清晰又模糊，只記得孩提時父親曾帶

到去過傳說中的桃葉渡,可是那一汪春水下的青石碼頭究竟是不是王獻之苦守桃葉的渡口?雲鬢低垂的她落寞地走在淮清橋下,望一眼桃花凝成的春水,驀地想起他吹笙時的溫婉神態和散溢於唇齒間的清新小調,而今卻是思君念君不見君,心中陡地升起無限惆悵。

夢裡秦淮的月正圓,花正好,烏篷船在水裡悠悠地蕩,隔著千萬里煙波浩渺的江,漁夫們悠然自得,釣叟們巋然不動,「青箬笠,綠蓑衣,斜風細雨不須歸。」只是檀郎不在;夢裡秦淮的柳如煙,花似錦,採蓮的少女「荷葉羅裙一色裁,芙蓉向臉兩邊開。」十指纖纖,在她憂愁閃動的眸裡婉轉唱開那曲纏綿悱惻的《採蓮曲》,卻又聽得她字字驚心:

採蓮歸,綠水芙蓉衣,秋風起浪鳧雁飛。

桂棹蘭橈下長浦,羅裙玉腕輕搖櫓。

葉嶼花潭極望平,江謳越吹相思苦。

相思苦,佳期不可駐。

塞外征夫猶未還,江南採蓮今已暮。

今已暮,採蓮花,渠今那必盡娼家?

官道城南把桑葉,何如江上採蓮花。

蓮花復蓮花,花葉何稠疊。

葉翠本羞眉,花紅強如頰。

佳人不在茲,悵望別離時。

牽花憐共蒂,折藕愛連絲。

故情無處所,新物從華滋。

不惜西津交佩解,還羞北海雁書遲。

採蓮歌有節,採蓮夜未歇。

> 正逢浩蕩江上風，又值裴回江上月。
>
> 裴回蓮浦夜相逢，吳姬越女何豐茸。
>
> 共問寒江千里外，征客關山路幾重？
>
> ——王勃《採蓮曲》

一首《採蓮曲》頓時醉了她懵懂的心房。那簡直是天籟之音，夢醒後的她好想乘著畫舫，和著江南採蓮女曼妙的歌喉，站在舟頭清歌一曲，只唱給她的從嘉聽。只是，看著窗外水中的花紅，片片孤單飄零，不由自主地隨波逐流，去向不曾去過亦不曾想去的遠方，她心裡那份傷怨便又次第分明起來。

憶往昔，初見面，陌上草長鶯飛，奼紫嫣紅開遍，正是花樣好年華，只一眼，便成就了他們彼此的傾心。還記得，他動作優雅地取出袖中摺扇，輕輕遞到她手邊，望著她莞爾一笑，許諾月明之夜，要與他再續相思。她羞怯地收下，但見一片驚豔的桃紅鋪天蓋地地瀰漫在整個扇面，朵朵桃花相映紅，恰似她臉上升起的紅雲，從此，摺扇便成了她思念的信物。

而今十五的月兒正圓，相思又成災，百無聊賴中取出早已收入箱底的摺扇，桃花燈前再相見，他的笑容，他的眼神，又在她的想念中變得生動活潑起來，然而卻又覺得他的一切，熟悉中透著一種難以言表的陌生，一回眸間，便即恍如隔世。其實，她早已發現，兜兜轉轉後，他已成為一個熟悉的陌生人，但這並不妨礙她對他的思念，亦無法祛除扎根在她心底的那片深情。一日不見如隔三秋，只是，他何時還會重來揚州，輕輕執起她纖若柔荑的手，在月光下痴痴望向她，說一句但願今生只與她共嬋娟，天涯海角永相依？嘆只嘆，青春逝如流水，無情似桃花，此情難了，以後的以後，怕只怕，唯有在燈下才能與之心相許，與之定下終身盟，那份繾綣

的纏綿卻又是相望無語，盡在不言中。

　　從嘉。她念著他的名，望向窗外浩淼的湖水，一曲琵琶瞬間點破雲中月明。燈火闌珊處，粉牆黛瓦的小樓邊，麗人們在薔薇架下竊竊的吳儂軟語，有著說不出的繾綣旖旎，令人醺醉，只是，二十四橋明月夜下的悠悠笙歌，究竟落在了誰多情的心上？撐著油紙傘一直尋找的那抹容顏，怕是早已隨雁過了忘川，再也無法重逢。自此後，在那幽深逼仄、青石板路的弄巷中，在那雕欄玉砌、煙鎖重樓的庭院裡，在那碧波瀲灧、鴛鴦嬉戲的池塘中，在那鶯歌燕舞、畫眉輕啼的阡陌上，在那柳蔭笙歌四起、馬蹄輕踏的沙堤邊，在那菡萏連波、十頃香透的藕花深處，在那煙雨濛濛、水漪層層的石拱橋下，在那如煙如詩、鳥語花香的秦淮河畔，她是否還能將他輕倩的身影再度覓得？

　　煙花三月是她夢裡折不斷的柳，夢裡江南是她淚時喝不完的酒，壺邊氤氳的香氣，終是漂浮在思念的唇邊纏繞不散，日復一日，日以繼夜。夜已靜，人已遠。面對白晝的喧囂繁雜，夜晚的幽深靜謐，在他那管遠去的笙樂中，她只能在孤單中將內心的種種渴望、痛苦與無言的吶喊，一併寄向窗外的朦朧月色，向它深刻表白。然後，輕輕憶起他轉身離去的剎那，她內心最柔軟處被他哀傷的眼神瞬時洞穿的傷，頓生一種泫然欲淚的痛，那份長久的期待便又在心底間倏然響起的那闋《謁金門》小調中變得活色生香：

　　風乍起，吹縐一池春水。閒引鴛鴦芳徑裡，手挼紅杏蕊。鬥鴨闌干獨倚，碧玉搔頭斜墜。終日望君君不至，舉頭聞鵲喜。

—— 馮延巳《謁金門》

　　這是他離開揚州後寄來的第二封信後所附的新詞。作者便是那個名震天下的風流才子馮延巳，也是她父親周宗的政治對手。因為父親的緣故，

她始終喜歡不起馮延巳，可現在，念著這首綺麗而不失雅豔的小詞，她心裡卻湧起萬千春瀾。

馮延巳的詞到底是好詞。拋開成見，她無法否認他有著當朝第一流的文采，更無法不被詞中感人肺腑的字句所打動。從嘉在信裡也說，馮延巳的這首詞寫得十分出挑，以至李璟早朝時就同他開起了玩笑，問他說：「『吹縐一池春水』，干卿底事？」而馮延巳的回答則更絕紗：「未如陛下『小樓吹徹玉笙寒』。」君臣間的一番吹捧表明了李璟的對馮延巳這首詞的賞愛，也使這首詞迅速在士大夫階層廣為流傳。

從字面上看，馮延巳的這首詞和他以往的詞作並沒多大區別，同樣是以閨婦口吻旖旎道盡主角思慕遠方的愛人時的複雜情愫，和李璟以細膩纏綿著稱的感懷詞有著異曲同工之妙，這也就難怪李璟一直都那麼欣賞他，甚至不懼朝野物議，非要把他這樣一個毫無政治建樹的文臣提拔到宰相位置上了。

「風乍起，吹縐一池春水。」詞章一開始便借景起興。春風忽地吹來，滿塘春水波紋蕩漾，此是思婦看見的自然景象，表達了她思君念君不見君時的內心迷惘與惆悵。一個「乍」字，一個「吹」字，一個「縐」字，更加生動了暗示了她內心的情緒波動，突顯出她內心的澎湃也像眼前的池水一樣蕩起層層漣漪，那寂寞便又於無形中更加深了一層。

「閒引鴛鴦香徑裡，手挼紅杏蕊。」心上人不在，思婦茫然間走入花間小徑，便順手摘了一枝紅豔豔的杏花，搓揉著花蕊來到池邊逗弄著水裡成雙成對的鴛鴦。一句「閒引」道出了思婦無聊至極的惆悵，一句「手挼」更加細緻入微地寫出了思婦煩亂的心緒，既然不能共君把盞花前歡，也只能一個人孤孤單單地在水畔逗弄鴛鴦了，可是鴛鴦們都成雙成對，她卻失其佳侶，獨對春光，那份深藏心底的寂寥也就更加震徹人心。是啊，春色雖好，春光卻難留，正如人生青春易逝，究竟還有幾個春天能讓她獨自揮霍？想到這裡，她輕輕淺淺地嘆，思君的程度更上一層樓，望那手中被

揉碎了的杏蕊彷彿便是自己渴求愛情的芳心，可是她的郎什麼時候才能把家還？

娥皇不知道自己手裡什麼時候也多了一枝杏蕊。難道馮延巳這首《謁金門》裡描繪的女子便是自己的化身？她搖搖頭，又點點頭，其實自己和那個詞箋裡未曾謀面的思婦又有什麼區別？念起之時，所有的女子都是一個模子裡印出來的，都會在夜深人靜的時候躲在輕紗帳中淚眼婆娑，對著香枕傾灑無法訴說的悲哀，任寂寞在薰香的煙霧中肆意繚繞。

「鬥鴨闌桿獨倚，碧玉搔頭斜墜。」穿過花徑，逗過鴛鴦，思婦又來到另一處所，獨倚闌干看「鬥鴨」，依然興致索然，徒增一腔傷情。在她眼裡，「鬥鴨」再精采，沒了他相陪，天下所有的美景物事都打了幾分折扣，只是懶洋洋地望著池中爭鬥的鴨子，卻無法分享別人的歡喜，心裡裏了萬分無法排遣的傷感，連頭上的碧玉簪斜垂下來也無心再去管它。心上人不在，還為誰飾容？任其鬢髮蓬鬆散亂好了！

馮延巳這句話真是寫得太傳神了。娥皇不由得驚嘆詞作者的斐然才華。看到這裡，她越來越覺得他筆下的思婦寫的就是自己。從嘉不在的日子裡，她懶梳妝、懶描眉、懶施粉、懶言語，做什麼都無精打采，就連慣會逗其歡喜的流珠也想不出任何辦法能讓她一啟歡顏。

她究竟是怎麼了？他不是已經許下諾言要來揚州迎娶自己的嗎？可自己為什麼還在擔心？她在擔憂什麼？和他的婚事是得到皇上和父親首允的，為什麼她卻總是放不下心來，難道她對他的痴心還不足夠信任？不，她明白，他是深愛著自己的，可她就是這樣莫名其妙，總在莫名的疑惑著恐懼著感傷著，彷彿只有盼他在窗前出現的那一剎那，她才能安下心來，才能相信他也如自己一般深切地思慕著她。可是，他還未曾入她芳夢之際，她也只能在霧靄茫茫中款款深情地駐足遠眺，哪怕歷經千年，也要在平平仄仄寫盡柳色花事中等來他噠噠的馬蹄不斷。

「終日望君君不至，舉頭聞鵲喜。」思婦正沉浸在百無聊賴、望君不至的絕望之中，忽又聽到窗外枝頭喜鵲聲噪，不覺喜上眉梢，精神為之一振。喜鵲叫，行人到，莫不是心上人就要回來了吧？她掩飾不住心中的狂喜，舉頭望向花樹上鳴噪個不停的喜鵲，在心裡一次又一次地發問：「他真的要回來了嗎？真的嗎？」「終日」二字將思婦的痴情表露得纖細入微，而「舉頭聞鵲喜」一句卻進一步刻劃出思婦對戀人的思念之切，不僅使其轉憂為喜的感情變化躍然紙上，品字如見其人，也給詞外的讀者留下懸念，他歸之不歸，就要看這小女子的造化了！

　　歸，還是不歸？思婦不知，娥皇亦不知。詞到這裡，戛然而止，卻遺裊裊餘音，令人回味無窮。

　　他怎會不回來呢？她是他聘下的妃，是他終身不可割棄的念。「執子之手，與之偕老」，那是他對她許下的誓言，永遠不會背棄的盟約，縱是山高水長、天涯海角，他也不會棄之不顧的！只是，究是何時，她才能披蓋頭、著紅妝，成為他的妻，與之長相廝守，不離不棄，不再終日思念以詩寄情，鴻雁傳書寥表想念？

珠聯璧合

　　晚妝初過，沉檀輕注些兒個。向人微露丁香顆，一曲清歌，暫引櫻桃破。

　　羅袖裹殘殷色可，杯深旋被香醪涴。繡床斜憑嬌無那，爛嚼紅茸，笑向檀郎唾。

—— 李煜《一斛珠》

珠聯璧合

　　南唐保大十二年，西元 954 年，她終於披上鳳冠霞帔，如願以償，做了他鄭王的妃。那一年，她十九，他十八。

　　出身名門的她嫻靜聰慧、蕙質蘭心，長得一副花容月貌，膚白似雪、眉彎似月、唇小似櫻、腰細如柳，甫一進宮，便以天仙般的容貌壓倒群芳，令人側目。非但如此，她還通曉詩書、精諳音律、能歌善舞，採戲弈棋靡不妙絕，尤其是一手琵琶更是彈得餘音繞梁，彷彿天女下凡、宓妃臨塵，顧盼之間，頓生萬種風情，每一個舉手，每一個投足，甚至每一個淺淺淡淡的眼神，都無不使六宮粉黛望塵莫及。

　　就在她進宮的那天，上至皇室宗親，下至朝廷勳舊，乃至金陵城中的黎民百姓，無不為其嫋娜體態和風流韻致所傾倒。自此後，他們不僅記住了她鄭王妃的封號，更記住了她那個香豔而不失詩意的名字——周娥皇。

　　其實她的芳名本叫周憲，娥皇只是她的小字。因父親周宗愛女心切，便將兩個掌上明珠般的女兒分別起字為娥皇、女英。她知道，娥皇、女英本是上古賢君堯帝二女之名，初為姐妹，長成後又同為舜帝之妃，享盡人間榮華富貴，恐怕父親替她姐妹二人起字之初，也是生了這如花似水般的心思，希望她們能像堯之二女那樣在溫室中無憂無慮地長大，終成一代名姝吧？

　　父親的願望是好的，娥皇也是爭氣的。雖不能像古之娥皇成為帝王之妃，但生能嫁作人品、才學都是第一流的鄭王從嘉，又有何憾？只要他真心愛她，縱是金風玉露一相逢，便勝卻，人間無數。

　　生命裡有著太多太多的期待，有著太多太多的迷惘，更有著太多太多的出乎意料。人生無常，正月裡，當聽說雄踞中原的後周王朝開國君主太祖郭威因病去世，世宗柴榮繼位之際，她還在揚州城裡為她的愛情悲天憫

人，於無人時在桃花小箋上一遍一遍地寫著他的名字，一直到密密麻麻找不到任何空隙，一直到陽光黯淡、暮色降臨，口中尚喃喃自語，一遍一遍地默唸著遠在金陵的他要快樂安康。

流珠問她，小姐這般思念鄭王，然鄭王又會像她一樣的珍視她嗎？她不知道。她只知道，她比誰都在乎。一直以為，他來自那流光飛舞的仙境，似迷路的仙童，神話般出現在她的人間，就那樣披著淡淡的潔白幽清的月色，脈脈地站在星光閃爍的萬花叢中，晶瑩的露珠映著他俊美的面龐，輕風拂動他飄揚的髮梢，一曲靈動的笙歌透著他的多情與風雅。

他如花的面容，是她記憶中的唯美。月上西樓時，她在思索，該用怎樣一根長線，才能串拾起思念破碎的殘片？她在瘦西湖畔遙望東方初升的太陽思念，在高樓處沐浴夕陽的餘輝中思念，在二十四橋明月夜下駐足思念……晚風襲來，思緒被吹成一縷一縷的柳條，在空曠的天際飛舞盤旋，她卻只能迎著闌珊的燈火一直朝前走著，留給身後一個長長的孤單的影子。

喜歡在想他的時分彈起一曲相思的琵琶，然而彈來彈去就是那麼幾首傷感哀怨的調子，當《長想思》、《別鶴操》、《淅淅鹽》的旋律震徹雲宵之際，音調便會化成一把鋒利而又冰涼的匕首，直直刺進她滴血的心窩。那匕首輕輕剔去塵囂，剔去浮華，剔去那些疲憊不堪的偽裝，於是，像一種顫抖著的新生，真切又深刻地體會到一種落寞，一種蒼白，一種單薄刻骨的相思之苦。

她沒有奢求。只是每次走在柳枝新發的岸邊時都會惴惴不安地期盼著下一次遇見，只是每次駐立在陽光明媚的門前時都會依依不捨地注視一個遠去的背影，只是每次面對霞光燦爛的天空時都會帶著憂傷的微笑哼起那曲別離後的《長相思》，只是每次想起他時都會自然而然地把心底積澱的情感融入輪迴的生命，莫名地快樂著，又莫名地傷感著……可是，如果真

如流珠所言，他並未嘗像她那般的珍視她，她還會用微笑去面對這一切過往嗎？

是不是，如果那樣，她寧願，永遠都不會再想起他？她不敢想像。她害怕，她恐懼。她愛他，所以不希望在某個落日的黃昏，當清風吹起一樹煙花之際，一步一步，居然走到他和另一個女子的曾經裡去；不希望在百花妖嬈的春天裡，當她注視一朵微笑的小花時，卻無意中看到他和另一個女子的爛漫；更不希望在耳畔傳來絲竹輕唱的那一剎那，恍惚中會聽到他和另一個女子不羈的笑聲……這是怎麼了？她怎麼總在莫名其妙地擔心著本未曾發生的事？可她就是這樣，總在日出日落之際幻想著他的身邊有了另外一個她，儘管知道是空穴來風，是無中生有，卻依然覺得心驚。

如果真有那麼一個女子出現在他的世界裡，她一定會很沮喪很失落很傷心，可這一切都是假設，都是不存在的，哪怕他身邊真會出現這麼一位女子，她亦已是他聘下的妃，任其傾盡所有，也不能占據她的位置，她又害怕些什麼呢？不，他是當今第一風流的才子，又是皇家子嗣，宮裡美女如雲，又怎能保證沒有心儀他的女子出現？如果，如果……如果那樣一個如花似玉的美人兒像蝴蝶翩躚著奔向臨水而立的他，他還會有勇氣拒絕她的盛情嗎？到那時，她周娥皇又該怎樣去佯裝堅強，佯裝笑得很陽光很燦爛呢？

瓊花盛開的季節，特意讓流珠找來一本黃曆，無聊的時候就翻著它數起這個春天所剩無幾的時光，數著書架上翻過的一本本經書，數著詞箋上寫下的字句，數著琵琶上彈過的曲子，數著妝盒裡的每一根金釵和玉簪，數著瞞著流珠偷偷為他刺繡的荷包香囊，還有心裡默默唸了千百回的他的名字……

他為什麼還不來？日日思君不見君，她唯有把思緒深深浸在青銅鏡裡那張冷若冰霜的面容裡繼續沉鬱，以一副婉約的神態躲進皎月醉影的簾後，以

恨嫁之心待深閨，然後，在一曲不成韻的琵琶裡，寫花成夢，寫夢成痴，寫痴成江南煙水中的離人。相思難熬處，更習慣了在每個掌燈時分，依著那上古裂帛的妹喜的性子，將手邊的黃曆毅然撕去，一半，兩半，四半，八半……

聽那紙碎墨斷的聲響，頓覺心驚，卻是無可救藥地愛上那激盪在內心深處久久不息的迴響，決絕而沉毅，然後慢慢閉上眼睛，將之狠狠揉成一團，重重地丟進紙簍，再憶著他綿延的笙歌，在紛繁的思緒裡四下搜尋，竭力想要留住一段留不住的青澀時光。

但她終是成了他的妃，在那個煙水迷濛的季節裡。那夜，她歡笑著拈起窗外一縷攜著花香的清風，有些害羞地望向眉眼沾盡歡喜且略帶羞澀的他，看他靜靜站在暮靄之中，有柔柔的溫情在心坎緩緩蕩漾。夜色，輕柔，微漾的風冷冷地吹著，熨貼著她馨香的肌膚，細細的，粼粼的，仿似身體成了一湖池水，在他溫柔的眸光裡輕輕蕩漾，清柔，婉約，雅緻。

在他深情的注視裡，她想起了那個曾於瘦西湖畔拾花的思春女子。那日，他打馬離去之際，她俯身拾起了風的柔情，於片片落紅的碎影斑駁中挽起了青春的殘夢，心甘情願地為他清歌一曲，舞盡世間風情。當時，耳邊塞滿了經年不斷的潺潺水流聲，而那些聲音總是會在那樣的時刻以一種滂沱之勢徹響在她耳畔，似乎她所處的高樓是一條經年不斷的溪流，從遙遠的群山之巔或是峽谷之澗，邀萬重雲海奔流而下，一路歡暢流瀉，具有跌宕起伏之勢，入耳，入眼，入心，只令她神魂顛倒；而遠風便柔柔地隨著山的勢、水的媚披覆而來，在茂密的林間渲染上水韻清涼的柔情後，緩緩地婆娑在枝枝蔓蔓、葉葉莖莖間，再灌湧到肌膚紋理裡，入肺，入腑，入髓，只令其心驚。

他遠別的日子裡，她的世界唯有灰濛的天穹，亦總是在她點滴的相思中緩緩俊逸成一抹煙青色，再也找不見一絲燦爛與明媚。而那枝頭零落的

瓊花亦在風中輕輕地搖曳，一個不經意便碎成了一地芬芳，悽豔而羞澀地作別了昨日晚風的柔情，不能與君再共。她看不到明月皎皎，看不到星辰閃灼，看不到流光溢彩，映在她眼簾的唯有清柔而溫涼的恬淡靜謐。在風煙俱淨的澄澈中，再次讓她感受到那絲絲風、縷縷柔，彷彿貼心貼肺的清涼人兒繾綣在心懷，也再次讓她清楚地認識到，生命裡，她永遠都難再捨棄此番唯一的幽柔與他深情的眸光。

　　就在那個分別的夜裡，她無可救藥地戀上了一種溫婉的柔情。是夜，風中的浪漫輕柔而清冽，自上而下，細細地撫摸著她裊裊升起的想念，任相思一點一點地漫上心頭，然後在夜的傾情眷戀中，把所有的不得已與無奈都揉進她賁張的血脈，柔情亦自神魂顛倒的眸光裡瀲灩起絲絲的不捨與難為。而今，她又跌進那夜夢一般的幽遠意韻裡，不由自主地眠在了風的輕柔中，在他溫情款款的眼神裡用整個身心承載起一燭燈火的浪漫，體態嫋娜，清歌四溢，只是當日的悲悵早已變作了今夕的歡悅。一支曲，一支舞，在他眼底將時光悄然凝立成一朵不染纖塵的青蓮，於清風裡徐徐散發著幽雅清香，而她，清麗可人的新嫁娘，亦在雙喜的剪紙下成為他眼裡永恆不變的歡喜。

　　晚妝初過，沉檀輕注些兒個。向人微露丁香顆，一曲清歌，暫引櫻桃破。

　　羅袖裛殘殷色可，杯深旋被香醪涴。繡床斜憑嬌無那，爛嚼紅茸，笑向檀郎唾。

—— 李煜《一斛珠》

　　在他眼裡，她簡直美得不可方物。在她撩人的歌喉裡，他彷彿凝立於亙古的霧靄中，掐捻著心底的甘霖，只為守候她的無限風情。在此清柔而簡單的夜幕裡，他看不到殘紅遍地，也看不到花滿枝頭，而那離枝點點繾

綣，他亦捕捉不到一絲絲。在他的世界裡，只有歌，只有舞，只有酒，只有醉酒後嫵媚可人的她。無盡的風，一陣陣從窗外輕湧而來；悅耳的歌聲，一簾簾蕩漾而來；無光的酒，一鱗鱗蔓延而去，皆化作交杯湧入他和她新婚的喉。

聽著她曼妙的歌聲，看著杯中漸逝無蹤的酒水，他將風絲一縷縷地繞在指尖上，柔暖的素指便纏滿了自她體內溢位的馥郁馨香。簡直是太迷人了，娶妻如此，夫復何求？他想起漢光武帝劉秀未登帝位之前所說的一句話：「當官當作執金吾，娶妻當娶陰麗華。」他李從嘉三生有幸，得此娥皇佳眷，便是當個縱橫江湖的白衣秀士也是心甘情願，帝王將相的位置就留給別人去逐鹿吧！

娥皇，娥皇，妳知道我有多愛妳、多在乎妳嗎？他深情注視著歌舞逍遙的她，攤開雙手，用她瞭他餘光的溫暖輕輕撥開夜的輕紗，將羞澀蓋在笑靨如花的面龐上，跟隨清風打轉，轉到大殿的犄角處，貼著案几倚立成一個瀟灑不羈的影子，就著燦爛的燈火，於詞箋上輕描淡寫，把她溫婉可人的狀貌，無一遺漏地劃上筆尖，溫上心頭。

「晚妝初過，沈檀輕注些兒個。」晚膳過後，她梳洗完畢，端坐妝臺前，對鏡貼花黃，在他柔情萬種的眸光裡，於唇上輕輕點上一層潤澤的沉檀，更顯無限風情。他對妻子的愛果真是到了無以復加的地步，所以在詞章開首便竭力描述愛妻的一系列動作，如同一幅一幅的連環畫，一張一張地鋪展在讀者面前，突出了娥皇的嬌美與嫵媚，給予人新鮮、真切、自然的審美情趣。

「向人微露丁香顆，一曲清歌，暫引櫻桃破。」詞中的「顆」為花蕾之意，中唐詩人白居易《春盡勸客酒》：「櫻桃落砌顆，夜合隔簾花。」正是以「顆」為花蕾的。「丁香顆」是一種別號「雞舌香」的花蕾，它由兩片形似雞舌的子葉抱合而成，因以作為美女舌尖的代稱。晚妝過後，體態嫋娜的娥

皇盤旋著在他面前翩躚起舞，一邊痴情地望著他如水的眸，一邊伸出舌尖衝他扮著鬼臉，一個「微露」便將新婚夫婦的柔情蜜意以飄逸的姿勢毫不吝惜地潑於筆墨之下。

緊接著，她長袖飛舞，輕啟朱唇，如熟透的櫻桃突然破裂，飄渺的歌聲瞬時四溢。然而他卻惜墨如金，只用了「一曲清歌，暫引櫻桃破」兩句加以高度的藝術概括。以「櫻桃」喻愛妻的口，是詩詞中所習用的，白居易的「櫻桃樊素口，楊柳小蠻腰。」韓偓的「著詞但見櫻桃破，飛盞遙聞荳蔻香。」都是很好的例證。一個「暫」字用在這裡，透露了她慵懶的憨態，而一個「引」字則有著驅、使的意思，寫盡了娥皇的嫵媚神態。

「羅袖裛殘殷色可，杯深旋被香醪涴。」她邊舞邊唱，邊唱邊就著他舉到嘴邊的杯盞喝下那含著他無限深情的美酒。笑鬧間，芳香的醇酒濡溼了羅袖，使之變成深紅色澤，然而在他的殷勤勸酒之下，她還是一杯接著一杯地喝了下去。她知道，在他如沐春風的眸光裡，她喝下去的不盡是酒，而是他的一片深情。在這世間，還有什麼及得上他對她的一片痴心？哪怕明知有毒，她也會欣喜若狂地將之飲下，不悔不恨。酒越喝越多，她微微有些醉了，及至小口深杯時，四濺的酒水卻把一身錦繡綾羅給徹底汙染了。可這又如何？只要他喜歡，她願意為之付出一切，一件羅衫又算得了什麼？

「繡床斜憑嬌無那，爛嚼紅絨，笑向檀郎唾。」娥皇的多情，滋潤了從嘉的詞筆；從嘉的詞筆，也銘刻了娥皇初嫁時令人心旌搖曳的神韻。他們之間的情愛之深，從這三句富於生活情趣的細節描寫，我們便可一窺端倪。醉酒後的她嬌慵地斜靠在繡床邊，輕輕嚼碎束髮的的紅茸線，笑著唾向心上的他。那恃寵撒嬌的神態，使遠在千年之後的人都恍若置身其中，字字句句，皆洋溢著她對他深情的愛，更彰顯出他的靈心慧眼。「嬌無那」是不勝其嬌，嬌到無以復加的神態；「檀郎」本指晉代美男潘岳，在這裡自

然是指娥皇眼裡的從嘉，潘岳小字檀奴，所以後世女子便稱自己的心上人為檀郎。

　　因為愛，娥皇在李從嘉的筆下才顯得如此生動活潑，以至隔了千年，我們仍能透過文字型會到她無人可以企及的音容笑貌。一句「爛嚼紅茸，笑向檀郎唾。」儘管有些香豔直白，但其筆端塑造的生動形象和自然綻破的藝術效果，確實有著傳神之力。一個嬌柔可愛的少婦形象，在他勾魂蝕骨的筆觸下，一下子便勃發了生機，她害羞地笑著，或是佯裝生了氣，櫻口之美、美人之嬌媚靈動，盡在詞中那簡簡單單的幾個字眼中迴旋，但卻能夠於第一時間令人怦然心動，不僅活躍了整個畫面的氣氛，更增強了詞作的感人力度，給讀者以強烈的感染。如果不是對之著有錐心刺骨的深愛，又怎能寫出這看似乎淡，實則風光無限的好詞？

　　他手捧墨跡未乾的詞箋，在她顧盼流轉的目光裡低低吟誦著。他就是如此如此廢寢忘食地愛著她，如此如此不顧一切地戀著她。今夜，他只想沉浸在她醺醉的溫潤眸子裡，戀想一抹風的柔情能予他終生豐盈、恬靜。儘管尚不知道自己還可以編織多少風的柔情與溫婉，但他知道，在生命的最初與最後，他都會緊緊攀附著風的生命氣息，慰撫他和她的春閨迷情，任浪漫盈心，生生世世，只共她花前月下。

第 3 卷
雨瑣朱窗

風中落花

手卷真珠上玉鉤，依前春恨鎖重樓。風裡落花誰是主，思悠悠。

青鳥不傳雲外信，丁香空結雨中愁。回首綠波三楚暮，接天流。

——李璟《攤破浣溪紗》

時間過得真快，轉眼間便是保大十三年的冬天。

二十歲的鄭王妃周娥皇淡掃蛾眉，斜倚欄杆，笑意全無。

空中零零星星飄起了雪花，冷風拂面，略有一絲寒意，聽流珠在廊下一再彈起的那曲《長相思》，她腦海中又忍不住浮現出一幅與他花前月下、你儂我儂、卿卿我我的朦朧畫卷，一絲淡淡的愁緒悄悄漫過心底。

冬天到了。是的，冬天到了。娥皇伸手緊了緊衣領，突地發現從來沒有哪個冬天像眼下這般淒凜寒涼過，便是冷倒也罷了，在這冰天雪地裡，甚至大殿內外發出的每一個空靈聲響，以及宮娥侍從們無意間流露出的每一個淺淡眼神，都能惹起她心底無數驚懼。不為別的，就為雄踞中原的周世宗柴榮已於這年的十一月下詔歷數南唐之罪，從而開啟了與南唐的戰爭。

戰爭，對娥皇來說並不陌生。從小到大，雖未親歷沙場，但是朝廷先前與閩、楚、吳越三國的紛爭，她從父親那裡也多有耳聞。因烽火之地遠離東都及南唐腹地，前線打得再熱鬧再殘酷，對深處閨閣中的她來說也不過是一場無關緊要的禍事，閒了，該遊湖遊湖，該賦詩賦詩，該彈琵琶彈琵琶，慣看春花秋月，日子照例過得像從前一樣有滋有味、處驚不變。可這次的情勢卻有所不同，後周乃是中原正統皇朝，人多地廣、兵強馬壯，兵力絕非當日疲弱的閩國楚國可比，一旦大兵壓境，偏安一隅的南唐安得不罹覆卵之災？

娥皇知道，保大九年十二月，後周泰寧軍節度使慕容彥超反，乞南唐發兵拒周，李璟曾下詔出兵數千以應之，結果被周師大敗，從此與後周政權結怨。後周太祖郭威因此啣恨南唐，但他並沒有馬上發兵進攻南唐，而是致力於治理國家，進行改革來增強國力，希望有朝一日能將南唐一鼓作氣地拿下。可結果郭威還是沒能在生前了卻這個心願，於是臨終之際，他特地叮囑繼位的養子柴榮，有生之年一定要將南唐拿下。柴榮秉承父命，即位後舉賢任能、宵旰憂勤，展彊拓土，國力大增，中原底定後，他又在謀臣的輔佐下，制定了「先南後北」、「先易後難」地統一全國的政治策略。南唐與後周僅隔著一條淮河，無論於公於私，雄才大略的柴榮都不會放過吞併南唐的機會，於是，他把目光迅速鎖定了南唐，決定先拿其動刀，然後再慢慢收拾其他割據政權。

柴榮說到做到，又是發檄文聲討李氏政權，又是派兵進犯南唐之境，並且令宰相李谷為淮南道前軍行營都部署，知廬、壽等州行府事，以許州節度使王彥超為行營副都署，命侍衛軍馬都指揮使韓令坤等一十二將各帶徵行之號，率師十萬，浩浩蕩蕩，直奔淮南而來。得知後周用兵，本不願再啟戰釁的李璟自是急不可耐，但大兵壓境之下，也不能坐以待斃，只好馬上出師迎敵，以大將劉彥貞為北面行營都部署，率師三萬赴壽州，奉化節度使皇甫暉為北面行營應援使，常州團練使姚鳳為應援都監，率師三萬屯定遠。隨著戰事的進一步擴大，十二月，十九歲的鄭王李從嘉被授為都虞侯沿江巡撫使，日夜巡視金陵附近的江面，偵探敵情，雖然未曾遠赴沙場，但也不能擅自離開職守，所以自此後的幾個月內，娥皇鮮少再有見到丈夫的機會。

想當初新婚蜜月的好時光，娥皇望著廊下漸下漸大的雪花，心裡有著一股深深的惆悵與擔憂。這個冬天就這樣肆無忌憚地侵襲著她心裡的每一個角落，讓她在一個多月的時間內便嘗盡了憂傷、心驚、膽顫、悲痛的各

種情緒，宛若一具行屍走肉孤單地行走在不再充斥歡聲笑語的大殿，整個靈魂都被染上了憂鬱的顏色，毫無歸宿之感。

　　沒有人能把冬天的日子洗白，看不到他的日子裡，她每天都在憂心忡忡中度過，卻只能於燈下舔著莫名的煩惱，一次一次地將體內的寒意驅趕，讓冰冷與寂寞散盡，好等他回來與之歡盞。可是，兵臨城下的日子，她和他還能像往常那樣把盞盡歡嗎？她深深嘆息著，不知道他在外面到底過得好不好？穿得暖不暖？吃得香不香？想要在夢裡推開他心靈的那扇窗戶看個究竟，卻又是久推不開，只好閒坐榻上默默生著悶氣，生她自己的氣、生老天的氣、生這個兵荒馬亂的時代的氣，可這又能如何？她知道，即使生再多的氣，積壓再多的鬱悶，對於邊境上的戰事她也愛莫能助，更不能將即定的事實改寫。唉，這世上要是真有撒豆成兵的法術就好了。當憤懣積壓到無可釋放之際，她便會在幻想中編織起一個又一個的神話，希冀遠在疆場的南唐士兵個個都身懷絕技，將那些無恥侵犯的周兵通通趕回他們的老家去。

　　可邊境上的爭奪並不像她想像的那樣，只要用了奇門遁甲之術便可以反敗為勝。事實上，自後周開啟兵釁以來，南唐便接二連三地丟城失地、節節敗退，丟盡體面。先是大將劉彥貞被委以重任，率軍迤邐來至距壽州二百里地的來遠鎮，旗甲鮮明、軍容甚盛，後周宰相李谷聞之大懼，生怕南兵斷其正陽浮橋，導致腹背受敵，於是夜焚糧草，退屯正陽。就這樣，唐周兩軍形成對壘之勢，雙方僵持不下，未分勝負，給了唐廷喘息的機會，身為沿江巡撫的從嘉也得以抽身回到鄭王府與娥皇小敘，可剛剛過了新年，炮竹的響聲尚未散盡，保大十四年正月，一心想要征服南唐的周世宗柴榮居然親自披掛上陣，自汴京前往壽州前線督師，從嘉不得已，只好與娥皇再次揮淚暫別。這到底是怎麼了？咄咄逼人的周世宗如此氣焰囂張，難道他一定要滅絕南唐不可嗎？娥皇站在廊下遙望從嘉巡江防守的方

向，內心悽楚，徬徨難耐。柴榮發兵進攻南唐無非是想吞併李氏天下，可他有沒有想過，這場由他開啟的戰端最後會令多少無辜的百姓遭殃？柴榮在討唐檄文中說得冠冕堂皇，說什麼李氏江山是從楊氏手裡奪來，說什麼李璟以強凌弱吞併閩楚，可歸根究柢，直接承受戰爭後果的卻是那些手無寸鐵的老百姓們，為了一己之私，傷及數以萬計的子民，他柴榮又於心何忍？娥皇知道，無論自己內心對柴榮的譴責有多強烈，對他本人有多深惡痛絕，都不可能阻止他決意攻伐南唐的腳步，就像當初父皇李璟攻伐閩楚二國一樣，在他們決定輕啟兵釁之際，首先想到的從來不是處於水深火熱中的人民，而是他們的神聖君權以及開疆拓土的壯志豪情，可是縱使天下都成一人囊中之物又能如何？人生自古誰無死？生前打殺拼來的江山富貴，死後又能帶得走一分一毫嗎？非但如此，他們的貪婪還製造了她和心愛之人的分離，可又有誰看到，這世上還有千千萬萬像她和從嘉一樣恩愛的夫妻此時此刻也正因為這場戰爭深陷離別之苦呢？

恨只恨，身不為兒郎，不能為國分憂，不能解民於倒懸之中，所以只能在昏黃的燈火下繼續跳著她一個人的舞蹈，品著她一個人的清茶，將對他的思念扣在琵琶弦上，一遍又一遍地唱響在曉窗月下。廊下的雪還沒有盡，她不知道，這場雪為什麼綿延了這麼久？似乎從去年入冬以來就沒有停歇過，冥冥之中便又給這場戰爭蒙上了一層撲朔迷離的色彩。菩薩啊，大慈大悲的觀世音菩薩，您若真的慈悲為懷，就請施展您的法力，讓這場無聊透頂的戰爭迅速消弭吧！為南唐的百姓，為後周的百姓，為我深愛的從嘉，還有他為國事整日憂心操勞的父親李璟！

然而，她所有的祈禱都無法阻止所有陷入這場戰爭的人走向更大的災難之中。當柴榮聽聞李谷退軍後，生恐唐兵追趕，便急派大將李重進率精兵渡淮，在正陽以東阻遏來犯之敵。唐將劉彥貞見周軍撤退，便不顧手下勸阻，執意揮師追趕，當行至正陽時，李重進已先他而至，他卻不去進

攻，反而命士兵施放鐵蒺藜、拒馬牌，又刻木為獸，企圖恐嚇敵軍。周軍見此，便知他心中怯懦，一鼓作氣衝了過來，劉彥貞猝不及孩，被斬於馬下，可憐兩萬南唐兵至此悉數化為泥沙。正陽戰役失敗，枯守金陵城的李璟更加憂心如焚，而柴榮卻躊躇滿志，駐蹕正陽，指揮軍隊繼續進攻，一方面圍壽州，另一方面令大將趙匡胤率軍五千進攻滁州。滁州是南唐重鎮，一旦有失，勢必禍及江南，所以李璟在這裡布置了重兵，派大將皇甫暉、監軍姚鳳率軍十萬戍守，可是人算不如天算，儘管準備充分、兵力強壯，歷經百戰的皇甫暉最終還是在二月裡敗在了初出茅廬的趙匡胤手裡。在這次戰鬥中，趙匡胤對皇甫暉三擒三縱，到皇甫暉第三次被俘時已是遍體鱗傷，滿身血汙，連站都站不起來了。趙匡胤問他是否回去再戰，皇甫暉閉目不答，趙匡胤便命手下製作了個大木籠，抬了皇甫暉送往正陽柴榮駐蹕處發落。

李璟怎麼也沒想到，滁州一戰，大將皇甫暉力竭被俘，南唐的精銳部隊在頃刻間便化為烏有。滁州為淮南屏障，去金陵只一水之隔，如今滁州已失，壽州便孤立無援，無法抵禦周師進攻，一旦壽州再失，盡為平原的淮南之地將無險可守，儘可任周兵驅馳。訊息甫一傳來，南唐朝野震驚，滿朝文武將相無不驚懼，等皇甫暉絕食而逝的噩耗再次傳到金陵之際，群臣無不聞風喪膽，唏噓不已。

皇甫暉本係中原之人，少時自貝州起兵，跟隨後唐明宗李嗣源，共同輔佐唐莊宗成就帝業，明宗即位後，暉自軍卒擢拜陳州刺史，終後唐之世常為刺史。保大四年，契丹亡後晉，身為後晉密州刺史的皇甫暉遂率眾投奔南唐，位兼將相，大小數十戰，從未敗北，沒想到這次居然敗在了趙匡胤手裡，想來也是天意，非人力可以挽回。皇甫暉的死給南唐君臣敲響了警鐘，李璟立即召集大臣殿議，討論對策，豈料這一討論卻形成了三方迥然不同的意見。一方以太傅宋齊丘為代表，主張守成自固；一方以皇太弟

景遂為代表，主張與後周議和；一方以燕王弘冀為代表，堅決主戰。三方各執己見，當下一番唇槍舌劍，叵耐李璟心裡已經作好了求和的準備，遂接受了皇太弟景遂的意見，當即遣泗州牙將王知朗奉書於滁州柴榮行在，願以兄事後周，柴榮不許，並將王知朗扣為人質。李璟無奈，只好再遣翰林學士鍾謨、大理院學士李德明出使後周。那時，柴榮已經移駐下蔡，鍾、李二人便帶著金器千兩、銀器五千兩、錦綺紋帛兩千匹，另有御衣、犀帶、茶、藥等貢品，外加牛五百頭、酒兩千石，作為犒軍之用。哪知柴榮得悉南唐第二次遣使的訊息後，想起李璟前次派王知朗出使時所寫的那封願以兄事之的親筆信，不禁平添了幾許不快，又聽說鍾謨、李德明乃是伶牙俐齒之人，想憑三寸不爛之舌遊說自己退兵，更是氣不打一處來，索性派兵攻打南唐東都揚州。那時周宗已經以司徒之職致仕，攜家眷客居金陵，繼任的東都副留守馮延魯實乃無能之輩，聽說周軍來攻，早嚇得魂不附體、屁滾尿流，還沒開仗，就丟下三軍，削了頭髮，化妝成僧人模樣，連夜遁逃而去。周軍兵不血刃，毫不費力就將揚州拿下，那化妝成和尚的馮延魯也被周軍搜獲，隨即就被柴榮派人將其押往汴京。

馮延魯被押往汴京的訊息傳來，南唐朝廷再次亂成了一鍋粥。馮延魯乃當朝宰相馮延巳異母弟，是朝廷重臣，一旦歸為臣虜，更令朝臣側目。禍不單行，東都陷後不久，光州守將張承翰便舉城降周，泰州刺史方訥也棄城而遁，李璟見勢不妙，祕密遣使向契丹求援，誰知使臣剛剛行至淮北，就被周人發現，從身上搜出了蠟丸書，雙方關係變得愈來愈緊張。

就在這種緊張的氛圍中，被派去下蔡遊說柴榮退兵的鍾謨、李德明也被扣為人質，李璟不得已，只好於三月再派司空孫晟及禮部尚書王崇質入使柴榮行在求和，請削去帝號，奉表為外臣，同時許諾割讓淮南壽濠泗楚光海六州。孫晟乃南唐宰臣，位高權重，柴榮見南唐派其出使，並將先前扣押的王知朗遣回金陵，不過淮南諸州繼陷，對後周來說已是囊中之物，

欲盡取江北之地的柴榮當然不滿足李璟提出的割讓淮南六州以求和的條件，索性連同孫晟也一塊扣留了。那鍾謨和李德明見王知朗被放歸，又見周師急攻壽州，度旦暮且下，遂偽言李璟震畏天威，乞歸國取表，以一己之舌說服唐帝盡獻江北郡縣及歲輸方物，以期早日還歸金陵。柴榮聽李德明這麼一說，自然心花怒放，立即遣其還唐說李璟獻城，並託其捎去了一封滿篇盡是盛氣臨人、誚讓譴責之辭的書信。李璟看了柴榮的書信後，心中十分不悅，李德明卻不知進退，當殿盛稱柴榮之威德，請其速速割讓江北之地，免得大軍來討，玉石俱焚，引起太傅宋齊丘、樞密使陳覺、中書舍人陳喬等人的反感，皆言其賣國以悅敵，罪不可赦。哪知李德明見割地之說行之無路，遂攘袂大言，謂周師必克南唐，君臣益怒，於是，李璟一聲令下，賣國求榮的李德明即刻便被拖下去斬首示眾。

　　李德明一死，割地之議自然擱淺，也無人再敢提及。那邊尚在等待李德明帶來好訊息的柴榮本欲返旆北歸，見南唐爽約，一怒之下，便揮軍攻向舒、蘄、和三州。舒州刺史周弘祚抵擋不住周軍的兵鋒，眼看城池將破，赴水而死；蘄州守將李福殺死知州王承俊，開門降周，緊接著，和州也在四面楚歌中陷落。然而柴榮並不滿足於此，一邊派人處理所占州縣的政務，一邊用檻車裝著孫晟直奔壽州城下。當時戍守壽州的是南唐大將劉仁瞻，他撫慰將士，悉心防禦，周兵屢次進攻均以兵敗告終，柴榮無奈，只得強迫孫晟出面招降。孫晟雖是文臣，卻也是一條鐵骨錚錚的漢子，無論柴榮怎樣逼迫，他就是不肯屈節事周，甚至在城下遙望著城樓上的劉仁瞻大聲吶喊，要其堅守城池，不可開門納寇。柴榮雖怒其不爭，卻也欣賞其節烈忠貞，只得作罷。

　　在後周大軍的一再進逼下，南唐淮南之地幾為一空，而就在這個節骨眼上，偏安東南一隅的吳越王錢俶也火上澆油，趁江南危急之際，出兵進攻南唐東南重鎮常州。李璟自然經受不起後周與吳越的兩面夾擊，但面對

形勢日益危急的窘境卻又無可奈何，只得再次遣使赴周請罪。李璟這次所上表文寫得哀婉悽切、文采藻然，但柴榮並不管這些，他要的是南唐的江山，要的是李氏手中的政權，又豈會因為一通悽楚的表文就會放過李璟？眼看著淮南只剩壽州一城，江北之地岌岌可危，他能做的只有斷然拒絕李璟的求和。

陽春三月，本是草長鶯飛之際。往常這個季節，從嘉一定會陪著娥皇泛舟秦淮河上，一人吹笙，一人曼舞，曲盡綢繆。而今，國事衰微，身為沿江巡撫的從嘉忙於政事，連王府都很少回，又哪來的閒情來陪愛妻鶯鶯燕燕呢？娥皇看得出來，這些日子從嘉瘦了很多，所以他每次回來，她都盡量不表現出自己的哀傷和悲痛，哪怕自己一個憂鬱的眼神便會刺痛他那顆柔軟的心。是的，他擁有著一顆柔軟的心，雖然生性淡泊，一心只想做個閒雲野鶴，但他畢竟身為皇家子嗣，在國家面臨如此巨大的困境之際，他又怎能做到視若無睹、無動於衷呢？

這個時候，她還能為他做些什麼呢？她只能把自己偽裝成一個對政治毫不敏感，對處於水深火熱之中的百姓毫不關心的庸俗婦人，在他回來的日子裡，依舊在他面前盤旋起舞，依舊在他耳畔淺吟低唱，依舊微露笑靨，十指纖纖，撥動那心愛的琵琶，唱起相思的吳儂軟語，只想為他分擔點滴哀愁。可她淺淡的眼神依舊出賣了她行將破碎的心。在整個南唐後宮都被層層陰霾籠罩的日子裡，生性敏慧的她又怎會是個對世事漠不關心的冷漠女子？他知道，他愛她，就是因為她生了一顆悲天憫人的心，儘管她什麼也不說，什麼也不問，可他明白她心裡始終裹著深深的悲愴和惆悵。她不說、不問，只是不想惹他傷心，不想令他難堪，可是總這樣把苦水憋在肚裡獨自一人承受，終有一天她是要垮掉的，他愛她、憐她，不想讓她就這樣為他垮掉，所以在再次辭別之際，他緊握著她的手流下了晶瑩的淚水。為江河日下的南唐，為替國事心力交瘁的父親，為他深愛的她。

「娥皇……」

「從嘉……」她再也抑制不住內心的傷痛,望著他淚如泉湧。

「我……」他輕輕將她嬌弱的身軀擁入懷中,用全身的溫度溫暖著她那顆日漸冰涼的心,哽咽不能自禁地說:「會好起來的。一切都會好起來的。」

「從嘉……」她緊緊偎在他懷中,「我好害怕,我真的好害怕。從嘉,每次看著你離去的背影,我心裡就猶如刀絞般疼痛。我怕,我怕每次的分別都會成為最後的訣別,我……」

「周人一時間還打不到江邊來,妳不用替我擔心。」他緊緊摟著她,安慰她說:「勝敗乃兵家常事,想我大唐三千里地河山,雖然兵馬不及中原強壯,但我們有的是熱血男兒,只要他們在,這個國家就還有希望。一時的失利並不代表永久的失敗。」

「可是……」

「妳在宮裡聽說了皇甫將軍的事嗎?」他伸手輕輕托起她的香腮,正色盯著她問。

她點點頭,哭得一枝梨花春帶雨:「是皇甫暉將軍嗎?聽流珠說,滁州清流關一役,周將趙匡胤初戰失利,後來接受趙普進言,於深夜率兵從山背小路出奇兵一舉攻克滁州,皇甫將軍因此兵敗被俘。周主柴榮勸其歸降,皇甫將軍只是瞑目而臥,既不進食,也不肯接受治療,僅僅過了五天就為國捐軀了……」

「唐朝的百姓會永遠記著皇甫將軍的。不過,妳只知其一,不知其二。皇甫將軍雖死猶生,他便是死了,陰靈尚不忘報效朝廷,有這樣的忠臣義士保佑我唐室江山,還怕趕不走周朝的不義之師嗎?」

「什麼?」她驚訝地盯著他脫口問道。

「皇甫將軍曾在清流關西北邊的北將軍峰上建造了一座烽火臺，駐兵其上，日夜監視北方的周朝軍隊。清流關與滁州城失陷後，我朝一部分將士退守到北將軍峰的烽火臺上，那裡地勢險峻，又居高臨下，趙匡胤屢次率兵攻打都無法攻下，無奈之下，趙匡胤只好斷其汲水之道，將我朝兵將團團包圍住，打算渴死他們。被困三天之後，很多士兵都因為缺水渴得昏迷過去，而就在這個時候，皇甫將軍於深夜顯靈，來到部下被困的山頂，掄起鋼釺，撬開土石，不一會就挖出一汪清泉，並喚醒士兵讓他們齊集到泉邊喝水。皇甫將軍陰靈挖出的泉水不但清涼好喝，而且怎麼也喝不完，士兵們喝足水後，他又顯靈把他們送出敵人的包圍圈，等天亮後才對著士兵們說聲爾等保重，化作一陣清風不見了。」

娥皇並不知道皇甫將軍顯靈的傳說是怎麼從滁州傳到金陵，並傳到從嘉耳裡的。儘管事涉不經，她還是願意相信這是真的。如果南唐的兵將都能像皇甫暉這樣對朝廷鞠躬盡瘁、生死相依，那麼擁有三千里地江山的南唐國又有什麼理由要懼怕後周軍隊的兵鋒呢？

「還有孫晟孫大人。」他望著她，越說越興奮：「柴榮扣押了奉使請和的孫大人後，想逼迫他勸苦守壽州的劉仁瞻將軍投敵，孫大人不肯，在壽州城下向劉將軍大聲喊話，說：『君受國恩，不可開門納寇，堅守則名垂青史；投誠則遺臭萬年，將軍慎之！』妳說解不解氣？」

「孫大人一門忠烈，與皇甫將軍同為唐室肱股，實為江南幸事。」

「妳知道柴榮聽了他那番話是怎麼說的？」他怔怔盯著她的眼睛，「柴榮聽了孫大人那番話，怒不可遏，他瞪著孫大人質問說：『朕命你勸降，你卻讓他堅守，是何道理？』」

聽了從嘉的話，娥皇突然感覺到一股暖流漫溢過全身：「那孫大人是怎麼回覆柴榮的？」

「孫大人說：『臣為大唐之臣，豈能教唆節度使外叛？陛下麾下文武大臣倘對陛下不忠，陛下要之何用？』一句話頓時說得柴榮啞口無言，只得作罷。」

「要是滿朝將相都像孫大人、皇甫將軍那樣忠烈就好了。」娥皇忽地想起前些日子被斬首的李德明，不無悲戚地說：「但願菩薩保佑我大唐江山免遭塗炭，保佑妾夫一切平安，保佑……」

「娥皇……」

她輕輕將他推開，正色說：「國事維艱，此刻豈是你我兒女情長之際？若國不保，又哪來的家？身逢亂世，妾身只願菩薩保得相公一生平安，只願……」

她傷心難禁，哽咽著再也說不下去。淒涼中卻又聽她在風中吟唱起李璟新寫的《攤破浣溪紗》詞：

手卷真珠上玉鉤，依前春恨鎖重樓。風裡落花誰是主，思悠悠。

青鳥不傳雲外信，丁香空結雨中愁。回首綠波三楚暮，接天流。

—— 李璟《攤破浣溪紗》

李璟的詞總是能將讀詞的人潛伏於心底的感傷於瞬間噴湧而出，這首《攤破浣溪紗》便是一個很好的例子。與以往的詞作一樣，李璟習以為常地以思婦之口，用錦繡文字委婉地表達了他身處戰事紛亂之中的惆悵心緒，然而，從嘉與娥皇心底升騰起的那份悲慟又何嘗不是如此？

「手卷真珠上玉鉤，依前春恨鎖重樓。」李璟的確不愧其文壇大手筆的稱號，第一句，便用一個連續的動作加上兩個名詞，簡單中就把一種唯美感傷的意境輕鬆營造而出，令人如臨其境。聽著從嘉憂傷的吟唱，品著李璟惆悵的詞句，恍惚中，娥皇彷彿真的看到那獨居重樓之中的思婦正守著一窗寂寞，於百無聊賴中慵懶地舉起雙手，將珍珠串成的簾子輕輕捲起來

掛到了玉鉤上。簾子是珍珠串成的，簾鉤是玉製成的，站在窗下悵望郎歸的思婦更是青春正好的婀娜女子，一切都是那麼美好，可惜仍是春恨滿懷，沒他注視的日子裡，縈繞在這屋裡的注定還是那股欲說還休、言之不盡的憂愁，本想「手卷真珠」於重樓望遠觀景，但是看著那春綠與落花，心中的悽苦更添了一個「勝」字。

「風裡落花誰是主，思悠悠。」娥皇不知道，接下來的這一句「風裡落花誰是主」居然一語成讖，多年後，南唐王朝到頭來終是做了風裡落花。此時此刻的她只看到那個思婦繼續矗立在窗前，靜靜思念著遠方的情郎，縱是眸中有淚，也無法洗刷她內心的悽楚。風過處，原本還在枝頭嬉戲鬧春的花兒紛紛吹落，在她憂傷的思緒裡紛飛，直至不見，她便一直守那裡，守到日落黃昏、守到月上西樓、守到陰雲密布，仍舊站立於黑暗中，張開雙手，散亂髮絲，任淚水在溫潤的肌膚上滂沱。倦了，便趴在窗臺上掰著手指數著他的歸期；怠了，便倚在欄杆上閉上眼睛想著他俊美的容顏，就那樣輕輕淺淺地，眠在了風中，愛也悠悠，思也悠悠。

那些凋零的花兒呀，你們如此的美麗，如此的曼妙，卻不得不在風中無奈地飄零著，放眼望去，這三千里河山，到底哪裡才是你們的歸宿呀？其實……我何嘗不是那日漸凋殘隨風蕩漾的花兒？國破山河碎，哪裡又是我的歸宿呢？娥皇越想越覺得茫然無望，只是淚眼婆娑地望向同樣憂傷的從嘉，半晌無言。

「青鳥不傳雲外信，丁香空結雨中愁。」這兩句，李璟採取了借典故言事寄情的手法。「青鳥」，信使的代稱，語出《藝文類聚》卷九十一所引《漢武故事》：「七月七日，上於承華殿齋，正中，忽有青鳥從西方飛來，集殿前。上問東方朔，朔曰：『此西王母欲來也。』有頃王母至。有二青鳥如鳥，夾侍王母旁。」後人因借稱信使為青鳥。

在這裡，「青鳥」、「雲」、「丁香」、「雨」在李璟筆下共同構成了一幅

雋美的春雨畫卷。這一切，原本都是李璟所感所應，然家國遭難、戰事不斷，他卻無心欣賞春天裡的美景，遙望頭頂盤旋飛去的鳥兒，卻是愁上加愁，並以這些為表達「愁」的意象引入詞中，借思婦之口表述了他積壓於胸卻又無法排遣的悵恨。對思婦來說，愛人遠在天邊，久而不歸，雖然青鳥在天上盤旋飛舞，經常飛臨她獨居的小樓之上，卻始終對其思夫的心情視若無睹，「不傳雲外信」，致使她朝慮暮念，日夜蒙受刻骨相思的煎熬，時時遭遇春愁春恨的擠壓。

可是，這還不算什麼，青鳥非但不肯為其傳信，就連那雨中盛放的丁香花彷彿也凝結著思婦的無限憂愁，再次引發了她的離情別緒。那些愁緒彷彿絲蘿般緊緊纏繞住她嬌弱的身軀，壓抑得她透不過氣來，無論她怎樣努力，怎樣撕心裂肺，那個「愁」字終是揮之不去。雖著墨不多，但文字用情至深，吟至唇邊，已然體現出思婦無法擺脫相思之苦的濃濃惆悵，同時也表達了李璟面對後周大軍壓境卻無可作為的百般無奈。

「回首綠波三楚暮，接天流。」算了吧，不去想那麼多了！就任那丁香花兒結著愁緒伴她在這風吹雨打中去慢慢消磨時日吧！她輕輕嘆息著，於不經意間扭過頭望向暮色裡昏昏沉沉的三峽水，那江水就像她的愁怨，無窮無盡，自天際滾滾湧來，如「天流」一般的長……

李璟詞中渲染出的哀傷頓時襲傷了娥皇和從嘉那兩顆柔弱的心。他們兩兩相望，淚眼潸然，只是不知父皇筆下那風中搖擺不定的「落花」，是否象徵著大唐日漸衰弱、風雨飄搖的政權？他們誰也沒有說話，然而內心卻裹著和詞中思婦一樣深厚的惆悵，只是思婦為思念遠去的情郎而惆悵，他們卻是為江河日下的蕭條國事而惆悵。或許，他和她現在唯一能做的便是等待。是的，他和她都知道，人世間有一種情懷叫做等待，莫名其妙的等待，等待命運的安排，等待現實的打擊，等待著最後一刻的到來。在巨大的災難尚未降臨之前，除了在寂寂裡無語等待，他們還能做些什麼？

「風裡落花誰是主？」娥皇將從嘉送到門外，直至目送他的背影踩著春風的柔情消失在天際流，才將這句悲愴的詞句輕輕念起。「誰是主？」她心裡突地生出一種莫名的不安，卻又說不好究竟是為了什麼。誰是主？風裡落花誰是主？為什麼總覺得這句話沐著一種神祕的哀絕的色彩呢？

亂世迷情

胡馬，胡馬，遠放燕支山下。跑沙跑雪獨嘶，東望西望路迷。迷路，迷路，邊草無窮日暮。

—— 韋應物《調嘯詞》

保大十四年初夏，滿面憂慮的鄭王從嘉在侍從劉澄的陪同下出現在金陵城外直瀆山上的燕子磯頭，像往常一樣，放眼眺望一江之隔的東都揚州，心中不禁湧起一股巨大的失落。燕子磯因石峰突兀江上，三面懸絕，遠眺似石燕掠江，因而得名，是金陵勝景之一，但此時此刻，從嘉並無欣賞美景的心思，思緒完全飄到和娥皇初識的那個青蔥歲月。憶往昔，風華正茂，他和娥皇在二十四橋明月夜下纏綿悱惻，而今那座處處留著他們芳華足跡的繁華城池卻因為馮延魯的怯懦成為後周囊中之物，怎能叫他不恨、不痛？作為沿江巡撫使，他的職責就是帶領親兵隨時巡查江北可能出現的敵情，及時向駐守金陵的大將彙報，以確保京師和皇宮的安全。

他深知腳下所踩的燕子磯對金陵城的防守意味著什麼。直瀆山高四十餘米，南連江岸，另外三面均被江水圍繞，而燕子磯因其總扼大江，地勢險要，磯下驚濤拍石、洶湧澎湃，一直都是重要的長江渡口和軍事重地，被世人稱為萬里長江第一磯。一旦燕子磯有失，金陵將完全暴露在敵軍的

眼皮底下，用不了多久，就會像東都一樣成為後周刀俎上的魚肉，任人宰割，所以父親李璟才把巡江使這麼重要的職責託付到他身上，對他寄予了深厚的希望，可是一向附庸風雅的他真的有保家衛國的能力嗎？自記事以來，他既不懂武功，對政治也全然沒有興趣，在國家遭受巨大變故之際，優柔寡斷的他所能做的恐怕也唯有悵對一江潮水悲秋傷春罷了。

他能做什麼呢？很多時候他都在深切地痛恨著自己。恨自己不能像大哥弘冀那樣為父親分擔憂愁，恨自己不能拿起武器趕赴前線，和那些盛氣凌人的周朝兵士拚個你死我活。大唐先祖李世民十八歲就自晉陽起兵，化家為國，幫助高祖李淵建立了一番千秋功業，而同為李氏子孫，十九歲的他卻連縛雞之力也沒有，難道除了風花雪月、吟詩作賦，他真的什麼也做不了嗎？

沿江巡撫使。其實這只是個徒有虛名，卻無實際用武之地的閒職。手無寸鐵的他連自己都保護不了，一旦周兵渡江突襲，大軍壓境，他這個沿江巡撫使又能做得了什麼？無非是眼睜睜看著敵軍咆哮著縱橫深入，直搗金陵宮闕！他明白，真正想要保金陵平安，保南唐安穩，靠的還是那些扛著真刀真槍，將生死丟在身後，勇於往敵陣裡橫衝直撞的愛國兵將們，而自己這個沿江巡撫使有還是沒有都顯得微不足道，其實只不過是個擺設罷了！

想到這裡，他心裡又湧起一股悲涼之意。既然自己的存在不能解民於倒懸，又不能助父親一臂之力，他為什麼還要整天帶領著親兵在江邊逡巡，做著毫無意義的巡視？難道父親李璟真的會天真地以為，只要有他這個六皇子在江邊巡視，周朝的兵將就不敢覬覦江南，不敢派兵渡江而來？都說長江是天塹，是一道抵擋敵人的天然屏障，可歷史亦早已說明它根本阻擋不了征服者的決心和氣勢，要不東吳的孫皓，陳朝的後主又怎會成為北方政權的階下囚呢？或許父親只是要用他特殊的身分來振作士氣，告訴

南唐的群臣以及老百姓，讓他們知道就連一向不諳武事的鄭王從嘉在國家大義面前也選擇了以身作則，那麼作為南唐的子民，他們又有什麼理由視國家的危難於不顧呢？

　　浩瀚的江水從他腳下奔湧直下，從嘉的心情顯得異常沉重。如果父親真是想用自己來激勵南唐百姓與後周軍隊抵抗的鬥志，他自然願意繼續堅守在沿江巡撫使這個職位上，可是，隨著戰事節節推進，南唐接二連三地吃敗仗，城池一座接著一座的失去，他真的無法說服自己，相信明天日出之後必然會是豔陽高照的晴天。萬一柴榮的軍隊真的打過長江來，那金陵城勢必不保，到那時南唐的君臣百姓該何去何從？他和娥皇又該何去何從？他和她已經失去了戀戀風情的東都揚州，如果金陵再有個什麼閃失，他們必將成為亡國之奴，還去哪裡用他的風花雪月覓她眼底的風情萬種？

　　他知道，若再這樣下去，南唐勢必成為後周甕中之鱉。可他又有什麼辦法？就連身經百戰的大將皇甫暉都不能抵擋住周朝的進犯，他一個文弱書生又有何奈？此時此刻，後周的軍隊繼續深入南唐腹地，吳越的軍隊也沒閒著，輕車快馬，直抵南唐東南門戶常州，進逼潤州。南唐朝廷被兩方夾擊，一夕數驚，沒奈何，李璟在樞密使陳覺的蠱惑下，竟萌生退意，準備退位，欲將皇位禪讓給皇太弟景遂。

　　陳覺本是奸佞之輩，又與太傅宋齊丘交好，眼見李璟深陷泥潭、無力自保，整天不是唉聲嘆氣就是祈禱上蒼保佑，遂心生歹計，欲將朝政獨攬手中，竭力慫恿李璟將皇位及早傳給太弟，並將國事盡託宋齊丘，把煩惱通通轉移到別人手裡。李璟本煩憂不已，聽陳覺這麼一說，也覺言之有理，立召中書舍人陳喬起草禪位詔書。叵耐陳覺有心，太弟景遂卻無意，任憑李璟說得舌乾口燥，景遂就是一萬個不同意，不願接受禪位詔書。其實景遂並非不想當皇帝，只是他才幹平庸，本非治國之材，若是太平之世，李璟要把皇位禪讓於他，他自是歡喜異常，連道謝的話也不會說，直

接轉身穿上黃袍，可現在正逢多事之秋，淮南州縣多作後周之地，就連東都也被陷落，這金陵城保不保得住還難說，現在出來當這個皇帝豈不明擺著是要他替李璟背負這無法承擔的重擔嗎？他又不是傻子，自然不肯在這個時候登基即位，為防止李璟強逼他，索性求出為洪州大都督，離開金陵，往鎮洪州去了。

皇太弟景遂放著現成的皇帝不做，卻迫不及待地跑到了遠離戰事的洪州，自然引起陳覺的不快。陳覺與宋齊丘早年便互動勾結，大力排擠周宗等人，因閩國一戰失利，曾被李璟流放，後又與馮延巳、魏岑等人同時還朝，官復原職，但卻沒有之前那麼受寵，自然心懷怨對，之所以攛掇李璟禪位於太弟，也是受了宋齊丘暗示，以為太弟暗弱，便於控制，等其當了皇帝，他二人便會因擁立之功重新把持朝政。誰料千算萬算，卻不料太弟景遂並不買他的帳，非但不肯當皇帝，還跑到山高水遠的洪州去了，讓他希望落空，空高興一場，忙到頭卻是竹籃打水一場空。景遂走了，陳覺還不肯死心，他知道，烈祖崩逝之際，李璟曾在榻前許下兄終弟及的諾言，景遂不想當皇帝，可齊王景達還在啊！想到這，他又把自己飛黃騰達的希望寄託在了齊王身上。

這邊，陳覺與樞密副使李徵古暗中策劃著謀立齊王景達為太弟的計略；另一邊，為國事操碎心的李璟卻又同時接到了兩本令其更加煩憂不堪的奏章。一本是吳越王錢弘俶圍攻常州，守將飛章求救的告急文書，另一本是周兵包圍壽州，守將劉仁瞻請求派兵增援。看到這，李璟只覺得天旋地轉，差點沒昏過去。陳覺便藉機再勸李璟讓位齊王，幸虧中書舍人陳喬及時指出陳覺的險惡用心，力陳不可，李璟才稍有省悟，打消了這個念頭，但仍然禁不住陳覺的一番唇槍舌劍，糊塗的他，還是下了一道詔書，命諸道兵馬大元帥、齊王景達率師拒周救援壽州，並派陳覺為監軍使，協助景達破敵。

景達與景遂一樣，沒什麼本領，雖名為主帥，實則軍政大權都被陳覺牢牢掌握在手，他所能做的也無非是署牘尾、主畫諾而已。為了助景達旗開得勝，激勵南唐士氣，李璟這次幾乎傾其所有，將朝中大將邊鎬、許文縝、朱元等人通通分發給他指揮，而這樣的安排在實際作戰中也確實起到了巨大的作用，甚至在起初還扭轉了南唐節節敗退的局勢。特別是重臣查文徽之婿將軍朱元，尤為可圈可點，他不僅驍勇果敢，而且善撫士卒，自出師之日起便慷慨激昂，誓與江南共存亡，甫一出兵，便不負眾望，為南唐奪回了舒州、蘄州、泰州數城，一時軍威大振。因立了戰功，李璟陣前提拔他為淮南西北面行營應援都監，與大將邊鎬、許文縝形成犄角之勢，誰料監軍使陳覺因平日與朱元不和，看到他節節取勝，心生忌妒，生怕他立了大功，更顯得自己無能，遂屢屢上書進讒，說朱元蓄有異志，不可授以兵柄，無獨有偶，齊王景達也看朱元不順眼，多次無故呵責，說他違犯節度，不免令其心寒。朝廷正在用人之際，可糊塗的李璟不僅不下詔安撫，反而派大將楊守忠取代朱元之位。這一來，便激生了一場無法逆轉的變亂。那朱元正欲領兵殺敵、報效國家，得知自己無故遭貶，自是悲憤欲絕，打算舉刀自刎，一死以謝天下，卻被部將小校宋均奪刀救下，並慫恿其點齊萬餘人馬，舉寨降周而去。

朱元投敵，柴榮驟然添得一支生力軍，士氣更加旺盛，並迅速舉兵趁機反攻。朱元即降，南唐士兵自是無心戀戰，大將邊鎬、許文縝、楊守忠等均被周師一戰擒獲。至此，南唐以五萬人出師，被俘、死亡、投敵，總計喪師四萬，齊王景達只好收拾起不足一萬的殘兵敗將，悄悄溜回金陵。李璟怕他無功自愧，還拜他為天策上將軍、浙西節度使以慰之。景達雖然無能，卻也是血性男兒，有著自知之明，眼見在自己的領導下未能助兄擊退後周一兵一卒，反而損失慘重，白白犧牲了四萬多人，自是無顏再見江東父老，於是竭力辭去封賜。李璟無奈，遂又改其為撫州大都督、臨川

牧，那景達便學著三兄景遂的樣子，恨不能插上翅膀，帶著家眷即刻啟程遁往臨川去了。

短短一個月時間，朝廷裡居然發生了這麼多意想不到的變故，不免讓從嘉覺得世事惘然，從頭涼到了腳。先是三叔景遂堅決辭去皇位，遠赴洪州，接著四叔景達也因兵敗退往臨川，而平日優柔寡斷的父親李璟居然也變得剛愎自用了起來，不僅沒有懲罰陷害朱元的陳覺，反而遷怒於朱元一族，下詔把朱元留在南唐的妻子查氏抓了起來，不由分說便推出午門斬首了事。查氏本是大臣查文徽之女，查文徽雖名列「五鬼」名單，卻與馮延巳、馮延魯、陳覺、魏岑有著顯著的區別，所以後人又將馮氏兄弟及陳、魏四人列為「四凶」，卻獨獨少了查文徽，想必也是有一番道理的。那時的查文徽已至耄耋之年，膝下無兒，唯有此女，得知李璟要將愛女斬了洩憤，遂號啕大哭著進宮面聖，乞求李璟網開一面，放他女兒一馬，誰知李璟恨朱及查，只留下一句無情之語：「孤只斬朱元妻，不殺查家女，卿下殿去吧！」到底還是把查氏給斬了。

想那查氏也曾青春如花，也曾柔情似水。朱元的投敵，自是他犯下的罪孽，又與深處閨院的查氏有何關係？聽說查氏被殺時，金陵城中萬人空巷，都去法場觀看，及至查氏身首異處後，老淚縱橫的查文徽便用珍珠串成燈籠之狀，覆在女兒身上，悲痛欲絕、撫屍慟哭，那些圍觀的百姓見此情景也都灑下了同情之淚。從嘉想不通，父親為什麼要遷怒於一個手無寸鐵的婦人？想那朱元本來也是血性男兒，若不是陳覺進讒，只怕現在淮南州地早已被南唐收復，為什麼父親不去懲罰挑起禍端的陳覺，卻非要殺死查氏呢？他百思不得其解，他想不通，難道父親真的到了窮途暮路，只能靠殺一個無辜女子來向世人證明李氏皇權的不容侵犯嗎？如果真是那樣，他這個皇帝豈不是當得十分失敗？

父親變了，變得好壞不分，變得剛愎自用，變得喜怒無常，變得忠言

逆耳。或許，在戰爭面前，每個人都會變得患得患失，甚至不可理喻吧？從嘉望著一江東去的流水深深嘆息著，不僅父親變了，就連大哥燕王弘冀也變了，變得越來越殘忍、越來越凶悍，而這一切到底又是怎麼造成的呢？他不知道，他只知道當大哥在常州前線殺死了數千被俘的吳越兵士後，他那顆滾熱的心便突地涼了下去。

燕王弘冀是李璟長子，因李璟早已下詔立三弟景遂為太弟，所以身為長子的弘冀一直未能順理成章地坐上太子寶座。景遂被封為太弟後，李璟便出弘冀為東都留守兼江都尹，絕了他嗣位的念想。弘冀出生前江南曾流傳過一首童謠：「有一真人在冀川，開口持弓向左邊」，李璟為應符瑞，便替其起名為弘冀。也就是因為這個名字，太弟景遂一直放不下心來，認為李璟早年是有心要讓長子來繼承皇位的，而今弘冀又被放在東都留守那麼重要的位置，將來一旦生變，自己鞭長莫及，如之奈何？於是工於心計的景遂便一不做、二不休，慫恿李璟將弘冀改任為潤宣大都督，令其駐節潤州。潤州在金陵之東，比東都離金陵更近，景遂此意便是想將弘冀置於自己眼皮之下，稍有風吹草動，即可出兵一戰蕩平。

弘冀文武雙全，自然知道叔父執意勸父親把自己調往潤州的用意，不禁怒火中燒。但景遂畢竟已有太弟之名，弘冀縱是心懷千萬個不滿也不敢斷然造次，只得夾著尾馬，灰溜溜地從揚州去了潤州。因潤州緊鄰常州，當吳越王錢弘俶派兵攻打常州之際，鍾皇后擔心兒子的安危，遂勸李璟下詔召弘冀回京，而偏偏就在這個時候，皇宮內卻上演了一場禪讓的大戲，已被戰事搞得焦頭爛額的李璟有心禪位，太弟景遂卻不願臨危受命，執意遁跡洪州。景遂的倉皇離去，等於昭告天下百姓，他根本就不配接替李璟坐上大唐君主之位，這無疑也給一直覬覦太子之位的弘冀注入了一劑強心劑。要知道，作為皇長子的他在父親登基稱帝後，本就應當順理成章地被立為太子，可李璟偏偏捨子立弟，於保大五年曉喻天下，立三弟景遂為皇

太弟，只晉其為燕王，一盆冷水瞬即便將滿懷希冀的他澆得透心的涼，不過皇命難違，他也只好忍下一肚子的委屈，在母后鍾氏的瑩瑩淚光中，牽著馬踏上遠去東都的路程。可景遂還不甘心，怕他在東都生事，奪去他太弟之位，又使盡挑唆本領，讓李璟將他調往潤州，以便於時刻對其監控。

本為皇帝之子，又是太子的不二人選，沒想到因為祖父一句臨終遺命，弘冀便與本應屬於他的太子之位失之交臂，又怎能不讓他引以為恨？就這樣，他始終活在皇叔太弟的陰影裡和巨大的壓抑中，沒一天逍遙自在過，現在，眼見景遂退往洪州，太弟之名成了南唐最大的笑話，他又怎麼可以效仿景遂臨陣脫逃，讓自己也成為一個笑話？非但不能讓自己成為笑話，還要讓自己透過這場戰事建立起威望才行！是的，既然皇叔無力解民於倒懸，大敵當前非但不以身作則，為萬民作出應有的表率，反而膽小怕事，跑到山高水遠的洪州，他就不配再做南唐的太弟，那麼南唐將來的君位自然非他弘冀莫屬！可眼下他畢竟還沒有太子的名份，要是能助常州守將將進攻的吳越軍隊全數趕出南唐境內，那太子之位遲早不還是他弘冀的囊中之物？

弘冀帶著這樣的心思，立即從潤州向李璟上了一封奏摺，言明心跡，欲以死報國，乞求父皇成全。兒子的心思，李璟又豈能不知？這些年，因為封景遂為太弟的事，李璟也自覺愧對兒子許多，總想找機會彌補他，這次景遂又臨陣耍起了無賴，前線烽煙四起，他卻丟下滿朝君臣跑到洪州逍遙快活去了，更傷了李璟那顆敏感易碎的心，加之愛子心切的鍾皇后總在面前絮叨，說與其把皇位交到臨陣逃跑的景遂手裡，還不如交到自己兒子手裡的好，一句話便又說得他心猿意馬起來。其實李璟不是不想傳位於弘冀，雖然自己並不戀棧皇位，但作為一國之君，又有誰會真的願意越過子嗣把皇位繼承權交到別人手裡？當初之所以立景遂為太弟多半是為了實踐當初在烈祖病榻前許下的兄終弟及的諾言。現在，太弟他也立了，皇位他

也要讓了，是景遂自己成不了氣候，也就怪不得他了，可是景遂雖去，景達還在，他也不便立即給弘冀太子之位，於是索性遂了弘冀之願，讓他在外領兵打仗，一旦建功立業，再立其為太子，景遂等兄弟也就無話可說，日後自己在皇考靈位之前也能將就說得過去。

為助弘冀馬到成功，李璟派大將柴克宏、陸孟俊歸其節制，令其即刻分兵馳援常州。柴克宏乃南唐良將，接受命令後立即整裝啟程，卻不料在這節骨眼上因為皇嗣之爭又起了爭端。原來負責發放鎧甲糧草的樞密副使李徵古與齊王景達私交甚篤，卻與燕王弘冀多有不諧，李徵古知道柴克宏是一員戰將，如今撥歸弘冀節制，如果立了戰功，景達嗣位的希望便成泡影，於是他撥給柴克宏的盡是生鏽的鎧甲和缺了刃的刀劍。為此，柴克宏與李徵古發生了激烈的爭執，要其立即更換精良的武器配給，但李徵古卻恃寵生驕，一口咬定府庫中只有這些盔甲刀槍，柴克宏無奈，只好帶著滿肚子怨氣一路趕赴常州前線。哪知柴克宏剛剛行至潤州，李璟卻又聽信李徵古的挑撥，改派大將朱匡業取代柴克宏，令克宏即日返回金陵。李徵古慫恿李璟下詔召還柴克宏後，得意洋洋之下，狐狸尾巴也翹上了天，居然派人趕赴潤州催促柴克宏返旆南撤。柴克宏知是李徵古從中作梗，遂不理會使者的催促，依然揮師北上，便將那個指頤使氣的使者推出門外斬首。殺了李徵古派出的使者後，柴克宏自知無法見諒於朝廷，遂找到燕王，當面陳訴其報效國家的一片赤子丹心，希望弘冀替他在李璟面前開脫。弘冀雄心萬丈，一心想要建功立業，自然不會把戰功累累的柴克宏送上斷頭臺，加上他深知李徵古是四叔景達的人，為了分化景達在朝中的力量，削弱他們的勢力，便立即上書李璟，將柴克宏擅殺使者的事一股惱兒攬了下來，隨即又與柴克宏共同部署軍隊，晝夜兼程趕往常州，向吳越軍隊發起進攻。

常州一役，柴克宏親冒矢石、率先破陣，麾下士卒無不以一擋十，奮

勇殺敵。吳越之兵只知道南唐盡是羸弱之卒、烏合之眾，誰知南唐之兵竟是如此訓練有素，不由得亂了陣腳。那邊，吳越兵將慌了手腳，這邊，南唐兵士卻愈殺愈勇，吳越兵漸漸抵擋不上，以致大敗輸虧，狼狽逃竄，逃得慢的，不是做了刀下之鬼，便是成了階下之囚。這一戰，南唐共計斬敵首一萬餘級，俘虜吳越士兵數千人，柴克宏也於陣中負傷，渾身上下共計刀傷、箭傷十多處。

因為柴克宏的傷勢，燕王弘冀衝冠一怒，不顧柴克宏勸阻，斷然下令將被俘的數千吳越兵士悉數屠戮。可憐那些手無寸鐵的俘虜，一夜之間通通成了南唐的刀下冤鬼，而燕王的殘暴自此也迅速傳遍南唐的每一個角落。從嘉怎麼也不肯相信大哥會下令屠戮已經投降了的吳越俘虜，大敵當前，大哥怎麼能做出這麼糊塗的事？那可是幾千條活生生的性命啊！更何況他們已經繳械投降，為什麼就不能放他們一馬，哪怕讓他們充當南唐的士前卒，讓他們去淮南前線與周軍作戰也好過無緣無故就成了刀下冤魂吧？

難道這就是戰爭？從嘉凝望著腳下波濤洶湧的江水，唉聲嘆息著。儘管他明白戰爭是殘酷的，可人性也不至於在戰爭中泯滅至此吧？父親李璟如是，大哥弘冀也如是，他真的不敢想像，如果自己也拿了武器開赴前線，是不是也會步父兄之後塵，做出令他自己都無法理解的荒唐行徑？

「可憐無定河邊骨，猶是春閨夢裡人。」他輕輕念著晚唐詩人陳陶在《隴西行》裡寫下的詩句，滿心滿心裹著無邊的惆悵，揮之不去。

「殿下……」一直尾隨其後的侍從劉澄抬頭望望天色，不無擔憂地說：「夜已深沉，殿下還是早些回去歇息著吧。」

「歇息？那些戰死沙場的士卒，想要歇息也沒有機會了。」從嘉深深嘆著，「這場戰爭死了那麼多的人，真不知道他們還要將天下生靈塗炭到什麼程度才肯罷休？！」

「殿下……」

「大哥他怎麼能那麼做？怎麼能對手無寸鐵的俘虜下手？難道他不知道，在遙遠的吳越國，還有很多閨婦正在家裡翹首期盼著丈夫的歸來？他居然殺了他們，他知不知道，他這一念之間毀了多少本應享受天倫之樂的家庭，隔斷了多少恩愛夫妻，讓多少孩子成了孤兒，沒了父兄的疼愛？還有父皇，他居然下令殺了朱元的妻子查氏！查氏只不過是個什麼都不懂的女子，殺了她就能挽回朱元的叛逃嗎？」

「殿下……」

「殺！殺！殺！有本事他們就上戰場上去跟柴榮的軍隊拚個你死我活啊！對失去了反抗力量的俘虜和手無縛雞之力的婦人下手算什麼好漢？難道我大唐國從上至下，從君到臣都是些欺軟怕硬之輩？」從嘉越說越激烈，驀地回過頭去，瞪大雙眼怔怔盯著劉澄問：「你知道大哥在潤州飛書替柴克宏作保之際，柴克宏對他說了一句什麼話嗎？」

「小的不知。」

「柴克宏說：『但使龍城飛將在，不教胡馬度陰山！』柴將軍是好忠臣，可是大哥他……」

「這不是唐人王昌齡的詩句嗎？」

從嘉點點頭，想起柴克宏最終的遭遇，免不得又是一番感傷。原來柴克宏助弘冀擊敗吳越之後，拜奉化軍節度使，等傷勢稍瘥，便又上疏請纓，主動要求領兵馳援壽州，李璟不忍拂他之意，當即批准，不料才行至泰興，便因箭傷復發，卒於軍中。「可惜了柴將軍，一心報效朝廷，到頭來還是免不了客死他鄉的遭遇。」

「柴將軍死諡威烈，又有燕王親往送葬，替他扶柩入土，也算是得享天恩了。」

第 3 卷　雨瑣朱窗

「人死猶如燈滅。死都死了，身後再多的尊榮對他來說又算得了什麼？」言盡於此，從嘉突地感受到一股前所未有的寂寞感襲遍周身，冷不防想起中唐詩人韋應物的《調嘯詞》來，禁不住對著一江浪花將它朗聲唸了出來：

胡馬，胡馬，遠放燕支山下。跑沙跑雪獨嘶，東望西望路迷。迷路，迷路，邊草無窮日暮。

—— 韋應物《調嘯詞》

韋應物的這首小令運用了象徵手法，以清晰的線條，單純的色調，描繪了邊地遼闊的草原風光，以及在燕支山下迷路的胡馬形象。透過對胡馬的一系列情態描寫，曲折地表現出邊地士卒離鄉遠戍的孤獨、憂愁、以及惆悵的心緒，正與從嘉此刻迷惘的心情曲徑相通。

「胡馬，胡馬，遠放燕支山下。」開首即以「胡馬，胡馬」的疊語起唱，讚美之意盎然，使人如臨其境，為全詞定下豪邁的基調。「燕支山」，即焉支山，位於甘肅北部，綿延祁連、龍首二山之間，因產燕支草得名，是一處水草豐美的牧場，亦是古時邊防要地。「燕支」，又作「胭脂」，是古時婦女用來化妝的必備顏料，《太平御覽》七一九引《西河舊事》載：匈奴失此山，作歌道：「失我燕支山，使我婦女無顏色。」即指此。「胡馬」，則是指唐代為適應戰爭需要而從西域引入的胡地馬。此句語言淺直，卻意蘊深曲，而一句「燕支山下」，更使人聯想到南北朝時廣泛流傳於草原上的鮮卑族民歌《敕勒歌》中所唱的詩句：「敕勒川，陰山下，天似穹廬，籠蓋四野。」寫入詞中實有壯美之感，加上「遠放」二字，更覺景象遼遠而又真切。

「跑沙跑雪獨嘶，東望西望路迷。」胡馬在雪地裡迷路了，它焦急地用蹄子刨著腳下的荒沙和積雪，不停地奔跑，孤獨地嘶鳴，惶惑不安地四處張望，尋找呼喚著伴侶，不知究竟該往哪裡去才好。一個「跑」字，生動

寫出了胡馬急躁不安的心緒，也恰到好處地暗示了征人不得回歸家鄉與妻子兒女團聚，卻只能年復一年，繼續在塞外的無邊風沙中長期戍守，在餐風飲雪的日子裡打發無聊時光的痛苦與煩躁。

「迷路，迷路，邊草無窮日暮。」起句兩個「迷路」，是「路迷」二字倒轉重疊，轉應詠嘆，頗得頓挫之妙，簡短的四個字便傳神寫出了迷途之馬的悵惘。緊接著，詞人筆鋒一轉，推出了最後壯闊的景語：「邊草無窮日暮」，不僅點出了時間，還與前面的寫景之語融成一片：遠山、落照、沙雪、邊草……塞草茫茫，日落蒼涼，其間迴盪著獨馬的嘶鳴，境界闃寂而蒼涼、豪邁而壯麗，更加強烈地表現了征人思親盼歸的心緒。

韋應物的詞真是寫到了從嘉的心坎裡。他用輕鬆的筆調表現出深刻的戰爭主題，平淺的語言透著豐富的內涵，淡筆勾勒的畫面浸潤著濃郁的感情，是一首不可多得的絕妙好詞。尤其在這烽火亂世，更顯出它的彌足珍貴來。從嘉一邊念著這首《調嘯詞》，一邊深深地嘆息著，如果世間沒有戰爭該有多好！如果沒了戰爭，所有戍守邊疆的士卒便可以回家與妻子團聚，所有深居簡出的思婦就不用再在窗下心懷怨望地翹首等待，可是沙場上的敵我雙方卻為了一己之私殺得格外眼紅，他們又何嘗像韋應物那樣，設身處地地替那些征人思婦想過呢？

從嘉知道，無論他多麼討厭戰爭，無論他多麼不情願看到更多的人為這場戰爭付出生命的代價，他都不可能阻止得了後周軍隊繼續揮舞著刀劍將南唐置於刀俎之上寸寸閹割的步伐。現在，他唯一能做的便是面對這一江東去的流水，默默替南唐江山祈禱，替正在沙場上與敵人進行殊死搏鬥的士卒們祈禱。興許是天可憐見，從嘉的祈禱果然起了作用，不久，江淮大雨，淮水大漲，暫時阻隔了不習水戰的後周大軍對南唐城池的進一步凌虐。五月，柴榮因兵疲士衰，只好引兵北還，南唐軍隊趁機收復了之前所喪揚州、光州、滁州、和州等地，形勢開始有了逆轉的兆頭。

但這短暫的勝利對南唐來說或許只是迴光返照。來年，即南唐保大十五年，二月，周世宗柴榮再度發兵出征江南，並於三月攻陷壽州。四月，因水漲再度北還。十一月又復南侵，連陷濠州、泗州，再次進逼東都揚州及泰州。柴榮來來回回的折騰，已經讓南唐疲於應命，得知東都再失的消息，舉國震驚，已經回歸府邸與娥皇團聚的從嘉更是悲不能禁，在這多事之秋，恐怕也只能對著同樣悽楚的妻子念起韋應物的《調嘯詞》，才能表述他內心悲憤難平的情懷吧？於是，韋應物另一首表現征人思念江南家鄉的《調嘯詞》便隨著娥皇悲傷的琵琶聲，從鄭王從嘉口中緩緩而出：

「河漢，河漢，曉掛秋城漫漫。愁人起望相思，江南塞北別離。離別，離別，河漢雖同路絕。」

—— 韋應物《調嘯詞》

吳苑秋霜

江南江北舊家鄉，三十年來夢一場。吳苑宮闈今冷落，廣陵臺殿已荒涼。

雲籠遠岫愁千片，雨打歸舟淚萬行。兄弟四人三百口，不堪閒坐細思量。

—— 楊溥《渡中江望廣陵泣下》

從嘉已經連續十多天把自己關在書房內不去任何地方。娥皇照例在殿內輕彈琵琶，將心底淺淺淡淡的惆悵情懷悠悠唱起。只是，對從嘉來說，所有的笙簫管絃都已成了若有若無的擺設，周身洋溢的卻是無法排遣的憂慮與空虛。低頭，指尖的書頁書寫著別人的輝煌；抬頭，窗外的明月鋪灑

著別人的清麗，那顆破碎的心亦已隨著清風去往遠方的沙場，再也無法走進她淺吟低唱的兒女情長中。

其實，他並不想讓自己沉迷風中，成為一個永遠擺脫不了多愁善感的憂鬱之人。他只想佇立清風之下，在她溫柔的眸光中捋著風的清朗，將滿腹深情絲絲縷縷地揉進血液，令其如春風般歡暢怡人、柔和溫婉、恬淡清淺，然後在平淡如水的日子裡塑一份生命的幽韻與歡悅。或許，在他佇立的空間，他的一切都是空白的，都是無意識的，但所有的骨骼肌膚都會是寧靜而輕盈、豐潤而淡定的。

可他無法做到那樣的淡定，更沒法平靜如水地接受南唐軍隊一敗再敗的事實，所以他把自己關了起來，企圖讓自己沉入一種與世隔絕的狀態，不再去想，不再去思，只在書本裡做他夢中的那麼一個閒雲野鶴般的人，無憂無慮，無悲無喜。但他無從選擇，身為南唐皇子，無論他想如何逃避現實，最終還是會被她那一曲淒厲的琵琶調拽回到冷酷的現實中來。為什麼？為什麼連他最愛的人也不能容他有片刻的清靜？他潸然淚下，望向流珠替他準備好的筆墨紙硯、桃花小箋，卻想起為國捐軀的大將皇甫暉、柴克宏，以及千千萬萬的南唐士卒，一股悲愴的情緒再次深深襲遍他全身。

南唐損失的豈止是皇甫暉和柴克宏兩員大將？就連宰相孫晟也已於保大十四年在汴京為國捐軀了！孫晟是他所敬佩的重臣，更是國家的棟梁，可他竟然死在後周的刀鋒之下，又怎能不讓從嘉心生悲慟？那一年初夏，興許是他在燕子磯頭祈禱上蒼護佑南唐的心願感動了上蒼，江準之地普降暴雨、水勢大漲，柴榮因周軍不諳水戰，只好於五月揮師北還，南唐軍得以收復之前喪失的州縣。可就在他滿心歡喜，以為就此解除兵戈之際，南唐偏偏偵悉到周朝大將張永德、李重進失和的消息，太傅宋齊丘欲分化後周勢力，竭力慫恿李璟行反間計挑唆張、李二人，並以張永德的名義散播流言，說李重進對柴榮不忠，要起兵奪取周室江山，一時間鬧得沸沸揚

揚，朝野皆知，搞到最後連柴榮也不得不心生疑慮，暗中派人跟蹤監視李重進。反間計生效後，李璟便寫了一封信，用蠟丸封好，派人捎給李重進，勸他投奔南唐，誰知事不機密，蠟丸書還未送達李重進手裡，便被周軍截獲。柴榮當即氣得七竅生煙，將扣押在汴京的孫晟召到殿上好一通訓斥，孫晟臨危不懼，面對柴榮的斥責回答得有條有理、不卑不亢，替李璟保全了面子，也替南唐保全了國體。孰不料這一來，卻惹得柴榮性起，當即下令將孫晟押至右軍巡院斬首，隨其出使被羈押的一百多名官員也無一人降周，一併遭到殺害。消息傳到金陵，李璟不禁潸然淚下，贈其太傅之位，並追封魯國公，諡文忠，厚恤其家，升擢其子為祠部郎中，其他殉難人員也一一撫卹。

孫晟為國殉身幾個月後，南唐保大十五年二月，冰雪未融、乍暖還寒之際，猶不死心的柴榮再次御駕親征，在汴京校場誓師，率領三十萬周師迤邐而出，浩浩蕩蕩，一路驅至壽州城下。這一次，柴榮可以說是傾巢出動，不僅親自屯於壽州城西肥水之陽指揮戰爭，準備了大量攻城的雲梯、穴地而進的洞車，還特地徵調了宋州、亳州、陳州、潁州、許州、徐州、宿州等地民夫計數十萬人配合周師，分為數路，同時攻城，晝夜不休。城中守將劉仁瞻悉力防禦，絲毫不敢懈怠，堅決不肯接受柴榮的勸降，就這樣，雙方苦戰一月有餘，壽州城中已是糧盡援絕，劉仁瞻晝夜辛勞，以致憂鬱成疾，輾轉榻前，不想其幼子崇諫眼見周師圍城之軍越來越多，而南唐救援的部隊卻遲遲未到，料知孤城難保，不免心生懼意，便於月黑風高之夜，乘著一葉小舟偷偷渡過淮水北上，企圖瞞著父親向柴榮投誠，以保全一家性命。

誰知人算不如天算，小船剛駛入河心，崇諫便被壽州城內守城的小校捉住，也不管他是誰，立即拿繩索將其綁起，送往元帥府發落。那時劉仁瞻正臥病在床，當得知兒子欲渡河投敵後的行徑後自是氣不打一處來，立

即命人將崇諫推出去斬首示眾。監軍使周廷構得知消息後，連忙入見替崇諫求情，任憑他說得舌乾口燥，劉仁瞻只是閉目不答。周廷構無奈，只好入內面見仁瞻之妻薛氏，動之以情，希望薛氏出面救崇諫一命。崇諫本是薛氏懷胎十月所生，又是幼子，打小便是薛氏的心頭肉、掌中寶，可深明大義的薛氏在得知兒子叛逃投敵的不義行徑後，並沒有念及母子之情，而是含著眼淚望向周廷構說出了一番大義凜然的話，並明確告訴他，既然元帥不肯枉法，她亦不便求情，並已經為崇諫準備好了棺木，一旦行刑完畢，她便要命人前往收屍。話說到這份上，周廷構自是無法再勸，只能眼睜睜看著劉崇諫引頸就戮。

崇諫死後，守城的士兵對劉仁瞻大義滅親、揮淚斬子的行為莫不深深感佩，個個摩拳擦掌，誓死抗敵，要與壽州共存亡。怎耐天意難違，此時的劉仁瞻已經病入膏肓、不省人事，無法指揮軍隊，而周軍卻沒有放鬆對壽州的進攻，且越攻越猛，眼看著一座孤城旦夕之間便要成為後周的囊中之物。前後左右皆是周兵，明擺著已經到了最危急的時刻，可朝廷還是沒發一兵一卒前往援救，守城將士不免心寒，營田副使孫羽、左騎都指揮使張全約料知大勢已去，認為再這樣死守下去也是無益，撤退又插翅難飛，除了投降別無他路，並與周廷構商議，以劉仁瞻的名義草具降表，差人送往柴榮軍中。柴榮收到降表後，即刻揮軍至城北受降，江南士兵抬著處於昏迷狀態的劉仁瞻至柴榮帳前，那薛氏卻因不願投降，早已投繯自縊，隨兒子崇諫一縷孤魂先走一步了。柴榮看著骨瘦如柴的劉仁瞻，心中陡然增添了幾分敬畏，便封他為天平軍節度使兼中書令，令其還城養疾，等劉仁瞻稍稍清醒，得知為部下所賣後，不禁怨恨不已，第二天就吐血數升而亡，享年五十八歲。部下將佐士兵不願降周者四十餘人皆自刎斃命。聽說那日，本是朗朗晴空，突地便風沙大作，暴雨如注，城中百姓無不失聲慟哭。李璟聞知劉仁瞻為國捐軀後，贈其太師、中書令，諡忠肅。

第 3 卷　雨瑣朱窗

短短幾個月內，南唐就接連喪失孫晟、劉仁贍兩位重臣。可後周並沒有就此放棄即定政策，在攻下壽州後，柴榮揮軍繼進，駐蹕下蔡，不料夏季未到卻又連降暴雨，淮、淝二河水位陡漲，溢堤之水似脫韁野馬般橫衝直闖，柴榮宮中也成了水鄉澤國，糧秣輜重皆被浸泡水中。好不容易盼到天晴，又流行起瘟疫來，不少周兵染疾而死，柴榮只好於四月間再次撤兵北歸。不過等到十一月河水淺涸之際，柴榮便又重整軍旅，第三次親征江南，連陷濠州、泗州，兵鋒直逼東都揚州，南唐百姓再次亂成一鍋粥，一個個宛如熱鍋上的螞蟻，忙得團團轉，卻又不知該如何是好。而偏偏就在這個時候，料知東都無法守住的李璟居然發出一道諭令，命揚州守將即刻焚毀城內大小官邸民舍，並驅揚州百姓全部徙往江南。此詔一出，揚州全城大亂，一時間，煙焰沖天，可憐一座始建於春秋吳國時期的歷史名城，轉眼間便化作了一片瓦礫廢墟，令人觸目心驚。那些生於斯、長於斯的老百姓，不願離鄉背井的便跳水投繯，一死了之；被逼上路的則輾轉溝壑、狼狽萬狀，慘不忍睹。也就從那時起，從嘉開始了自閉的生活，他實在不願面對那慘狀，揚州，那可是大唐國的東都，更是愛妻娥皇的故鄉，而今卻在父親李璟的一聲令下化為一片廢墟，這樣殘酷的現實怎能讓生性溫和敦厚的他不感到撕心裂肺？

更有甚者，當李璟得知遠征淮南的柴榮派人帶著詔書前往泰州慰問早已被烈祖李昇下令遷於永寧宮監禁的楊吳遺族後，居然連想也沒想就派兵將楊氏一族全數屠戮，滅絕了楊行密遺留於世的最後一支後裔。父親怎麼能做出如此滅絕人性的事？楊吳一族自吳帝楊溥於937年十月將皇位禪讓給南唐後，就被迫全體徙往潤州丹陽宮居住，938年楊溥去世後，李昇又於942年將楊氏一族移往泰州永寧宮，名為保護，實則監禁，並不許他們隨意走動。因與外界長期隔絕，無奈之下，族內男女只得互相婚配，以續宗祀。亡國的皇族不如雞犬，一旦交出權柄，非但徹底失去往日的榮華富

貴，便連自身的命運也無法主宰，日子過得比囚犯還不如，本來已經夠可憐了，沒想到父親竟然因為柴榮的一封慰問書就將這幫毫無反抗之力的人給全體族誅了，這不是草菅人命又是什麼？

　　李璟近乎失態的行為令從嘉心驚。他怎麼也無法想像那個曾經溫和寬厚，甚至一再以懦弱形象出現在南唐群臣面前的父親，竟會在一夜之間變成一個不折不扣的劊子手！是的，父親就是一個劊子手，自他下令將大將朱元之妻查氏押赴法場之際，從嘉就打心底蔑視起他來。為什麼？父親為什麼要那麼做？難道是戰爭給他造成的巨大壓力，導致他心志失常，才衍生出這一幕又一幕的人間悲劇嗎？不，他不願，也不敢往深入去想。怎麼會這樣？為什麼父親和大哥都成了殺人不眨眼的魔王？以前他們不是這樣的啊！可就算他們誅殺再多的所謂異類，也未曾阻止得了後周大軍的繼續深入，繼濠州、泗州失守後，東都揚州和泰州也相繼在一片火海中陷落。

　　泰州失陷之日正是新舊年交替之際。遙望東都上空瀰漫不去的陣陣濃煙，舉國上下都沉浸在無法自抑的悲涼氣氛中，年也過得很不是滋味。次年正月，李璟改元中興，希望老天保佑南唐從此中興，可惜天不佑爾，柴榮自得了揚州後，又分兵殺奔江北各地，繼陷海州、楚州，靜海軍、雄州等策略要地。楚州一戰，猶為壯烈，當柴榮率領大軍鑿通城外的老鸛河，調集戰艦數百艘浩浩蕩蕩自淮河駛入長江，對楚州進行水陸夾攻時，守城的防禦使張彥卿、兵馬都監鄭昭業卻毫不畏懼，與周軍展開了激烈廝殺，終因寡不敵眾落敗，但即便周軍像潮水一樣湧入城中之際，張彥卿仍率兵組織巷戰，從早晨一直戰至日暮，渾身傷痕累累，直至刀槍折鈍，無法抵禦才自盡身亡，鄭昭業也被亂軍所殺。攻下楚州後，柴榮點檢人馬，發現這一戰居然損失了數千兵力，是出師以來傷亡最過慘重的一次，於是，一怒之下，下令屠城，城內軍民總計被殺一萬餘人，城內廬舍也被焚毀殆盡。至此，南唐江北的半壁江山通通歸為後周所有，但柴榮覬覦的是整個

唐室江山,當然不可能只滿足於得到江北之地,為逼李璟就範,便自楚州直奔揚州附近的迎鑾鎮,耀兵江口,擺出一副即將渡江的姿態。

「渡吧!渡吧!如果你們真的喜歡看流血遍地,真的喜歡長年累月過著這種你爭我奪的日子,那就儘管渡過大江來吧!」從嘉再也抑制不了心底積壓已久的悲憤,嘩啦一聲推倒几案上的筆墨紙硯,仰天咆哮了起來:「你們這些茹毛飲血的傢伙,怎麼停滯不前了呢?以為你們耀兵江口,我們大唐的子民便會怕了你們不成?不!大唐的百姓你們是殺不完的,大唐的江山你們也是奪不完的!渡啊,你們趕緊渡過大江繼續攻伐大唐啊!怎麼,不敢了嗎?是沒有信心,還是沒有勇氣?是怕你們的士卒尚未渡過大江就成了江中魚鱉嗎?」

娥皇聽到從嘉的咆哮聲,心驚地一驚,立即放下琵琶,匆匆推開虛掩的書房門,迅速踱了進去。她還從沒見從嘉發過這麼大的脾氣,剛才那一陣怒吼簡直嚇得她心膽懼裂,直到現在,當她面對面望向兩眼發直、雙唇緊咬的他之際,仍覺得心有餘悸。

「從嘉⋯⋯」她幾乎是用發顫的聲音輕輕喊著他的名字。

「出去!出去!」他瞪著她,歇斯底里地繼續咆哮著:「我說了,沒有我的允許,誰都不許踏進書房半步!」

「從嘉⋯⋯」她是真的被他嚇著了。往日裡,情感溫柔細膩的從嘉轉瞬間就變成了一個暴躁而不可理喻的男人,還哪裡有一點從前溫文爾雅的影子?她幾乎是掩面哭泣著落荒而逃,只是怨恨地望了他一眼,便腳步匆匆,哽咽著跑了出去。他怎麼能這麼粗魯地對待自己?他是不愛自己了嗎?還是他心裡有了別的女人?她總是這樣疑神疑鬼,儘管知道他因為國事心緒紊亂,但仍然會把他的種種不好跟另一個根本就不存在的女人聯想起來,然後再用這子虛烏有的事欺騙折磨自己,直到把自己折騰到心力交

癢、沉沉睡去之際才作罷。他已經不是第一次對自己發脾氣，可也沒像今天這般兇過，難道他早就想好要將那個女子納為妾室，所以再也不顧及她的感受了？可是她已經懷孕了啊！她正懷著他的孩子，他怎麼能在這個時候去愛上別的女人，卻讓自己獨自承受這痛苦徬徨呢？

到底是怎麼了？繼續幻想著那個不存在的女子，心猶如被刀絞般疼痛難禁。失去了他的愛，她活著還有什麼意義？俯首，尋思著心底縷縷悲傷憂憊，卻不知究竟是一種刻意的情懷，還是一種絮絮呢喃時的糾結。作別春天的故事，回首間，故事裡沒了溫暖，沒了浪漫，卻多了疼痛，多了瘋狂。沒有他的日子裡，她注定將永遠斜坐在窗下，孤獨地數起葬花人於風中輕吟間捐棄的細細淚珠，再看那彈落的花瓣漫天飛舞，拋灑一地，演繹著春的形式，糾葛著風的不捨，可是，那時的他還會捻著瓊花在瘦西湖畔痴情守候她的歸期嗎？

亂事之秋，她徹底愛上了這種沒來由的惆悵，瘋狂而無法自抑。那滿心的憂慮哀怨彷彿離人的淚水，似乎只要用一個淺淺回眸輕輕串起，便能濺滿院外清凌凌的溪水，在簷下飄落成一簾厚厚的花雨，無可救藥。或許，她已習慣了在最深的黑夜裡忽然醒來，然後滿腹憂傷地思忖夜風為何纏進了夢中，而夢卻生生地跌落，落在黑夜的聲音裡。她就是這般的多愁善感，這般的悲秋傷春，在他不再溫柔的眸光裡，聽窗外細雨潺潺，聽溫潤的雨聲裹著風兒浪漫地鑲嵌在一眼望不到邊際的夜幕中，任一聲聲源於心海深處的嘆息守著那些曾經的曖昧迷離，唯有憂傷地婉約在那些不可再覓的美好時光中，才能欺騙自己一切都沒改變。一次次地失魂落魄，一次次地跌跌撞撞，她卻依然固執地追逐著黃昏後的月影，孤寂地逗弄著生命的碎夢，吟著自欺欺人的詩詞歌賦。

風，催促著思魂候在寂寂的夜空裡，她沉沉地凝睇，任思緒駐足在無窮的暗色裡，將那憂傷的琵琶彈了又彈。光的清波打在了迷夢深處，一種

無可名狀的迷離、困惑，繼續吞噬著她被輕弦撥亂了的心緒。而就在她蹙眉之際，他卻悵聲念著南吳遜帝楊溥的詩句從書房輕輕踱了出來：

江南江北舊家鄉，三十年來夢一場。吳苑宮闈今冷落，廣陵臺殿已荒涼。

雲籠遠岫愁千片，雨打歸舟淚萬行。兄弟四人三百口，不堪閒坐細思量。

——楊溥《渡中江望石城泣下》

「娥皇……」他輕輕喚她的名，她只是低頭彈一曲哀怨的《淅淅鹽》，在他悲慟的心頭纏綿起朵朵憂傷而又驚豔的花。「對不起，我……」

她轉過頭去，不肯理他，耳畔傾聽不到花的瑟瑟綻放，更看不到他目光中的旖旎柔情，彷彿這世界剎那間便只剩下她孤獨凝立的身姿。

「娥皇……」

「我不是你的娥皇！」她還是不肯看他，以身心俱空的姿態瑩潤著貧弱蒼白的情懷，卻透出一種淡淡的憂傷之美。

「我錯了。我不該對妳發脾氣。」他伸出手，輕輕拉過彈琵琶的手，緊緊攥在手心裡，「對不起，我不是故意的，我……」

「你心裡根本就沒我！」她哽咽著望向他，「你變了，你變得我跟流珠都不認識了！」

「對不起，娥皇，我真的不知道該對妳說些什麼才好，可我真的不是故意的，我……我只是太累了，我不想再想起那些不該想起的事，可無論怎麼努力，我還是會一再地想起……」

「想起什麼？想起那些更年輕漂亮的宮人嗎？」她噘起櫻桃小口，哀怨地瞪他一眼，「你不喜歡我了，就說出來，別說是納一兩個宮人，就算納一百個一千個，我也不會說出一個不字！」

「妳又想哪去了？」他抿了抿嘴唇，深情凝望著她說：「我對妳的心意，難道至今妳都不曾明白？除了妳，這世間縱是千紫萬紅，我也懶得多看一眼，難道非要我把這顆心挖出來捧到妳面前，妳才肯相信？」

「誰要你的心？」她「噗嗤」一聲笑了，「你的心才值幾兩銀子？」

「好了，別再氣了。氣壞了身子，對我們的孩子不好。」

「你還知道我們的孩子？」她下意識地盯一眼漸漸隆起的肚子，「知道你還氣我？」

「我不是氣妳，是氣父皇！」他望向她深深嘆息著，「我是氣父皇草菅人命，氣他命人放火燒了揚州，氣他派人將楊吳子孫滿門屠戮，氣他不顧人情斬了朱元的妻子查氏，氣他……」

「從嘉！」娥皇聽他越說越不像話，連忙起身伸手緊緊捂住他的嘴巴，「他可是我們的父皇，你……」

「我說錯了嗎？」他輕輕挪開她的手，怔怔盯著震驚不已的她說：「他已經不是我從前認識的那個父親了！為滿足他自己日益膨脹的欲望，他聽信馮延巳和陳覺的挑唆，一再挑起兵端，先後滅了閩楚二國，可還沒來得及治理，那些搶來的城池便又一一落到了別人手裡，現在，大唐的江山一半淪於周人之手，這難道不是上天對我們的懲罰嗎？」

「從嘉……」

「大敵當前，他不誅殺進讒的陳覺，卻去對付手無寸鐵的查氏，這難道是明主仁君所該為？還有，楊行密的子孫已被李氏逼到走投無路，都到了同族婚配的地步，為什麼還不肯放過他們？他們被看管在泰州永寧宮十八年，手無一兵一卒，難道還怕他們起兵造反不成？看來，外面的傳聞的確都是真的，他和在楚州下令屠城的柴榮有什麼區別？都是劊子手！劊子手！」

「從嘉，你別再說了！父皇聽到了會傷心的。」

「傷心？他知不知道，因為他的剛愎自用，造成了多少人間悲劇？！若不是這次他派園苑使尹延範到泰州屠戮楊氏子孫，我死也不會相信祖父當年下令祕密處死讓皇楊溥的傳聞！現在我總算明白了，當初姑姑永興公主為什麼至死都不願接受公主的封號，就是因為她早就看透了這個沒有半點溫情的冷血家族！為了皇位，為了權利，祖父親自把姑姑許配給讓皇楊溥之子楊璉，可也是祖父親手葬送了姑姑一生的幸福，他不僅下令將正在丹陽宮內誦經的讓皇殺害，更派人在船上灌醉姑父將之縊死，害得姑姑終生以淚洗面，二十四歲就無疾夭折。非但如此，祖父還下令不許楊氏一族與外人接觸，他們只好在宮內互相婚配，如生男達五歲時，朝廷便會遣使至永寧宮封之以爵，授以冠服，然後賜死，葬於宮外，邑人皆稱之為小兒塚，你說，這樣的家庭是不是很可怕很無情？」

「你胡說什麼？」

「我沒胡說！」從嘉目光如炬地盯著娥皇，「姑姑死的時候，凡五夕，有光如剪練長達丈餘自口而出，為什麼？就因為她死得心有不甘！可我萬萬沒想到的是，父皇居然也步上祖父的後塵，他唯恐楊氏子孫趁勢為變，特遣尹延範往泰州遷楊氏一門至潤州，卻又於暗中密令延範藉口道路艱難，將楊氏男子六十餘口通通驅至江邊一併殺死，僅婦女得以渡江倖免於難。更有甚者，他居然把所有罪責都推到尹延範身上，下令將其腰斬，可憐延範只是秉承君命，不曾想卻因此死於非命。生於這樣的家庭，我真是恥於為人！」

娥皇沒想到從嘉心裡憋了這麼多的苦楚。可政治歷來都是殘忍的，儘管她也不希望那一幕幕的慘劇就發生在自己眼皮底下，但她明白，這世上很多事情都是說不清道不明的，或許父皇那麼做也有他迫不得已的苦衷，可那畢竟是六十多條鮮活的生命，一夜之間就那麼沒了，任誰都無法做到

無動於衷,更何況是她多愁善感的丈夫從嘉?

「江南江北舊家鄉,三十年來夢一場。吳苑宮闈今冷落,廣陵臺殿已荒涼。」她重又彈起琵琶,在他瑩瑩淚光中,按著節拍重複吟唱著這四句充滿感傷的詩,彷彿看到當年從揚州被迫遷往潤州的讓皇楊溥行經大江之上,遙望廣陵宮殿的悽楚之狀,忍不住早已淚眼漣漣。揚州,她的故鄉,生她養她的地方,她與從嘉相識相戀的地方,就那樣泯滅於一場人為的火災之中。自此後,它不再是她的家,不再是大唐的城,亦不再是她和他遊春踏青的芳草地,只是,以後的以後,當她再想起與他往日纏綿之際,怕也只能像楊溥一樣,悵坐深宮,將那「雲籠遠岫愁千片,雨打歸舟淚萬行。兄弟四人三百口,不堪閒坐細思量。」唸了又唸吧?

漁歌唱晚

浪花有意千重雪,桃李無言一隊春。一壺酒,一竿綸,世上如儂有幾人?

一棹春風一葉舟,一綸繭縷一輕鉤。花滿渚,酒滿甌,萬頃波中得自由。

——李煜《漁歌子二首》

西元958年三月,在連失江北諸州、周世宗柴榮陳兵江口的困境下,唐元宗李璟但恐後周猝然渡江、大舉進攻,一邊繼正月改元中興後再改元交泰,以皇太弟景遂為天策上將軍封晉王,立長子燕王弘冀為皇太子,一邊派樞密使陳覺帶著羅縠、紬絹三千匹,乳茶三千斤及香藥、犀象等進貢出使江北,奉表請和,願為周國附庸,並請傳位於太子弘冀。

柴榮因連年征戰,兵疲師老,短時間內也不想再陳兵江南,並讓陳覺回金陵給李璟傳話,若果真臣事中原,需將江北尚未納入周朝版圖的舒、黃、蘄、廬四州以及鄂州的漢陽、漢川兩地如數獻納,至於傳位之事則儘可不必。李璟到了這個地步,只好再遣閤門承旨劉承遇北上至迎鑾鎮,乞獻四州以納和,柴榮大喜,隨即遣還劉承遇,自迎鑾鎮還至揚州。李璟又派宰相馮延巳、給事中田霖為江南進奉使,帶著犒軍銀十萬兩、絹十萬匹、錢十萬貫、茶葉五十萬斛、米麥二十萬石前往揚州面呈柴榮,上表盡獻江北未陷之郡縣,接著又遣汝郡公徐遼、客省使尚全,恭上買宴錢二百萬緡,好不熱鬧。作為回報,柴榮也陸續將先前俘虜扣押的馮延魯、鍾謨等南唐大臣放還,又釋歸南唐降卒五千七百五十人,嗣後又將許文慎、邊鎬、周廷構等將領一併放歸。

五月,李璟下令去帝號及交泰年號,遣鍾謨、馮延魯入周上表,自稱唐國主,言天地父母之恩不可報,請降詔書同藩鎮。柴榮不許,遣鍾謨、馮延魯還國,優詔以勞安之。李璟即奉後周正朔,稱顯德五年,凡天子儀制皆從貶損,並更名景以避周信祖廟諱。同時在後周汴京設定進奏院,派人進駐,傳遞消息,以便隨時聽候柴榮召見。

那鍾謨回到江南,卻因心忌宋齊丘、陳覺,恨他們一言斷卻與他首倡割地之議的李德明性命,便仗著柴榮在他背後撐腰,上書李璟,彈劾宋齊丘窮兵黷武,致使損師割地,罪在不赦;又劾馮延巳、陳覺、李徵古等人推波助瀾、助紂為虐,亦應嚴懲。偏偏這個時候,天象示警,陳覺又在宋齊丘的指使下擅撥李璟禪位齊丘以避禍,引起李璟極大不滿,思前想後,漸漸察覺出宋、陳之奸,亦深知朝廷都敗壞在這幾個佞臣手裡,遂狠下心來,將宋齊丘放逐於九華山,而不奪其官爵,並下令將他關在一間屋子裡幽禁,只在牆上開一小洞給他傳遞飲食。宋齊丘自知不免,遂解下腰帶懸梁自盡,一死了之,臨終留下遺言,悔當初不該助烈祖李昇幽禁吳讓皇楊

溥，以致遭受此報。卒年七十三，諡繆醜。黨人陳覺降為國子博士，被貶饒州，李徵古削職流放洪州，後皆賜死，馮延巳亦再度罷相。

江北盡失，南唐君臣如喪考妣，唯獨得以參決政事的太子弘冀心生暗喜。雖然朝廷在不得已的窘境下盡割江北之地以媾和，喪師辱權，丟盡顏面，但不管怎樣，他卻透過這次機會從太弟景遂手裡奪回了屬於自己的嗣君之位，一場國家禍事最終演變成他個人的喜事，自是令他喜出望外，反而對那揮師南下的柴榮隱隱生出了一絲感激之意。如果不是柴榮，父皇就不會對三叔景遂和四叔景達徹底失望，嗣君的位置就不會落到自己手裡，到那時就算保住了整座南唐江山，又跟他李弘冀有什麼關係，還不是為別人錦上添花？

不過弘冀也並非全無心肝之人，他和柴榮一樣，有著萬丈雄心壯志，一旦得以參決政事，並開始祕密規劃收復江淮之地的謀略，一改父親李璟優柔寡斷的作風，對混亂的朝綱進行了大刀闊斧、雷厲風行的整飭，很快便從朝中清理出一批貪官汙吏，將他們該貶的貶、該罷的罷、該殺的殺。一時間，奸邪盡去，賢能升遷，百姓皆額手稱慶，然而，也就在這個時候，生性陰毅的弘冀居然聽說李璟在立自己為太子之前，曾經有大臣上書請立六弟從嘉的傳言，雖然從嘉多次解釋自己對政事全無興趣，但弘冀還是對這個一心沉醉於詩書之中的弟弟產生了猜忌，不僅刻意迴避與之相見，縱是在母后鍾氏宮裡遇上了也是冷語相向，全無一絲手足之情。

原來從嘉自幼生有異相：廣顙、豐頰、駢齒、一目重瞳子。前面兩個特徵是說他額頭寬闊、面頰豐滿，用相人的話來說便是「天庭飽滿、地角方圓」，自古就是天生的富貴相。駢齒就了不得了，指的是牙齒重疊，更是大貴之相，歷史上的帝嚳、周武王、孔子都生有駢齒。而最讓弘冀心忌的還是從嘉的「一目重瞳子」，據史書記載，中國歷史上有兩個鼎鼎大名的帝王都生有這種異相，一個是上古賢君虞舜大帝，一個便是跟劉邦爭奪

天下的西楚霸王項羽，這兩個人都是風雲不可一世的大人物，從嘉偏偏生了和他們相同的異相，自然令初為太子的弘冀心驚。另外，從嘉的生日正好是七夕之日，又與千古名君漢武帝的生日重合，這一切的異相加上巧合，又怎能不讓費力九牛二虎之力才從叔父手裡奪過嗣君之位，又一心想要穩固自己地位的弦冀對從嘉產生猜忌？

太子對自己的猜忌，生性敏慧的從嘉自然一一看在了眼裡。想起大哥在常州前線慘無人道地屠戮數千吳越俘虜的慘劇，寬柔的從嘉不由得不心生驚懼。他本無意與大哥爭奪太子位，叵耐那些老臣卻在父皇面前多嘴多舌，說什麼燕王弘冀生性暴虐、剛愎自用，將來必為禍南唐，而鄭王從嘉溫柔敦厚，又生有異表，若立他為嗣，江南定能逢凶化吉、國祚綿長的廢話，他們倒是說得痛快了，卻不曾想由此引起了大哥對自己的疑忌，儘管自己萬般解釋，但大哥就是不聽，總是對著他冷哼著一笑而過，這不明擺著是把自己當成了他登臨帝位的頭號絆腳石了嗎？

天地良心，他對當皇帝壓根就不感興趣，也從來沒想過要和大哥競奪太子之位。可大哥就是不信自己，奈之若何？大哥生性陰毅，為人嚴刻，要真是被他惦記上了，誤以為自己真想跟他爭奪嗣君之位，以他的性格和以往為人處事的方式，恐怕自己離歷史上的「玄武門之禍」也就相距不遠了。怎麼辦？眼看著愛妻娥皇即將臨盆，到底該怎麼辦才能打消大哥對自己的猜忌？

他沒有辦法，無法做到讓太子打消心中對他的疑慮，於是只好一個人走在寂寂的夜幕中，不斷梳理著這剪不斷、理還亂的千頭萬緒，一直走到忘記時間，忘記情節，忘記所有的快樂與憂傷，走到只剩下一種孤獨的信仰，在不遠的前方，熠熠生輝。這些日子，他已經習慣了靜靜佇立於黑暗的風中，用一種細微的觀察力感受著內心波瀾迭起的漣漪，體會著人生的各種情非得以。或許，這澹泊無為的佇立只是一種清洗與過濾，清洗著意

識的混亂與膨脹,過濾著思想的喧囂與倦怠;或許,這就是一種天性,潛意識地依戀這種孤清的意味——那在意識之外,是一種淺淺的憂傷,意識之內,卻又是一種漭漭的洗滌。然,這樣的靜思又能改變些什麼呢?

他不明白為什麼大哥就是不肯解開心結,接受他的解釋,像小時候一樣親親熱熱地跟自己坐在一起,聊一聊知心話,說一說可以讓彼此開懷大笑的笑話,卻非要陷他於失魂落魄的境地,讓他整天都不得不在混亂的場景中度過。大哥這是在懲罰他嗎?可他做錯了什麼?他從未覬覦太子之位,更不想當什麼皇帝,可大哥為什麼就是不肯信他?

「或許你應該把自己隱藏起來。」娥皇心疼地望著因憂慮而變得面黃肌瘦的丈夫,微微蹙著眉頭說:「雖說是一母同胞的手足,可在皇宮內苑,從來就不曾少過意,而你想不到的事發生。既然太子殿下已經對你心生疑忌又無法自明,倒不如徹徹底底地消失在大家的視線之內。長此以往,太子自然會慢慢打消對你的猜忌。」

「隱藏起來?」從嘉不解地盯著肚皮日漸隆起的娥皇,「天下就這麼大,難不成讓我躲到江北去不成?」

「不是躲,是避開太子的鋒芒。」

「怎麼個避法?」

「太子最擔心的是什麼?無非是怕你搶了他的位置,可一個不分晝夜,整天沉緬於詩畫之中的王子又怎麼會對他形成威脅呢?國家正值多事之秋,難不成父皇要把這諾大一片江山交到你這書呆子手裡不成?就算父皇樂意,天下臣民也不答應啊!」

「妳是說……」從嘉緊皺的眉頭逐漸舒展開來,一把拉起娥皇的手,興奮地說:「妳是說讓我當個隱士?好!兩耳不聞窗外事,每天只醉心於琴棋書畫,這樣的人又怎會心生旁念,想要當什麼皇帝呢?」

娥皇點點頭：「只是有些委屈你了。」

「不委屈！為了妳，為了我們的孩子，我不當這個皇子又能如何？」從嘉深情款款地盯著娥皇輕輕笑著，「這一生，只要有妳相伴左右，即便是做個布衣我也無怨無悔。」

「從嘉……」娥皇望著他感動得熱淚盈眶，「我……」

「好了好了，」他伸手替她拭去眼角的淚花，「明天我就讓劉澄去鐘山把別苑收拾收拾，過幾天我們就去別苑，過那不問世事的逍遙日子好不好？」

「還有我們的孩子呢！」她一低頭，緊緊偎在他懷裡，輕輕嬌嗔著在他耳畔柔情低喃：「等我們的孩子出生後，我們再回來好不好？」

「好！娘子說什麼便是什麼！」他輕輕吻著她的額頭，學著戲文裡的唸白對她畢恭畢敬地作了一揖：「小生遵命！」

「小生？」她「噗嗤」笑出聲來，伸手在他頭上輕輕撓一下，「就你這樣子，若是上了戲臺，還不把臺下的人都嚇跑？」

「只要不嚇跑我家娘子便好。」他望著她嘿嘿地笑，她也望著他痴痴地笑。似乎太子弘冀的陰影早已在他們濃情蜜意的情話裡消逝殆盡。此時此刻，時光仿若靜止不動，在院外昏黃的光澤下，他們手拉著手微笑著眠在了風裡，任風的柔情踩著輕倩的身姿，用溫婉的眸光掀起他們的絕世芳華。

秦淮河，桃葉渡，曉風未入，雨漣已在眼底連綿起伏。青溪水漲，朔月之夜，秋風亦如昨日景，但聽其水潺潺，宮燈雲集其上，恰似數不勝數的集錦煙花，轉瞬便絢爛了莽莽蒼穹，百轉千迴。收拾一新的鐘山別苑，自是綵燈如幻、匏絲雜陳、引商刻羽、餘音繞樑，終日喧囂四起，諧笑為歡。她更攜翡翠琉璃盞，步履凌亂，雲鬢微顫，翩翩兮若驚鴻之立秋水，

剪花於斜廊下，流影於西廂下，自是風情萬種，無人能及。對鏡理鬢，映月妝花，朱唇一點胭脂紅，傅粉半分增秀容，眉黛淺描青額山，梅花妝落凝脂玉，美到無處可藏，談笑間總是蹙了西子，唐突了王嬙，更惹得紅梅花暗香浮動，花葉翩躚，頓時便揉碎了竹茗幽韻，浸香了簾卷西窗，更點燃了他眼底那一抹溫柔的眸光。

從此後，他醉在了鐘山別苑的青山碧水裡，怡然自得；從此後，她亦醉在了他旖旎多情的目光裡，風情四溢。桂花謝了菊花開，幽香氤氳著江南的吉光片羽。從落下的桂花中，他聆聽到她對他深深淺淺的眷戀，卻盼她琴聲裊裊，於小橋流水下長袖漫舞，為他舞盡相思；從綻放的菊花裡，她目睹了他對她長長短短的依戀，卻披一件秋雨做的披風，唱一曲不盡《長相思》，對月翩舞，錦繡為衣霓虹為裳，搖落明月都化作滿地的綠茵。

在她的督促下，他的書法有了巨大的長進。他自幼在父親的薰陶下，很尊奉「書聖」王羲之，尤其偏好柳公權的書貼，甫及弱冠，便已學得柳公十分之九的筆法，但這個時期，他對師承王羲之的書法名家如歐陽詢、褚遂良、顏真卿、柳公權、張旭等人的作品都不十分滿意，各自有所批評，在《書評》中曾經有過精采的敘述：

善書法者，各得右軍之一體：若虞世南得美韻而失其俊邁，歐陽詢得其力而失其溫秀，褚遂良得其意而失其變化，薛稷得其清而失於拘窘，顏真卿得其筋而失於粗魯，柳公權得其骨而失之於生獷，徐浩得其肉而失於俗，李邕得其氣而失於體格，張旭得其法而失於狂，獨獻之俱得而失於驚急無蘊藉態度。

儼然一副居高臨下、指點江山的姿勢。不過仔細推敲，這番敘述倒也不失偏頗。有了娥皇的終日相伴，隱居鐘山別苑的日子過得也並不寂寞，在她的歡聲笑語裡，他不僅勤練書法，而且還吸納各家之長，自創了一種叫做「金錯刀」體的筆法，使用顫筆技巧，利用手腕的抖動，使線條產生

顫動和彎曲，寫出來的字彷彿冬天的青松秋天的翠竹，傲骨錚錚而又神采飛揚、華麗而又陽剛。史載這種書法「作顫筆樛曲之狀，遒勁如寒松霜竹」、「落筆瘦硬而風神溢位」、「大字如截竹木，小字如聚針釘」，剛勁有力，有如「倔強丈夫」，故稱之為「金錯刀」。

尤為絕妙的是，有時書興一來，他居然連筆也不用，隨手捲起一團綢布，甚至是自己的衣襟，沾上墨汁，便在紙上隨意揮灑，極其華麗奔放，所以時人又把他這種書法稱為「卷帛書」或「揖襟書」。而他在書寫過程中那種如癡如醉的投入程度和凌厲逼人的氣勢，正如他自己在《書述》中所說：

壯歲，書亦壯。猶嫖姚十八從軍，初擁千騎，憑陵沙漠，而目無全虜。

除了苦練書法，從嘉在這段時期還留下了大量畫作，尤其擅長畫竹，從竹根到極細微的竹梢，都「一一勾勒成」，蒼勁有力，被後世文豪黃庭堅稱為「鐵鎖鉤」。另外，《宣和畫譜》說他的畫「清爽不凡，別為一格」，形成了自己獨特的風格。他畫的林木飛鳥「遠過常流，高出意外」，是收藏鑑賞大家極為珍惜的稀世之物；他畫的〈雲龍風虎圖〉，氣勢極為不凡，以至有目睹者驚嘆其「有霸者之略」。直到北宋末年，宋徽宗的宮廷裡還藏有他的〈自在觀音像〉、〈柘竹寒禽圖〉、〈柘枝雙禽圖〉、〈秋枝披霜圖〉、《竹禽圖》、〈寫生鵪鶉圖〉、〈棘雀圖〉、〈色竹圖〉、〈雲龍風虎圖〉等九幅畫作。

當然，他畫得最多的還是他的愛妻娥皇。曾經的斜陽遠山、尋常巷陌、金戈鐵馬，以及古道上留下的車轍蹄痕和覆滿歲月樓臺的蒼苔，都隔著光陰的重重簾幕，在她淺淺淡淡的笑靨中被釀成一杯醇美的酒，頓時醉了心，溫了眉，變成他筆下一縷清風。再回首，凝眸相對，梅梢風起千萬遍，只為講述他和她輪迴裡的前塵往事，那縷相思，轉瞬便落在紙上，慰藉了曾經的兩兩相忘，更成就了今生的地老天荒。

她又在梅樹下迎風舞袖，翩若驚鴻，令他看得痴呆。他不知如何將她驚若天人的美貌畫得更加傳神，不知如何詮釋她滿身誘人的花香，恍惚間，似又看到西窗燭下，有一女子沉魚落雁，拈一枝瓊花含笑而過，款款行走在古書豔詞之上，攜著一闋遲來的《漢宮春》，穿雲渡月，傾國傾城。那亦驚亦喜的眉間，總是透著一種難以描摹的嬌媚，然而這並不妨礙她在衣香鬢影中一次次挑字揀句，一遍遍雕琢詩詞，將滿心的暖意都抒寫成一曲高山流水或是陽春白雪的韻，怡閒情且得畫意，在紙上煙視媚行，環珮叮噹。

　　那是他的娥皇嗎？他瞪大眼睛站在紙端，看時光流轉，數盡千帆，默守著相思主題，彷彿一個「情」字，他已用淚水勾勒了千年。是娥皇？還是她前世的影？他踮起腳尖，於杯盞中緩緩尋來，卻尋見了絃斷花殘的寂寥，尋見了詞人韻腳裡的婉約華章，尋見了罩紗的青燈下那一抹濃釅的相思……一個淺淡的回眸，似又看到她寂寞了千年之後，舞空前朝遺留的一層素墨渲染的薄涼，用漢衣魏彩、吳瓦晉磚，在他眼前迅速搭建起一座伊人相思的別苑。

　　娥皇。他輕輕念她的名，捏著衣襟，飽蘸濃墨，在宣紙上繼續描她一彎蛾眉，繪她櫻桃小口，諾大的院落頓時變得寂寥無聲，只剩下梅花與清風逐舞，在她嫋娜的舞姿下傾倒一世繁華。擱下紙墨，望畫中的她如沐春風，才驀然夢醒，原來妊紫嫣紅已然開遍，從此後，他不需再道情愛糾葛，不需再言今夕何夕，他只要輕輕走進她溫柔的夢裡，與她波瀾不驚地共度一生就好。

　　那年，她生下了他的長子仲寓，他終於成了父親。所有的柔情蜜意都隨著這個小生命的誕生再次噴湧而出。素箋上花開花落，冬去春歸，他攜著詩書夢枕，醉在清舟搖曳間，卻不知攜著她的手究竟走過多少亭臺水榭，看過多少皓月桃花？他已然沉浸在初為人父的喜悅中無法自拔，雲煙

處，只想與她穿過煙雨杏花岸，泛一葉古書裡的夢之蘭舟，踏歌送黃昏；只想與她蘸著淡淡的墨香，金步慢搖，踏著煙花流韻，橫、豎、撇、捺，勾勒著華麗在紙上兀自煙視媚行，一步，兩步，從秦淮河到瘦西湖，從桃葉渡到二十四橋，從前朝到今朝，一路逶迤而來；只想與她斜倚西窗，望一眼往事流水，看千萬相思散落風中，拈起揚州城裡瓊花一朵插她鬢間，相視一笑，散盡風流；只想與她閒坐閨閣，共賞一幅〈春江釣叟圖〉，從此纖手相凝、浪跡飄零，步步從容。

是的，他一直想過著〈春江釣叟圖〉裡老漁翁那樣恬淡自在的生活，所以出宮之際他便特地囑咐劉澄把內供奉衛賢所畫的〈春江釣叟圖〉帶了過來，閒暇時便拿出來和娥皇一起觀摩消遣，好不愜意。

西塞山前白鷺飛，桃花流水鱖魚肥。

青箬笠，綠蓑衣，斜風細雨不須歸。

──張志和《漁歌子》

每每看到這幅圖，他便忍不住要在娥皇面前吟起中唐詩人張志和所寫的這首《漁歌子》詞。張志和原名龜齡，字子同，婺州金華人，善歌詞，能書畫、擊鼓、吹笛，無所不能。其父張遊一生在家閒居，「清真好道」，精通莊列道家思想，張志和自幼便受到其父道學文化薰陶。唐肅宗年間，十五歲的張志和前往京城「遊太學」，取得國子學士資格，於來年舉明經擢第。因向肅宗獻策，受到賞識，特加獎掖，入為待詔翰林，並授予左金吾錄事參軍，「志和」的名字也是肅宗特賜。可好日子沒過多久，少年得志的他便因事不慎得罪朝臣，被貶為南浦尉官，雖然被貶時間不長，中途即量移他郡，不久又遇赦回到京師長安，但在他心裡卻留下一道不可癒合的傷痕，從此看破紅塵，泯滅仕念，以奔喪為由請求辭官返回金華，從此退隱江湖，自號「煙波釣徒」，與顏真卿等為友，並寫有《漁歌子》詞五

首，專門描寫漁父生活的快樂與自由，而尤以這首最為著名。

　　張志和的這些詞在當時非常流行，可以說風靡國內外，連日本的嗟峨天皇都曾經跟風模仿過，因此《漁歌子》也成了後世專門用來寫隱士的詞牌名。

　　聽著丈夫又念起張志和的詞，娥皇不禁伸出玉指輕輕點著他的額頭笑語說：「天天對著〈春江釣叟圖〉念這首詞，莫非你真想終身都做個獨釣寒江水的隱士不成？」

　　「有妳和仲寓，縱是生生世世都做江邊的釣叟，我也心甘情願。」他緊緊握住她纖纖玉指，「怕只怕……」

　　「怕什麼？」

　　「怕妳不願意跟著我這個老漁翁過一輩子散淡的生活啊！」他深情望向她痴痴笑著說。

　　「你若捨得下這皇子的身分，我又有什麼捨不得的？」娥皇微微蹙起眉頭，裝作一副生氣的樣子，故意嘟嚷著嘴問他：「難道我還不配給一個老漁翁當媳婦嗎？」

　　「配！誰說不配了？我是說，若讓妳這樣的可人做我這個釣叟的妻子，好像有些委屈了妳呢。」

　　「委屈怕什麼？我願意！」

　　「好，那從今後妳便做我的漁媼好了。」

　　「漁媼？」

　　「我是老漁翁，妳不就是老漁媼嗎？」

　　「討厭！什麼老漁媼嘛，這麼難聽的名字，也虧你想得出？」

　　「那叫什麼？」他呵呵笑著，「難道叫釣叟王妃？」

「從嘉……」她嬌笑著捏緊拳頭在他背上輕輕捶著,「不行,我不要叫這麼俗的名字,你得重新想一個!」

「再想一個?」他撲閃著一雙會說話的大眼睛,忽地大聲喚來流珠筆墨侍候,不一會便在衛賢的〈春江釣叟圖〉前擺滿了文房四寶。

「你又要做什麼?」

「實在想不出該稱呼妳什麼,所以只好寫一首《漁歌子》詞送給你囉。」他在她調皮的怪笑聲中鋪開筆墨,略一沉思,很快便在〈春江釣叟圖〉上題詞一首:

浪花有意千重雪,桃李無言一隊春。一壺酒,一竿綸,世上如儂有幾人?

—— 李煜《漁歌子》

「浪花有意千重雪,桃李無言一隊春。」她在他自負的神色裡輕輕淺淺地唸著,心境宛若坐江獨釣的漁翁一樣快活明朗。從嘉這首詞開篇入畫,將畫中意境以看似平實、實則驚豔的字句娓娓道來,亦以畫境言出他當時放縱江湖的灑脫淡然心境。

起句「浪花有意千重雪」,寫春江水漲,波濤洶湧,拍擊堤岸,捲起的浪花有千重萬重,如同紛紛揚揚、層層疊疊的白雪。一個「有意」,用擬人的手法將浪花人格化,輕輕鬆鬆便把浪花所滲透出的畫者的情透過動態聲息感,恰到好處地傳達了出來。

「桃李無言一隊春」一句則借用了典故,語出司馬遷《史記‧李將軍傳》:「桃李不言,下自成蹊。」其本意是說桃樹李樹雖不會說話,可它們的下面會自然地被人踩出一條小徑,比喻自身具有高尚品德的人,即使不去宣揚,仍會受到別人的愛戴與欽佩。從嘉在這裡借言而不借義,只是用以表現自然物候獨具的風采,實際上,「無言」當中已包含了有言而不言

的意味,是相對「有意」而出,以岸上桃李「無言」之靜來襯托岸下浪花的「有意」之動,從一動一靜、相反相成的哲理中揭發出畫面風物形神兼備,構造的境界令人嚮往的特徵。

「一壺酒,一竿綸,世上如儂有幾人?」那悠然獨釣的老漁翁一壺美酒在手上,一根釣竿在身邊,想到哪就把船撐到哪,想喝酒隨時都可以喝上幾口,高興了還能扯著嗓門唱起張志和的《漁歌子》,要多自由有多自由,要多快活有多快活,試問這世上像他這樣瀟灑逸達的人又能有幾個?

詞中情境雖靜寂卻清新,結句以第一人稱的口吻收尾,實則寫出了從嘉對漁父的羨慕,就像王維《渭川田家》詩裡所說的「即此羨閒逸」,更體現了從嘉對老漁翁隱逸生活的嚮往,以及當下與娥皇隱居鍾山別苑不問世間事的滿足。

短短數十字,語淡情疏、清麗簡約,在娥皇念來更覺詩情與畫境渾然一體、趣致盎然,不由得她不佩服起他不可一世的才情。

「怎麼樣?」從嘉歪著腦袋望向目不轉睛盯著畫中詞作的娥皇,得意地問:「是不是看了這首詞,便想一生一世都隨我放縱江湖,做個快活逍遙的老漁媼?」

娥皇輕啟朱唇,剛要駁斥他幾句,意猶未盡的他卻趁她不備,立刻拾起畫筆,任急思如泉湧,只半柱香的工夫,便又在畫捲上題下另一首《漁歌子》詞:

 一棹春風一葉舟,一綸繭縷一輕鉤。花滿渚,酒滿甌,萬頃波中得自由。

——李煜《漁歌子》

「一棹春風一葉舟,一綸繭縷一輕鉤。」娥皇繼續念著他新寫的詞句,內心瞬時湧起一股無可名狀的愜意。雖然通篇沒有錦詞麗句,但還是能夠

讓娥皇感受到一種美到極致的強烈震撼。起句連用四個「一」字，非但不顯重複，反而有一氣呵成、悠然不斷之感，短短幾筆便將衛賢畫中的主體意象勾勒了出來，同時也迅速把娥皇的視線導向廣闊浩淼的江面。

春風泛舟，繭縷輕鉤，仍是寫畫意，但從嘉筆下寓意轉淡，改以刻劃畫境的空闊遼遠和漁翁的悠然自在為主，是一種襯托、渲染的用法，與上一首「有意」、「無言」稍有不同。而在娥皇眼裡，似乎真的在他輕描淡寫的字句中看到一個天性快活的老漁翁駕著一葉扁舟，劃著一支長槳，時而舉起一根絲線，時而放下一隻輕鉤，迎著春風，出沒在萬頃波濤之中。試問這一幅瀟灑自在的怡情圖卷又如何能讓她不心動？

「花滿渚，酒滿甌，萬頃波中得自由。」望著開滿水中沙洲間的浪漫春花，老漁翁歡快地舉起酒壺，心滿意足地品著美酒，在萬頃碧波中充分享受著自由帶給他的快樂與逍遙。

「萬頃」二字與前句之四個「一」相互映照，細巨對應，工整而不失精妙；而「自由」二字便又將老漁翁和從嘉寄情山水、放浪江湖，超然乎榮辱、名利、升沉、得失之外的特有意趣暢然道出。字字平淡，卻又句句驚豔，回首間，一股不羈的溫柔和閒淡的舒適感便隨著眼前的詩情畫意直沁娥皇心底。

人生得意二三事，又何必攀那烏紗逐那金鈿？娥皇隔著畫卷望向他柔情似水的眸光，心裡突然湧起一股感激之情。她知道，為了她和孩子，他一定可以放棄皇子的身分和尊榮，與她攜手人間，只做一對快活賽神仙的漁翁漁媼，可是身逢亂世，他真的可以做到斜睨紅塵而全無一顧嗎？

第4卷
情生意動

第 4 卷　情生意動

禍起蕭牆

不寐倦長更，披衣出戶行。月寒秋竹冷，風切夜窗聲。

——李煜《三臺令》

後周景德六年，南唐境內雖無戰爭，卻也是多事之秋。

太子弘冀陶醉在一時取得的成就中，變得更加剛愎自用、專橫跋扈，動不動就貶謫朝內大臣，連烈祖在世時留下的老臣也不能倖免。那些老臣自恃功高，倚老賣老，根本就不把這個新太子放在眼裡，自然不肯遵守法度。弘冀也不是吃素的，寸步不讓，不管他是何人，凡觸犯法紀者，輕則喝斥，重則鞭笞，那些被責罰的老臣只得憋著一肚子氣，紛紛跑到李璟處告狀。

李璟生性優柔，遇事多不能決斷，聽了這些老臣的話自是怏怏不樂，便把弘冀叫到宮中狠狠訓斥了一頓。豈料弘冀早對父親縱容臣下的行為產生強烈不滿的情緒，公然指責李璟的寬厚實則懦弱，氣得李璟勃然大怒，順手拿起身邊的打毬杖便朝弘冀身上擲了過去，並揚言要將弘冀斥居藩位，把晉王景遂從洪州召回來繼續當他的太弟。李璟本是一句氣話，但自幼生活在景遂陰影下的弘冀卻當了真，看著父親一副詈罵不已的神情，他知道再辯論駁斥下去也無益處，便含著滿腔怨恨奪門而出。

回到東宮後，弘冀仔細回味著父親的話，越想越怕，越怕越憤怒。要知道，李璟雖然廢掉了景遂的太弟之位，但當初他可是在祖父靈前發過誓要將皇位傳給兄弟而不是傳給兒子的！就因為那句誓言，他長久地遭到排擠，受盡冷眼，若不是景遂自己無能，大敵當前卻夾著尾巴跑到洪州避禍，這儲君之位又哪會這樣輕易落到自己手裡？他不敢想像父親一旦召回景遂，自己將要面臨怎樣的困境，那些自恃對社稷有功的老臣都恨他入

骨，若這個時候父親提出將他罷黜，又有誰會站出來替他說半句話呢？

想到這，弘冀如坐針氈，整整一宿都沒能闔眼，滿腦子都是景遂穿上龍袍端坐龍榻之上，不屑地盯著跪在朝堂之下的他放聲大笑的情形。不！他絕不能束手待斃，將他費盡九牛二虎之力，用血與生命的代價才換取到的儲君之位拱手讓人！尤其不能讓給晉王景遂！是的，他對景遂有著太多太多的不滿，打小起，他就生活在他太弟光環的陰影下抬不起頭來，還一再被他進讒，防他如防賊，何曾把他當成帝王之子看待？無論如何，他也是當今聖上的嫡長子，是皇位最名正言順的繼承人，他景遂又算得上什麼？太弟？太弟算哪根蔥，國難當頭之際，他這個太弟在哪？他帶過一兵一卒到前線參加戰鬥了嗎？可是他弘冀，作為燕王的弘冀卻身先士卒，在常州打退吳越國的進攻，使南唐江山得以苟延喘息，立下這樣的赫赦功勳的人難道不比景遂更有資格做這個國家的嗣君嗎？

不！絕不能白白便宜了景遂！他已經不是太弟了，不管怎樣，也不能再讓他回到金陵，坐在自己頭上作威作福，讓全國的老百姓看自己的笑話！他已經被群臣笑話了十多年了，好不容易忍到現在才終於有機會揚眉吐氣，又怎能再讓景遂毀掉他的大好前程？可是怎麼才能阻止父親把嗣君之位重新交到景遂手裡呢？弘冀思前想後，立即把心腹餘泰找來商議。那餘泰號稱智多星，鬼點子甚多，聽了弘冀的話，居然勸他一不做，二不休，將威脅他儲位的晉王景遂除掉。除掉晉王？那可是自己的親叔叔啊！弘冀猶豫了，可為保住自己的太子之位，最後還是禁不住餘泰的勸說，心一橫，開始了一番密謀。

餘泰從弘冀那裡出來，便派人到洪州打探晉王的消息。景遂當初放棄太弟之位遠赴洪州，是懾於周軍的強大，害怕成為銜璧出降的秦子嬰，誰知一念之差，竟白白將嗣君之位拱手讓人，眼睜睜看著弘冀入朝秉政，自己卻落得形單影隻，免不得意志消沉，索性沉溺於聲色犬馬之中，不斷麻

醉著自己那顆悽楚的心。豈料他雖然退為晉王，卻仍不改驕橫本性，居然因為一件小事囚禁了都押衙袁從範之子，袁從範愛子心切，立即前往帥府匍匐求情，哪知暴戾恣睢的景遂看到袁從範那副模樣，更是氣不打一處來，索性下令將其子處死。自此，袁從範便將景遂恨之入骨，景遂則若無其事，照樣玩樂不輟。這一切都被餘泰打得聽清清楚楚，於是略施小計便將袁從範收為己用，並塞給他一隻藥瓶，讓他伺機行事。從範依計行事，從未表現出對景遂的怨懟，反而更加賣力地侍候他，不禁讓景遂大為感動，壓根就沒意識到對方起了異志。

　　日子一天天延宕過去，袁從範始終沒等到下手的機會。就在他心急火燎之際，機會卻突然降臨了。那日，是一年中最熱的日子，百無聊賴的景遂居然下令前往郊外擊鞠，並命袁從範同行。外面驕陽似火、熱浪灼人，那種季節一般人在室外長時間曝曬尚且受不了，何況景遂一行還頂著個大太陽玩著擊鞠。偏偏那天景遂擊鞠順手，一時興起，不肯休息，一直打到午後才作罷，但那時也早已是大汗淋漓、口乾舌躁，便向左右討要酒漿解渴。袁從範見時機已到，連忙取出早已準備好的鴆酒遞到景遂嘴邊，只消片刻便毒性發作，暴斃而亡。因毒性劇烈，未及收斂，屍體就已潰爛，終年三十九歲。

　　消息傳到金陵，李璟大駭，立即命人前往洪州查詢景遂死因。弘冀知情後，連忙讓餘泰給那人送去一筆銀子，那人心領神會，壓根就沒前往洪州，只在外地逛了十餘日便向李璟回覆，謊稱景遂舊有疾病，又因飲食不節才導致暴斃，並揚言景遂死前曾對屬下多次提及夢中已得上帝之命，命其代替許旌陽之職，他的死自然是羽化登仙了。李璟聽了這樣的解釋，也沒奈何，只好輟朝七日以為悼念，諡晉王為文。

　　景遂既死，改立太弟為嗣之事自然無從再提，弘冀懸著的一顆心也終於放了下來。但天下沒有不透風的牆，景遂之死的真相還是慢慢傳到了金

禍起蕭牆

陵，傳到了李璟耳裡。李璟雖痛恨弘冀蛇蠍心腸，但虎毒尚不食子，加上鍾皇后愛子心切，竭力替弘冀求情，便隱忍下來，絕不提及，可自此後，父子間的裂痕也變得愈來愈大，整個南唐宮廷都處於風雨飄搖之中。

　　弘冀的行為不僅令李璟寒心，也令鍾皇后心驚。想起弘冀之前對從嘉的猜忌，鍾后更是惶惶不可終日，為防不測，立即派人將從嘉、娥皇以及仲寓從鐘山別苑接回宮內，名為思孫心切，實則是把他一家三口嚴密地保護了起來。三叔真的是被大哥派人毒死的嗎？從嘉猶不敢相信弘冀會殘忍到這種程度，可若不是他，三叔好端端的又怎會突然暴斃？聽說三叔死時七竅流血，屍體尚未入斂就已潰爛腐朽，若非服了巨毒又怎會有這樣的死狀？羽化登仙？羽化登仙！也虧他們想得出這樣的託詞！可大哥為什麼要毒死三叔？難道就因為父皇的一句訓斥，他便要置手無寸鐵的三叔於死地？三叔已經讓出了太弟之位，已經退居洪州，大哥也已經得到夢寐以求的太子之位，為什麼還要大動旗鼓地除去三叔？三叔已去，四叔景達還在，難道他接下來便要對付四叔？還有，大哥一向疑忌自己有奪嫡之心，母后在這個時候召他夫婦回宮，莫非是大哥也要對他下手不成？

　　想到這裡，從嘉不由得打了個寒顫。他和大哥可是一母同胞的親兄弟，縱使兄弟不和，他也斷然不會因胡亂的猜忌就對自己下手吧？可皇家之事又有誰說得清楚？古往今來，為爭奪皇位造成的兄弟流血衝突還少嗎？他越想越怕，要是大哥還不肯相信他對皇位沒有半點覬覦之心，那是不是說明一旦失去了父皇和母后的護佑，有一天他也會像三叔一樣突然就從這個世界上消失？他不怕死，可他還有娥皇，還有仲寓，他怎能讓娥皇失去丈夫，讓仲寓失去父親呢？

　　夏末荷殘，月華依舊如水。照影嬌花，無人與之分曉。他只能與娥皇守在寒風中擁抱寂寞，月光中為三叔景遂祈禱，祈禱他真如傳言所說已經羽化登仙，心中卻裹著說不出的苦惱。逃避而憂鬱的眸，悽美的囈語，都

第 4 卷　情生意動

彷若寒風中的雨，點點灑落在心，躲不了，揮不去，只留下孤獨的影，供他與她默默斟酌。風停影靜，感嘆逝者如斯，才明白，原來沉寂的也只剩那顆支離破碎的心，而就在這寂寂午夜，白日的強顏歡笑再也掩飾不了孤寂的淚，究竟，秋月之花何時才會綻放在這刀光斧影的南唐後宮？究竟，同一星空下望影的日子還有多少？究竟，在月夜中醉清風的日子又剩多少？天上人間，終是有太多的無奈無奈！

　　晉王景遂的死為處於內憂外困中的李璟心頭蒙上了一層抹不掉的陰影。身為帝王，他外不能保南唐江北之境落於敵手，內不能阻止兒子的跋扈，就連弟弟的性命都不能保全，當這個皇帝還有什麼意思？而偏偏就在這個時候，他又偵悉後周在江北趕造戰艦，不免更加憂心。那時，周世宗柴榮儘管已經北返汴京，但駐守在江北的周朝軍隊僅與江南隔著一條大江，南唐社稷時時處於周軍的威脅之下，現如今柴榮又下令趕造戰艦，司馬昭之心路人皆知，一旦渡江而至，金陵自是保不住，到那時自己豈不成了周朝的甕中之鱉？想來想去，李璟不禁萌生退意，要將都城遷至洪州，以避柴榮鋒芒，並決定由弘冀留守金陵，也算是眼不見心不煩吧。誰料遷都之議還來沒來得及釋出，後周景德六年六月，那一心想要滅掉南唐的周世宗柴榮卻一命嗚呼，在汴京駕崩，由他七歲的兒子柴宗訓繼承帝位，是為後周恭帝，李璟見小兒當國，心中不禁一陣竊喜，才把遷都之議暫時擱淺了下來。

　　日月嬗遞，轉眼間便又到了景德七年七月。就在李璟因柴榮之死大鬆一口氣之際，南唐宮廷又突發變故，那讓從嘉整天寢食不安的太子弘冀居然無緣無故地突發惡疾，只消半月工夫，便已瘦得皮包骨，不成人形。李璟雖然恨他生性殘暴，罔顧親情毒殺親叔，可畢竟與他血濃於水，也不忍心看他輾轉病榻，急忙召來御醫替其診治，誰知百藥罔效、群醫束手，苟延殘喘了月餘，漸至茶飯不思，身體變得愈加羸弱，就剩下一口氣未斷罷

了。李璟與鍾后自是傷心難禁，從嘉也不計前嫌，日夜替大哥唸經祈禱，可弘冀的病情還是不見一點好轉，一閉上眼就會看到三叔景遂為厲作祟，滿身血污地站在他面前大聲喊著「還我命來！」每次都讓他驚懼而醒，面無人色，到最後居然大口大口咳起血來。如此周而復始，又約莫過了月餘，弘冀終於在景遂的陣陣索命聲中，於同年九月撒手人寰，諡為文獻。

三叔去了，現在大哥也走了，最傷心難過的莫不是鄭王從嘉。雖然大哥生前一再猜忌自己，但無論如何，他終歸還是他的親哥哥啊！想起小時候與大哥共同度過的那段無憂無慮而又快樂融洽的日子，他的心就宛如被刀割了一樣疼痛。宮裡的人都在傳說是晉王景遂作祟要了大哥的命，甚至在背後偷偷咬舌頭說大哥是遭了報應，似乎大哥不死便不足以贖清他身上的罪孽，可又有誰會知道大哥內心的苦衷與悲愴？他們誰也不知道。這些日子他沉醉於琴棋書畫以避其芒，可也得以沉靜下來，徹徹底底地把自己和大哥以及錯綜複雜的南唐宮廷關係理了一遍，雖然大哥生性沉毅，但也不是生下來就會做壞事的人，如果不是風起雲湧的政治格局逼得他喘不過氣來，他又怎會性情大變，從一個知書達理的皇子變成一個冷酷無情的人？

是的，大哥本是知書達理的人，這一點是任誰也更改不了的事實。自小，父皇和母后就教大哥做人的道理，大哥也一向聽話，立志要做個謙謙君子，所以父皇叫他做什麼他就做什麼，讓他去揚州就去揚州，調他去潤州就去潤州，自懂事的那天起，每一天，每一月，每一年他都生活在三叔的陰影裡，可又有誰為大哥設身處地地想過？那種刻骨的恥辱，那種巨大的壓力，又豈是一個小小的孩童所能承受得了的？

「大哥，大哥，你為什麼？為什麼要做傻事？為什麼要置自己於萬劫不覆之地？」夜已深沉，從嘉躺在床上，酌一杯清愁釀成的酒，與夢裡的弘冀對飲，往日與大哥相處的一幕幕喜怒哀樂通通湧上眼前，禁不住潸然

淚下，心死如灰。定睛，望向窗外成行的垂柳，但見煙霧薄裊處依然畫舸笙歌，卻難解他心中悠悠輕愁，那滴滴晶瑩的淚珠都打落在娥皇光潔如玉的臂上，令她心驚。

「從嘉……」她輕輕摟著他的脖子，伸過手替他拭去眼角的淚水。

「娥皇……」他轉過頭，借窗外明月警向她如玉面龐，剛要說些什麼，卻忍不住低聲抽泣了起來。

「從嘉……」她知道他心裡的苦，卻不知如何勸他。一切的一切，都來得太過突然，前事未了，甚至都來不及讓她理清頭緒，後事便接踵而來，她真不知道這南唐後宮接下來還會發生些什麼。或許是……她不敢往下想去，只好繼續替他拭著眼角的淚水，卻無法撫平他內心的傷。

他輕輕嘆著，仍是傷心難禁。夜不成寐，只好披衣而起，在廊下來回踱著步伐。

她也披衣下床，緊緊尾隨在他身側，想要替他排遣心中鬱悶，卻又不知所措。遠處，子夜吳歌緩緩輕唱，和著絃樂輕輕吟來，清音玲瓏，絲絲入耳，瞬間便穿過疊嶂的樹影，揚起零落的亂紅，望一眼，恍若夢境。

他緩緩行在水岸，情卻繫在天涯，將魂牽夢繞的大哥思了又思，念了又念，只是不知三千煙水可曾連著他的心海？月上中天，是否只需放上一盞相思的蓮燈，尋一葉烏蓬船，便能到達有他的彼岸？水面樹影婆娑，落花飄渺，而隔江猶唱的《後庭花》中，琵琶聲已是依稀渺然。大哥已經遠去，再也回不到他的世界裡來，再也不能戴著簑笠牽著他的小手共聽江邊掌舵的艄公哼唱一曲方言小調，和他一起笑得前仰後俯。以後的以後，他只能放縱自己，站在歲月的路口翹首以盼，從發黃的夢境輕輕走過，然後寂寞地倚著一江秋潮，任一頂斗笠、一雙芒鞋，孤獨地流連於少時江畔，卻永遠無法閱盡兩岸舊事新人，也等不到大哥的歸來。

憶往昔七夕，夜漏三更時，宮中人聲鼎沸，從江都趕回的大哥總忘不了當著滿堂賓客高歌一曲，替他祝壽；而今，這孤寂的秦淮水上，卻只剩得淡煙無痕，心中惆悵愈加濃烈，只得吟一闋三臺小令，以寄對亡兄長長短短、深深淺淺的不盡思念：

不寐倦長更，披衣出戶行。月寒秋竹冷，風切夜窗聲。

—— 李煜《三臺令》

「不寐倦長更，披衣出戶行。」他把對大哥的思念都融入隨口吟出的《三臺令》詞中。漫漫長夜，難以入睡，只好披衣出戶獨行，將對大哥的懷想寄予一輪寒月。短短十個字，盡透他愁苦之情。一個「倦」字更添寂寥，做什麼都是懶懶的，於是緊接著便又用一「披」字，讓詩意之外的人立即感受到一股撲面而來的寒意。

「月寒秋竹冷，風切夜窗聲。」戶外所見，其實不如不見。獨倚小樓，冷月當頭，秋竹瀟瀟，耳中風聲悽切，穿窗過戶，吹得窗櫺嘎吱作響，更添淒涼意，看來心中糾葛的那份苦悶也只有隨著秋竹落落歸寂罷了。

一個「切」字，如一把帶著風霜的刀刻出了從嘉內心深結的鬱悶。景依舊，人非昨，思故人，容顏悴。逝去的手足之情扯碎他五臟六腑，化作熱淚，一顆顆結晶成冰冷的雪霜，在他眼角留下了心底永不可磨滅的傷和痛。自此後，他再也觸碰不到遠方只屬於大哥的那一片雲煙，又何必再在夢裡說起那長長久久的話語？抬首，俯瞰中，他一次次地梳理掉心中的雜潰斑渣，卻仍不能將大哥英姿颯爽的身影從腦海中抹去。或許，等他的雙腳再難直立，等他的雙眸再難開啟，他才能忘記大哥深深淺淺的好吧？

「從嘉！」娥皇聽著他語意淒涼的《三臺令》，蹙著眉頭，向前一步，緊緊握住他冰冷的手，欲言又止。

「不管他做了什麼，他畢竟還是我的大哥啊！」他將她柔軟無骨的纖手

攬在手心裡，感受著她體內的溫度，一行渾濁的淚水再次打溼她溫潤的玉臂。

她點點頭，他心裡的痛和苦她都明白，可是這時候她還能說些什麼？再多的語言也不能撫平他心裡的傷，她唯有緊緊偎在他懷裡，暫且放下心中的糾葛、無奈、落寞、惆悵，只和淚望向那一輪寒月，長歌一曲，輕舞羽衣，共他傾壺而醉。

深院寂月

雲鬢亂，晚妝殘，帶恨眉兒遠岫攢。斜托香腮春筍嫩，為誰和淚倚闌干？

—— 李煜《搗練子》

東風尚未醒來的季節，梅花在枝頭悄悄香著，她淚眼模糊，努力安靜地踩過從嘉的腳印，不想卻惹落了滿地的雪，好不惆悵。鐘山的早晨透出幾尺荒唐的斑駁與詭異，玄武湖風起，一整個天空的湛藍，倏忽間便沉澱了飛鳥悠悠而過的影子，打了她個措手不及。垂釣的漁翁默默靜坐在湖邊，魚兒尚未清醒的日子，看不出他是歡喜還是落寞，抑或只是在尋找一種久違了的感覺。她說不清那是什麼，放眼望去，高高的梧桐樹依然垂著往日的熱鬧，偶爾馳過的路人，揚起不屬於畫裡的不安分，她瘦瘦的背影，頓時棲息了鳥巢凌亂的枝椏。

或許，回首就是一種期盼，他在她的瞳孔中漸漸長成，依然是那麼瀟灑，那麼玉樹臨風，然而，合上望晴的眼睛，他的心跳亦依舊惹她閉不了耳朵，紊亂的思緒找不到任何可以逃避的方寸。於是，落花的聲音裡開始

流動起黃昏的身影，枝頭的百媚千嬌也不再嚮往紅塵的繁華與喧囂，雖然明知綴滿桃花的日子正慢慢靠近，但她的心卻是裹著萬分的淒涼。就那樣，皺起的岸，在娥皇傷神的眼波裡漾起點點的漣漪，於風中一圈圈地回應著她的悲傷，任不安與不捨不斷侵襲著四周乾枯的風景，永無止境。遠處點點的船，載著無法秤量的沉重，近處斑斑的船，無比沉重地空著，而那汪冰冷的湖水，卻載不動她的孤寂，浮不起她清淡的背影，亦無法明媚她和他兩個人的天空。

彷徨起凌亂的步伐中，她在他的腳印裡塵埃落定，披一件雪做的衣裳，徐徐前行，而他溫暖的眸光卻暖不了她早已冰凍的心。父親周宗去了，她的魂也丟了。她是父親的掌上明珠，在他的呵護下，她錦衣玉食，享盡榮華富貴，可正當她想盡一己之力回報父親養育之恩的時候，他居然就那樣走了，揮揮手，不帶走一片雲彩。母親和妹妹嘉敏在父親靈梓前哭得死去活來的情景還在她眼前不斷回放著，失去了父親的護佑，以後的以後，又叫這孤兒寡母如何在這淒涼世上自立？

她還來不及梳理紛亂的思緒，就在他的攙扶下出現在東宮府邸。太子弘冀去世後，從嘉便由鄭王進封吳王，以尚書令知政事的身分入居東宮，她也搖身一變，從鄭王妃變作了離太子妃之位只一步之遙的吳王妃。所有的人都來恭賀她，就連婢女流珠都忍不住欣喜之情，向她這位準太子妃、未來的國后進賀，然而她心裡明白，從嘉從來都不是出將入相的料，更何況是治理國家的帝王，讓他當這個太子，豈不是有些兒戲？從嘉也有自知之明，生性淡泊的他只願與娥皇一世縱情山水，做一對逍遙賽神仙的快活夫妻，遂多次上書請辭，叵奈李璟尚存於世的所有兒子裡他年齡最長，又是嫡子，自然是李璟、鍾后心目中最為理想的嗣位人選，於是一封曉喻全國的詔書便在從嘉夫婦毫無準備的情況下頒發，逼得從嘉不得不以吳王的身分入居東宮暫攝太子事。

第 4 卷　情生意動

儘管情非得已，從嘉的這次進封卻也不是一帆風順，李璟本有十一子，次子弘茂及三子、四子、五子皆早卒，弘冀一去，明眼的人都能看出新任太子的位置非鄭王從嘉莫屬，可偏偏有不知趣的人站出來竭力反對，說從嘉輕佻，無人君度，勸李璟另擇七子從善為嗣。你道反對者是誰？卻是那出使後周，與大理院學士李德明首倡割地之議的翰林學士鍾謨。鍾謨自被後周放還後，仗著柴榮對他的寵信，一道奏章便要了宋齊丘、陳覺、李徵古三人的性命，也讓正如日中天的宰相馮延巳栽了一大跟頭，並重新獲得李璟重用，進為禮部侍郎。擊敗宋齊丘、馮延巳、陳覺後，鍾謨又把矛頭指向曾經附和宋齊丘支持誅殺李德明的樞密副使、給事中唐鎬身上，當面指斥他納賄貪髒，並上奏請雪李德明之罪，一向耳根子軟的李璟想也不想便追贈李德明為光祿卿，諡曰忠，這一來更嚇得唐鎬終日惶惶不安。

為求自保，唐鎬開始祕密監視鍾謨，很快便發現他與天威都虞候張巒關係極為親善，常於私宅中屏退他人攀談至半夜，立即上奏李璟，盡言鍾謨種種不法之事，說他們一個是經常出使後周並深得柴榮寵信的使者，一個是出生於北方的典兵者，這兩個人聚集到一起，不是密謀造反又是什麼？唐鎬的一番說詞不由得不引起李璟的疑忌，而得勢後的鍾謨又不知檢點，居然暗中與周人互動勾結，對朝政多有脅制，遂引起李璟的大大不快，只是礙於柴榮的情面不敢公然對付他，至此又見其出言不遜，對選立太子的事指手劃腳，索性借題發揮，將其貶為國子司業，旋又繼貶著作佐郎，安置饒州，遣中使令侍衛軍十人，即日促其乘驛而去，同時出張巒為宣州副使。

鍾謨既去，從嘉嗣位太子一事便變得毫無懸念，很快便以吳王位攝太子事，入居東宮，至此，縱使他有一萬個不情不願，也不得不勉為其難，在少傅嚴續等人的協助下開始見習政事。從嘉的不情不願，娥皇都一一看在眼裡，可皇命難違，加之南唐國事衰微，如果作為長子的從嘉都不站出

來臨危受命，助父皇一臂之力，這大好河山又能指望誰來收拾？可她怎麼也沒想到的是，就在丈夫被趕鴨子上臺，開崇文館以招賢納才之際，父親司徒周宗卻在金陵府邸病逝，這一下，她的天是真的塌下來了！

吳王妃？太子妃？國后？這一切一切的榮耀又豈能跟父親的生命相提並論？父親走了，走在那個大雪紛飛的日子裡，留下她一人孤寂地在風中哭泣，悲痛欲絕。從此後，她只能守在寂寞深院裡，靜靜地聆聽父親在另一個國度流動的夢境，只能在有他出現的夢的邊緣潸然落淚，只能在他專注凝望她的眼神裡做一次固執的追尋，把自己化作一縷輕煙，輕輕飄落到他夢囈的音符裡，感受那份靈魂的舞蹈。

「娥皇！」從嘉緊緊攥著她冰冷的手，想把自己體內的溫度全部都傳送給她。

她搖搖頭，只是淚眼相對，一晌無言。遠處，歡聲笑語裡，誰人又在炊煙裊裊裡點起萬家燈火，秉燭西窗，紅袖添香？司馬相如的酒幡依舊古風招搖，當壚賣酒的女子依舊淺笑嫣然，那酒香盈巷的角落，只道有故人在那裡候她，卻不料故酒未飲而人早已醉去。回眸，窗外細雨飛花輕似幻夢，她的淚水終於打溼了他手底的紙箋，轉瞬便化成一闋哀詞，恍兮惚兮，已然分不清是否前天的那場細雨一直淅淅瀝瀝地下到了今天。

　　雲鬢亂，晚妝殘，帶恨眉兒遠岫攢。斜托香腮春筍嫩，為誰和淚倚闌干？

——李煜《搗練子》

「雲鬢亂，晚妝殘，帶恨眉兒遠岫攢。」她的鬢髮亂了，晚妝也殘了，皺著的眉頭彷彿遠處的峰巒攢聚，只看得他淚眼迷離，傷心難禁。他知道，岳父周宗的棄世對她的打擊很大，可他不知道如何勸她，只好伸出手輕輕替她拭去眼角的淚水，卻不意惹得她更加悲慟欲絕。

第4卷　情生意動

　　在她盈盈的淚光裡，他又陷進她迷迷茫茫、渾渾噩噩的眼色，彷若跌進她前世採擷而歸的蠱，心底突地掠過一陣從未有過的驚怕。他怕她沉陷於喪父的劇痛中不再醒來，怕她從此將他忽略甚至忘懷，怕他不再是她心裡最在意的那個人，怕他再多的柔情似水也無法化開她被冰封冷凍了的心，怕她忘記了章臺遙遠，任他攀盡了柳下的扶疏也不能靠近她一二，更怕她忘記了近在咫尺的暗香，不再將他眷顧。

　　深情凝視著她凌亂的秀髮，心卻在剎那間被鬱悶重重裹上。曾以為落入巫山的雨不會再起雲霧，曾以為刻劃了瀟湘的淚擦不乾妃子竹，而今，放下清高的奇絕，在她殘破的妝容裡，他卻無法抵達她的彼岸，那回不去的心事，便又都浸在她凝恨帶傷的眉宇間裊裊不休……

　　「斜托香腮春筍嫩，為誰和淚倚闌干？」雪依然在飄，屋裡依然很冷，她斜托香腮的手，如春筍般纖細潤澤，可卻倚著欄杆，含著一泡熱淚輕輕抽泣著，然而，這一切又是為了誰呢？

　　娥皇，他在心裡輕輕唸她的名字。她不知道，此時此刻，他的心比她更痛。看著她難過，他比她更難過上千倍萬倍。到底，要怎樣，才能讓她忘記紅塵的煩惱，在風兒流動的身影裡，擷一縷蓮的雅潔，再在他面前淺吟低唱，在宮人彈奏出的每個淘氣的音符裡肆意歡笑？

　　還記得，那年那月，她裙襬裡的花香引來蝴蝶追逐，無論她走到哪裡，他都緊緊相隨；還記得，那些日子裡，靜謐的天空下總是洋溢著她浪花般的歡笑，而那歡笑亦總會輕輕撥動起他歡快的心弦，讓他沉醉在她嫣然一笑的明媚裡；還記得，那年那月，一條清澈的小溪載著明月的波光，從他面前潺潺流過，流過她深情的眸子，流去她心底所有的不安，濾下的唯有不老的紅顏與青春；還記得，那些日子裡，白的雲朵在藍的天幕上輕舞飛揚，在她路過的水湄裁一片衣裳給她，只一眼便甜醉了他的心懷；還記得，那年那月，在那片無人問津的叢林裡，他走在她歌聲飄過的時空裡，

趁她不備，偷偷攝著音符中的美韻，將它一一珍藏在心……而今，所有的快樂，所有的歡聲笑語，卻都緊鎖在她蹙起的眉頭之內，究竟，他要怎樣，才能再次聽到她甜美的笑聲？

或許，她真的不會再笑了。岳父的棄世對她來說是致命的打擊。可他還是希望她會在他關注的眸光裡望著他莞爾一笑，隨著他抑揚頓挫的笙歌起伏，在後苑裡奔跑，追逐花的芳香，傻傻地驅逐蝴蝶、蜜蜂對花香的青睞，永遠都痴醉在快樂的夢境中，不再憂傷，不再徬徨，不再痛苦。

子夜夢醉

尋春須是先春早，看花莫待花枝老。縹色玉柔擎，醅浮盞面清。

何妨頻笑粲，禁苑春歸晚。同醉與閒平，詩隨羯鼓成。

—— 李煜《子夜歌》

日月嬗遞，臘鼓催春，轉眼便是後周景德七年，即西元 960 年。正月初三，後周大將，手握禁軍的殿前都點檢趙匡胤欺負周朝孤兒寡母，與弟弟趙匡義、謀士趙普合夥導演了一幕逼宮鬧劇。趙匡胤謊稱契丹勾結北漢大舉南下，便受命率師禦敵，當行至汴京東北四十里的陳橋驛時，毅然發動兵變，黃袍加身，然後策馬趕回京師，逼迫年僅八歲的周恭帝禪位，並取代後周登基當上了皇帝，建國號宋，定都汴京，改顯德七年為建隆元年，是為歷史上鼎鼎大名的宋太祖也！

趙匡胤取代後周，搖身一變成為中原新任天子後，最為驚懼的自然是一江之隔的南唐李璟莫屬。幾年前的清流關一役，趙匡胤打得南唐軍落花流水，大將皇甫暉因之力竭戰死的一幕至今都令南唐君臣心有餘悸，現如

第 4 卷　情生意動

今，他又「點檢做天子」，李璟自然馬虎不得，立即於同年三月遣戶部尚書馮延魯往汴京朝貢，送絹兩萬匹、銀一萬兩作為贄見之禮，接著又派人貢金器五百兩、銀器三千兩、羅紈一千匹、絹五千匹。第二批貢使尚在途中，七月，以禮部侍郎龔慎儀為首的第三批貢使又從金陵啟程，這次帶去了乘輿、御服，並俯首向宋稱臣，承認南唐是宋的屬國。

李璟的卑躬屈膝本為求得江南一時苟安，不料示人以弱卻助長了趙匡胤必欲吞滅南唐而後快的貪婪氣焰。一邊，趙匡胤正在汴京摩拳擦掌，對江南虎視眈眈，與宰相趙普暗中謀劃著要如何拿下金陵，另一邊，駐守揚州的大將，揚州刺史李重進卻於十月毅然發動兵變反抗趙匡胤，因自知勢單力孤，成不了氣候，便派人前往金陵聯繫李璟，要他協助一同舉事。李重進本是周世宗柴榮外甥，二人又同殿為臣，現今眼睜睜看著趙匡胤從孤兒寡母手裡謀奪去柴氏江山，自然嚥不下這口惡氣，不肯善甘罷休，於是扯起了反叛的大旗。李璟對趙匡胤本就心生懼意，又哪裡敢跟李重進合兵舉事？二話沒說，便斷然拒絕了他的請求。沒了南唐的配合，孤軍奮戰的李重進自然無法成事，那趙匡胤也不糊塗，立即御駕親征，很快兵抵揚州城下，率軍猛攻，只幾個來回便打得李重進的守軍紛紛丟盔棄甲，舉手投降。李重進自知不保，自焚而死，一場叛亂到此煙消雲散。偏偏李璟為了討好趙匡胤，又忙著派遣右僕射嚴續前往揚州犒軍，這還不夠，嚴續前腳剛走，他後腳便又派蔣國公從益與馮延魯前往汴京朝貢，貢上金玉、鞍勒、兵器無數，趙匡胤自然一一笑納。

也就在這個時候，南唐重臣，前宰相馮延巳在家中病逝。至此「五鬼」已去其四，唯獨馮延魯沒有受到觸動，但也不像之前那麼得到重用了，加之貪戀權位的太傅宋齊丘也在九華山吊死，朝中奸佞幾為一清，韓熙載、江文蔚、常夢錫、嚴續、陳喬等一直被宋黨排擠在外的清正官僚得以重用，朝綱為之一振。馮延巳死後，李璟又想起被貶往饒州的鐘謨，恨他與

孫晟同使後周卻不能保全節氣，反而通敵賣國，遂遣使至饒州下詔賜死，問曰：「卿昔與孫晟使周，晟死而卿獨生還何也？」鍾謨自知不免，頓首伏罪，遂縊殺之，宣州副使張巒亦坐誅。鍾謨有女，因感於家禍，矢志不嫁，出為道姑，名守一，博通孔老書，尤善講說，端拱中，汴京建洞真宮，召其入觀主持，此是後話，略過不提。

再說趙匡胤即位後，李璟雖多次給他送去厚禮，可這一切並不能阻止他吞併南唐的決心，但因國事初立，四方不靖、百廢待興，趙匡胤無暇旁騖，眼下倒也相安無事。轉眼便又到了建隆二年正月，一直惴惴不安，但恐趙匡胤一時興發、攻滅江南的李璟卻又接到密報，得知宋朝在汴京南池操練水師，製造艨艟戰艦，又在江北迎鑾鎮演習水戰的消息，似有飲馬長江之勢，不覺驚慌失措，又把遷都洪州的議題擺了出來。

遷都乃是大事，此議一出，立即引起朝野譁然。右僕射嚴續、中書舍人陳喬、戶部侍郎韓熙載等人都不同意遷都洪州，唯獨給事中唐鎬站出來聲援李璟，即刻引起一番唇槍舌劍。雙方各執己見，互不相讓，叵耐李璟去意已決，聽不得任何不同的意見，遂命唐鎬先行前往洪州營造宮殿，並宣詔升洪州為南都，置南昌府。大家見多說無益，也只好作罷。二月，李璟正式立吳王從嘉為太子，留其在金陵監國，並命右僕射嚴續、樞密使殷崇義、中書舍人陳喬留作輔弼，監察御史張洎因嫻於文牘，也被留作記室，替從嘉掌管箋奏，自己則帶著鍾皇后率領滿朝文武，入鄱陽湖，取道贛江，一路迤邐，直奔洪州而去，並於同年三月抵達新都。

洪州雖被闢為都城，但其氣勢遠不能與虎踞龍蟠的金陵相提並論。那些安享尊榮慣了的大臣們滿以為新建宮苑必然是巍峨壯麗、金碧輝煌，誰知卻狹小湫隘，出入多有不便，未免思念起金陵，常有怨懟之言，傳入李璟耳中。李璟至此也頗後悔事行倉促，鑄成大錯，常常北望金陵黯然神傷。群臣一致抨擊唐鎬敷衍塞責，未將宮闕修好，就連李璟見了他也是怒

形於色。唐鎬本為逢迎李璟才站出來力排群議，贊成李璟遷都，沒想到最後卻落了滿身的不是，卻又有口難辯，遂至疽發於背而卒。唐鎬即逝，群臣又慫恿李璟遷回金陵，李璟也有意迴鑾，君臣一拍即合，遂下詔稱南昌僻在一隅，治國多有不便，國都仍應遷回金陵，先作好準備，俟夏初搬遷。

誰知搬遷工作尚未就緒，長年憂心積勞的李璟終因偶罹風寒病倒了，漸至飲食銳減，不能進膳，只能靠飲甘蔗漿維持生命，眼看著蹉跎至夏六月，已是瘦骨嶙峋、形銷骨立了。他亦自知無痊癒之望，遂預立遺囑，死葬洪都西山，累土數尺為墳，棺槨不必遷回金陵，僅僅過了數天，便駕崩於長春殿，享年四十六歲，只留下一句：「違吾言者非忠臣孝子」的遺言。

李璟崩逝的消息很快傳到金陵，留守的太子李從嘉怎麼也不敢相信年富力強的父皇就這麼去了，望著父親留給自己這滿目瘡痍的江南山水，還有那處於風雨飄搖之中的南唐社稷，不禁五內俱焚、悲慟欲絕。因不忍心將父親葬在偏安於一隅的洪州，他沒有遵從李璟死葬西山的遺詔，還是把靈柩迎回了金陵，先殯於萬壽殿，繼派大臣徐遊、馮謐前往汴京向宋太祖趙匡胤告哀，請求追復李璟的皇帝稱號，太祖許之，乃諡曰明道崇德文宣孝皇帝，廟號元宗，於次年正月以帝王禮下葬順陵。

國不可一日無君。李璟崩逝後次月，即北宋建隆二年七月二十九日，二十五歲的從嘉於金陵繼位，更名煜，字重光，以應日月之明、大地重光之兆。尊母后鍾氏為太后，因太后父名太章，故避諱，改號「聖尊后」。立妃娥皇為國后，徙封叔父信王景邊為江王，七弟鄧王從善為韓王、南都留守，八弟從益為鄧王，九弟從謙為吉王，十弟從信為文陽郡公，並以右僕射嚴續為司空平章事，韓熙載為吏部侍郎兼修國史，徐鉉為右散騎常侍，陳喬為翰林承旨學士兼樞密副使，其他官員也一律加官晉爵，自是一番新朝氣象。

就這樣，無意於政事的從嘉最終還是陰差陽錯地被推上了帝王之位，可偏偏就在他登基的第一天，卻給自己惹了個麻煩。原來，古代帝王在登基那天都要搞個大赦天下的儀式，即在宮門前豎一根七丈高的長桿，頂上立著一隻四尺高的木頭雕刻成的雞，頭部用黃金裝飾，口裡銜一根七尺長的絳紅色長條形旗幟，下面用彩色的盤子托著，再用絳紅色的繩子捆紮固定，然後宣讀赦令，這在儀式上叫做「金雞銜幡」。之所以要這麼做是因為古人以正旦為雞日，認為雞具有陽剛之氣，金雞一啼，麗日東昇，紅光普照，有著吉祥的寓意。而雞又有五德：頭上有冠為文德，足下有爪為武德，好勇鬥狠為勇德，呼同類進食為仁德，每日守夜報曉為信德，取其五德之意，更象徵國運昌隆、社稷長久。偏偏李煜出生那年的干支為丁酉，酉屬雞，「金雞銜幡」正好與其生肖吻合，吏部侍郎韓熙載認為南唐雖已淪為北宋附庸，但畢竟還擁有江南十數州的統治權，新國主登基這樣的大事自然不能敷衍了事，於是提出登基典禮應依古議，需在宮門城樓前豎立「金雞銜幡」的大紅旗桿，並詔告天下。哪知這一番自娛自樂，卻引起宋太祖趙匡胤的震怒，立即把南唐安置在汴京的進奏使陸昭符叫到宮中，先是劈頭蓋臉地將其臭罵一頓，然後又就李煜譖用天子之禮要求立即給個說法。陸昭符也算機靈，連忙辯解說南唐是中原的附屬國，國主繼位，在自己境內做做樣子，怎麼敢用「金雞銜幡」的禮儀？他們搞的那一齣只不過是「怪鳥銜幡」罷了！趙匡胤明知陸昭符狡辯，但聽他這麼一說，心裡的氣倒也消了大半，立即大笑著說既然如此，那就不再追究這隻怪鳥了！雖是虛驚一場，但消息傳至金陵，也著實讓李煜惶恐了很長一段時間，並立即遣中書侍郎馮延魯使宋，上《即位上宋太祖表》，說明自己根本就不是做國主的料，也沒有做國主的心，做了國主之後，也會堅定地沿著父親李璟事奉宋朝的路線走下去，並且發誓說：「若日稍易初心，輒萌異志，豈獨不遵於祖禰，實當受譴於神明。」

誰知一波未平，一波又起。馮延魯剛從汴京出使回來，趙匡胤就派樞密承旨王文前往金陵賀李煜襲位。李煜見是宋朝天子派來的使臣，自然不敢怠慢，虔誠接待，不料一時疏忽，竟引起宋朝使臣的強烈不滿。原來李煜在平日上朝時都身穿黃色龍袍，按照成規，只有真龍天子才能著黃色，南唐既已成為宋朝藩臣，李煜自然不能與趙匡胤比肩，因此在接見宋朝使臣時便改穿紫色龍袍，以示退就藩臣之位。王文來賀襲位那日，李煜正穿著黃色龍袍，聽說朝廷派使臣來賀，趕忙趨至大殿迎見，卻不意忙中出亂，忘了更換紫袍，及至走到殿角才在侍從劉澄的提醒下發覺，又趕緊踅回去換上紫袍，但這一切卻早已落入了王文眼中。當下王文也未說破，回到汴京後便一五一十地上奏給了趙匡胤。趙匡胤對李煜陽奉陰違的作風自是恨得直咬牙，但因其母杜太后稍後崩逝於滋德殿，全國舉哀，不便發作，就將此事暫時丟開不提。

杜太后薨逝雖使李煜躲過一劫，但李煜卻不敢馬虎，為保住南唐江山，他很快就派出韓熙載及太府卿田霖攜帶重禮前往汴京弔喪。趙匡胤對李煜的恭順自然無話可說，但對他身著黃袍的事仍然耿耿於懷，對南唐使臣自然也就不會給什麼好臉色看，並賜詔答之，將韓熙載一干人遣還金陵。至此，北宋一改過去與李璟往來時皆採用書信溝通的方式，對南唐始降詔而不名，無形之中又將李煜的政治等級降了一階。

看著趙匡胤的詔書，李煜心中充滿悲悽，卻又無從傾訴。趙匡胤在後周當大將時就令南唐將領聞風喪膽，現在他又當上了中原的皇帝，憑南唐日益衰弱的國力，他又拿什麼本錢去跟趙匡胤爭待遇呢？不但不能爭，他還得繼續奴顏婢膝地向宋朝進貢大量財富，在與宋朝的交往中處處陪著小心，努力讓趙匡胤打消對自己的戒備，發展到最後，只要北宋派遣大臣出使江南，他就會讓侍衛將宮中屋脊兩頭裝飾的象徵皇權的「鴟吻」先行拆去，等使者走了再把它們裝上去，可謂用心良苦。

然而，即使這樣，趙匡胤兩隻眼睛還是瞪得大大地瞄著南唐，時時盤算著將其一舉殲滅。就這樣，李煜在患得患失中熬過了建隆二年，幾乎沒有一天不是在焦慮擔憂中度過的，唯一讓他開心的便是這一年裡，娥皇又為他生下一個白白胖胖的兒子。他為這個可愛的兒子取名仲宣，但仲宣的降生卻沒能讓他忘卻臥榻之旁虎視眈眈的大宋，更無法消散籠罩在他心頭的陰霾，在大宋霸權的持續高壓政策壓迫之下，以往優柔寡斷的他逐漸變得喜怒無常。

為了保住政權，李煜不斷採取花錢買平安的「金錢公關」策略，只要聽到宋朝打了勝仗或是有什麼其他喜慶的事，一定會遣使送禮慰勞。自然，每次打點都是一筆不小的開支，在鉅額進貢面前，南唐國庫的家底很快就被掏了個底朝天，為彌補財政赤字、節約開支，李煜採用了韓熙載的建議，鑄造較便宜的鐵錢以代替銅錢的流通，結果又導致物價飛漲。最後，迫不得已之下，他不得不巧立名目，進一步擴大稅收來源，居然到了連鵝生雙黃蛋、柳樹開花都要交稅的地步。

建隆三年三月，他又派遣使臣帶著大量稀世珍寶前往汴京進貢，承受不了鉅額稅收負擔的老百姓一片怨聲載道。他本非無情之人，也不是不知道百姓的疾苦，可他沒辦法，除了增加稅收，他還能拿什麼去支撐給宋朝的進貢？如果不給宋朝進貢，誰又能保證趙匡胤不會立即派兵渡江，將他擄至汴梁？

他不想做亡國君主，不想把父親交到自己手裡的江山輕易丟棄，也不希望大唐的子民像江北的百姓一樣淪為中原的囚徒。他還記得顯德五年初，柴榮攻下拚死抵抗的楚州後下令屠城的人間慘劇，一萬多手無寸鐵的軍民頃刻之間便化為烏有，至今想來還令人心有餘悸，一旦金陵有失，又有誰能保證江南百姓不會遭受荼毒？

李煜的苦，只有娥皇最懂。身為他的妻，他所承受的一切痛楚，她都

瞭然於心。斜倚窗下,她深深淺淺地嘆,眉頭輕輕蹙起。其實她這個國后心裡的苦並不比於日理萬機的從嘉少,自打次子仲宣出世以來,整天愁眉苦臉的他不是捧著一堆奏章大發一通無名之火,就是躲到書堆裡唉聲嘆氣,甚至連跟她單獨相處的機會都愈來愈少,更別提對兒子盡到一個父親的職責了。

她不怪他。他本不是當帝王的料,卻陰差陽錯地被推上歷史的高台,本就是趕鴨子上架,又豈能指望他在政治上有所建樹?更何況,先帝李璟留給他的是一個處於風雨飄搖之中朝不保夕的小王朝,面對這麼個爛攤子,他唯一能做的不就是竭盡全力保住南唐的半壁江山嗎?他才二十六歲,可鬢角卻已生出了白髮,她看在眼裡,疼在心裡,如果這時候他還只是從前那個無憂無慮的鄭王該有多好,要是那樣,他不就可以實現和她攜手江湖,做一對神仙眷侶的願望了嗎?

她搖搖頭。一切都回不去了。這就是他的命,也是她的命。然而,她該怎樣做才能讓他快活起來?隔著珠簾望向靜坐書案下的他,在心裡輕輕唸起他的名,惆悵瞬間填滿她整顆芳心。從嘉啊從嘉,還記得那年瓊華飛雪,月華初照,你與我瘦西湖畔憑欄飲酒醉花樓的往事嗎?

那時的他豐姿俊貌、談笑風生,一壺濁酒、一闋新詞,便激起她心中繾綣萬千;而如今,衣袖翻飛處,霓裳與舊詞宛若滿院梨花般飄輕舞飛揚,卻怎麼也無法惹他眼底笑意縱橫。他陷入了深深的悲愴之中無法自拔,從此後,她與他雖不再是曾經的形單影隻,不再望斷大江淚眼鎖秋痕,然而,秦淮水畔、柳岸深處,卻也依稀可以見到她舊日的孤影憐花容、蹙望連理枝。

怎麼會?為什麼近在咫尺,輕挽珠簾,她卻有瞭望月離殤的惆悵?為什麼有了梨樹下折花回首見的親暱,卻仍舊走不出月下懷春的悲切?輕輕,推開臨水的軒窗,望一湖痴水繾綣,她躲在寂寞深閨的離花月影裡,悄然追

憶他當年的一襲白衣，還有他手中的桃紅摺扇，未想，盼來的卻是他一縷愁眉一綹白髮。

燈花還是昨日的燈花，連綿的雨水過濾了白鷺洲上空的所有塵埃，心情卻不再復當年的明媚。一味留戀明月流波的清歡，她悵坐青苔叢生的湖邊，任青絲凌亂蹙眉的相思，於霧靄層層裡讓紅燭緩緩流下琥珀朱淚，更於孤寂徬徨中讓流蘇默默飲泣東風愁緒，自是悲不能禁。

她不怨他。可她就是這樣無可救藥地陷入了深深的悲愴之中。她能夠忍受他對自己的冷漠，可卻無法面對兩個孩子期待父愛的悲戚眼神。仲寓和仲宣都還那麼小，他們只知道承歡父母膝下，博得父母寵愛，可這些日子，從嘉卻忽略了他們的存在，這怎能不叫她傷心難過？她是孩子們的母親，她不希望孩子們在戰爭的陰影下度過一個不快樂的童年，所以她必須想方設法讓從嘉快樂起來，因為只有從嘉開心了，孩子們才會重新獲得他的疼愛，她那顆一直懸著的心也才能放下來。

時光轉，卻轉不去他眉上心尖的憂傷。她望向他深深地嘆，波光瀲灩的秦淮水，在無言的漠視下，也終會在煎熬中苦成魄、凝成魂，更何況是血肉之軀的他。在這寂寥的夜晚，孤獨無依的他一縷哀怨的眼神便又傷了她幽幽的魂，在他淺淺淡淡的眸光裡，她唯有輕舞長袖，隨清風乍現，隨清風泯滅，湧出哀傷，潮出心血。

然而，到底該怎麼辦才好？她想盡辦法討他歡心，只為博他一歡。她抱起婚後不久，李璟親手賞賜給她的燒槽琵琶，在他哀怨的眼神裡淺吟低唱；她領著流珠等宮人嬪御在後花園為黯然神傷的他跳起流傳於宮外的民間舞蹈。為博他一笑，她精心設計了「高髻纖裳」和「首翹鬢朵」的服飾和髮型，雲髻高挽，鬢角蓬鬆微翹，細腰窄袖的緊身裙更是勾勒出她欣長嫋娜的曼妙身姿，當那「纖穠挺秀」、「高髻臨風」的身影在宮中飄忽而過之際，望上去猶如天女下凡、美不勝收。

第 4 卷　情生意動

　　她想不到的是，自己為他所創的各種靚麗冶豔的妝容竟然會在宮裡迅速流行起來，引起妃嬪宮人們的爭相仿效，更沒想到的是，最後這些服飾髮飾還傳出宮外，傾動京師，使她成為南唐仕女最為時尚的著裝風向標。當然，她這一切的舉措自然也吸引了那個日漸將她冷落的從嘉注視的目光。

　　她是冰雪聰慧的女子。她知道，僅憑傾城的姿色和驚豔的妝容並不能讓他徹底擺脫心中的憂悶，於是，她又拉著流珠一起陪他玩擲骰子，陪他下棋，並首創「葉子格」遊戲，也就是我們今天玩的撲克牌，從早到晚、不知疲倦地陪著他解悶，一任明月、梨花打漏她的雙眸，一任深沉的秦淮夜為她覆上幽冥的玄裳，一任青溪水沉落她的軀殼，終是無怨無悔。

　　他不是鐵石做就的心腸，她點點滴滴的好，他都謹記在心。他真的很想給她一片明媚的天空，很想給她一個可以倚靠的強壯臂膀，可是他沒有。除了這半壁殘破的江山，他還能拿什麼給她？儘管他卑躬屈膝，喪盡帝王顏面，可大江之北的趙匡胤還是在汴京虎視眈眈地盯著他手裡的半壁江山。這個時候，又叫他如何發自內腑地高興起來？可他知道，他不能辜負她這片如水柔情，唯有強打起精神，在她面前強顏歡笑，不讓她看到自己心裡的斑斑血跡，於是，他又開始吟詩作賦，又開始在她面前鋪開紙硯，捏起衣襟蘸上濃墨，在宣紙上寫下字字珠玉的新詞，只為撫慰她那顆亦已破碎的心：

　　尋春須是先春早，看花莫待花枝老。縹色玉柔擎，醅浮盞面清。
　　何妨頻笑粲，禁苑春歸晚。同醉與閒平，詩隨羯鼓成。

──李煜《子夜歌》

　　他寫《子夜歌》，在她同樣的強顏歡笑裡，和著心裡顆顆珠淚，在暮春的日子裡寫下無盡的歡樂。

「尋春須是先春早，看花莫待花枝老。」他緊緊拽著她纖若柔荑的手，在禁苑中觀花飲酒，歡聲笑語，過著看似閒適的歡娛生活，其實又有誰知道他微笑的眉宇之下卻深藏著一顆悲愴的心？他想起了杜秋娘，那是個富有傳奇色彩的女子，本是鎮海節度使李錡的妾，卻陰差陽錯地成為唐憲宗最寵愛的妃，在長安宮中享盡榮華富貴後，最後仍然不免流落宮外、凍死街頭。杜秋娘是金陵人，生在金陵，死在金陵，而他，和她一樣，也生在這金陵城中，可是，他最後也會像她一樣得以死葬金陵嗎？

杜秋娘自有其不幸，但也有著不幸中的萬幸。她為博李錡一笑，小小年紀就寫下麗絕天下的詩文《金縷衣》，那首五言絕句他至今都還記得，每每憶起，猶在耳畔。

勸君莫惜金縷衣，

勸君惜取少年時。

花開堪折直須折，

莫待無花空折枝。

── 唐　杜秋娘《金縷衣》

「花開堪折直須折，莫待無花空折枝。」他輕輕念著這兩句詩，望向這滿苑行將凋敗的春花，心裡的惆悵卻變得越加深濃，於是，一句「尋春須是先春早，看花莫待花枝老」的詞句便在宣紙的一角脫穎而出。要想尋春踏青，領略春天的無限風光，自然應趁著早春二月盡情享受；要想觀賞競相綻放的群芳，自然不能等到花老枝上，否則就要像自己一樣，只能面對這滿目殘紅暗自心驚，默然傷春。

其實，國事又何嘗不是如此？如果父親李璟不聽從宋齊丘和「五鬼」陳覺、馮延巳等人的慫恿，不與鄰國輕啟戰釁，儲存實力，又怎會讓中原有機會凌駕其上？俱往矣，現在再想這些又有何用？花老了，終有凋謝的

一天,南唐的春天也隨著江北之地淪喪殆盡過早地收場,又哪裡去尋那二月花正好的早春?

「縹色玉柔擎,醅浮盞面清。」她和流珠一次又一次地舉杯相勸,那淺青色的絲織衣袖在他眼前飄飛嫋娜,潔白如玉的纖手頓時醉了他的柔腸,只好就著她們舉起的酒杯,一次又一次大口大口地喝下那滿斟的醇濃老酒。一個「擎」字寫出了她的含情脈脈,展現了她嫵媚的神態美,他無法抗拒她的美意,只能一再以酒縱情,裝出一副歡樂怡然的模樣,卻終是自欺欺人,也挽不回她曾經的肆意歡笑。

「何妨頻笑粲,禁苑春歸晚。」他知道,她是這世上最好的妻。他不願傷了她的心斷了她的腸,既如此,又何妨在她面前頻笑粲然,給她一個溫暖的記憶?他愛她,他不願看她一絲的不快,所以強忍住內心的悲痛,在她面前連連放聲大笑。

禁苑的春天也似乎通了人意,觸目所及的居然不是剛剛看到的滿目殘紅,忽地沒來由地就多了很多叫得出名叫不出名的紅花綠草,一再在她隨風飄飛的裙裾下輕舞飛揚。這是一幅多麼雋美的圖畫!玉人,美酒,名花,異草,還有她指下悠然四起的琵琶聲以及流珠輕倩的舞姿,都在他醉了的眸光裡重重疊疊起,不由得他不稱嘆起這禁苑的春天就是比別的地方歸去得晚啊!

「同醉與閒平,詩隨羯鼓成。」他和她,一起醉酒,一起觀景,一起隨意評說議論著流珠曼妙的舞姿,和這滿園的大好春光。一個「同」字,說明他和她都已經喝得酣暢痛快,個個都是一醉方休;而一個「閒」字卻又體現出他們內心暫時的安然恬適,具體地展示出醉意朦朧中高談闊論的散淡神情。

遠處,侍從劉澄歡快地擊起了羯鼓,而他手邊的新詞也隨著鼓聲的響

起一揮而就。他望向她紅了的面龐，痴痴傻傻地笑，搖晃著手臂，伸手朝案邊的新詞輕輕一點，喚她過來共賞。

她緊緊偎在他懷裡，一遍一遍唸他新填的詞，卻說不清這詞裡洋溢的究竟是無聲的歡快，還是滿紙的惆悵。他真的快樂了嗎？她不知道。她瞪大眼睛，緊緊盯著他那雙朦朧醉眼，尚未開口，卻已是潸然淚下。無論如何，醉了總比清醒了的好，或許在夢裡，他那雙緊緊蹙起的眉就不會再染著無盡憂鬱了吧？

心聲淚痕

雲鬢裁新綠，霞衣曳曉紅。待歌凝立翠筵中，一朵彩云何事下巫峰。

趁拍鸞飛鏡，轉身燕颺空。莫翻紅袖過簾櫳，怕被楊花勾引嫁東風。

——李煜《南歌子》

晚霞攜著花香漫過繚繞的炊煙，輕輕緩緩地落到水的那一邊，終在她凝望的眸中瘦成一彎新月，亦真亦幻地懸掛於柳之梢頭，眼看著又一個冷寂的夜即將拉開盛大的帷幕。喧鬧的白晝無精打采地，在她眼底停止了並不匆促的腳步，於月光下漫無目的地遊蕩，整個世界只剩下一片空洞的晴明。目光穿過遙遠的淒涼，踏碎一地的溫柔，在這寂靜的夜晚，她把嘆息揉進銅鏡裝入妝盒，和著滿腹的憂鬱在筆下譜成一曲不悔的音律，於微風中輕舞飛揚，只想贈他一簾歡喜。

夜色朦朧，琴聲飄緲，憂傷卻是無邊。是誰在月下孤單地徘徊，把落寞的身影拉得纖長？又是誰在揚手間拂落眉間的憂傷，把飛舞的霓裳綴成點點星光？他睡意朦朧，微微睜開疲倦的雙眼，望著她輕蹙的眉頭深深淺

淺地嘆息,卻原來夜曉天明,只不過是又一個簡單寂寞的輪迴罷了。

在輪迴裡感受昨日的餘溫,那些早已遠去了的物是人非,不斷在他心頭洶湧澎湃,瞬間便激盪起一堆又一堆的浪花。那潮起潮落的訇聲在他聽來就像是一支曠古的傷感曲調,細細揣摩,更令他心生淒涼,不知所以,直至夜深人靜時,才黯然發現,哀傷未能遣去,又一個心疼著的日夜再次在他回憶的指縫間倏然流逝。

總是不忍將往事驚醒,情願追隨歲月深情的目光,守候一季又一季的花香,守候深藏在眉間眼角的心事,守候糾纏牽絆的情節,然後和著幽怨的琴聲,看她在月下輕舞水袖,只與寂寞訴說憂傷。也想不為誰終日淚流到天明,怕只怕孤枕難眠時,思念倏忽停止,寂寞的夜裡,只剩下自己守在雕花窗下舔舐那些深不見底的憂傷,想要故作堅強卻又無能為力。

他的痛,她看在眼裡,疼在心裡,於是起身,輕輕拉開窗幔,推開軒窗,讓窗外滿天星輝在他傷感的眸光裡閃耀成一池碧水,只盼著昔日的歡喜能夠換來他今日的無憂。在她深切的期盼中,一輪如水的明月,頓時澆醒他朦朧睡意,驀然間,空曠的身體忽地感到充沛了許多,一股無形的力量由心而發,驅除著那些深不見底的憂傷,彷若蜻蜓點水般,卻不失刻意的溫暖與感動。

如洗的月光在窗前輕輕地蕩漾,她為他斟一杯盈滿眷戀的香茗,陪他在月下聽清風悠悠地吟唱,聽琴聲幽幽地瀰漫,任所有的悲傷與心痛都藏在瘦長的指尖,卻不肯為他撥弄琵琶的憂傷。夜深,露濃,窗外的天空顯得很高,很遠,她的心思也跟著那幕遙遠的幽藍變得愈來愈重,卻不知道該如何才能徹底剔去心尖的沉重與悲慟。微噪的風,不安分地繚繞著月的沉靜,那些纖細的柳枝,恰似微醉的新娘,羞澀地對月起舞,節奏忽緩忽急,美麗的倩影剎那騰挪,驚起夜宿枝頭的鳥兒,一陣清脆的啼鳴,便在不羈中喚醒了寂靜的夜晚,吵醒了嬌睡的花兒,也撐開了他眉間的蹙起。

月嬋娟，花嬋娟，人嬋娟，窗外的一切都令他心曠神怡。放眼望去，素月籠紗，溫婉清芬，所有的娉婷與柔軟都掩映在了曠古難尋的一簾杏花疏雨中。在她溫暖的目光裡，他踩著一地的星光，披一襲明月，漫步在曾經熟悉的湖堤上，沿著欄杆邊一隙草徑，踏碎一地斑駁樹影，心裡有暖暖的感動輕輕地流過。微風拂過，春水在寧靜的夜色中徐徐流動，恰似她一曲清雅的琴音，在他心頭輕輕蕩漾，一種久違了的爽快與釋然，頓時都隨著那粼粼的清波釋放融合在這輕柔的月色之中，任嘴角揚起的微笑換了他眉間的皺起。

他高興，她便高興。他釋然，她便釋然。在這迷人的春夜，月光如水般清純，微帶著一絲涼意，輕輕沁入她依然憂鬱悲傷著的心田。抬頭，空中一輪皓月，嵌在淡淡的光暈之中，被輕薄如絹的雲朵簇擁著，緩緩挪動著輕盈的腳步，映照在水面上，柔和清朗，若一汪清泉般澄澈可愛；低頭，那婆娑的柳絲，那彎彎的小橋，還有那碧玉似的滿月，都倒映在一湖碧水中隨風起皺，皓皓瞪瞪，月光如水，水如中天，一切的一切都顯得那麼美麗而又和諧。

可是，這樣的月光，花般妖嬈，水般潤澤，玉般玲瓏，她和他又能獨享幾時？繁重的進貢已讓南唐財政處於入不敷出的窘境，長此以往，從嘉又該拿什麼去填補這個漏洞？難道除了不斷增加老百姓的賦稅，就再也找不到更好的解決之道了？

她知道，為了改鑄鐵錢的事，宰相嚴續和吏部侍郎韓熙載因意見相佐，已經鬧得不可開交，辭色俱厲、聲震殿廷，甚至引起群臣紛爭，也讓面對北宋巨大壓力的從嘉更加頭痛。韓熙載的願望是好的，但終究是文人心性，想用便宜的鐵錢代替昂貴的銅錢，以改觀南唐日益捉襟見肘的財政困境，其實只是一廂情願的想法，如果不停止給北宋源源不斷送去的大宗進貢，問題的癥結就不可能得到解決。這一點，從嘉不是不明白，可如今

第 4 卷　情生意動

　　南唐政權已是江河日下，一旦停止進貢，會引起什麼連鎖反應，恐怕朝中眾臣大家也是心知肚明的吧？從嘉的苦悶，她一一看在眼裡，可她又能奈之若何？

　　韓熙載是名重一時的大臣，深得從嘉敬重。可嚴續畢竟是當朝宰相，又是從嘉的親姑父，所以從嘉不得不以其失禮作為藉口，改授韓熙載為祕書監。娥皇明白，從嘉這麼做並非出自本意，可不這麼做，一方面難以向嚴續那樣的老臣交待，一方面更難以阻止韓熙載一再在改鑄鐵錢這樣起不到任何作用的事情上糾纏，所以，他縱是有一萬個不情願，也不得不那麼做了。

　　她知道，他近來的憂鬱愁悶，有一半是為了貶降韓熙載職位的事；也知道，身為弱國君主，這樣的煩惱也許並不會隨著時間的推移有所改變。以後的以後，在這眼花撩亂的紅塵世中，恐怕她和他再難找到今夜裡這一份心靈的安寧，也再難擁有一片屬於自己心靈的淨土。在這月光如水的夜裡，這遍灑的月光，就像一把透明的梳子，在緩緩地梳理著她和他心海深處每一份紛亂糾葛的思緒，然而，究竟該如何做，她才能徹底撫慰他那顆受傷的心？

　　落滿埃塵的心事，隨著被靜謐拉長了音律的夜曲，在她眉間揮落下一道道明明滅滅的憂傷。千百次的回眸，總是溢滿情深不悔的相思，而當舒緩的旋律灑滿內宮所有亭臺樓閣的角落之際，她長袖翩翩舞起的卻依然是難以排遣的寂寞與難以掩蓋的滄桑。而今，她已經貴為國后，卻還是素衣清顏地在岸邊痴痴守望著他的明媚，只想為他撒下漫天的馨香，用她的柔軟與美麗，溫暖他那顆日漸支離破碎的心，只是，她的付出，真的可以讓他變成從前那個無憂無慮的從嘉嗎？

　　或許，此生她還未曾看破紅塵，所以無法讓自己超脫於事外。國事舉步維艱，即便從嘉負有不可推卸的責任，作為國后，她亦無法讓自己蛻變

成一個只知道貪圖享樂的深宮女子。那些深深的依戀，依然在夜色下的花叢中翩翩起舞，隔著前世的憶念，爭先恐後地朝她遙遙招手，而她卻在他深情的凝望中抖落下所有的纖塵，將自己醉成一抹月下的輕影，輕輕融入他浮光掠影的重瞳，直至日上三竿，才又緩緩走進他新賦的詞曲裡，任溫柔墜落，任淚眼迷離，卻還是逃不出內心積澱已久的孤單徬徨。

雲鬢裁新綠，霞衣曳曉紅。待歌凝立翠筵中，一朵彩云何事下巫峰。

趁拍鸞飛鏡，轉身燕颺空。莫翻紅袖過簾櫳，怕被楊花勾引嫁東風。

——李煜《南歌子》

「雲鬢裁新綠，霞衣曳曉紅。」月下，是誰的身影在他的筆下輕舞霓裳，觸動著她的憂傷？是誰把雲鬢裁成新綠披在她的身上，讓畫中的仙子呼之欲出？是誰的霞衣在拂曉的晨光裡嫵媚生姿，一不小心便沉醉了他的眸？又是誰把滿腔幽怨舞落成殤，點點滴滴都成他心頭的傷？

「待歌凝立翠筵中，一朵彩云何事下巫峰。」她一動也不動地端立在青綠色的竹蓆上，顧盼生姿，嫋娜飄逸，美得無處可藏。但見她，朱唇輕啟，笑靨微露，欲唱未唱，只待聽流珠指間撥動的琵琶弦起，便要為他豔歌一曲，排遣他心中萬千愁悶。在他眼裡，她依然驚豔，依然嬌媚，依然美得不可方物，恍惚中，竟疑她是化作彩雲的巫山神女飛臨金陵，卻不知道究是為了何事下得巫峰。莫非是為仰慕他出眾的儀容，亦要讓他與之夢中繾綣？

是啊，在他心裡，她是他的神女，她是他的洛神，亦是他的湘妃。只是這樣美豔風流的女子，真的會是他李從嘉的妻嗎？是的，他望向他淺淺淡淡地笑，她是娥皇，是他的國后，這是誰也更改不了的事實。今生今世，能與這樣驚若天人的女子纏綿一生，他還有什麼理由每天都在愁眉苦臉、唉聲嘆氣中度過？

「趁拍鸞飛鏡，轉身燕颺空。」彈一曲琴箏，舞一曲絕響，烙在心頭的記憶，便又穿過旖旎的月光尋她而來。她無法抹去那些忽明忽暗的記憶，更無處可避，只能迎風而立，任由思緒隨著悠揚的旋律緩緩遊蕩在他的天空裡。花清冷，形影瘦，捧一泓秋水，她對風起舞，淺淺的清愁，剎那間都化作縷縷的沉香，那輕舞飛揚的身影，令他沉醉，更令他幾度入夢。

落花無痕，徒留馨香，在這暮春略顯蕭瑟的季節裡，她一任孤寂的身影在他憂鬱的眉間翩躚起舞，蕩去塵埃，舞盡惆悵。驀然回首，才發現，闌珊處，無憂的童真和青澀的純情都不復存在，早已遺失在他不經意間的俯首蹙眉裡，以後的以後，她還能給他些什麼？原來，記憶也為他們拼湊了一場歲月的盛宴，一場殘缺而又來不及補救的盛宴，但在這徬徨的日子裡，一切的心痛都依然無法阻止她曼妙的舞姿和繞梁的歌聲，罷了，今朝有酒今朝醉，縱使國破山河碎，她也要給他一片朗朗的晴空！

他望向她，盡量給她一個甜美怡人的笑容。儘管國事蕭條、江河日下，但他不能辜負她一片美意。她的歌聲襯著節拍破喉而出，施施然如同對鏡高歌的鸞鳥；她的舞姿輕盈曼妙，如同燕子突然飛空時的輕快乾脆。這一切，都令他無法不沉醉其間，也讓他得以在愁苦的心緒中享受到了片刻的寧靜。

「鸞飛鏡」，即指「鸞鏡」，據南朝宋範泰《鸞鳥詩》序中記載：「昔罽賓王結罝峻祁之山，獲一鸞鳥，王甚愛之，欲其鳴而不致也。乃飾以金樊，饗以珍羞。對之逾戚，三年不鳴。夫人曰：『聞鳥見其類而後鳴，何不懸鏡以映之？』王從言。鸞睹影感契，慨焉悲鳴，哀響中霄，一奮而絕。」後世人便用「鸞鏡」指化妝時用的鏡子。從嘉將這個典故引入，自然是用來形容娥皇美妙動聽的歌喉無人能及。而後一句「轉身燕颺空」則寫出了娥皇舞姿的輕盈流轉。

「莫翻紅袖過簾櫳，怕被楊花勾引嫁東風。」她身披霞衣，隨著流珠指

間絃動的琵琶流瀉的怡人節奏翻轉騰挪,那窈窕輕盈的身姿卻令遠遠觀看的他不由得心生擔憂,生怕她一個不小心就翻出窗外,被那楊花勾引得嫁給東風。

　　只是,過了今日,誰又會在翠筵下孤獨地起舞,一任風過,衣袂飄飄,輕舞飛揚?他痴痴地望向她,夢遊一般,輕盈嬝娜,任靈魂在她微蹙的眉間緩緩遊走。花隨風動,柳絮翻飛,不知明夜的月亮可否寄託他對她深深的思念和淡淡的哀愁,任他在她的夢中翩然起舞。凝眸,瑟瑟的湖面在他眼前縮成了一輪空曠的明月,高傲而清冷地行走於深邃的藍天,輕煙與浮雲,亦蜿蜒成細絲般的憂鬱皺紋,他不禁喃喃問著自己,夢已醉,是否還能醒來?

第5卷　情海生波

# 第 5 卷
情海生波

第 5 卷　情海生波

蓮舞留春

紅日已高三丈透，金爐次第添香獸，紅錦地衣隨步皺。

佳人舞點金釵溜，酒惡時拈花蕊嗅，別殿遙聞簫鼓奏。

—— 李煜《浣溪紗》

他喜歡上了那個叫做窅娘的女子。

是她把那個嗜舞如命的女子帶進宮中，帶進他的世界。

他是她的夫，亦是她的國主。君臨天下，萬人之上，卻獨愛她一人，這與他的身分有著天壤之別。或許，再為他納幾個妃，讓他日夜都在花叢下穿梭，他便不會再整天皺著眉頭，悶悶不樂了吧？

西元 963 年，北宋乾德元年初，湖南發生叛亂，趙匡胤藉口平叛，取道荊南南下，三月，兵行未至潭州，卻突然殺了個回馬槍，將一向恭順大宋的荊南朝廷一舉滅亡。消息傳到金陵，李煜著實驚出了一身冷汗。而偏偏就在這個時候，位於贛江中游的廬陵郡卻又因為南唐朝廷對百姓的壓榨剝削暴發了由吳先領導的農民起義，一時間鬧得天下雞犬不寧，真是內有憂，外有患，禍不單行。

前一年，為了滿足趙匡胤好大喜功的慾望，李煜分別於三月、六月、十一月分三次派出使臣帶著大量財物前往汴京進貢，由此造成國庫空虛、物價飛漲，朝廷也不得不加緊了對老百姓的盤榨。她雖然知道從嘉這一系列的政命系出無奈，可是這些又有誰會理解？老百姓的要求其實並不多，他們只想在朝廷的統治下過著安居樂業的生活，可從嘉一再加徵賦稅的政策卻使他們身上背負的擔子一日重於一日，終於迫使他們拿起武器保護起了自身權益，與朝廷形成對立的局面，然這一切又能怪得了誰呢？

她明白，老百姓心裡恨的人是她深愛的從嘉。若不是被逼到沒法生存

的地步，那些善良的老百姓是不會拿起刀槍，站起來與朝廷對抗的，可面對咄咄逼人、隨時要將南唐吞併的大宋皇朝，從嘉又能怎麼辦？他只能花錢買平安，只能一而再、再而三地將人民的血汗錢送給趙匡胤，甚至在北宋滅掉荊南之際，為表示南唐對宋朝的忠心，還得繼續用從老百姓那裡盤剝來的錢再次給大宋的軍隊送去犒銀。他這麼做不都是為了換取南唐百姓生活的安逸嗎？

可是事實上，百姓的日子卻過得越加艱難，這自然與他的初衷相悖。從他蹙起的眉頭裡，她看出他在為那些無辜的老百姓心痛，可他真的是沒有辦法！除了不斷給大宋送去孝敬的禮儀，他真的沒法保得了南唐一境的平安，為了祖宗留下的江山，為了老百姓不至於淪為亡國之奴，他唯一能做的就是硬下心腸，強徵暴斂，以換取他想要的和平。

她不想對從嘉的政令提出任何個人的見解。因為她深知國事並非一個深居內宮的女子所能理解所能干涉的，面對他的鬱鬱寡歡和日益加重的煩悶，她只能在心裡默默替他祈禱，替南唐江山祈禱，替那些處在水深火熱中的老百姓們祈禱。

他已經很久沒有笑了。哪怕是在聽她用燒槽琵琶彈奏新樂之際，他也總是愁眉不展、沉默寡言。儘管吳先的起義很快被朝廷派出的軍隊平叛，但他心裡的隱憂卻還是在他滿面的愁容下無一遺漏地映入她如水的眸裡。該怎麼才能讓他快活起來？或許只有那個叫做窅娘的女子能代她撫平他心中的創傷了！

窅娘本是宮外的女子，因為擅舞被選入教坊司，日夕苦練，只為有遭一日能為她心儀的國主國后獻舞一曲。然而身處多事之秋的從嘉面對內憂外患，已然沒了興致流連於樂舞聲色，她也無緣得以參見天顏。一個偶然的機會，她曼妙的舞姿還是被國后娥皇窺見，從此，在那個曾經被她視若天人的國后引薦下，她終是走進他的世界，成為除娥皇之外，被他喜歡的

為數不多的女子之一。

他喜歡她，卻不愛她。他喜歡看她舞盡霓裳，卻從不與之談笑風生。怎麼會？都說他是天下最痴情的男子，為什麼卻對嬌如百花的她視而不見？難道真像流珠所說，他的心裡只放得下國后一人？

起初，她接近他，只為遵從國后的命令，亦希望藉機成為他心儀的妃，然而他的冷漠和眉間那股深沉的憂鬱卻讓她毫沒來由地喜歡上了他、愛上了他。這是真的嗎？她真的愛上了那個名喚從嘉，謙謙如玉的男子？

她驚喜連連，卻又心生忐忑。是的，她愛上了他，愛得心甘情願，愛得深入骨髓，愛得無藥可救。因為愛他，她只能將疼痛深深埋葬心底，只能將一切的委屈與艱難都和淚嚥下，在無數的暗夜裡，獨自舔舐那些明明滅滅的傷口。

夜，降下帷幔，月，升起來了。在燭光搖曳的寢室裡，她拚了命地笑給他看，嫵媚地笑，嫣然地笑，燦爛地笑，沉靜地笑；在金碧輝煌的宮殿裡，亦是竭力舞出最美的舞姿，彷若西風下靜靜展開的蓮花，繾綣翩躚。然而，所有付出的努力卻仍未激起他心底一絲一毫的漣漪。

從此，她淡出了他的視線。她在教坊司內繼續苦練舞技，只望她的努力終會換來他怡人的回眸。她舞袖，她盤旋，她輕歌，她跳躍，一日又一日，一夜又一夜。只是，她深愛的國主何時才能將對國后的一片深情分出一點一滴給她這苦命的女子？

從小，她就在鄰人無盡的白眼中，和相依為命的母親度過一個又一個悽清冷寂的夜晚，受盡欺凌侮辱，也就從那個時候起，她就暗暗立誓，長大了一定要讓母親過上好日子，從此擺脫那無休無止的痛苦徬徨。因為生就雙目深凹而顧盼有情，別人都在背後指指點點，說她是母親和波斯來的商人通姦所生，她也一直帶著這烙印般的恥辱在世人的詬罵中忍辱偷生，

蓮舞留春

直到母親含怨去世，直到她流落街頭，輾轉進入聲色場所，跟著舞伎們學起跳舞的本領。

她的舞跳得極好。金陵世家子弟但凡看過她舞蹈的，無不沉醉於她出色的舞技中不能自拔，所以一路苦熬過來的她終被擅吹洞簫的宮廷樂師李冠舉薦到教坊司，成為人人稱羨的宮廷女伶。

那夜，月光如水，她一抹素裝，仍在深院中盤旋起舞，苦練舞技。在清虛的夜空裡，她彷彿感覺到月光清脆流瀉的聲音，感覺到月光輕撒的韻律，更領悟到月亮的波動與她淡泊的心境居然是如此完美地相依相融。只是，她的國主又在哪裡？

舉頭，他在她驚訝的目光中輕輕向她走來。只是輕輕一瞥，便迷醉了她的心神。她抑制不住內心的激動，在他眼前，為他跳起了採蓮舞，恍若仙子臨凡，翠衫紅袖，驚鴻照影，如踏浪，如凌波，如夢似幻，如詩如畫。

他抬頭望向她深邃的眼睛，如一汪清潭依依。

「窅娘。」他輕輕地喚她的名。

她迎上他，墨黑的眼眸，只見溫柔淺笑。

那一刻，她和他，他們，終於在路邊遇見，遇見了他們一生的愛情。在他淺淺淡淡的眸光中，她亦終於迎來了和他的日日相對。為他，她獨創金蓮舞，以白帛裹足，凌波妙舞，任幸福在纖細的手指間纏繞。為報答她的痴情，讓她將金蓮舞的技藝發揮到極致，他亦為她在宮裡築起高達六米的金蓮臺，再在臺上用黃金鑿成一朵光輝璀璨的蓮花，繞以珍寶瓔珞，只任身輕如燕、纖足素裹的她從容步入花心，翩然起舞。

她風華絕代的舞姿不僅打動了多愁善感的他，更感動了無數觀舞的大臣宮人。為她，為她的金蓮舞，給事中唐鎬寫下了「蓮中花更好，雲裡月

長新」的美妙詩句。從嘉自然也不甘落後，叫來流珠筆墨侍候，瞬間便在紙箋上寫下一首活色生香的《浣溪紗》詞：

紅日已高三丈透，金爐次第添香獸，紅錦地衣隨步皺。

佳人舞點金釵溜，酒惡時拈花蕊嗅，別殿遙聞簫鼓奏。

— 李煜《浣溪紗》

「紅日已高三丈透，金爐次第添香獸，紅錦地衣隨步皺。」月亮悄悄藏到了樹梢後，已是日高三丈，而那金蓮臺上的窅娘舞興卻還正濃。迷醉於她嫋娜的舞姿，他甚至忘了金爐內獸形的炭料已經燃盡，只好大聲喚來流珠一爐爐依次新增薰香。

鋪滿大殿的鮮紅色錦緞地毯，亦隨著臺下那些伴舞的宮女們翩躚的舞步生起褶皺，如同翻波起浪，美不勝收。放眼望去，前後左右都是美女佳人，怎不讓他心曠神怡、痴迷若醉？嘆只嘆春宵苦短，如果時光永遠都還停留在昨晚朗朗月色下該有多好。

「佳人舞點金釵溜，酒惡時拈花蕊嗅，別殿遙聞簫鼓奏。」那金蓮花中舞點飛旋的佳人，已然把自己的生命與舞蹈融合在了一處，竟連金釵從髮髻滑落都毫不顧及，只任水袖凌空，望向他笑靨生姿。

他沉醉在了她曼妙的舞步和絕色的姿容裡，無法不去追逐那聲色犬馬的愜意生活。看著她婀娜的舞姿，他一杯接著一杯地把盞歡飲，喝多喝醉了，不免昏昏欲睡，卻又不願與眼前的美景失之交臂，只好不時地拈起流珠摘來的花朵湊到鼻端輕嗅解乏。

如果可以，他情願永遠都浸在窅娘的舞步裡，不再醒來。可是趙匡胤的兵馬就在一江之隔的揚州，這樣快活似神仙的日子究竟還能維持多久？他醉眼迷離，恍惚中卻又依稀聽到遠處傳來的簫鼓之聲，若有若無，斷斷續續。算了吧，他豎長耳朵聽著殿外飄緲而至的簫聲，輕輕嘆口氣，難得

快活，又去想那些煩心的事做什麼？今朝有酒今朝醉，只要現在快樂，還管它什麼日後將來？

「簫聲是從哪傳來的？」他回頭望向緊緊偎在他身畔侍候著的流珠問。

「是國后在瑤光殿裡自娛自樂呢。」流珠輕輕笑著回答。

「娥皇？」他搖搖頭，「你為什麼不叫她一起過來看窅娘跳金蓮舞？」

「國后不想攪了國主和窅娘的雅興，所以讓黃月兒陪著她在瑤光殿吹簫擊鼓呢！」

「黃月兒？你是說當年楚國滅亡時，被邊鎬將軍從潭州帶回來的小女孩？」

「稟國主，正是那個被從楚國帶回後宮的黃月兒。」流珠顧盼生輝地望著他，「不過月兒已經不是小女孩了，她已經是個生得如花似玉的大姑娘了！」

「大姑娘？」李煜伸手撫了撫額頭，楚國滅亡時他才十五歲，到現在已經十二個年頭過去了，當年那個小女孩自然早就長大成人。「她現在被分派在國后殿裡侍候？」

「國后倒是想，卻怕耽誤了月兒的青春，一直不肯拿月兒當普通宮人看待，說是要給她尋門好親事呢。」

「尋門親事？」

流珠點點頭：「國主您可別小瞧了月兒姑娘，她現在可是滿腹經綸，張口就是詩經楚辭，琴棋書畫無一不精，尤其寫得一手好字，恐怕國主也比她不如呢。」

「此話當真？」

「奴婢怎敢欺瞞國主？」

「那還不快帶我去見識見識宮裡這位小才女？」聽著從娥皇宮裡傳出的簫鼓之聲，李煜已是按捺不住，只恨不能插了雙翅飛入瑤光殿，看一眼那個被他忽略了的黃月兒如今到底長成了什麼模樣。

燭花碎影

晚妝初了明肌雪，春殿嬪娥魚貫列。鳳簫吹斷水雲閒，重按霓裳歌遍徹。

臨風誰更飄香屑，醉拍闌干情味切。歸時休放燭花紅，待踏馬蹄清夜月。

—— 李煜《玉樓春》

岸邊的垂柳，像極了他的微笑，溫暖，絢爛，輕柔，和煦，望一眼便令人沉醉其中，如沐春風。然而，這一季草長鶯飛的煙花月，縱是花團錦簇、畫舸笙歌，一壺濁酒歌落明月光，也難解她心底悠悠輕愁。閒倚一江春潮，望遠處輕煙裊裊，草色瀰漫，她早已閱盡兩岸舊事新人，寂寂裡唯餘惆悵一縷，總在她心頭迂迴縈繞，揮之不去。沒他與之相守的日子裡，她百無聊賴，只能揀起他寫舊的詩詞，在那濃淡相宜的筆墨裡，在那平平仄仄的句子裡，枕著他曾經溫暖的臂膀，夢一遍江南勝卻紅塵美景無數。

月，悠然而灑脫地升入藍天，在白浪翻滾的銀河裡歡喜地徜徉，又似怕被人發現，宛若含羞的少女，悄悄飄入她幽幽的夢中，朦朧而又迷離。微風拂過，她微微睜開疲憊的雙眼，悵望長天，才發現，原來她熟識的江南並不都是巷陌深深、簫聲裊裊、小橋流水、枕河人家與秦淮河畔的長袖漫舞，還有著無邊的荒蕪與無盡的遺憾。

他走了，走進了那個叫做黃月兒的女子用詩情畫意編織出的寫意人生裡。和窅娘一樣，月兒也是在她特意的安排下才在他多情的世界裡占了一席之地，不過月兒比窅娘更加幸運，一夜繾綣，幾度纏綿，她就被他封作保儀，晉身妃嬪之列。

保儀？她燦燦地笑，卻掩飾不住內心失落的悽然。那雖然不是什麼高級別的封號，但也是除她之外，他後宮裡第一個獲受妃嬪封號的女子啊！她的心開始隱隱作痛，難道是在妒忌？她輕輕地嘆，自己已經二十八歲了，再也不是十年前那個嬌豔嫵媚、眉目含情的俊俏少女，如今，風華不再，美貌也終將會隨著歲月的流逝無情老去，她又拿什麼來跟更加年輕貌美的黃保儀相媲美？

放眼望去，望不到她和他曾經的纏綿悱惻，望不到她和他痴纏的花前月下，映入眼簾的唯有那些斑駁了的雕欄玉砌，還有那細細密密的雨絲。俱往矣，往日的恩愛不再，千年的風雨飄搖，終是遠去了鼓角爭鳴，淡沒了六朝金粉，唯餘江南舊事如夢，對著兩岸江楓漁火，在她眼底伴著一支幽幽的琵琶曲娓娓道來。

閒極無聊，只能將案几上落了灰塵的書卷重新翻開，仔仔細細地閱讀，卻又看到春秋史書裡記載的那些金陵城中的絕世紅顏，在她身畔輕舞飛揚，用心，用愛，用淚，用血，唱起一曲又一曲的悲歡離合。石頭城裡，那詩情縱橫的小喬；桃葉渡下，那風華絕世的桃葉；玉壽殿內，那步步生蓮的潘玉兒；莫愁湖邊，那望穿秋水的莫愁女；秦淮河畔，那徐娘半老的徐昭佩；胭脂井下，那國色天香的張麗華；還有那凍斃玄武湖畔嬌媚可人的大唐才女杜秋娘……

那一頁頁泛黃的紙箋上，前朝佳人的傳奇讓她掩卷不住卻又頻添紛亂的思緒。裹著一身的冷寂，她忍不住輕輕地嘆息，原來，所有的嬌媚都禁不起歲月的變遷，亦躲不開光陰的摧殘，輕輕一個回眸，過往的一切便都

在老去的月光中悄然變作了來世的舊夢煙雲，哪怕當時美得再令人側目驚心，亦只能在沉淪在別人茶餘飯後的消遣中被釀成一壺叫做故事的酒，香醇或是凜冽，都已不再與之本身相關。回首間，那些隱藏在亭臺樓榭中沉默了千年卻依舊容顏不老的女子，一個個都在她閃耀的眸光中瞬間活了過來，鮮明生動，嫋娜驚豔，窈窕多姿，沒有一點的世故與陳舊的氣息，就像多年前與她失去聯繫的姐妹，乍然間佇立在紫陌紅塵中，依然是當年的笑靨如花，依然是那年的傾國傾城貌。她們便那樣在她的吟哦中笑看那世的淒涼，輕嘆這生的繁華，等她關上窗扉掩卷沉思，卻是難以猜透，當年的粉黛，如今都在何處笙簫，轉身過後終又是誰將誰輕輕地淡忘。

　　從嘉。她輕輕喊著他的名字。寂寞的時候，想他的時候，她就會站在窗下，望向那一輪不圓的月亮，將他溫文爾雅的面容在心裡畫了又畫，描了又描。她只是想讓月兒和窅娘用她們的柔情去撫慰他心中的創傷，未曾想陷身風流陣中的他卻將她拋諸腦後。或許，這世界本就是有得必有失，如果能用自己的失寵和無盡的孤寂換取他的快樂寧和，那麼她情願一輩子都不再惹起他眼中的漣漪，就這樣孤孤單單地老死宮中也好。

　　誰也不能保證一見鍾情的愛情會至永遠，她和他最終的陌路就是最為殘酷的範例。曾經的曾經，她以為這一生，他都會也只能愛她寵她一人，所以絞盡腦汁，將窅娘和月兒推進他的懷抱，卻為自己留下無盡惆悵。她不怪他，這世間誰也不能給愛情加上一把心鎖，所以她依然堅信，她和他靈犀相依的剎那間仍是真愛，放她的手入他的掌心的瞬間仍是真心，只是，牽了手的手還會放開，沒有一個人是能逃得出這愛情魔咒的。

　　可是沒了他的相依相傍，這以後的日子該怎麼打發？她閒坐窗下，一遍遍掰弄著手指，打發這無聊得難以呼吸的時光。對了，教坊司的樂人曹生前幾日不是告訴流珠，說他得到一部《霓裳羽衣曲》的殘譜嘛，何不趁著這個時機，把那遺失已久的絕世華音整理修補出來呢？

她一遍遍地整理，廢寢忘食地研究曹生拿來的那本殘譜，終於將那曲盛唐最為華美的舞曲修補一新，成為宮廷裡又一道綺麗的風景。她從沒想過要用這前朝的盛世華章去挽回他漸行漸遠的心，只是不想讓自己的日子過得寡淡而無味，所以必須找些東西來填補那顆日漸滄桑破碎的心，抒發那長長短短的憂鬱。

她自幼酷愛音樂，所以再難的曲子在她聽來都是雕蟲小技。修補完《霓裳羽衣曲》後，她又開始了《邀醉舞破》、《恨來遲破》舞曲的創作，優美的曲調、悠揚的樂聲，讓整個南唐後宮都為之一振。這回，他總算見識了她周身洋溢的絕世才情，也讓他那顆曾經為之迷醉的心迅速回歸到她柔情萬種的世界裡。

那夜，她用柔情將自己點燃，開始變成他手裡的那碗美酒佳釀。他輕輕將她含在唇間，她麗絕天下的姿容頓時瀰漫了他深情的眼。她望向他深深淺淺地笑，望向他低吟輕唱，望向他曼妙起舞，心甘情願地做他的酒，做他眼裡那泓清澈見底的溪流。

從嘉。她在心底低低念他的名字，眉目含情，卻無法在他耳畔肆意歡笑。直覺告訴她，這個男人已經不再屬於她了，只是，她還想告訴他一聲，如果想她了，就讓她在他眼底化成一杯美酒，任她幸福的淚纏綿他的指尖，哪怕化為烏有，她也不會心生一絲遺憾，只要今生來世都陪伴在他的身邊，是生是死，她都無怨無悔。

「娥皇……」望著她帶著淡淡憂傷的眸，他在她瑩瑩淚光裡朦朧著心醉的傷，痛不可擋。

她還是他的娥皇，他的國后，他最珍愛的妻。在他眼裡，此時此刻的她卻如一縷輕煙，倏忽飄入他的掌心，在他溫暖的眸光裡引燃柔情，不經意間便燃燒出一個別樣的季節，令他辨不清歲月的顏色，分不清這一幕到

底是他不小心編織的夢幻，還是記憶的傷痕種下的影子。

　　她小鳥依人般倚在他的夢中久久不肯離去，彷彿風中潤物細無聲的桃花雨，宛若雨中寫滿浪漫的丁香，讓他情不自禁地沐浴在月色的溫柔裡如痴如醉。真的是妳嗎，娥皇？

　　「國主！」

　　她叫他國主。自他封月兒做了保儀，她便人前人後一口一個「國主」地叫他。國主？是的，他是國主，可他還是她的丈夫啊！從前，她總是親暱地叫他從嘉，而今她卻聲聲喚他國主，到底，是她疏離了自己，還是自己疏遠了她？

　　「國主！」她仍然這樣稱呼著他。在這深沉的夜裡，雖然他近在咫尺，但她卻明白，他的心不在自己這裡。眼看青春韶華隨著時光靜靜淌去，終是無力挽留，她只能在忐忑裡深思著他那曾經熟悉的模樣，努力地試著接近他的目光，用心鑄造起那一份只屬於她和他的地久天長，然而她亦明白，昨日已成昨日，她和他，終是不會再走回曾經的風花雪月。

　　他有了金蓮花中舞風流的窅娘，有了才情姿色皆冠絕於世的黃保儀，她亦只能在他迷離的目光裡扮好她國后的角色。只是國后。是的，從今往後，她只是他的國后，南唐的國母，那個如花似玉的娥皇，就讓她沉入歷史的角落，冰封進鏽跡斑斑的記憶中吧！

　　她把教坊司裡的歌舞伎都叫了過來。在這月上中天的深夜裡，在她已經冷清了許久的瑤光殿裡。她只是要他在她這裡再聽一曲她用琵琶彈奏的《霓裳羽衣曲》，只是想在最後的狂歡裡忘卻所有的憂傷，用愛營造起那一份只屬於她和他的美好，在那盛世遺音裡，化她的濃情為灼熱的火焰，化她的執著為美麗的樂章，化她的眷念為醉人的美酒；化她的誓言為刻骨的纏綿。

千帆過盡，雲影滄桑，月在雲上，她在心上。他終是醉在了她和宮人們嫋娜的舞姿中。來不及多思，便在流珠奉上的詞箋上寫下一闋春意盎然的《玉樓春》詞：

　　晚妝初了明肌雪，春殿嬪娥魚貫列。鳳簫吹斷水雲閒，重按霓裳歌遍徹。

　　臨風誰更飄香屑，醉拍闌干情味切。歸時休放燭花紅，待踏馬蹄清夜月。

—— 李煜《玉樓春》

　　「晚妝初了明肌雪，春殿嬪娥魚貫列。」她的心就在他身旁，魚貫而列的嬪娥就在他眼前。那些應召而至的宮女晚妝已畢，個個麗質天生、明豔照人、肌若白雪，彷似那水中成群結隊的魚兒一個接著一個地依次而行，順序進入殿中，只待一聲令下，便要迅速各就其位、各司其職，或彈奏，或輕歌，或曼舞，映入他眼簾的又怎是一句「花團錦簇、婆娑妖嬈」可以形容得盡？

　　「鳳簫吹斷水雲閒，重按霓裳歌遍徹。」樂工們在娥皇的指揮下，按著修補好的《霓裳羽衣曲》新譜，儘自己所能，將鳳簫吹到極致，樂聲上揚，彷若飄蕩於水雲之間，天上人間到處充溢縈繞著美妙的音樂和歡快的氣氛。而歌女們則在樂工們反覆的彈奏中，按著曲調的節拍唱了又唱，一句「重按」，一句「歌遍徹」，便將她們恣意歡樂的濃情逸致表現得一覽無遺。

　　「臨風誰更飄香屑，醉拍闌干情味切。」臺上，歌女們放聲高歌，舞女們盡情揮灑舞姿；臺下，主香宮女也在娥皇的授意下搬出各種精美的香器，焚燒起名貴的香屑。氤氳香氣隨風飄散，從嘉已經迷醉於這曼妙的歌舞中不能自拔、飄然欲仙，明知焚香所為何人，卻故意裝作不知道是誰人臨風更飄香屑，轉過頭望向眉頭微蹙的娥皇，眨著眼睛調皮地問她。

第5卷　情海生波

　　還能有誰？還不是她宮中的主香宮女。娥皇本是性情極其高雅的人，所以其所居瑤光殿中常年香煙繚繞，光焚香之爐能叫得出名的就有把子蓮、三雲鳳、折腰、獅子等，金玉為之，凡數十種，並設有主香宮女時時添香薰燒。這一切，深諳她心性的從嘉又怎會不知？她滿斟一杯美酒，輕輕遞到他的唇邊，看他把盞而飲，看他應著樂曲的節奏、歌舞的旋律，輕輕拍打著闌桿，高興得手舞足蹈、如痴如醉，心卻裏著一股深深的惆悵。

　　這樣快樂的日子更有幾回？她憂傷地盯著神采俊逸、興味盎然的他，輕啟朱唇，想說些什麼，卻又欲言又止。罷了，難得他高興如許，就讓他繼續縱情歡樂好了！

　　「歸時休放燭花紅，待踏馬蹄清夜月。」曲盡人散，她終是沒有刻意留他在瑤光殿就寢。她知道，黃保儀才是他心底最惦念眷戀的那個人，既如此，她又何必留住他的身子，空惹佳人生怨？

　　回眸，月色溫婉，飛紅殘落，星月夢稀，人已朦朧。他伸手替她將髮間搖搖欲墜的玉簪重插，然而，一個淺淡的回眸後，終還是趁著外面大好的月色，踏著躂躂的馬蹄聲，帶著侍從，直接往黃保儀宮中的方向逶迤而去。

　　她只聽到他吩咐侍從休放燭花紅的聲音。「歸時休放燭花紅。」她將這句新詞含在齒間唸了又唸，香艷卻又寒涼遍身，只能偎著滿腹深情望向他遠去的背影，任愛他的思緒追隨這如水的月光，在萬籟俱寂中化作夢中的飛天，如一縷飄緲的輕煙，向著他並不孤寂的背影飛去。

梧桐夢魘

轆轆金井梧桐晚,幾樹驚秋。畫雨新愁,百尺蝦鬚在玉鉤。

瓊窗春斷雙蛾皺,回首邊頭。欲寄鱗游,九曲寒波不溯流。

——李煜《採桑子》

夜未央,小樓燈火已殘,心未老,深情已成眷戀。她隔著一縷花香,執著地剪下一縷月色,把它輕輕貼在眉梢,只想尋一片舊時的明媚,溫暖她早已憔悴的心,卻不知道榻幾上那面燒槽琵琶正和著平平仄仄的詞韻到底在為誰而歌,為誰而醉,又在為誰挽著青絲在泛黃的紙箋上一筆一劃地寫下舊日的笙歌,今夜的寂寞。

娥皇靜坐窗下,一邊用木箆細細梳理著散落滿肩的長髮,一邊睜大眼睛遠眺著院前潺潺流過的清溪,忽地想起馮延巳那句膾炙人口的「吹皺一池春水」,那未名的記憶便從髮梢紛紛灑灑地零落而下,任相思徒然成災、寂寥轉瞬成殤。

耳畔猶有昔日旖旎的歌聲緩緩襲來:「晚妝初了明肌雪,春殿嬪娥魚貫列。鳳簫吹斷水雲閒,重按霓裳歌遍徹。臨風誰更飄香屑,醉拍闌干情味切。歸時休放燭花紅,待踏馬蹄清夜月。」目光定定地落在一輪舊去的秋月上,那滿腹的愁緒終不知為誰而殤,現如今唯一能緊緊握在手中的也就剩下心底無盡的悲涼了。

寂寞深院,究竟鎖住了多少關於她舊日的綺麗,又塵封了多少關於他曾經的多情?憶往昔,揚州城裡,他染了一身風塵倦然欲歸,手拈瓊花遊弋在芳草萋萋的瘦西湖畔,卻成全了她今生最為詩意的相遇。猶記那年,人在紅塵,花在枝頭,她指間的琵琶與三月的春風同聲同調,卻又與他唇邊的一管竹笙聲聲相諧,在高高低低的起落裡共同豔羨稱頌起那一場遇

見。自那後，她始終躲在幽深逼仄的青石板小巷裡，在海棠丁香一徑鋪香的庭院裡，在揚子江碧波澹澹的水畔，在雙燕來時鶯囀婉轉鬱青青的陌上，在柳蔭濃密馬蹄噠噠的沙堤，在水鳥閒停草浪起伏的蘆葦蕩，在歌聲飄緲笑聲四起的菱花深處，在煙雨濛濛梔子飄香的十字巷口，等他。

那時的他，並不知道她對他的愛有多深，有多重。為盼他來，她梳著烏蠻高髻，綰著朝陽五鳳掛珠釵，滿頭金翠，好生沉甸；為盼他來，她身著出席盛宴的錦衣華服，裙邊繫著五彩絲攢花結長穗宮絛，流蘇與玫瑰佩環在腰間，層層疊疊的摺紙樣絹袖下，露出一截皓腕握著桃花宮扇，華美得如同天人。

那時的她，亦並不知道他對她的愛有多真、有多切。在他眼裡，她眼是水波橫，眉是黛山聚，抿嘴一笑，如同他在江南見過的最溫柔的河；在他眼裡，她無論華妝盛服，還是白衣素裳，總是濃淡相宜，美豔恍若神女。尤其愛她洗盡鉛華閒坐畫舫中，將那琵琶悠悠彈起的神態，驚若天人，美不勝收，唯願有朝一日，能夠與她攜手共搖槳櫓，嬉戲流連於田田荷葉間，採一朵蓮花為裳，引一觴清澈的流水為酒，在細細的微風中，聽她輕歌一曲換他滿腹情癡，聽她琵琶聲聲流連在小橋流水上，任他一支笙歌轉瞬明豔她如水的眸。

俱往矣，俱往矣，她輕輕地嘆，低低地泣。她知道，那時的他們是真心相愛的，儘管隔著大江，儘管男女有別，她和他終是愛得刻骨銘心，愛得錐心刺骨，愛得神魂顛倒，愛得如火如荼。可如今，天色青青欲雨，飛鳥倦倦欲歸，她撐著一把舊日的油紙傘在湖畔執著地等他，卻再也望不到他溫潤的眉眼，也感受不到那份等待的激動與歡喜。遙想昔日，她和他攜手夕陽西下的黃昏裡，她和他相依二十四橋明月夜下的花叢裡，卻不意輕輕一個轉身，曾經的歡聲笑語便都化作了今日的支離破碎，她亦終於明白，她和他是再也無法回到從前的明媚裡去了。

梧桐夢魘

一場突如其來的大雨,轉瞬間便讓窗外一叢叢開得正好的菊花飄然而落,在她眼底紛紛散落成殘敗的音符,跳躍著片片傷楚的靈魂。風,甜潤而潮溼;思緒,依然透明而歡暢地在孤寂的深院上空延伸。踏著鬆軟的落花,她攜著一身的落寞,悄聲的,一步一步走向夢幻深處,卻不知道該去哪裡尋他舊日的身影。

夢裡落花知多少,那種感受,總是美麗而又充滿憂傷的。時光如同雪片從眼底默默翻過,那些嘈雜卻不精采、喧囂卻又孤單的日子,在她潮起的思緒裡飄墜如同今晚的落花,鋪天蓋地,重重疊疊,而她滿腔的思念與不捨也開始跟著風兒打著旋默默飄飛。嘆只嘆,那些奼紫嫣紅的如花流年裡,她一味奢侈地揮霍著自己的青春,卻不知在日子一頁一頁緩緩飄落的時候,已然在流轉的光陰裡開始了她命運的流浪,一步一步遠離了她最初的思念與懷想。

她還沒有做好失去他的準備,卻不意,轉瞬間,天便荒了,地便老了,而那個曾經愛她的男人亦已別抱琵琶,在那些鶯鶯燕燕的女子間穿梭嬉笑,早就將她忘得一乾二淨。揮揮手,她來不及帶走一片雲彩,也來不及拾取他遺落的深情,一回首就已輸了個精光,可她又能說些什麼?一切的一切,都是她的心甘情願,是她親手把窅娘和黃保儀送進他的懷抱,又有什麼理由責怪他的移情別戀?

這就是她的命,一個國后的命。她唯有將淚水憋進肚裡,然後悄悄蒙上被子,在夜的漆黑與深暗裡為逝去的真情哭泣,為零落的菊花傷感。思緒,無時不在盈盈的淚光裡尋覓著他們曾經共同擁有的那道美麗的風景,拂去歲月的塵埃,一切都彷彿剛剛發生,她不明白為什麼那些曾經你儂我儂的感情是如此的禁不起推敲?如此的不堪一擊?窗外,雨絲翻飛,落花輕舞,很多舊去的故事結束了,很多嶄新的故事又開始了,她知道,歲月的煙塵拂去的終是自欺欺人的美好的童話,而留下的卻是一成不變的乏味

的現實,即便她再不願意接受這無情的事實,也必須相信情感世界裡的定律就是你來我往、你追我逐,只要一個不在意便會輸得精光。或許,所有的遇見在開始的時候就已經注定了日後的離別,她和從嘉亦不可能打破這既定的規律,只是,滿懷深情無處安放,此時此刻,又有誰會化身青鳥,穿越這狂風暴雨,替她去遠方尋覓那些前塵後世裡許下的諾言,只為安慰她滿心的不捨?

飄忽而至的琴聲,驀地使她心驚。深黑的夜,在萬籟俱寂中輕輕撥動起她思念的弦,當淚水滑過她憂傷的面龐,卻不知此時此刻究竟還有多少可以贈給他的情意。曾記得,瓊花盛開的季節,他們不期而遇,那段有他的日子裡,藍天變得更藍,白雲變得更白,原本平淡無奇的每一個日出日落,也因為有他而變得五彩斑斕,如詩如畫。可眼下,偌大的宮殿,卻只剩她孤身獨憑欄,望斷轆轤金井梧桐晚秋,一個人,將思念剝離成被歲月風乾了的一片片破碎的花瓣,再也找不見當初的妥貼與安然。

從來只有新人笑,有誰見到舊人哭?從嘉,你真的把你的娥皇徹底拋諸腦後了嗎?沒有。他當然不會忘記他的妻。穿越亙古的路途,歷盡世間的滄桑,與他再次相守,是她意料未及的事。他凝視著她憔悴的面頰、憂鬱的眼神和緊抿的雙唇,唏噓不已,卻給了她一份苦澀的浪漫和一份真摯的愛。

「從嘉……」她淚眼潸然,嗚咽難禁。她難以想像,當思念與孤寂伴她度過一個又一個漫漫長夜之際,他居然又重新踱回她的世界,像從前一樣,陪她聽溪流歡唱,看滿園秋菊,一起感受芳草天涯的悽迷與悠遠,遠遠近近,都瀰漫著令她心怡的芬芳。

「娥皇……」他輕輕撫著她的如瀑秀髮,「我……」

「從嘉!」她緊緊偎在他的懷裡。她發誓她再也不會把他推向別人的

懷抱,因為他不在的日子裡,她已深深體會到自己的生命裡不能沒有像他一樣的同路人。那不是初戀中的海誓山盟,在心如水浸的日子裡,他的心就煨在她的心上;在山崩地陷的日子裡,他總不會讓她牽不到他的手。他總是在用的方式溫暖撫慰著她那顆日益疲憊的心,或許,這就是古書裡所說的相濡以沫吧?

「娥皇,這些日子委屈妳了。」

不。她輕輕搖著頭。只要看他歡喜快樂,她便心滿意足。即使他永遠沉醉在黃保儀的溫柔鄉里不再醒來,她也不會心生怨意,因為她明白愛一個人就要給他自由,給他想要的幸福的道理。

「娥皇⋯⋯」他輕輕吻著她的髮,抬手落筆,立刻便在流珠送來的紙箋上轉折勾挑出一曲紅顏新詞,用那字字生香、滿紙深情的句子,撫慰著她的心傷,溫暖著她的淚眼:

轆轤金井梧桐晚,幾樹驚秋。畫雨新愁,百尺蝦鬚在玉鉤。

瓊窗春斷雙蛾皺,回首邊頭。欲寄鱗游,九曲寒波不溯流。

——李煜《採桑子》

「轆轤金井梧桐晚,幾樹驚秋。」他從她悲秋的視覺入手,用轆轤、金井、梧桐勾勒出一副晚秋的景色,點出時間的同時,也將全詞籠罩在一片淒涼、蕭瑟的氛圍中。

空寂的院子裡,無從尋覓他離去的蹤跡。遠遠望去,只餘孤獨的轆轤金井和同樣孤獨的梧桐樹,在她深深淺淺的眸光裡搖曳生姿。秋風吹過,桐葉紛紛掉落,觸目所及之處一派淒涼之景。一個「驚」字,更寫出她心底的竦然和不寒而慄。

「畫雨新愁,百尺蝦鬚在玉鉤。」盼他時他不歸,偏生盼來一場飄忽而至的畫雨。細雨和著秋風,打在她悽苦的心上,卻是更添愁緒。

下雨了，本該掛上簾幕遮蔽風雨才是，但她卻任由那細長的珠簾依舊掛在玉鉤上，懶得再去動它。記不起這珠簾已有多久沒被放下了，好像自他走後，她就再也沒有碰過它，只是，到底是因為心中苦悶，沒有心情去垂下簾幕，還是害怕垂下簾幕會錯過他的歸期？她不知道，也不想知道。

　　「瓊窗春斷雙蛾皺，回首邊頭。」窗外，誰又在低吟淺唱，讓她無端感傷？她輕輕地嘆，是不是每個孤寂的日子，都會有一個孤獨的身影掠過水面，執著地尋覓著愛的蹤跡？

　　淋著無邊的細雨，她皺起眉頭，回頭望向那一院冷寂的秋色，卻是早已春斷音絕，怎麼也看不到離人的身影，更添心間無限怨尤。他走了，所有的過往，所有的恩愛都在她眼底煙消雲散，只是，她手裡是否還留有他往日贈花的餘香，還是始終都緊緊拽著一把灰飛煙滅，只剩下心如死灰？

　　「欲寄鱗游，九曲寒波不溯流。」他隔得那麼近，又隔得那麼遠。雖近在咫尺，她卻感覺他們之間隔了九曲黃河般迢遙的距離。在這悲秋的日子裡，她多麼想把寫滿相思的信箋寄到他的身邊，叵耐黃河九曲，又是那樣寒涼，連魚兒也無法逆流而上，又怎能將書信傳遞到思念的人手中？

　　誠然，她和他之間並沒有隔著那麼遙遙的距離，可他們中間卻隔著黃保儀，隔著窅娘，無盡的寒涼終使她和他曾經親密無間的心間隔出了一條看不見、摸不到的銀河的距離。

　　回首，她在寂寂的月色下，在他墨跡未乾的新詞裡，為他綰起青絲，看千帆過盡，依然糾纏起一場難分難捨的情緣。天知道，在他身邊，她只想為他頷首低眉，任胸口的硃砂化成她相思的痣；只想為他低吟淺唱，任春江花月夜婉轉成她撥動的琴弦；只想為他執筆寫情，任白首不離心成為他們今生共同的期待，天涯海角永相隨成為他們今生不離不棄的寫照；只想為他再彈一曲《恨來遲破》，任思念與深情化作他們相守到老的韻。然

而，回首間，卻又失意地發現，雖然相思依然成災，此情卻早已闌珊，淚落這一曲陳年花事，依依的傷懷裡，終究還是不知道他們的未來究竟會在哪裡。

情逝春江

蓬萊院閉天臺女，畫堂晝寢人無語。拋枕翠雲光，繡衣聞異香。潛來珠鎖動，驚覺銀屏夢。臉慢笑盈盈，相看無限情。

——李煜《菩薩蠻》

陽光明媚，清風徐徐，她懷抱琵琶守在瑤光殿外的月桂下等他。素衣輕衫，淡綠色的細褶長裙，裙襬如同微風吹皺池水般在幽深的院中漾起一圈圈漣漪。鵝黃水粉的宮絛束在腰間，穗子在瘦了的指間被她漫不經心地把玩著。頭上綰一個簡單鬆垮的髻，餘下的青絲如瀑布般披下，那寶髻上插著的應該是他初見時相贈的鳳頭釵，正好把她芙蕖般美豔的花容月貌襯托得更加流光溢彩。

遙記當年，正是二八好年華，她也是這樣一副打扮，守在瘦西湖畔等他。那時的她，眉含情，眼含春，戀著那些紅梅，那些雨絲，那些瓊花，那些風箏，那些春燕，而今，淺淺淡淡的一個回眸，不經意間就被這一汪秦淮水染上了兩行清淚，曾經的容顏亦在歲月的天風中宛如蓮花開敗，卻不知道究竟還剩下什麼能夠讓她再去留戀。

或許，纏綿天涯的是永恆的祈盼和真情。年輕時的他們都做著同樣的夢，然而，夢裡落花知多少？仰望長空，沒有答案。能為君流血，可謂壯烈；而能為他流淚，也是一樣深情。如果，相守無緣卻不得暫時分離，那

第5卷　情海生波

麼,她也只能選擇在寂寂裡繼續思念著他了。

她沒想到,他會愛上她的胞妹,剛剛年屆十五的嘉敏。嘉敏,嘉敏。她倚在月桂樹下,不無惆悵地唸起妹妹的名字,心裡裹挾的是滿滿的失落與無助。嘉敏的乳名叫女英,或許這本來就是一個讖,只是不知道父親當年替她們起名時,是否會想到她們也會步上堯帝之女的後塵?

她才十五歲啊!從嘉,你怎麼可以?你已經有了黃保儀,有了宵娘,甚至有了流珠,為什麼還要去招惹嘉敏?她還是個心智尚不成熟的女孩子,而且還是你的小姨子,你怎麼可以這麼做呢?還有嘉敏,從嘉是你的姐夫,是你姐姐的丈夫,你這麼做有考慮姐姐的感受了嗎?

從嘉,你以前不是這樣的!是的,不是的。那年的你,白衣勝雪,神清氣爽,微笑著對我伸出一隻溫暖的手。而今,你遠去的背影只餘寒涼,我卻只能守在夢境裡努力握住你那隻手,似乎只有攥緊了你的手,才能攥緊整個世界。可那畢竟是在夢裡,是在夢裡才有的溫柔啊!

柳絲低拂的溫柔,千里鶯啼綠的溫柔,蓮葉田田的溫柔,還有煙波槳聲裡的溫柔,是永遠都回不去了的。她潸然淚下,卻是無能為力。嘉敏還小,她實在硬不下心腸來責罵她,而且這種事又叫她這個當姐姐的如何開口?從嘉啊從嘉,以後的以後,你到底打算拿嘉敏怎麼辦?是納她為妃,還是……她不敢想像,因為所有的假設都是她無法承受的,妹妹本是皇親國戚、豪門貴冑,她本該有更好的婚姻更好的愛情,又怎能委屈她做他的妾室?可是不做妾,她這個姐姐又往哪裡擺?難道,要讓她騰出國后的位置去迎接嘉敏的到來嗎?

不。她做不到。不是貪戀名位,而是她還有仲寓,還有仲宣。那兩個冰雪聰明的孩子是離不開她這個娘的。無論如何,她都要守在宮裡,守住國后的位置,不為自己,只為仲寓、仲宣。可嘉敏又該怎麼辦?她已經是

他的人了，總不可能讓她別嫁他人吧？

　　想到這，她就心痛異常。從嘉給她出了一道大大的難題，一道無法解決的難題。一邊是丈夫，一邊是妹妹，她到底該怎麼做才好？莫非，真要像流珠說的那樣，睜一隻眼，閉一隻眼，假裝什麼都沒看見什麼都不知道嗎？她強烈地搖著頭，實在不知道該如何解決這件事才好，或許，就當什麼事都沒發生過才是最好的解決之道吧！

　　「從嘉。」她坐在窗下低聲哽咽著。她知道他害怕孤獨和寂寞，所以總把自己藏在歌舞昇平、燈紅酒綠的世界裡，默默承受著壓力和磨難，可他為什麼……？罷了！罷了！恨只恨母親不該讓嘉敏進宮探視自己，惹下這無端禍事；恨只恨自己偏偏會在這個節骨眼上生病；恨只恨她沒有本事留住從嘉的心，恨只恨……也許這就是天意，再多的恨，再多的怨尤亦已無法更改已然發生的事實，她也唯有接受現實，在這冷酷無情的世界裡默默打落門牙往肚裡嚥了。

　　她知道，他仍在葡萄美酒裡詮釋憂鬱的心情，在嘉敏溫柔的眸光裡讓情感釋放著尚未燃盡的愛，儘管那是渺渺活著希望的悲傷。南唐的恭順，並未能阻止趙匡胤對江南的覬覦，為了承受鉅額的進貢，緩解國用匱乏的壓力，西元964年，北宋乾德二年初，他不得已接受了韓熙載的建議，在國內通行鐵錢，沒想到迅速引致物價增湧，老百姓的日子過得越加艱難。五月，為慶賀北宋文明殿建成，又進銀萬兩，國主當到他這個窩囊的份究竟還有什麼意思？或許，他選擇了嘉敏，便是選擇了一種抒緩壓力的方式，可他畢竟還有窅娘，還有黃保儀，還有流珠，還有數以千計的後宮美人，為什麼偏偏就是嘉敏？

　　從嘉，你答應過我，會振作起來的。你的憂傷，你的淚滴，曾經被黑暗的夜偷偷地窺探過，所以你喜歡獨自承受一些傷痕。可我是你的妻，是你的國后，你心裡的痛，心裡的苦，就不能對我說出來嗎？哪怕對著我大

第5卷　情海生波

聲地發洩，歇斯底里地咒罵，我也絕不會心生怨尤，可你為什麼偏偏要去沾染嘉敏？是真的愛上了她，還是……

如果你真的愛她，就不要讓她像我一樣受到傷害，可我真的很害怕，害怕你對她不是真心的。或許，你對她的喜愛只是因為你與生俱來的脆弱需要找到一個釋放口；或許，你對她的愛只是隨波逐流的放逐，你無法控制方向，所以當她無意間闖進你世界的時候，你便以為她是唯一的救命稻草。可是，以後的以後，你真的會對嘉敏好嗎？又要如何安置嘉敏？

往事如夢。他沒有來，她只能孤寂地踱回宮室，於無盡的悲愴中舉起酒盞，一杯接一杯地往嘴裡灌去。人生的緣分就像這流動透明的液體，流向哪裡，一切隨心。然，心若逝去，人在又有何義？滾滾紅塵，咫尺天涯，卻原來一個不留神，便只是兩兩相忘於江湖，煙消雲散。

「國后娘娘！」流珠挑起珠簾，從外面踱進來，撲通一聲跪倒在她面前，哽咽著求道，「您的病體尚未痊癒，再這麼喝下去可是不得了的！」

「放心，喝不死的。」她含著淚花望向流珠燦燦地笑，「起來吧，喝幾杯酒不礙事的。」

「娘娘！」

「去把國主寫給嘉敏的新詞找來給我瞧瞧。」

「娘娘……」

「去吧！」

「只不過是些無病呻吟的花詞俚句，娘娘還是不看的好。」流珠為難地盯她一眼，「再說，上次那首詞娘娘不是已經看過了嗎？」

「我聽宮裡的奴才們在背後竊竊私語，說國主又為嘉敏寫了一首《菩薩蠻》詞，可現在我才看到一首，莫非是妳有意要隱瞞我？」

「奴婢不敢。」

「去吧。也讓我看看嘉敏在國主心裡究竟好成什麼模樣。」她痛苦地笑，笑得比哭還要難看。

流珠無奈，只好退下去，從劉澄那裡找來從嘉為嘉敏寫的新詞，連同娥皇已經看過的一首，通通遞了進去。

蓬萊院閉天臺女，畫堂晝寢人無語。拋枕翠雲光，繡衣聞異香。潛來珠鎖動，驚覺銀屏夢。臉慢笑盈盈，相看無限情。

── 李煜《菩薩蠻》

「蓬萊院閉天臺女，畫堂晝寢人無語。」娥皇捧著詞箋輕輕念著。這首詞流珠早先就拿過來給她看過了，也正因為這首詞她才知曉從嘉和嘉敏的情事。

「蓬萊院閉天臺女」，在他眼裡，嘉敏就是東漢時期劉晨、阮肇在天臺山遇見的美得不可方物的世外仙子。「蓬萊院」和「天臺女」六個字，看似簡單，實則蘊含著深意，將嘉敏在他眼裡那種遺世獨立的氣質毫不避諱地鋪陳而出，同時也寫出了嘉敏的驚豔之姿，而一個「閉」字卻又暗示出嘉敏在宮內所居環境的幽靜深遂。

「畫堂晝寢人無語」，這句話很直白，交待出嘉敏進宮後一直是住在畫堂裡的，或許那天她和宮人們一起玩累了，大白天就躺在雕金鏤玉、琳瑯滿目的廳堂中進入夢鄉。「人無語」，說明畫堂內除了嘉敏外旁無一人，與上一句的「閉」共同渲染勾勒出一個略帶神祕的靜謐境界，為下文從嘉的「潛來」做好了鋪陳。

「拋枕翠雲光，繡衣聞異香。」透過門隙，一直在門外偷窺嘉敏的從嘉忽地將視線轉向內室，卻看到她拋散在枕畔的烏黑柔軟的長髮，如「翠雲」般光澤亮麗，一時間心曠神怡，彷若嗅到她身著的繡花衣裙上散發出的撲鼻馨香，充分表現了嘉敏的睡態之美，更表達了從嘉由衷的悅愛與無

第 5 卷　情海生波

限的豔羨，而意欲接近，再接近直至要貼近美人身邊的急切心緒。

「潛來珠鎖動，驚覺銀屏夢。」從嘉終於按捺不住激動的心情，偷偷溜進了虛掩門戶的內室，卻不小心觸動了嵌有珠寶裝飾物的門環，發出的響聲驚醒了夢中的「天臺女」。「潛來」二字蘊意豐厚，除表現出從嘉的躡手躡腳、小心翼翼外，更說明了嘉敏的美貌著實令他心動，具有極強的誘惑力。

「臉慢笑盈盈，相看無限情。」此句中「慢」同「曼」，毛熙震《女冠子》雲：「修娥慢臉，不語檀心一點。」可見「慢臉」是用來形容女子的美麗與氣韻。短短兩句話十個字，卻讓娥皇深深領略了嘉敏對從嘉的那份久埋心底的深情，若不是早就對姐夫愛慕在心，她又怎會在被驚醒後與他「相看無限情」？

從嘉的這首詞寫得的確美豔異常、活色生香。整首詞從審美的角度開始，以兩相愛悅的感情結尾，上闋純寫靜態，先敘人敘物，續而聲、色，俱幽雅動人；下闋則由靜態轉為動態，以洗練跳動的細節描寫，組合成生動豐富的情節，令人讀之甚覺氣韻悠長、絢爛美麗。

可娥皇看到的卻是她自己的點點珠淚、斑斑血跡。她繼續念著他為嘉敏寫的第二首《菩薩蠻》，心變得更加疼痛：

銅簧韻脆鏘寒竹，新聲慢奏移纖玉。眼色暗相鉤，秋波橫欲流。雨雲深繡戶，來便諧衷素。宴罷又成空，魂迷春夢中。

—— 李煜《菩薩蠻》

「銅簧韻脆鏘寒竹，新聲慢奏移纖玉。」吹奏起優美的曲調，氣流衝擊銅簧薄片，薄片諧振，寒竹鏘然發聲，聲聲清脆嘹亮，聲聲韻味十足，宛轉動情。能吹出如此美妙曲調引得從嘉讚不絕口的佳人是誰？從「慢奏移纖玉」五字便可看出演奏新聲的是個曼妙女子，而技藝又能如此嫻熟，更

非一般宮人可比,眼下,除了天天跟他膩在一起的嘉敏還能有誰?

娥皇輕輕蹙著眉頭低低地嘆,她知道嘉敏和自己一樣,自幼諳習音律,怕只怕,日後這諾大的南唐宮廷,她那堪稱絕技的琵琶聲便要被這銅簧寒竹所取代了啊!

「眼色暗相鉤,秋波橫欲流。」只看這十個字,便明白他二人是如何的眉目傳情,如何的互相勾引撩撥,又怎能不讓娥皇傷心難禁?再看那「橫欲流」三字,難道還不能說明他們愛得有多深,痴纏得有多不避人耳目了嗎?

「雨雲深繡戶,來便諧衷素。」讀至此句,娥皇的心簡直痛到極點。她這個國后還沒有死,可他們居然可以完全無視她的存在,朝為雲、暮為雨,在深深的繡房裡歡媾、嬉戲親暱,盡情傾訴衷腸,盡興品嘗愛情的甜蜜,水乳交融、如漆似膠,難道他真的要讓嘉敏取代她的地位,成為南唐新一任國后嗎?

「宴罷又成空,魂迷春夢中。」每次宴樂一結束,嘉敏便故意從他身邊悄悄溜開,轉瞬就消失得無影無蹤,只留下他在夢境中重新回味領略她的柔情萬種和如花笑靨。誠然,嘉敏並非真的離他而去,她只是想要看看他到底有多在乎她,或許,短暫的離別和刻骨的相思才能讓她更加清晰地看到他對她的一片真心哪!

為什麼?為什麼?他們就這樣肆無忌憚地在她眼皮底下尋歡作樂、打情罵俏,卻只留她在這孤寂的瑤光殿裡一邊品讀著他們的濃情蜜意,一邊咀嚼著人生的苦澀,任她自生自滅,任她靜坐長夜。

窗外,歲月難得的沉默,秋風厭倦了漂泊,聲聲嗚咽不住地灌進她的耳中。望明月,心悲涼,昔日伊人耳邊的甜言蜜語早已隨同一江秋水緩緩東流,只餘千古悵恨,供她在一個人的寂寞深院裡輪番品嘗。詞窮墨盡、

曲終人散，再回首，往事也隨著楓葉片片落下，怎不惹她傷心欲絕？情有多長，痛就有多長，想要把他忘記卻不容易，所以才會守著孤單為他孤獨沉吟至今。只是，如果真的兩兩相忘，以後的以後，還有誰會流連於花前月下，肆無忌憚地笑嗔那痴情的郎？

第6卷
傷妻悼子

第 6 卷　傷妻悼子

月落花飛

　　玉樹後庭前，瑤草妝鏡前。去年花不老，今年月又圓。莫教偏，和月和花，天教長少年。

　　　　　　　　　　　　　　—— 李煜《後庭花破子》

　　娥皇怎麼也沒想到，她平日最為寵愛的次子仲宣竟然就那麼走了。他還不滿四歲，還沒來得及享受人間的榮華富貴，甚至沒來得及讓她再多看他一眼，就拋下她這個傷心欲絕的母親走了。

　　為什麼？這孩子是那麼的聰明那麼的可愛，三歲的時候就能一字不漏地背完《孝經》；聽到宮人所奏的樂曲，立刻就能說出曲調的名稱；出席宮中宴會或外出看到滿朝文武大臣時，總會表現得非常有禮貌，又是鞠躬又是作揖，完全就是一個小大人的模樣，為什麼老天爺就不肯憐憫她這個當母親的心，非要從她手裡將仲宣無情地奪走？

　　「瑞保！」已經病得不成人形的她和衣躺在床上，不斷伸手拍打著床桄，撕心裂肺地哭喊著仲宣的小字，「瑞保，你等等母后！你等等母后！」

　　「國后娘娘！」流珠匍匐在榻前，悲不能禁地嗚咽著：「宣城公已去，可清源郡公尚在，娘娘要是再有個好歹，可叫清源郡公依靠誰去啊？」

　　「叔章……」娥皇哽咽著叫著長子仲寓的小字，勉強著支撐起病體望向流珠，迫不及待地問著：「叔章怎麼了？叔章他……」

　　「娘娘請放寬心，清源郡公很好，只是……」

　　「只是什麼？」

　　「只是國主因為宣城公的夭折，已經好幾日滴米不進，黃保儀和窅娘她們都急成了熱鍋上的螞蟻，不知道該如何是好。要是娘娘再有個好歹，國主和清源郡公……」

「從嘉……」她哽咽著念他的名,「瑞保是從嘉的心頭肉,如今他不在了,從嘉怎麼能不悲痛欲絕呢?都是我不好,要不是我臥病在床,瑞保就不會一個人跑到佛像前玩耍,就不會被掉下的琉璃燈嚇壞,就不會……」

「國后娘娘!」流珠知道,打仲宣一出生,娥皇就拿他當作心肝寶貝似的寵著,甚至超過了對仲寓的愛。宮裡的保姆她不放心,所以一直把仲宣帶在身邊親自照顧,可沒想到的是,正因為她病得神志恍惚,所以疏忽了對仲宣的照看,一個大意,他就跑到佛像前自個玩去了,更沒想到的是,那天居然有隻貓竄上了佛堂頂上高懸的一盞琉璃燈,並把燈給踩掉了下來,發出一陣「嘩啦」巨響,當場便把小仲宣嚇得半死。自那以後,仲宣便丟了三魂六魄,竟然犯了癲癇病,沒過幾天就丟開寵得他無以復加的母后,撒手人寰了。遭遇這樣的變故,娥皇又怎能不悲慟欲絕?只是她尚在病中,萬一再有個好歹,宮裡豈不大亂?

「從嘉有沒有說什麼?」

「國主他……」流珠知道無法隱瞞,從懷裡掏出劉澄遞給她的一首悼詩,輕輕遞到娥皇手邊,「國主為宣城公寫了一首悼詩,請娘娘過目。」

娥皇接過詩箋,顫抖著捧著手裡,和著淚水,一字一句地唸著:

永念難消釋,孤懷痛自嗟。

雨深秋寂寞,愁引病增加。

咽絕風前思,昏曚眼上花。

空王應念我,窮子正迷家。

—— 李煜《悼詩》

從這兩首悼詩中,娥皇讀出從嘉對仲宣深深的悼念。畢竟血濃於水,在他與嘉敏千憐萬愛之際,還是沒能忘記這份父子深情。可若不是他和嘉敏的那段不倫之戀,她又怎會病上加病,仲宣又怎會遭遇這樣的劫難?

第 6 卷　傷妻悼子

「永念難消釋，孤懷痛自嗟。」從嘉對仲宣的思念始終難以消除，而這種思念又只能由他一個人來默默承受。讀著這樣刻骨憂傷的詩句，娥皇的內心更是痛不可當。

「雨深秋寂寞，愁引病增加。」秋日的寂寞在秋雨中更顯淒厲，為病妻所生的憂愁更加重了他思念亡子的病體。怎麼？娥皇探首望向流珠，莫非從嘉也病了不成？

「咽絕風前思，昏矇眼上花。」秋風中他只能一個人嗚咽欲絕，眼光昏花已是未老先衰。如果不是愛之深深，又怎會痛得這般深切悲絕？

「空王應念我，窮子正迷家。」茫茫的愁苦之海已將他徹底淹沒。走投無路的他只能把所有的希望都寄託在慈祥的佛祖身上，希望佛祖能顧念他，不要再帶走他的娥皇。

「從嘉……」她緊緊咬一下嘴唇，哭得更加悲不能禁。原來，自始至終，他心裡還是有她的，可他和嘉敏在一起風流快樂的時候為什麼就沒想到會給她帶來的傷害呢？

「嘉敏現在在哪？」

流珠頗為難地盯一眼娥皇：「回娘娘的話，嘉敏小姐現在還住在畫堂裡。」

「還住在畫堂裡？都什麼時候了，她居然還有心情留在宮裡風流快活？」

「不是的。嘉敏小姐這幾天為了宣城公的夭折傷心得難以自禁，現在娘娘又病成這樣，所以她想留在宮裡隨時探聽娘娘的病情，再及時傳到宮外，也好寬慰夫人為娘娘懸著的一顆心。」

「她倒是好心！」娥皇瞪著流珠不屑地說，「探聽我的病情？她來宮裡這些日子，什麼時候到我瑤光殿裡探視過我？我看她留在這裡無非是想打探我什麼時候死了，她好替代我坐上國后的位置吧？」

「娘娘……嘉敏小姐自知理虧，所以不敢來見娘娘，還請娘娘……」

「請什麼？」娥皇淒厲地笑著，一低頭，突地發現流珠的懷裡還藏著一張字紙，連忙顫聲問著：「你懷裡揣著的是什麼？」

「啊？」流珠低頭看一眼懷裡揣著的字紙，連忙探手重新掖好，「沒，沒什麼的。」

「我都看見了，你還藏什麼藏？」娥皇面色鐵青地瞪著她，「是不是又是國主寫給嘉敏的豔詞俚曲？」

「不是的！」

「拿出來我瞧瞧！」

「娘娘……」

「快！」

流珠不得已，只好掏出詞箋，顫抖著雙手奉到娥皇面前，哽咽著泣道：「娘娘，您還是別看的好。您要是再被氣出個好歹來，清源郡公可就……」

「叔章還需要我這個娘嗎？我死了倒好，從嘉很快就能給他找個更年輕更漂亮的母后了！」她捧著詞箋，斷斷續續地唸著：「花明月黯籠輕霧，今宵好向郎邊去！」

竟然又是一首《菩薩蠻》！

花明月黯籠輕霧，今宵好向郎邊去！剗襪步香階，手提金縷鞋。畫堂南畔見，一向偎人顫。奴為出來難，教君恣意憐。

——李煜《菩薩蠻》

「花明月黯籠輕霧，今宵好向郎邊去！」那晚，花兒開得正豔，但是卻有淡淡的雲層掠過月亮的光華，輕霧中，美麗的月亮若隱若現。這是有情人幽會的好時光，想到那個人兒，嘉敏的心就忍不住咚咚亂跳，不知他

此時此刻是不是也在想著她。

「剗襪步香階，手提金縷鞋。」為了不驚動別人，讓姐姐發現她和姐夫的私情，她麻利地脫下金縷鞋提在手中，直接以襪子貼地而行，懷揣著一顆緊張而又忐忑的心，在臺階上一溜小跑，只願化身一陣輕風，靜靜地抵達他的身邊。

「畫堂南畔見，一向偎人顫。」嘉敏要去的地方是畫堂南畔。那是個隱蔽的地方，一到晚上，周圍顯得更加寂靜，很少有人會從那裡經過，所以她和他總是把幽會的地點定在那兒，已經不知道偷偷來過多少回了。

熟悉的路徑，加上她快捷的腳步，一眨眼的工夫便到了畫堂南畔。還好，從嘉還是比自己早早地先到了，他已經在那裡等了她很久，乍一見面，她就嬌嗔著偎到他懷裡，盡情享受著他的柔情蜜意。儘管畫堂周圍的景色很美，但此時此刻，他們的眼裡心裡只有彼此的存在，對其他事物根本不屑一顧。

或許是因為心生緊張，或許是因為光著腳沒有穿鞋，依偎在他懷中的時候，她感覺自己的身體不住地顫抖。為了能與心中所愛的情郎幽會，她已經費了不少周折，現在好不容易才撲進他的懷抱，又怎能不讓他好好憐愛自己一番？

「奴為出來難，教君恣意憐。」看著眼前這個人兒，她羞澀地說出了心裡的話：「妾身每次出來見你，都要經過這麼多的困難，所以要請你盡情地憐愛著我啊！」

輕霧、淡月、花明……戀愛中的他們，忘記了周圍的一切，時間也顯得窄如片刻。可是這世上還有她周娥皇的存在啊！她憤懣地抬起頭，抑制不住地咳嗽著，失去了他的愛，她還活著做什麼？自此後，這宮裡所有的一切都是屬於他們的，是的，都屬於他們！畫堂、輕霧、淡月、花明，還

有「執子之手、與之偕老」的諾言！

她不要再聽他說話，不要再看到他出現在瑤光殿裡，不要再讀到他任何的舊詞新賦，從今往後，就讓她在無人眷顧的寂寂深宮裡自生自滅好了！從嘉，潸然淚下時，她還是難耐對他的刻骨相思，將他深深淺淺地想起。既然他的愛情裡已經沒了她的位置，那就讓她在這寂寂深夜裡獨臥一紙詩書，織入一些詩情畫意，攜著雪的芬芳潔淨，攜著梅的冰清玉肌，再為他做一抹素白清香的隔世紅顏吧！

其實他並非不眷戀著她。他愛嘉敏，卻依然如故地深深依戀著她。他對她的愛天地可鑑，恨不能將她的名字燃成一縷煙吸進肺裡，讓她保持離他心臟最近的距離，再也不用擔心會和她斷了聯繫，生生世世永相隨。於是，他又開始為她寫詞，為她祈禱，只是她再也不願讀到聽到，那麼就將這寫好的新詞《後庭花破子》焚於香爐，讓慈悲的空王來憐憫他，拯救她吧！

玉樹後庭前，瑤草妝鏡邊。去年花不老，今年月又圓。莫教偏，和月和花，天教長少年。

—— 李煜《後庭花破子》

「玉樹後庭前，瑤草妝鏡邊。」他把她比作後庭前的玉樹，妝鏡邊的瑤草，對她的珍愛溢於言表。

「去年花不老，今年月又圓。」潮起潮落，斗轉星移。去年的花依然開得無比鮮豔，今年的月亮依然和去年一樣的圓。只是，世事如夢，他和娥皇真的還可以攜手回到從前那樣無憂無慮的世界裡去嗎？

「莫教偏，和月和花，天教長少年。」慈悲的佛祖啊，您可千萬不要偏心，一定要讓我心愛的娥皇如這眼前的鮮花和月亮一樣，永遠都保持青春的活力和健康的體魄啊！

可是，他的祈禱，佛祖真的能聽到嗎？抬頭，遙望千年的記憶，耿耿星河下，他只能寂寞憑欄相思，卻不知道該如何撫慰她那顆日漸支離破碎的心。天上人間，花團錦簇，他和她，卻是人月兩難圓，而所有的真心真意，亦都已在他的心痛裡化作了風中嗚咽著的悲歡離合，如夢似幻，只令人愁苦難眠。國事維艱，眼看著大宋一直在江北虎視眈眈地盯著南唐想要把這塊肥肉吃進嘴裡，他早已心力交瘁，而娥皇日益纏綿的病體更讓他因憂慮憔悴不堪到極點。究竟，今生今世裡痴狂欲為誰留，終只為停住了他的半世凋零？！

相思成災

雲一緺，玉一梭，澹澹衫兒薄薄羅，輕顰雙黛螺。

秋風多，雨相和，簾外芭蕉三兩窠，夜長人奈何！

—— 李煜《長相思》

夜早早地來了，廊下的風恣意地輕搖他的小窗，冬也早早地來了，轉瞬間便寒冷了他來不及設防的心。雕花的窗櫺冷不妨被蒙上了一層厚厚的冰雨，夢依然涼透在他悲愴的心靈，卻是那樣的浸潤無聲。他無意讓自己變得如此的悲涼，只是，夜的黑，夜的冷，還有這驟變的天氣，都讓他顯得有些無所適從，失去了她的冬天，是比往年更冷了些，也更孤單了些。黑夜寂然，悽悽慘慘，冷冷清清，心亦如雪般深沉寥落，即便婉轉的絲竹依然響徹在天際，也無法明媚他晦暗的眸子。

無意間聽到流珠在瑤光殿彈奏起她生前所譜的《恨來遲破》曲，如泣如訴的曲調直抵他內心深處，那些突如其來的孤獨無依的感覺便又沒來由

地將他瞬間整個包圍住。娥皇走了，走在那個雪花紛飛的日子裡。十一月二日，他記住了這個日子，這是她在世間望他最後一眼的日子，也是他聽她對自己說最後一句話的日子，離愛子仲宣去世的日子僅僅隔了一個月。

「婢子多幸，托質君門，竊冒華寵十載矣。女子之榮，莫過於此。所不足者，子殤身歿，無以報德。」

這是她對他說的最後一句話。話完，在流珠的攙扶下抱病沐浴梳妝，然後口含珠玉，閉目而坐，延捱了幾個時辰後便香銷玉殞、撒手塵寰，時年二十九歲。望人去樓空，他悲痛欲絕，不勝唏噓，撫屍慟哭，下令將她生前鍾愛的金屑檀槽琵琶納入棺中，然而，這一切又能挽回什麼呢？

流珠哀怨的琵琶聲，聲聲浸透他悲慟的靈魂，就如淚水能打溼自己的心一樣，輕輕的，便讓這難以言表的酸澀漫過了他的長夜，溼了他的衣襟。憶往昔，十年相守的歲月裡，無數個雪雨風霜的日子，都有她嬉笑相伴，都有她紅袖添香，都有她輕歌曼舞，都有她風花雪月，而今，她不在了，只餘往事如煙，絲絲縷縷，縈迴於他的心間，久久揮之不去，可又有誰懂得，懂得他箇中疼痛的艱辛，懂得他唏噓感嘆的沉重？

黑夜靜默，悄然無聲。門扉重掩，鎖不住讖語糾纏。驛外斷橋邊，是誰的水袖在紙上飛揚？反覆的吟唱，是誰在溪畔煙視媚行？沾墨的筆端，紙上演繹的故事究又是誰和誰？是願將碧血化做春妝的張麗華，或是西泠松柏下落寞悽惶的蘇小小？是玄武湖邊光彩奪目的杜秋娘，或是西廂月夜下輕撒數點梨花的崔鶯鶯？是千里尋夫清淚哭倒萬里長城的孟姜女，或是塞上凝眉獨奏笙歌的王昭君？回首昨日她還曾駐足的繡樓，翻開她層層疊起的花箋，那字字滿含血淚與深情的句子，又怎堪在他瘦了的指間書寫下永遠的天長地久？

已然習慣獨坐西窗之下，擁著一懷明月在惆悵中傾聽她一簾幽夢，把

第 6 卷　傷妻悼子

　　一襟幽懷深深淺淺地篆刻在他濤起的思念裡，任指尖劃過一道道或明或暗的憂傷，於眉間驚起片片舊夢，卻難以洞悉他和她，在這世間，究竟誰才是誰生命中的過客。失去她的日子裡，所有的恩愛是否終將化作鐘山上呼嘯而過的風，每日每夜都泊在他的心頭，來了再去，去了再來？或許，這世上最終誰都不會是誰的誰，思緒萬千，轉瞬之後亦不過是遺落在柳浪之外的煙雲，一回首便已無法捉摸，這蒼茫天地間，亦唯有那些殘存在紙箋上的文字，才會記取他日漸瘦長的思緒，久久地留在心間悄悄吟唱千年、萬年……

　　流珠又開始彈起了《長相思》。那是娥皇生前最拿手的彈奏曲目，她曾以這首曲子擄獲並傾倒了南唐後宮所有人的心懷，為此，先帝李璟還特地將價值連城的燒槽琵琶賞給她作為獎勵。他沒捨得將燒槽琵琶納入她的棺中，因為不想讓一座冰冷的墳墓埋沒掉所有與之相關的記憶，所以他把燒槽琵琶賜給了流珠。流珠是她從宮外帶來的婢女，與她情同姐妹，更在她的調教下，將彈奏琵琶的技藝練到出神入化、與她不相上下的地步，甚至可以達到以假亂真的水平，他又怎忍心讓能夠給自己帶來安慰的燒槽琵琶和她一樣徹底消失在南唐後宮？

　　聽多了流珠用燒槽琵琶彈奏的曲目，他漸漸有意識無意識地將她當作了娥皇的替身。彷彿只要看到她就是看到了娥皇，聽到她彈奏的曲目就是聽到娥皇在他身前淺吟低唱。心一動，淚已成雙。長相思啊長相思，在這樣憂傷的夜晚聽著這樣憂傷的曲調，他唯一能做的便是讓眼裡噙著的淚水在寂寞的風裡飛撒，紛紛揚揚，落地成花。

　　對不起，娥皇，我真的不想讓妳離我而去。可我使勁了渾身解數也沒能留住妳，更沒能留住我們的兒子仲宣，不過，妳一定要相信我，相信我是真心愛著妳，真心寵妳的。我不知道天堂離這裡到底有多遠，但我希望妳在那裡可以得到永恆的幸福和快樂；希望高空那輪圓月能夠彌補妳心裡那份殘缺；

希望妳能披上一抹皎潔的月光，讓那淡淡的月光，親吻著妳如花的臉龐，把妳心底的憂傷抹盡，從此不再為黑夜歌唱，也不再為留痕悲傷。

娥皇，妳聽到我對妳的祝福了嗎？是的，我只希望妳靜靜地享受這份親吻，不再為那些過往流淚徬徨，不再為我傷心難過。如若我淚水裡的這份傷感沾染了妳，也絕不是有意的，因為這份痛苦注定只屬於我，只屬於這孤寂的南唐深宮，只屬於那些還苟延殘喘活在這世上的人！

妳走了，我的心也死了。那麼今晚，就請妳允許我盡情地為妳傷感吧！娥皇，我的娥皇，到底，要怎樣，妳才能回歸到我的世界裡來？幾多春去秋來的悲哀，幾多曠古寂寞的無奈，終是在歲月的流逝中，變作我心底那道抹不掉的傷痕，究竟又需要多少的時光才能將之忘懷？不，我不要忘懷，我只要記得。哪怕一輩子都不快樂，只要還記著妳的容顏，記著妳的笑靨，記著妳每一個舉手投足，我孤單寂寞的心也是充實滿足的啊！

回來吧，娥皇！回來吧！傾瀉的月光，慵懶地灑在他的身上，此刻，那寂寞的身影是那麼的孤獨，卻依然固執地攜著寂寞的感傷，在那些殘缺的希冀中努力找尋著一份依託。只是，無論他如何悲愴地呼喚，月光也不曾帶走他的徬徨，徘徊在他眉間眼角的仍是一份淒冷的孤寂。

淚光漣漣裡，他終於邂逅了她往日溫柔的眸光，看到她足踏蓮花，手持瓊花，緩緩朝他走來。是娥皇嗎？他追著她輕倩的身影跑到室外，在秦淮河上覓她飄緲無依的影，但見水面波光瀲灩，明潔如同月華。他知道，那是她的情思在蕩漾，月光清涼，心上分明有字，卻不知道是否那一句纏綿繾綣的長相思。

看到了，他看到了。她就在水中央。是的，他朝思暮想的娥皇就在秦淮水上，望著他淺淺淡淡地笑。他興奮得無以復加，連忙捧出紙硯，撩開袍襟，飽蘸濃墨，在澄心堂紙上為她寫下一曲刻骨的《長相思》：

第 6 卷　傷妻悼子

　　雲一緺，玉一梭，澹澹衫兒薄薄羅，輕顰雙黛螺。

　　秋風多，雨相和，簾外芭蕉三兩窠，夜長人奈何！

—— 李煜《長相思》

　　「雲一緺，玉一梭，澹澹衫兒薄薄羅，輕顰雙黛螺。」她秀髮如雲，斜插著一支玉梭，羅衣薄裳，依然那麼嫋娜，那麼容光煥發，美豔得不可方物，卻不知為何又蹙起了眉頭，難道還在怨恨他的見異思遷、移情別戀？

　　「秋風多，雨相和，簾外芭蕉三兩窠，夜長人奈何！」又下雨了，時至隆冬，戶外的風卻比秋天還多，一時間風雨相侵，眼前的幻象迅速消逝，剎那失其所在，更添得他心底苦悶情緒。

　　娥皇，妳就這麼走了嗎？他頂著風雨，在水畔撕心裂肺地喊她的名字，一遍，兩遍，十遍，千遍，可她輕倩的身影終是沒能再次映入他的眼簾。娥皇，他幾乎是哽咽著回到屋內，憶起眼眸裡曾經的溫柔，心，顫抖不已。

　　曾幾何時，與她共聽疏雨敲窗，同賞清風明月，冷月輕柔，纏綿如詩，月影裡，那飄飄舞動的霓裳，依然繚繞在心頭；曾幾何時，千里之外，咫尺之間，他與她十指緊扣、生死相依，那輕聲細語，那清澈眼眸，都讓他感動莫名，任再纏綿的素箋，也無法表達那時的纏綿悱惻；曾幾何時，他和她朝夕相伴、相知如鏡，每次心醉的欣喜，都伴隨她溫暖的笑靨瀰漫他整顆心房……而今，她走了，他成了失偶的鰥夫，兩個人的陽關道，終成一個人的獨木橋，心亦蜷縮在角落裡輕嘆悵然，只餘十指冰冷，獨自傾聽心在滴血時的滴答聲，而那如煙往事，卻是落筆難言。

　　不經意的回眸，卻又看到簾外雨打芭蕉，風吹殘葉，一派蕭瑟荒蕪之象。夜那麼長，又風雨相和，側耳聽著風聲、雨聲、芭蕉聲，簾內的他更添寂寞情緒，然而這份深不見底的憂傷卻又無法排遣，總是揮之不去，萬

般無奈之下更發現哭不出來的滋味原來是如此如此的痛。

　　她走了，亦帶走他那顆早已支離破碎的心。望著院外去年和她一起種下的梅花已經三三兩兩地綻放於枝頭，鮮豔欲滴，而種花的伊人卻已不在，剎那間便又惹出他滿腔的愁恨，可又無力改變些什麼，於是只能枕著一懷的寂寞與悲慟，一次又一次地在心底，為她，為仲宣，寫著一首又一首悼念的詩：

　　殷勤移植地，曲檻小欄邊。
　　共約重芳日，還憂不盛妍。
　　阻風開步障，乘月溉寒泉。
　　誰料花前後，蛾眉卻不全。
　　失卻煙花主，東君自不知。
　　清香更何用，猶發去年枝。

　　　　　　　　　　　　　　　——李煜《梅花二首》

　　珠碎眼前珍，花凋世外春。
　　未銷心裡恨，又失掌中身。
　　玉笥猶殘藥，香奩已染塵。
　　前哀將後感，無淚可沾巾。
　　豔質同芳樹，浮危道略同。
　　正悲春落實，又苦雨傷叢。
　　穠麗今何在，飄零事已空。
　　沉沉無問處，千載謝東風。

　　　　　　　　　　　　　　　——李煜《輓辭二首》

浮生共憔悴，壯歲失嬋娟。

汗手遺香漬，痕眉染黛煙。

—— 李煜《書靈筵手巾》

落紅成殤

曉月墜，宿雲微，無語枕頻欹。夢迴芳草思依依，天遠雁聲稀。

啼鶯散，餘花亂，寂寞畫堂深院。片紅休掃盡從伊，留待舞人歸。

—— 李煜《喜遷鶯》

  素白的瓊花開得漫山遍野、如火如荼的時候，那濃郁的芳香又開始在雕欄玉砌的亭臺樓閣中氤染著他的春夢。花開繁華，那些深藏在花叢中的心思，就這樣被氾濫了的春光啟用，在他憂傷的眼裡演繹著亦真亦幻的燦爛。誘人的花香引來一群不知道從哪裡飛來的五彩斑斕的蝴蝶，它們在風中顫動著快樂的翅膀，抖落出繽紛的色彩，在藍天白雲下畫出一幅幅怡人的圖卷，只可惜這一份美景少了她的參與，再多的芳華再多的綺麗，到最後幻化出的也只是他眼底的一縷蒼白荒蕪罷了。

  目光的盡頭，還是那汪清清淺淺的瘦西湖，碧清的湖水緩緩地從西流到東，從她十七歲的花樣年華，一直蜿蜒到如今，從來不曾斷流，亦未曾遠去他思念的世界。想著她，念著她，他深深地嘆息，凝視花海的目光恍如隔世，怎麼也無法穿越天涯海角的距離，像從前一樣清晰地勾勒出她的輪廓，亦無法將思念的情愫傳遞給遠在天堂的她。於是，只能一遍遍地回憶起當初的歡樂，一遍遍地回味著當初的溫暖，等所有紊亂的思緒都歸於平靜時，再在她未曾遠去的叮囑裡尋找她過去的種種溫婉與柔軟，任憂傷

的幸福悄然泊在他的眼角眉梢，在想念的世界裡繼續擁抱她的溫良儉恭讓，還有她的嬌豔與明媚。

且記得，春日暖暖的陽光下，微風輕舞裙襬，瓊花簌簌落下，蝶兒翩翩，映襯著她嬌美的容顏，眼波過處，是無邊的春色流轉；且記得，那汪清淺的湖水，在他眼前脈脈地流淌，綴滿綠色的水草在他眼前旖旎出一城春色，還有那波光瀲灩的湖面，在他們的歡聲笑語裡映出了藍的天、白的雲、素色的瓊花，還有她溢滿笑意的臉龐和他一襲白衣白裳的身影；且記得，腳下的那條小徑彎彎曲曲，迂迴幽深，不知道通向哪裡，只看見路旁的柳條披散著長髮在風中搖曳，柔嫩的青草在柳樹下婆娑起舞，還有無數叫不出名字來的野花在飛鳥的啼喚中搖響了手中的風鈴，而這一切都在他們眼裡繾綣成一幀明媚的畫卷，惹得他們驚喜連連，剎那間便在心湖漾起陣陣漣漪。

俱往矣。回首顧盼間，他卻讀不懂夢裡的她眼眸深處嵌入的究竟是誰的思念。那一年，她笑靨如花，滿面嬌羞地望著他緊緊拉著他的手，緩緩走在瘦西湖畔，二十四橋邊，一串串歡快的足跡朝著瓊花深處緩緩延伸，而她卻不知那時的他是多麼用心地在讀她。他讀懂她沉默裡的那份悵惘，那種孜孜以求卻得不到回應的苦澀；他讀懂她浸潤在黑夜裡那漫無邊際的苦苦相思，以及眼神裡透出的淡淡憂鬱；他讀懂她始終沒有說出口的美麗期許和顧慮……可是轉身之間，她卻早已消逝在天盡頭，以後的以後，又叫他如何再將她心底懵懂的相思輕輕唸起，讀個明白？

娥皇啊娥皇，妳可知，金陵城的瓊花也開了，開得絲毫不比揚州城裡的瓊花遜色，可妳為什麼不睜開眼睛再看它們一眼？妳看，它們開得豔麗爛漫，開得搖曳生姿，夢裡夢外都是它們熱情奔放的身影，像極了妳曾經說過不止一次的要相守終老的誓言，可是，繁花似錦的季節，我依然沒能與妳相見，難道我們之間真的已隔了一條銀河的距離，此岸是我，彼岸是

第6卷　傷妻悼子

妳，注定這輩子只能這樣兩兩相望？

　　回來吧，娥皇！妳說過妳這一生一世都要伴我左右，永不分離的，可為什麼妳又要狠心食言？難道妳就是用這種方式在懲罰我和嘉敏嗎？妳可知，趙匡胤的軍隊已在我將妳安葬懿陵之際，滅亡了遠在西南方向的西蜀政權，蜀主與他最寵愛的妃子花蕊夫人都已淪為北宋的階下囚？

　　荊南被滅了，湖南也被滅了，現在西蜀也完蛋了，南唐政權比從前任何時候都更加接近覆沒的邊緣，可除了不斷給趙匡胤進貢外，我找不到任何解決之道。或許，在不久的將來，金陵這座繁華的城池終歸也要步上揚州的後塵，成為北宋的囊中之物吧？可這一切對我來說又算得了什麼？失去了妳，所有的榮華富貴都只不過是虛擬的擺設，激不起我心裡一點點漣漪，可我唯一害怕的是，他們打進金陵城的時候會毀了妳的陵寢。是的，妳生前我沒能好好地保護妳，妳死後，我若再沒有能力保妳周全，那活著，對我來說又有什麼意義？

　　花開有期，思念無期，盼只盼妳在天堂裡一切都好，永遠都不要再為我傷心，為我徬徨，或許唯有那樣，才那稍稍減輕我對妳所犯下的罪孽。妳走了，流珠也變得沉默寡言。她總是抱著妳留下的燒槽琵琶彈了又彈，從早到晚，沒日沒夜。儘管她彈的都是一些哀怨的曲子，可我卻是由衷的喜歡，不僅因為那些調子是妳生前所愛，更因為她彈奏的技藝已經可以與妳媲美，有時甚至可以達到以假亂真的情境，讓我情不自禁地以為那個坐在珠簾後背對著我將《長相思》緩緩彈起的人就是妳。還有，我在燒槽琵琶背後為妳題寫的那首悼詩，妳看到了沒有？

　　侁自肩如削，難勝數縷絳。

　　天香留鳳尾，餘暖在檀槽。

──李煜《書琵琶背》

流珠整天對著那首悼詩默默流淚，我知道她是真的捨不得離開妳。妳們從小長在一起、玩在一起，雖有主僕之名，實則情同姐妹，若不是為了幫我照顧好仲寓，我看她連跟妳一起去了的心都有。縱使妳忍心拋下我，又何忍丟下流珠和仲寓不聞不問？

娥皇，妳知道嗎，在我心裡，妳是那唯一的紅顏，無論妳去了哪裡，變作了什麼，就算是化作了一場如夢的煙雨，也是我心酸的快樂？又可知道，那年那月我們在揚州城的那場初見，是我讓劉澄刻意的安排？我知道妳喜歡瓊花，所以就在瓊花爛漫的季節出現在妳的畫舫前，只是為了讓妳記住那明媚春光裡，高遠藍天下的彎彎小徑、縷縷花香、聲聲鶯啼、悠悠湖水，還有雲淡風輕中流淌在我臉上的歡笑，充盈在我心裡的興奮和對妳深深淺淺的愛慕。可是，遠去了的妳是否還記得那年二十四橋明月夜下我青春飛揚的神情，我熱情爽朗的笑聲，還有我如花似玉的年華？

又是一個夜過去了，天已明。可我仍然克制不住對妳長長短短的相思，我和妳，終是相逢相知卻不能日日相隨，相思相戀卻無法時時相伴，難道所有的過往都只是在紅燭之下讀妳、懂妳、疼妳、念妳之中釋放的煙霧，轉瞬即逝？或許，妳已經把我忘了。可我並不覺得遺憾，因為是我辜負了妳，無論妳用什麼方式懲罰我，我都會心甘情願地接受。我不求妳寬恕，也不求妳容顏不老、年華永駐，唯一求妳的便是要妳一生平安、幸福永遠，並盼妳從天涯的另一端再渡一葉扁舟，承月華春水，踏白練清波，駛過兩岸花團錦簇的青山，袖飲清風，風舞明月，待滿園瓊花凝視妳的霓裳之際，輕輕飄落我的窗前，讓我再替妳描一次眉畫一次妝，然後共看花事如瀑，並將妳心底的所有愁與痛都輕輕抹去。

想著她，念著她，憂鬱再次叢生，窗外花下亦依舊緩緩擱淺著他青春的故事，他知道，這個夜又是輾轉難眠。無盡的相思無法排遣，只好披衣下床，偎在案邊，鋪開紙箋，寫下一首《喜遷鶯》，在字裡行間慢慢品讀、

細細回味，夢著她年輕的身影，繪一幅絕美的詩情畫意，任心田裡嫋娜地開著一季繁花，卻仍是惆悵莫名：

曉月墜，宿雲微，無語枕頻欹。夢迴芳草思依依，天遠雁聲稀。

啼鶯散，餘花亂，寂寞畫堂深院。片紅休掃盡從伊，留待舞人歸。

—— 李煜《喜遷鶯》

「曉月墜，宿雲微，無語枕頻欹。」早上的殘月已經從西方消逝了蹤影，一宿的雲煙也被吹散。春天的夜過得總是那麼快，可他卻不願看到天明，儘管在夜裡他仍然孤獨寂寞，但卻可以希冀在夢裡與她相逢。即使夢不見，有個念想也總是好的。

天亮了，他卻頻頻斜倚在枕畔，輾轉反側，恍惚中似乎又看到她枕在自己臂彎沉沉欲睡的嬌憨神態。娥皇啊娥啊，妳說十年修得同船渡，百年修得共枕眠，可如今妳親手縫製的香枕還在，而人卻不在，又讓我如何睡得安穩？

「夢迴芳草思依依，天遠雁聲稀。」夢中醒來，沿著滿徑芳草追逐著她曾經走過的蹤跡，尋遍每一個相偎的角落，仍是望不到她輕倩的身影，就連天邊的鴻雁也沒了蹤影，這該叫他如何把寫滿思念的詞箋送到她身邊，約她一起纏綿入夢？

「啼鶯散，餘花亂，寂寞畫堂深院。」她走了，昔日裡，那些停在她窗外枝頭啼叫個不停的黃鶯也沒了蹤影，那些被她侍弄過的花草亦被春風吹殘，雖然尚未凋謝卻也變得紛亂不堪，更添愁緒。畫堂深深，卻深不過他寂寞的心懷，她不在的日子裡，只是又添了他兩莖白髮。

「片紅休掃盡從伊，留待舞人歸。」她一定還會回來的。悵望滿院落紅，他深深淺淺地嘆。這裡是她的家啊，她只是太累了，只是想好好歇一歇，所以才暫時離開了這裡，可她終歸還是要回來的啊！

是的，她會回來的。那麼就不用叫人來清掃這裡的落紅了，等她回來，他還要看她輕歌一曲，讓這片片落花共她輕舞霓裳呢！只是，那又該是什麼時候？

恨見東風

櫻花落盡階前月，象床愁倚薰籠。遠似去年今日，恨還同。

雙鬟不整雲憔悴，淚沾紅抹胸。何處相思苦？紗窗醉夢中。

—— 李煜《謝新恩》

西元 965 年，北宋乾德三年九月，從嘉的母親聖尊后鍾氏病逝。接二連三的變故終於將他徹底擊垮，一病不起，對娥皇和愛子仲宣的思念也與日俱增。

夢裡，過往的所有回憶都無一例外地被他編成了戲劇的指令碼，而那些跌宕起伏的情節卻只許他在病中輪番上演悲情的落幕。落幕的最後，他死了，只有蕭瑟的清秋為他埋葬掉所有的過往與記憶。他知道，那曲悽婉的祭詩終歸是屬於自己的一場情殤，當幽幽的旋律彈盡塵世的繁華，如夢的流年也只不過是一紙蒼白，或許便這樣死了也好，死了就可以到地下與娥皇重溫鴛夢，再也不用這麼痛苦壓抑地活著了。

又見桐花發舊枝，一樓煙雨暮悽悽。

憑闌惆悵人誰會，不覺潸然淚眼低。

層城無復見嬌姿，佳節纏哀不自持。

空有當年舊煙月，芙蓉城上哭蛾眉。

—— 李煜《感懷二首》

第 6 卷　傷妻悼子

又是一年春來早。桐花盛開在舊枝之上，昔日佳人拈花一笑的樓閣之上，卻已是人去樓空，空餘煙籠霧鎖。滿腹惆悵無人可以傾訴，只能任無法傾覆的思念在黯然神傷裡化作一個又一個潸然淚下。

車水馬龍的街頭，登高望遠的人群之中，已經見不到娥皇的綽約風姿，這個冷酷的現實，自然令他心驚肉跳，悲傷得難以自持。那襯托著伊人的朦朧煙水，籠罩著伊人的舊日玲瓏月色，也都隨著她的逝去變得空虛無聊，天地間觸目皆成悲，抱病奔向城樓痛哭一場，似乎已成他追慕她的唯一選擇。

憔悴年來甚，蕭條益自傷。
風威侵病骨，雨氣咽愁腸。
夜鼎唯煎藥，朝髭半染霜。
前緣竟何似，誰與問空王。

──李煜《病中感懷》

對她不可抑制的思念，讓他一日比一日憔悴。回顧身邊親人多有亡故而日漸蕭條，更令他黯然神傷。

窗外，一串串的花蕾，被暖暖的春風吹開，從含苞待放，到羞澀低眉，再到千嬌百媚的過程，都像極了初見時娥皇的情懷，似是欲語還休，似是嬌羞凝思，又似是風情萬種，但無論哪一種姿態，都透著誘人的嫵媚，一幕幕的溫暖總會惹他依戀，惹他悲懷。

為她，他悲傷致病，風雨之下更是病骨難支，愁腸百轉不能勝情，清輝籠罩，有誰知道他的苦痛，又有誰能做他的子期？深夜鼎中瀰漫著藥香，清晨醒來卻發現髭鬚斑白。沒有了她，縱使歲月無痕、生命永恆，也無法消除愛與情分離的折磨、寂和寞相聚的吞噬，究竟，人生的因果如何，又有誰能代替他去求問佛祖？

就讓他永遠這麼病下去吧！願上天散了他的容顏，消了他的芬芳，消

散了他這可有可無的生命吧！孔雀尚可徘徊東南飛，蝴蝶尚可起舞覓芳蹤，鴛鴦尚可仰頭相向鳴，唯獨寂寞宮廷鎖他清秋冷，他還要獨存在這個世間做什麼呢？

> 病身堅固道情深，宴坐清香思自任。
> 月照靜居唯搗藥，門扃幽院只來禽。
> 庸醫懶聽詞何取，小婢將行力未禁。
> 賴問空門知氣味，不然煩惱萬塗侵。

——李煜《病中書事》

潮起潮落，春去春又來，朝朝暮暮，輾轉幾多傷。雨絲飄飛的時刻，總惹他悲痛交加、傷心欲絕，骨子裡的那抹相思，更被潮溼浸潤得淋漓盡致，無法排遣。

雨滴如淚，靜夜裡，慢慢放飛那顆早已滄桑的心，讓飄飛的思緒在空中肆意蔓延，卻聽到風裡飄來隱隱的呢喃，如泣如訴，那一抹燈下搖曳的剪影，依然有她在時的氣息。風起如簫，幽幽的韻律，迂迴婉轉，嗚咽低鳴，似那無奈壓抑的低吼，在經久的沉靜裡爆發出抑制不了的悲愴。歲月悠悠，漫漫人生路，自今而後，卻剩他孤獨前行，一任傲然的靈魂在風雨的侵蝕裡滄桑，為什麼上天就不能可憐他這一片癡心，將她還回他的世界？驀然回首，生命中的點點滴滴，歷歷在目，他絞盡腦汁，也無法做到與她兩兩相忘，於是只好沉浸在苦痛裡，默默地懷念，默默地悲傷。

病體漸漸康復，悟道的心情卻更加迫切。整日焚香坐禪，其實只為在夢中尋找她的點滴溫柔。他把自己封閉了起來，除了貼身侍候的小婢，任何人都不能接近他，包括嘉敏，包括黃保儀、流珠、窅娘，只任他孤單一人沐浴著月光在寧靜的居所搗藥服藥，幽深的院落亦只剩下禽鳥偶爾與之來往。

庸醫的話懶得去聽，攜小婢散步卻又力有未逮，沒有娥皇相伴的日子

第 6 卷　傷妻悼子

顯得無聊而又空洞，幸虧還可以從佛法中尋找些樂趣，否則這萬般煩惱早就會把他活活吞噬了。

娥皇。他總是靜坐在深院裡她曾經坐過的角落裡，一邊翻看著佛經，一邊念著她的名字，想著她，戀著她。那些曾經的美好，曾經一起經歷的過往，已然物是人非，卻又若漣漪般絲絲盤旋於心底深處，只一個微不足道的響動便會連根拔起。總以為有些人，有些事，會被雕刻在歲月的年輪之上，但回眸之間，那些記憶便又如同裊裊輕煙飄然而來、悄然而去，走得是那麼從容灑脫，不著一絲痕跡，空餘那悵然的心，依然淡淡面對著那日以繼夜、年復一年的悲哀。

落花飛舞，寒徹骨髓。濃重的夜色，在深深的孤寂裡平添他更多的愁緒，唯一能做的便是在無盡的思念裡，茫然地去尋覓她那縷飄緲的溫暖，來融化他那副冰冷的身軀。她走了，塵世中的一切，花紅柳綠，或是鶯歌燕舞，落在他的心上，都是難以傾覆的煩惱與憂愁，每一念起，眉間書寫的也唯有煩滿腹的心酸。憂傷與悲慟，就像腳下的芳草，連綿不絕，總也望不到盡頭，它們就那樣無時不刻地飄繞在他的眉尖心頭，沒個停歇，亦無從收拾。到底，怎樣才能將她永駐心底，不再去憶，不再去想？

其實，他知道的，他根本無法不去憶、不去想。櫻花落盡的時候，悽美的月色之下，他依然只想為她舞影花間，為她歌月水湄，然後在各自靜默的凝神裡，再次苦戀起那些共度的時光，任歡喜伴著淚水譜寫一曲《謝新恩》，用文字的呼喚鋪成生命的路標，用堅持拯救起他們錯失的美好，而這一切都因為他深知，即使斷腸，思念也總有振翅的飛越。

　　櫻花落盡階前月，象床愁倚薰籠。遠似去年今日，恨還同。
　　雙鬟不整雲憔悴，淚沾紅抹胸。何處相思苦？紗窗醉夢中。

——李煜《謝新恩》

「櫻花落盡階前月，象床愁倚薰籠。」櫻花落盡春亦逝，只有階前明月

依舊。孤身一人，花難解語，月難解意，夢中的娥皇獨守空閨，斜靠在燻過香的象牙床上，想到青春易逝，紅顏不再，和無人慰藉的淒冷境遇，不禁蹙起眉頭，暗自傷懷。

「遠似去年今日，恨還同。」他愛上了別的女人，冷酷地將她撇在寂靜的瑤光殿裡，只任寂寞吞噬著她那顆已將破碎的心。追憶起去年的愁思，體會著今年的愁怨，新愁舊怨一併襲來，卻是舊怨未平又添新愁，怎一個恨字了得？一個「遠」字更加深了她內心的別恨離情。

「雙鬟不整雲憔悴，淚沾紅抹胸。」見不到思念的人，她無心梳妝打扮，任憑髮髻不整，愁容慘淡。而這種相思之苦卻無人慰藉，想到這裡，她不由得潸然淚下，一任淚水打溼紅抹胸。

「何處相思苦？紗窗醉夢中。」相思之苦無可解，也許一醉才能解千愁，她也只好寄希望於夢境，盼望可以在夢中和他相會。可是，哪種相思更苦呢？是這樣清醒著相思卻不得一見，還是到夢中與他相會而醒來卻發現一切成空呢？夢中醉眼相見，也許歡情無限，可夢醒之後呢？只是無限歡情轉眼成空，不但慰藉不了絲毫的幽怨，反而會因夢中的歡會而更加憑添許多愁怨，所以最苦還是夢中。

她所有的煩惱都是他一手造成的。而今，無論他怎麼幻想，她也無法再走進他的世界。念及於此，李煜的眼眶不禁潮溼起來，淚眼模糊之間，他似乎再次夢到了娥皇的「含顰發笑，擢秀騰芳」，看到了娥皇的「鬢雲留鑑，眼彩飛光」，聽到了娥皇的「情瀾春媚，愛語風香」……

秦樓不見吹簫女，空餘上苑風光。粉英金蕊自低昂，東風惱我，才發一襟香。

瓊窗夢笛留殘日，當年得恨何長！碧闌干外映垂楊，暫時相見，如夢懶思量。

—— 李煜《謝新恩》

第6卷　傷妻悼子

「秦樓不見吹簫女，空餘上苑風光。」再也回不來了。鳳去樓空，往日的吹簫女已徹底走出他的世界，空餘滿園春色，然他的生命裡卻始終留有她一席之地。

「粉英金蕊自低昂，東風惱我，才發一襟香。」百花盛開，粉英金蕊，眼前一片絢爛的美景，然而他卻無心觀賞，一任花兒在風中起落飄搖。回首依依，不見她蹤影，卻恨東風惱人，才發一襟香，更是斷腸難禁。

「瓊窗夢笛留殘日，當年得恨何長！」瓊窗之下，憶及當年與她曉月吹笛、長夜盡歡的往事，心莫名地疼了起來。而今伊人永失，唯在夢中才能覓到一絲一毫的慰藉，只餘無限長恨在心頭！

「碧闌干外映垂楊，暫時相見，如夢懶思量。」遙想當年，碧綠的欄杆外，曾與她攜手垂柳下嬉戲遊樂，而今，生死相隔，這樣的美好也只好留到夢中再去相索。「懶思量」以反語寫真情，說是懶得再思念了，卻寫盡從嘉在孤單日子裡反覆思念，不堪其愁的沉哀，著衣「懶」字，更見相思刻骨，心事成灰。

他終究還是忘不了，忘不了他們在燦爛的春日裡相親相愛的情景，無奈這最終的逝去已讓他無緣繼續往日的情懷。面對她生生的離去，他只能再次奮筆疾書，繼續為她賦詞言志，以寄對她深深淺淺的眷戀：

庭空巴散人歸後，畫堂半掩珠簾。林風淅淅夜厭厭。小樓新月，回首自纖纖。

春光鎮在人空老，新愁往恨何窮？金窗力困起還慵。一聲羌笛，驚起醉怡容。

—— 李煜《謝新恩》

她走了，他的心碎了。刻骨的相思難耐，想起她時便會陷入金戈鐵馬的嘶鳴中，無法釋然。後來，在那個紅葉鋪滿玉階的季節，睹物思人，念

起，便又為她寫下一首繞滿他離情別恨的《謝新恩》詞：

冉冉秋光留不住，滿階紅葉暮。又是過重陽，臺榭登臨處。

茱萸香墜，紫菊氣，飄庭戶，晚煙籠細雨。嗈嗈新雁咽寒聲，愁恨年年長相似。

——李煜《謝新恩》

第 7 卷　偎紅倚翠

第 7 卷
偎紅倚翠

芙蓉蝶戀

金雀釵，紅粉面，花裡暫時相見。知我意，感君憐，此情須問天。

香作穗，蠟成淚，還似兩人心意。珊枕膩，錦衾寒，覺來更漏殘。

——李煜《更漏子》

她對他說：我喜歡你，你是人間四月天。

聽到嘉敏這句話，從嘉心似芳菲，盈盈蕩漾在滿院四溢的清芬裡，臉上溫婉地笑開了一樹的花兒。那眼中脈脈的溫柔輕漾著春光無限，粼粼地泛活了一季的溫馨與柔暖。

那個娟好的少女，捧著一季的芳華緩緩走來，最後羞澀地站在波光瀲灩的秦淮河畔，望著他輕輕比劃著祝福與思慕，漲紅的臉兒似那一朵嫣紅的芳菲，那份嬌美縱是最出色的畫工也難以描摹。走過了料峭輕寒的二月，踏過了清淺浪漫的三月，終於在不安與不捨中迎來了這奼紫嫣紅、百花輕舞的四月，而他便在她目不轉睛的注視裡輾轉成了她心底的人間四月天。

似一個幽夢，躲在珠簾背後，看柳絲輕搖，毫不費力地，就將那幀最怡人的景色牢牢攥在了手心。風過處，命運被輪迴輕輕吹走，聽花開的季節在水湄淺吟低唱，將生命的流韻緩緩奏響，她心裡升起的是無限的歡喜與妥貼。凝眸，時光的蒹葭蒼蒼裡，紫燕與彩蝶輪番翩躚在草長鶯飛的水湄，似是在追尋她和他的明媚，又似是在尋找它們遺失的青春，而她的眼裡，望過去的，一點一滴，都是他的風流倜儻，他的玉樹臨風。一襲青衫，儒雅著他溫文的風韻；一把團扇，飄揚著她柔軟的心語。他在風中低語淺笑，她在花間長袖漫舞，眉間心尖深藏著兩個人的癡纏，而身後，那條涓涓的河水，亦在他們的深情凝望中默默流淌著他們哽哽的相思相念。

暗戀是美麗的嗎？早熟的她從十二歲起就開始暗戀上這個本不該被她愛上的男人。他叫從嘉，是大唐的國主，亦是她敬慕已久的姐夫。曾幾何時，她一直認為那隔河相望的人兒，不是在今生凝望的紫陌紅塵裡，不是在晨露輕染芳菲的深院小樓中，而那滿眼望過去的蝶夢春光也只是留連在遠古紙箋上的故事，悠悠，幽幽，竟連那蒹葭蒼蒼的青澀心語亦不過只是縈舞在黑白景緻裡的一抹可有可無的荒蕪罷了。可又有誰知道，世事難料，幾度哽咽幾度蒼茫之後，被他忽略了許久的她居然會無憂無慮地出現在他的世界裡，成為他最珍惜的那顆掌上明珠？

暗戀總是虛無縹緲，思念總是憑添滄桑。那些單戀的日子裡，每次駐立長門之外，遠遠望著他和姐姐穿梭於花前月下巧笑嫣然，她的心就痛到極點，思緒裡只剩下倦怠與抱怨、雜亂與喧囂。太多的矜持與不捨都被溶進了汨汨的淚水裡，太多的羞澀與懵懂都被填進了灼灼的鮮花裡，然而那時的她卻不曾懂得，淚水再多，帶來的只是更多傷懷的曠昧，鮮花再多，帶來的也只是更多刺眼的顏色，非但於事無補，還會把她慢慢埋葬在心痛的深淵。

即便如此，心底的幽婉，依舊會在痛哭之後將那一份靦腆的靜美隔離出來，讓她可以在搖曳的燈火中輕鬆捕捉到他的微笑，還有他對她的憐憫與珍愛。總是輕輕揉著惺忪的睡眼從夢中哭醒，伸手，輕輕撫去眼角的淚水，卻看到劃過時光的長河，正載著她行走在那個只有她和他牽手同行的幽遠時代，莫非，前世的輪迴裡她也有幸像姐姐那樣做過他白首同心的妻嗎？夢裡，她與他執手相對，你儂我儂，在三月的春風裡笑開了一樹一樹的花開；夢外，她精心構築起一個框架，把他如水的目光、輕柔的笑靨，還有她如花的面容、青澀的笑顏，一股腦兒地鑲嵌進了進去，從此，即便他未曾留意到自己，她也能在自己導演的天地裡演繹一齣生如夏花、流雲疊翠的戲，吟唱一段永遠都感動著自己的戲詞，再也不會從他的世界裡走開或走丟。

那是一個女孩的情,那是一個男人的夢。

一株長滿了果實的李樹,一片開滿了桃花的荒野,一汪流淌著潺潺水聲的清溪,在藍天白雲下共同構成一首完美的春的序曲。紫燕在樹叢間翩躚起舞,芳草在微風中輕輕搖擺,陌上花開,妊紫嫣紅,幽幽思情在她盼望已久的歡喜裡植進了春的浪漫,一回眸,處處芳菲,處處冶豔,而他的味道便這樣鋪天蓋地地瀰漫在她思春的眼中。她輕輕捧著一大束採擷在春天陌上的桃花,歡喜無限地出現在他面前,任淡淡的花香漫染他皺起的衣襟,任濃濃的情思蔓延在和煦的風中,半晌無語。其實她不需要說的,那些情的味道、戀的心語,他都懂的,現在她唯一要做的就是,趕著風兒,踏著花浪,和他一起奔赴愛的季節,去畫滿天璀璨,去寫滿山詩意,去挽一生一世都不想放開的手。

輕輕走過陌上小徑,她纖麗柔軟的身姿似一朵搖曳在暖風裡的桃花,灼灼而嬌媚。蹲在水邊,看碧清的溪水粼粼地波漾著朗朗的歲月,看瀲灩的波光倒映著藍天白雲的嫻靜與高遠,那一瞬,她迷醉在了那幅來自遠古的清幽圖卷中,哪怕永遠不再醒來,她也無怨無悔,而這一切的心甘情願都因為她知道她喜歡的那個人就守在她身邊的春光裡,如果她不開口,他是不會丟開她轉身而去的。她喜歡這樣的感覺,她覺得自己就像是從湖水深處踏波而來的天女,攜著自花間幻化而來的芬芳,為了一一隻愛慕的蝶,戀戀不捨地追逐著涉過層層山水,穿過漫漫風煙,渺萬里煙雲也要將相思掛在蝶的羽翼上,任它帶著她翱翔萬里,然後和它一起詩化成一道清風,一泓流水,直至天荒地老、海枯石爛。

女孩知道男人就是她戀慕的那隻蝶。他用溫婉的笑顏攜著青山綠水的明媚與輕柔,不驚不噪地來到她身邊,凝望的瞬間就把她所有的美一一珍藏在他的髮間指尖。她開始望著他肆無忌憚地笑,雙手無意識地掬起一捧清泠泠的水,素指縫隙中流瀉出來的是如煙的絲絮,還有他滿眼的深情。

就在他目不轉睛的注視裡，她又頑皮地將手裡的水輕輕拋開，那一剎那，白嘩嘩的水光不僅亮了她的眼，醉了她的心，也碎了他的天，裂了他的情。一指一指的紋理，於璀璨的陽光下輕輕抖瀉在瀲灩的波光中，水的絲質被迅速抒寫成無色的清韻，不經意地便在時光的阡陌上留下了斑斑漬痕，而他卻依然是她眼底最真的暖、最暖的光。

女孩縱情地沉醉於曼妙的水光裡，男人痴痴地守候在有她的明媚時光裡。她翹首期盼著他的楊柳青青，垂絲搖曳她夢的旖情，透過光影詩化成她生命裡的一縷翠綠，任那一樹的葳蕤，一樹的的明媚，一樹的幽靄，網結著她的初心與痴戀，宛若一隻雲中輕歌的青鳥候在了叢念想的季節，一點一點地靠近他的溫柔、他的心動。只是，輕輕一個回眸，他的夢影便在草長鶯飛的阡陌中隱匿杳去，讓她來不及追逐，亦來不及收拾，只餘一地蒼茫在她眼前明明滅滅。也許，他並不是她追尋的那隻蝴蝶，所以才會在阡陌裡走散，迷失，彼此都分辨不出那抹沉浸在春光裡的心語，更無法抵近對方最柔軟的方寸。徬徨中，她愣愣地轉身，留一片寂靜與荒蕪在漸行漸遠的阡陌上，於風中聽四季的吟唱如同一首首悲傷的悼歌堆疊在心底，淚水早已模糊了她的雙眼。

原來，對一個人的念想只不過是一束條忽颳起的風，它輕輕柔柔地掠過她痴戀的眉眼，帶給她無限的期待與溫暖，然而風止時他轉身而去的剎那，留下的卻是她滿心的淒涼與不捨。她企圖將風挽住，也把他留在她目光可以觸及到的距離之內，可她無能為力，於是她只能把風中的那縷微涼幽幽地纏繞在指間，然後裹著滿心的惆悵俯下身來，在水中寫著大大的「風情」二字。風的情，怡人，醉人，妖嬈，嫵媚，只是這風情二字卻不是她的歡情，他轉身而去的背影下，她只能任由自己那顆破碎的心跟著遠走的風兒一起遊蕩，一起飄飛。

不經意間，男人看到女孩寫在水中的風歌雲曲，循著那些斑駁了的殘

第 7 卷　偎紅倚翠

跡，他微微蹙起的眉頭終於慢慢舒緩開來，有溫暖如春的笑意輕輕綻放在嘴角，望一眼便令人心旌蕩漾、神魂顛倒。他又帶回了裹著她青澀念想的那縷風，並在風中揚起了那絲被沉澱已久的情愫，迎著她的懵懂，迎著她的嬌羞，輕輕向她走來。風開啟了他的筋脈，水滋潤了他的目光，望著她，他凝固許久的血液又歡騰起來，而積澱了一整個冬天的力量更是瞬間便蔥郁在季節的燦爛中，想趕也趕不走它們。

　　踏著歡快的步伐，他一步步靠近她的明媚。曾經遺失的那一季風雲，被記憶的珠簾靜靜地裹住，於他眼底，風掀起的輕紗是春天的戀曲，雲隱藏的錦繡是她嬌羞的紅顏，一切的一切都美得恰到好處，沒有一絲多餘，也沒有任何的遺落。當清風戀著白雲，當彩蝶戀著春花，當男人女人彼此戀慕著對方，世間的所有便都在他們如水的眸光中變得活色生香、精采紛呈。深情的凝望中，他的腳步不再遲疑，不再踟躕，每一個步伐都沉穩有力，她的思緒不再徬徨，不再驚悸，每一份期盼都靜謐安恬，彷彿世間所有的苦痛與不得已都早已在他們的愛慕中變得風輕雲淡，再也不值一提。

　　在她水般輕靈花般嬌媚的笑靨裡，他把自己當作了雲，當作了風，當作了水，輕輕縈繞在那些曾經傷感的黑白迷夢裡，任她輕倩的身影在他眼底網羅起絲絲縷縷編織著春的輕紗，裝扮起一個新生的靈魂，一份新生的幽韻。也許這份戀情並不是剛剛萌芽生發，而是早已扎根在心底，而今的痴狂只不過是葳蕤蔥郁起來罷了，當那份蒼茫被揉進湛藍的天空，嵌入棉白的雲端，在激盪的波光中浮泛起片片不捨的漣漪之際，他終於明白，他是真的愛上了她，無可救藥的。

　　痴纏的目光裡，那個手捧一束桃花的人兒望向他一笑傾城，窈窕的身姿悄悄隱進了柳絲低垂的嫩綠裡。鶯歌燕舞的阡陌上，彩蝶翩躚，百花盛開，女孩依舊蹲踞在水湄，在清冷冷的水中撲打著一個最原始的夢境，那些關於初戀與暗戀的故事。男人的目光終於穿過和煦的春光，穿過妊紫嫣

紅的花叢，凝在了女孩嬌俏的笑顏裡，隔著一水之遙，他望著她撩起的水波，終於情不自禁地在嘴邊輕輕唸著：我喜歡妳，妳也是我的人間四月天。

女孩終於走進了男人的世界，並最終取代了姐姐在他心目中的地位，成為他新一任的國后，不過那已經是姐姐去世四年以後的事了。她叫嘉敏。她還有個和姐姐娥皇相匹配的乳名——女英。姐姐生前曾不止一次地為她們的名字感到迷茫，因為歷史上，上古賢君堯帝的兩個女兒就分別叫做娥皇、女英，且同時嫁為舜帝之妃，而她深深眷戀著的姐夫恰恰又和舜帝一樣有著一目重瞳的異象。太多太多的巧合都讓姐姐感到驚心，莫非，小自己十四歲的妹妹嘉敏日後也要成為從嘉的妃？

姐姐的顧慮終於成為了現實。不過她沒有成為他的妃，而是他明媒正娶的后。西元968年十一月，那個曾經被她叫做姐夫的男人在為姐姐獨守四年空房，並自稱鰥夫後終於決定娶她為妻，並命大臣陳致雍、徐鉉、潘佑、徐遊等人制定婚儀禮節，用最隆重的方式將她娶進後宮並冊立為后，寵愛逾於黃保儀、窅娘、流珠等舊日嬪妃。

他愛她，所以在百花盛開的季節，派人將她居住的柔儀殿裡裡外外都插滿了各式各樣的鮮花，並親筆題寫了一個「錦洞天」的門匾。錦洞天？她望著他抿嘴憨憨地笑，這是效仿漢武帝為陳阿嬌造金屋的典故也要將她「金屋藏嬌」嗎？不對，是花屋藏嬌。他亦望著他嘿嘿地笑。區區錦洞天算得了什麼？他又下令在花叢中搭建了許多裝修精美的小亭子，四面都用紅色的絲羅圍起來，正好可以容納下他們二人，美其名曰紅羅亭。興致所至，並拉著她的手一股腦地跑到紅羅亭裡喝酒賦詩、談情說愛，享受那花香酒醇加愛情芬芬的二人世界。

愛她愛得無以復加時，哪怕片刻的分離也讓他難以忍受，就連她回娘家探親的小別也會令他魂不守舍、坐立不安。看不到她，他便會悵然若

失，輾轉難眠，於是不斷披衣下床，仰望一簾新月，為她寫下字字刻著相思的綺豔靡麗的新詞：

金雀釵，紅粉面，花裡暫時相見。知我意，感君憐，此情須問天。

香作穗，蠟成淚，還似兩人心意。珊枕膩，錦衾寒，覺來更漏殘。

———— 李煜《更漏子》

「金雀釵，紅粉面，花裡暫時相見。」夢裡的她，頭上插著金雀釵，臉上撲了腮紅香粉，兜兜轉轉地出現在與他約好的花前月下，可還沒等他說盡心裡情話，便又急不可耐地轉身留去，只留他一人閒坐花叢中，獨自咀嚼起那份短暫相逢帶來的遺憾與淡淡的失落。

「知我意，感君憐，此情須問天。」他款款深情地望向她的背影，告訴她，無論她在哪裡，他對她的愛意都是無法阻止的。可為什麼她還不回來？是因為他對娥皇的懷念引起了她的妒忌，還是……嘉敏啊嘉敏，娥皇已經走了那麼久了，難不成妳還要吃一個作古之人的醋？妳已經是我的國后、我的妻了，如若妳還不相信我對妳的情意，我就對天起誓好了，老天爺可是最明白我對嘉敏那份情意究竟有多深有多重了！

「香作穗，蠟成淚，還似兩人心意。」都說小別勝新婚，但他與她一別，卻是不知何時才能重見。迴轉過身，怎麼也無法入睡，眼裡看到的是她，心裡想的還是她。嘉敏啊嘉敏，還說我愛你愛得不夠深嗎？妳看，爐裡的薰香殘了，案上的紅燭也快燃完了，我心中縱有萬千悽苦，卻依然相信妳和我是心心相印的啊！

「珊枕膩，錦衾寒，覺來更漏殘。」枕滑被寒，人難寐，心孤悵。想著她，念著她，就這麼守在燈下一整夜，直到漏斷香殘，還是未曾入眠。

然而一篇詞作卻是難以表達對她濃濃的相思，那麼就再為她寫一首吧：

柳絲長，春雨細，花外漏聲迢遞。驚塞雁，起城烏，畫屏金鷓鴣。

香霧薄，透簾幕，惆悵謝家池閣。紅燭背，繡簾垂，夢長君不知。

——李煜《更漏子》

「柳絲長，春雨細，花外漏聲迢遞。」柳絲纖纖，春雨濛濛，花上的雨滴滴落下來，在這寧靜的夜晚遠遠聽過去，彷彿銅壺的滴漏聲，一聲一聲都濺落在他孤寂的心間，更攪得他心煩意亂。

「驚塞雁，起城烏，畫屏金鷓鴣。」無法入睡，卻聽到遙遠的天際傳來一兩聲雁鳴，片刻不得寧靜。無獨有偶，城上的烏鴉也跟著刮躁了起來，莫不是被那滴漏聲驚起？只好披衣小坐，冷不妨瞥見畫屏上的金鷓鴣，突地覺得這沒有生命的東西，恐怕此刻也要被驚起、破屏而去了。

「香霧薄，透簾幕，惆悵謝家池閣。」薄霧穿簾入幕，愁思銘心刻骨，看不到她的蹤影，頓感陣陣寒意襲來，使他莫名地惆悵起來，對她的思念卻是剪不斷、理還亂。

「紅燭背，繡簾垂，夢長君不知。」紅燭斜照、繡簾低垂的華麗深閨裡，似乎只有睡夢才能讓他排遣對她相思的痛苦，但轉念一想，夢畢竟是夢，就是夢見了嘉敏，她又何從得知他夢外悠長的思念？一個「長」字，足見他相思的幽深，夢境的委曲。字字句句，盡顯他對嘉敏不盡的思念，怨而不怒，無限低徊，然卻不失其柔情繾綣，婉麗入微。

梨花問情

亭前春逐紅英盡，舞態徘徊。細雨霏微，不放雙眉時暫開。

綠窗冷靜芳音斷，香印成灰。可奈情懷，欲睡朦朧入夢來。

——李煜《採桑子》

他終是愛上了她──周嘉敏。

而她──黃月兒,卻獨守一院寂寥,任春風吹落百花,心裡再也激不起絲絲漣漪。窅娘為她不平,她是南唐後宮除國后娥皇之外,唯一獲授妃嬪之號的女子,國后去世的這四年時間裡,也都是她長期相伴國主左右,替他排憂解難,替他分擔所有的痛與愁,為什麼冊立新后這樣的好事卻沒能落到她黃保儀頭上?

國后?她拈花輕輕一笑,不就是國后嘛!她視名利如糞土,如果他的心不在這裡,即使給她國后的名份又能如何?花開花落,如夢如煙,煙消雲散後,愛亦不再,她請求他把她派到澄心堂裡去管理圖籍史冊,從此靜看日出月升,心無怨尤。

窅娘替她著急,替她神傷。她卻不緊不慢地笑著說,本是罪臣之女,僥倖被封保儀,已是她萬分的榮幸,怎麼還能冀於非份之想?是啊,她本江夏人氏,其父黃守忠原是楚主馬希萼手下部將,保大九年,南唐滅楚,父親死於戰事,尚在幼年的她被大將邊鎬擄回金陵,沒入宮中為奴。因姿貌出眾,又兼生得玲瓏可愛,很快便受到鍾皇后的青睞,親自派人教她斷字習文,也虧她伶俐聰明、有過目不忘之才,短短幾年下來,澄心堂所藏典藉幾乎被她讀了大半,凡參加盛典宴會,元宗李璟與鍾後有所提問,皆能一一對應,且毫不慌張畏怯,小小年紀的她儼然成為一代滿腹經綸的才女。

但即便如此,她也沒能引起從嘉的注意。她知道,國主愛的人唯有國后,儘管自己比她更加年輕貌美,有著傾世之容、絕世之才,但與國后娥皇比起來,她只不過是長在路邊的一朵小花罷了。她並不怨天尤人,她知道自己應處的位置,所以國后去世後,只她一人伴他左右之際,她在宮人的眼裡仍然不顯山不露水,彷彿她的存在只是一抹空氣,又或者只是國主身邊的一個無足輕重的婢女,甚至連緊盯著從嘉的嘉敏也沒把她當作潛在

的對手。

　　他決定娶嘉敏的時候，她一句埋怨的話也沒說，只是望著他蛾眉一笑，道一聲「珍重」，便輕輕退出了他的寢殿，從此安心做她的保儀，絕無半分非份之想。她喜歡讀書，喜歡寫字，有生之年，只要能讓她得以繼續在澄心堂替他掌管典籍，她便心滿意足。一個女人，所為何求？在他愛她的時候，她便心甘情願、無怨無悔地替他付出，哪怕淌盡血流乾淚；在他轉身離去的時候，她也要在他背後繼續為他撐起一片天，不給他半分惱怒的理由。

　　其實這種淡然並不是她與生俱來，只是看慣了宮中的爾虞我詐，更知道明哲保身的道理。她最聰明之處就是隨時隨地都知道自己是個什麼樣的人，一介罪臣之女，又拿什麼跟身為皇親貴冑的嘉敏去爭去搶？嘉敏的父親是南唐開國功臣，嘉敏的姐姐是國主曾經痴愛的女人，且才藝雙絕，又比她年輕許多，這樣的女子，便是她十個黃保儀也不及萬分之一啊！

　　窅娘說她傻，說她呆。她仍舊望著她嫣然一笑。國主若是有心立她為后早就立了，又何故要拖到娥皇國后去世四年後？表面上看是因為聖尊后的孝期未過，實際上卻是因為嘉敏年紀尚幼，娥皇又下世不久，他害怕引起物議才沒有及時將她娶進宮來，其實這四年來他又有哪一天不在念著他夢中的嘉敏？

　　男人就是這樣一種奇怪的動物。可以在深深眷戀著一個女子的同時，如痴如醉地愛著另一個女子，從嘉也不能例外。他愛嘉敏，是真心的愛，這點她早就看出來了。雖然在娥皇過世之後，周夫人就將嘉敏接出宮去，但就憑他把那三首替嘉敏寫下的《菩薩蠻》詞交給教坊司練習演唱的舉動，便可證見他對嘉敏的眷戀有多深厚，那夢裡夢外深深淺淺的痴纏，又豈是她黃月兒可以相提並論的？

第7卷　偎紅倚翠

　　她是認命的女子，從不與命運抗爭，所以她甘願退居澄心堂，徹底消失在他和嘉敏的鶯鶯燕燕外。他為她題匾「錦洞天」，他為她建造紅羅亭，他與她花前月下，他與她把盞盡歡，他與她嬉逐林下，卻沒有她黃保儀點滴的笑靨如花。只是夜深人靜、披衣閱覽之際，仍會情不自禁地想他，想他溫婉的眉，想他柔情的眼，想他灼熱的唇，想他溫暖的手。

　　國主。念他時，兩行清淚打溼手底的書卷。掏出錦帕，拭去書頁上的淚痕，翻來覆去之際，卻看到他題寫在這本叫做《金樓子》書卷後的題詩：

　　牙籤萬軸裡紅綃，

　　王粲書同付火燒。

　　不於祖龍留面目，

　　遺篇那得到今朝。

　　　　　　　　　　　　——　李煜《題金樓子後》

　　她輕輕念著他寫的詩句，心莫名地惆悵。往日的纏綿悱惻便如同潮水般在眼前翻湧奔騰。

　　國主，你還記得嗎？記得你曾說過要和我一起流連於那一樹梨花下，用星星點燃我們共同的幸福，讓它們在夜空絢爛綻放，讓全天下的人都聽得到我們相愛的宣言嗎？今夜梨花月白下，我仍站在你許諾的地方，等著你爛漫如花的笑靨和你悠然而至的身影。可你呢，為什麼還遲遲不肯現身？你把曾經屬於妾身的那份驕傲究竟寄予了何方的伊人，又在哪一處花亭下，把誰的手兒攜起，把誰人擁入了懷間，那深深的一吻到底留在了誰的唇邊？更伴著誰深情地望向哪一朵梨花，會是妾身正凝眸的那一朵嗎？

　　國主。你可知，妾的靈魂就在你眼前那株梨花綻放的縫隙間，找尋著你的容顏？可那麼多潔白的身影裡，唯獨沒有你抬頭凝望妾的姿勢，那麼多如星星般閃亮的淚光裡，亦唯獨沒有屬於你的味道。我想，此時此刻的

梨花問情

　　你，一定就坐在深夜的燈下，有你新任國后嘉敏紅袖添香，在一扇朱漆深門後，任窗外梨花肆意的鬧，沉思著，並用心拒絕著妾的艱難尋覓，只抒寫著屬於你和嘉敏國后的那一片芳緒吧？只是不知出現在你手邊澄心堂紙上的詩行斷句裡，可否會有妾身今夜凝望過的那一朵滿懷憂愁和思念的梨花，還有妾身那如夢如幻的名字？

　　曾記得你用袍襟飽蘸名貴的廷圭墨，在深夜裡寫了滿牆的詞曲，一如今夜在空中飄散的梨花，妾在詞裡，你也在詞裡，整個春的夜也沉靜在了你的詞裡。那時妾身迷亂了雙眼，貪婪地用深情進駐在你緊握著的袍襟裡，以最近的距離感受著你每一行詞的魅力和溫情，而今，這若梨花般燦爛過的一切美好，又都似梨花般瞬間就幻滅了，只留下一地破碎的曾經和滿院美麗的痕跡，供妾獨自悲傷咀嚼。

　　梨花殆盡的時候，你仍然沒有兌現你的諾言，妾身唯有站在澄心堂深處痴痴地望著最後一絲落花閃過我的眼簾，任冰涼的淚滴尖銳地錘擊著我的心房，復現著你柔和的容顏。國主，其實妾身要的並不多。妾身只希望你還能像從前那樣，經常出現在澄心堂裡，並非特意要你來看我，只是來看那些你花重金買回來的典籍，哪怕一句話也不說，只讓妾身遠遠地看你一眼也好啊！

　　閉上眼睛，她雙手合十，輕輕悼念起枝頭逝去的梨花，悼念起今夜隨梨花逝去的他的情。終是要離開了，是的，失去了他的寵愛，她唯一能做的便是帶著一顆相思的心走出他的視線，留他和嘉敏在紅羅亭、錦洞天倚紅偎翠，留她在孤獨的澄心堂裡續寫他們沒有結局的結局，一個向左，一個向右。

　　她寫得吃力，思得悲苦，心傷和思念更勝眼前這鋪天蓋地的梨花，是那麼鮮豔，那麼直接，只是不會那麼的短暫。國主。她想著他的容顏踱進寢殿，用厚厚的珠簾隔絕了滿天閃著寒冷的星光，想念也被硬生生地隔

著，擠滿了小屋，心就那樣突地有了一種生生被撕扯的疼痛，一直疼到眼淚都忘了流。

明明知道，今夜，又將是一個不眠之夜；明朝，又將對鏡悵望那為他疲倦的眼、乾裂的唇，還有曾經夜夜纏繞著他手臂的長髮，和一顆滄桑的心。只是，該怎樣才能說得清楚她心底的疼痛與憂傷，或許也只有從嘉為她題寫在牆壁上的那首《採桑子》詞才能抒發她心中情懷一二吧？

庭前春逐紅英盡，舞態徘徊。細雨霏微，不放雙眉時暫開。

綠窗冷靜芳音斷，香印成灰。可奈情懷，欲睡朦朧入夢來。

—— 李煜《採桑子》

「庭前春逐紅英盡，舞態徘徊。」庭前落花飛舞，眼看著春天又要過去了。那片片飄飛的落花在眼前肆意徘徊，猶如她內心的起伏不平，更添淒涼。

「細雨霏微，不放雙眉時暫開。」霏微的細雨溼了落花，送走了春光，落英細雨都染上了愁思，這情景更讓心生惆悵，不由得愁眉緊鎖，片刻也難以舒展，心中積鬱已久的憂傷躍然紙上。

「綠窗冷靜芳音斷，香印成灰。」綠窗冷靜，悄無聲息，她唯有獨守寂寥清冷的閨房，望香印成灰。那思念的人兒，卻沒捎來任何想要的消息，只餘她心灰意懶、輾轉難眠。

「可奈情懷，欲睡朦朧入夢來。」思他念他不見他，無可奈何中，恐怕也只有讓自己進入夢鄉不再去想他，才能避免驚起滿腔的相思吧？叵奈思念又入夢中，揮之不去，又叫她情何以堪？

她終不是那江南有著明眸皓腕、巧笑嫣然的女子，於蓮粉荷青中與他訂下三世的情分。她深深淺淺地嘆，既如此，便不再問那風花染夢，但願雲水隨緣，只做守候在他藕花根底的心罷了！

秋水長天

遙夜亭皋閒信步，乍過清明，早覺傷春暮。數點雨聲風約住，朦朧澹月雲來去。

桃李依依春黯度，誰在鞦韆笑裡低低語？一片芳心千萬緒，人閒沒個安排處。

—— 李煜《蝶戀花》

雨漸漸停了，但盤旋在內心深處的離愁別緒仍然在她周身四處蔓延，怎麼也揮之不去。看窗下孤燈忽明忽暗，可否還記得那年燈火妖嬈，曾經年少的她只知一味追夢，卻是一心一意地揮霍了所有嬋娟的歲月？

她是秋水，後主李煜宮中眾多宮女之中的一個。她目睹過國主對娥皇國后愁腸百轉的思念，目睹過國主對嘉敏國后的千憐萬愛，目睹過國主對黃保儀深深淺淺的眷戀，目睹過國主對流珠的憐惜，目睹過國主對窅娘的青睞，可為什麼國主偏偏對她視若無睹？難道是她秋水不夠美豔，不夠娉婷，還是她不夠花枝招展，不夠妖冶風情？

曾記得國主為保儀黃氏寫下這樣的詞句：「庭前春逐紅英盡，舞態徘徊。細雨霏微，不放雙眉時暫開。」詞中的哀婉悽絕猶如一件長衫，披在黃保儀的身上，終究留不住他轉身的背影，未曾想那闕詞的後半闕：「綠窗冷靜芳音斷，香印成灰。可奈情懷，欲睡朦朧入夢來。」卻倦了她秋水的雙眼，對他千迴百轉的仰慕裡，也只能佯裝雲淡風輕，任一地斷章殘句無從拾擬。

浮生若夢，她住在時光的城堡裡，總喜歡站在高樓之上，看遠山蒼茫；總喜歡握著每一天的瞬息晨光，看穿梭的宮婢，忙忙碌碌著從她路過的小徑上緩緩走過，走向她心儀的國主所居的長秋宮，走向被她暗中不知怨恨

了多少回的嘉敏國后的柔儀殿，甚至是走向那個和被打入冷宮的妃子差不多的黃保儀的門前……她是多麼期盼能像流珠、窅娘一樣，可以隨時出沒於國主的長秋宮，在他面前為他翩躚起舞，為他清歌一曲《長相思》，可她只是一個身分卑微的宮女，沒有他的宣召，又怎麼可能會出現在那夜晚連燈燭都不許使用的長秋宮？

她知道，國主李煜生性風雅，所以他和國后居住的宮殿一到晚上便會掛上大大的夜明珠用來照明，哪像她這種卑賤的宮女，所居之處夜夜都要燃上熏眼的燈燭，如果不能晉身成為他的妃，何時才能擺脫這種奴才過的日子，像嘉敏國后那樣，每天都過著令人豔羨的生活？

她不是一次夢想成為他的妃。打她進宮那天起，她就一直蹲守在狹窄的小屋裡，一邊就著半根紅燭，在司制房送來的國後妃嬪們的錦鍛羅衣上，一針一線地繡著花鳥魚蟲，一邊想著他俊美的容顏，悄悄憧憬著美好的未來。國主從嘉是那樣的風流倜儻，那樣的英姿颯爽，那樣的溫和寬厚，那樣的善解人意，如果她能成為他的妃，他是不是也會像寵愛國后娥皇那樣寵愛她呢？

然而她的美夢卻隨著時光的流逝慢慢破滅了。娥皇國后去世了，他整顆心都被她帶走了。為她，他自稱鰥夫，並寫下情感真摯的誄文，發誓終身不再另娶她人；為她，他送走了嘉敏，疏遠了窅娘，也疏遠了所有宮婢，她終是牽不住他的衣袖，握不住他的手，只能在暗不見光的角落裡遠遠望著他偉岸的身軀，默默傷心，默默哭泣。

他對娥皇國后深深的愛令她感動，可她不能原諒。是的，她不能原諒他的絕情。他是一國之主，怎能為了一個不在了的女人就置天下所有女子於不顧？她秋水雖然不是出自名門的淑媛，可進宮之前好歹也算是小家碧玉，雖然稱不上美豔絕倫，但與窅娘、流珠比起來也是不相上下，可為什麼他就從來沒有對她另眼相看過一回？難道是宮裡美女太多了，他已然分

不清誰最嬋娟了嗎？

　　她不甘心。她等。她相信，終有一天他會從娥皇國后的悲慟中走出來的，可還沒等她準備好足夠的如花笑靨迎候他的時候，他居然又把嘉敏娶進了宮來，並逾過繼任后位呼聲最高的黃保儀，被宣詔立為新后。一時間，流珠、窅娘，甚至黃保儀等曾經受過恩寵的嬪御都走出了他的世界，這下，她所有的希望便徹底破滅了。

　　「國主。」她偷偷躲在小屋的角落裡哽咽著喚他。難道你就看不到秋水烏黑的鬢髮因思念你在風中翻捲，就看不到秋水飄逸的裙裾因思念你被月光披上羽紗，在夜色中飛舞、迴旋？

　　我進宮了，從一個商人的女兒成了你宮裡最為卑微的婢女。其實我可以安心在家當我的小姐，再找個門當戶對的男人嫁了，可就因為你寫給娥皇國后的詞流傳到了宮外，讓我對你心生欽慕，所以才不管不顧地進了宮來。原以為進了宮就等來了面朝大海的機會，未曾想，在你的眼皮底下，我永遠也沒等來春暖花開；原以為只要有你入夢，便會等來你在耳邊深情的呢喃，未曾想，在你淺淺的笑靨下，我仍然等不來你拂過我長髮的指尖。

　　在這悽清的夜裡，等不到國主你的秋水，只能悵望一輪明月，彈指拈花，把手裡的杏花綴滿思念嵌滿濃愛，只為與你今生的遇見，可無論怎樣努力，我纖長的手臂終究還是無法把它送到你溫軟的唇邊。淡月嬌花裡，唯有任風低吟淺唱，任雨淋溼袂袂衣衫。

　　沒有愛的日子裡，她唱不出纏綿繾綣的《採蓮曲》；沒有情的歲月裡，她念不出千古流傳的《梁祝》傳奇。莫愁湖邊，秋女的淚水至今未乾，玄武湖畔，《金縷衣》從古唱到今，卻捎不回杜秋娘的萬般相思，又怎能迎來青溪頭悲愴不盡的桃葉女？究竟，誰能告訴她，怎樣的風情才能贏他一

曲相思《鳳求凰》，換她半生涼薄滄桑？

到底，該怎樣才能讓國主對她另眼相看，在這三千美嬋娟的宮人裡脫穎而出呢？她緊蹙著眉梢，跨過紅羅亭邊的闌杆，用上天垂憐的清風，在春天的鳥語花香裡編織起一簾幽夢，唯願他來時，會記得把這一簾幽夢輕拈，把她輕擁入懷。

忽地，她發現路邊的花叢裡有一株不起眼的小花，正開得絢爛嫵媚，那濃郁的芳香竟引得蜂蝶競相追逐。既然得不到他的眷顧，那就摘一朵小花簪在鬢間自娛自樂一番，也總好過每天都如行屍走肉般走在這寂寂的宮牆之下，心也總是灰灰的。沒曾想，那髮間的花香卻又引蝶隨花逐，她走到哪，蜂蝶們就跟著飛到哪，一不小心，她就成了宮中一道靚麗的風景，所有的宮婢都探頭探腦地望向她指指點點，笑得前仰後俯。怎麼了這是？不就是一朵花嘛！值得她們這樣大驚小怪嗎？

她是不知道，這朵花已然改變了她的命運。那沁人心脾的芳香和一路追逐的蜂蝶早已將她扮成了一個名副其實的花王，眨眼的工夫，她便成了南唐後宮最惹人注目的宮婢，自然，也引起了那個被她心儀了很久很久的男子的注意。

她終於成了他寵愛的宮人。雖然因為嘉敏的好妒，他始終未能給她相應的名份，但她已經很知足了。在這三千美嬋娟簇擁的南唐宮廷，能得到他的眷顧已然是天大的幸運，還怎能奢望成為他正式的妃？何況嘉敏國后又是出奇的善妒，還是不去招惹她，獨自在角落裡默默享受這份遲來的愛為好。

在他柔情蜜意的眸光裡，她終於可以為他展一面素顏，可以為他捻幾縷墨香，可以為他綰起長長的青絲，可以笑著坐在他膝上替他輕輕抹去臉上的皺紋，可在杏花飄落的季節，他又可曾看到那個一葉扁舟劃破江南，

悵坐水邊浣紗的女子在水中盪滌起的無限纏綿,又可曾看到那個荷塘雨巷中出沒的女子載滿丁香繾綣歸來,幾張素箋,便在他冷漠的眼神裡心隨墨碎碾?

他知道,她對他的珍視,他都一一看在眼裡。所以長長久久地擁她入懷,為她研墨,為她作詞,為她寫一曲《蝶戀花》,讓驚豔的文字纏綿起她過往的閒愁,輕輕抹去她心底的寸寸傷痕:

遙夜亭皋閒信步,乍過清明,早覺傷春暮。數點雨聲風約住,朦朧澹月雲來去。

桃李依依春黯度,誰在鞦韆笑裡低低語?一片芳心千萬緒,人間沒個安排處。

—— 李煜《蝶戀花》

「遙夜亭皋閒信步,乍過清明,早覺傷春暮。」因為想他念他,她一整個晚上都流連在水畔躑躅不去,從左走到右,又從右走到左,沒個停歇。才過清明時節,本是早春二月,得不到他的憐愛,讓她感受到無限淒涼,彷彿時光已近春暮,暗傷懷。在「信步」上著一個「閒」字,點染出她隨意舉步、漫不經心的神態,更將她傷春的無奈和思慕他不得的惆悵恰到好處地表現了出來。

「數點雨聲風約住,朦朧澹月雲來去。」下雨了,那點點滴滴的雨絲滴落在她的臉上、心間,更惹她一腔愁緒。國主啊國主,你可知,你的婢女秋水願做你初心雪蓮,在千年的冰峰,為你長髮飄散?又可知,秋水想做你手邊的那一瓣心香,黃昏裡,在西窗為你點燃?

她眼裡有了晶瑩的淚水,卻分不清究竟哪是淚哪是雨。微風吹來,將那雨絲吹散,月亮在雲層中若隱若現,卻又惹她相思無限。唉,她輕輕地嘆,總是月圓人不圓,雲也朦朧,月也朦朧,徒讓她一襲青絲飄起江南的

春天，然而，誰又看得見那個孤守燈下獨抱繡架數鴛鴦的痴心女子，誰又聽得見她斜倚門扉等他時那突突的心跳聲？

「桃李依依春黯度，誰在鞦韆笑裡低低語？」雖然已過了桃李盛開的花期，但餘香的芳馨仍依稀可聞。他又可曾知，他的婢女秋水願為她輕泛三月蘭舟，把花香凝滿素箋，濃滿她的巧笑嫣然，再把濃情醮在指尖，託長風捎去落花瓣瓣，直抵他的心扉？

遠遠地，聽到花叢深處的鞦韆架下有人在低低笑語，那可是她心儀的國主？可那個和國主一起談笑風生的女子又會是誰呢？是她秋水，還是那個三千寵愛在一身的嘉敏國后？

「一片芳心千萬緒，人間沒個安排處。」她的心在滴血。為什麼，為什麼和國主花前月下話恩愛的那個女子就不可以是自己呢？國主啊國主，在這寂寞深院裡，我看得見春天的百花盛開，看得見夏天的滿池荷花，看得見秋天的紅葉滿山，看得見冬天的雪花從窗前飛過，可唯獨看不見你在我身前徘徊淺笑，你可知秋水的心有多難過、多悲傷嗎？

她心裡藏著萬分的愁緒，宛若水邊的芙蓉綻放起一地的清寒，又彷彿秋水之上，紅塵之中，那隻折傷了翅膀的蝴蝶，輕輕地跌落在一片花海之中，卻是無人問津，沒有一處可以安排她這滿腔的離情別緒。月光依然朦朧，落花依然芬芳，可她，何時才能飛越過心中的那一片滄海，從此不再徬徨，不再感傷？

捧著他寫給她的《蝶戀花》，她偎在他懷裡無聲地抽泣著。他終於來了，終於牽著她的手邁進了他的世界，在他溫柔的眸光裡，她酥腰輕展，放眼望去，卻看見杏花在風中雅緻地搖曳，滿院梨花更是開得傾城驚豔，就連那蝴蝶也裹著季節的芬芳，輕輕綴在她的髮端。她的幸福是真的來了。

柳枝羞春

風情漸老見春羞，到處芳魂感舊遊。多謝長條似相識，強垂煙穗拂人頭。

—— 李煜《柳枝》

那一世，她跨過千年的長風，踏月而來；那一年，白雲深處，禪院的鐘聲同時叩響了她和他一樣寂寞的心弦；那一月，在秦淮河畔，她在他的注視下，用露水將那細細的絹帛染成他最喜愛的「天水碧」色；那一天，她臨風而舞，他失神，心便隨著她長及膝蓋的長髮，在她懵懂的眼神裡墜落、淪陷。

她真的愛過他？她問風，風說那是她前世的夙願；她問雨，雨說，它曾見證了他們那世的纏綿悱惻。她還聽見露珠和花兒在竊竊私語，聽見彩霞在秋水裡長嘆，它們都說，他們曾經愛得如痴如醉、轟轟烈烈，假如給它們紙墨筆硯，就一定能把他們的過往寫成最美的詩情畫意，畫成最美的白首同心。

都說藍色會讓人變得憂鬱，可她每天都在水畔給他染著「天水碧」，心情卻是異常的歡暢；都說沒有人可以抓住指縫間的幸福，可她每次低頭望向手裡捧起的那一掬清水，眉頭總會溢滿愉悅的笑靨。她沒有太多想法，從進宮的那年起，她便是個沒心沒肺的女子，所有人都可以差遣她，叫她上東絕不往西，叫她上西絕不往東，從來沒有半句怨言。一晃眼多少個年頭過去了，她還是沒被深宮裡那些殘酷的明爭暗鬥磨出任何稜角，彷彿生來便沒有脾性，既不出挑，也不落沒，就像這南唐後宮的影子，多了她少了她對旁人來說都是無關緊要的，但她並不以此為恥，眉宇間還是漾著一如既往的微笑，走到哪兒都能給姐妹們帶來一片喜樂的笑聲。

第 7 卷　偎紅倚翠

　　一直以來，她都喜歡那種淡淡的感覺，淡淡的雲兒，淡淡的風，還有濛濛細雨飄瀉淡淡的素馨花香，任淡淡的憂愁，淡淡的笑，總是朦朦朧朧地，浸在那一抹淡淡的淺色中。儘管世事紛繁，儘管一直都在低頭忙碌著，儘管一些記憶的碎片總是看似不經意地從心尖悄然劃過，但她仍然習慣低頭淺笑，用她淡淡的情懷抒寫著光陰的流動，輕撥琴弦，將萬般的思緒都葬在了心音的靜默中。

　　只是總會沒來由地感動於那些柔情似水的細膩，所以一直在做一個夢，濛濛細雨中，她撐著一柄印花油紙傘，從畫堂邊款款走來，一襲潔白的衣裳，一雙楚楚動人的眼睛，宛若貶謫凡塵的仙子，就那樣羞澀地走在他關切的目光裡。他？她的心莫名地一驚。怎麼會？是從什麼時候開始的，她的心居然有了他的一席之地？她年紀已經不算小了，可在這嘉敏國后獨沾他雨露的年月裡，她根本不曾心生非份之想，為什麼他還是不期而遇地出現在了她的夢裡？難道是前世的緣？還是今生的劫？

　　她知道，因為嘉敏國后的善妒，娥皇國后在世時曾經倍受寵愛的黃保儀已經退居澄心堂，替他打理起典籍藏書，過早地將青春歲月賦予一紙滄桑；也知道，那個能將琵琶彈得出類拔萃，甚至可以與娥皇國后相匹敵的流珠亦已退出他的世界，甚至不再彈起她心愛的琵琶。而她，慶奴，一個毫無心機的宮女又憑什麼去想他念他呢？

　　可是，她還是無可救藥地戀上了他。夜深人靜時，總想要和他同聽一首歌，任悠悠往事在《鳳求凰》的旋律中輕輕漫過，任《長相思》的幽怨一點點地敲擊思念的心窩，卻是萬籟俱寂，不言不語。幻想的天地中，一種心有靈犀的默契帶著他們一起走進桃花塢的傳說，當時彼刻，桃花繽紛，山林空幽，一波波的潮水在他們的心間緩緩漫過，不僅沖刷掉了塵世間的所有疲憊，也沖刷掉了心與心之間的隔膜。

　　想到這，她的臉騰地紅了起來。慶奴啊慶奴，你怎麼可以痴心妄想，

怎麼可以奢望得到國主的寵愛？她倚著窗扉輕輕地嘆，不可以，不可以的。除了會替他把那一匹接著一匹的絹帛染成「天水碧」，她幾乎一無是處，他又怎麼會喜歡上她這個什麼也不會的傻女人呢？做一天和尚撞一天鐘，一個小小的宮人，一個平庸得引不起任何人關注的女人，妳便安心染好天水碧就行了，心生非份的事還是留給別的女人去想吧！

可是那種感覺，一種抓不住摸不到，卻牢牢根植在心底的感覺，卻始終隱隱約約地悄然陪伴著她，在這寂寂的深宮裡走過一年又一年的輪迴，漸至在她眼裡風化成一座悲傷的城。到底，該怎麼辦才好？她知道，愛上他絕對是一種錯誤，可又無法克制這份與日俱增的感情，亦明白，心底那些明明滅滅的感情只是徒惹寂寥罷了。漫步在花香似海的禁苑裡，她悵望天際流，心莫名地疼痛著。唉，這望不盡的紫陌紅塵、小橋人家，終究不過是流沙輕淺，不過是短暫的光陰，在悲歡離合、起承轉合間，到最後也只能是空餘一地嗟嘆罷了！

然而，她還是不能擺脫對他的相思。無數回躲在角落裡偷偷望著他的背影小聲地抽泣，多少次在他眼前忙忙碌碌地走來走去，卻從未惹起他深情的一瞥。她知道，在他心裡，她只不過是個平庸無奇的宮人，也許一輩子在他身畔穿梭也引不起他一絲一毫的注目，只能抱恨老死宮闈。可他又怎會知道，就在離他咫尺之遠的地方，有一個小小的宮人在多情錯落的紅塵裡已然多了一份對他不息的牽掛和無處不在的思念？

她再也做不到心如止水，再也無法做一個沒心沒肺的女子。她臉上的笑容消失了，在水邊輕染絹帛時的身影也變得懶懶的，連鬢髮也懶得梳理了。誰說藍色不是憂鬱？每次看到絹帛被露水染成「天水碧」色，她就會產生幽怨的情緒，它常如潮水般嚙噬著她脆弱的心靈。誰說可以握住指間的幸福？掬一捧清冽的河水，眉頭尚未蹙起，那水便已從指縫間漏了個精光，那心底期盼的幸福又要到哪裡去尋？她無奈，無奈與他之間那道永遠

無法跨越的人間與天宮的距離，倘若兩顆心捱得很近，千里亦是咫尺，然而他卻從沒在意過她的存在，更別提會將她輕輕擁入懷抱；她等待，默默地等待，倘若愛意深濃，即便為他守候千年又何妨？總有一天，他能明白自己的心意，不是嗎？可他什麼時候才會給她一個海枯石爛、天荒地老的誓言，不再惹她悲傷徬徨？

難道要她像秋水一樣，髮間插滿異香撲鼻的鮮花引得蜂蝶追逐，才能吸引他注視的目光嗎？可世間的愛情又怎麼可能是可以被複製的？自打秋水受寵後，宮人們便爭相效仿，在髮間、衣襟上，到處都插滿了鮮花，可又有誰像秋水那樣得到了他的眷顧？她們非但沒讓國主愛上，反而遭到嘉敏國后的責罰，一夜之間，數十個宮人就那樣在撕心裂肺的哀號聲中被國后逐出了宮廷，她慶奴再笨，也不會笨到自惹禍端上身的地步吧？

她不會做那些蠢事的。無論如何，她都要繼續留在宮裡，留在他的身邊，為他做事，為他日日夜夜地染那天水碧。哪怕等到白頭都等不來他的注目，也總好過被嘉敏國后逐出後宮，連再看他一眼的機會都就此失去了啊！她期盼，繼續；她等待，繼續；她悲傷，繼續；她徬徨，繼續。從此後，日夜都唸著他的名字守候在晨鐘暮鼓裡，揮一揮手，無望地將歲月放飛在雲端，渺萬里煙波，一襲青衫輕柔地貼合著沒有花前月下的世界，以清冷冷的疏離感悄然地隔絕著那個有他的喧囂塵世。

然而，她終於還是等來了他。就那麼輕輕一瞥，他就指定她和劉澄一起跟隨他出宮微服私訪。微服私訪？我？慶奴？她瞪大雙眼望向他，猶不敢相信這是發自他口中的命令。怎麼會是她？但事實不容置疑，李煜選中的人就是她。

那天，她和劉澄換上普通人的衣服，陪他一起出宮，一起出沒於金陵城大大小小的寺廟，玩得不亦樂乎。她知道，國主自娶了嘉敏國后後，便在全國大力推崇佛教，讓境內的寺廟大量擴招僧尼，並且免去他們交稅、

服兵役和勞役的義務。由於各項優惠政策的推行,佛教得以在南唐境內迅速發展,要求剃度的僧侶也越來越多,光金陵城裡的僧尼就達到一萬有餘。然而李煜還不滿足,於下詔普度僧尼的第二年,又在境內掀起一輪修廟的高潮,短短的工夫,金陵城裡的寺廟僧塔便如雨後春筍般鱗次櫛比地出現了,甚至南唐後宮裡也都建起供僧人吃齋念佛的皇家寺院。

慶奴沒想到的是,她終日苦戀的國主居然會拉著她和劉澄去了一家妓院。那家妓院裡有個和尚正在大擺筵席,那和尚吹拉彈唱、劃拳喝酒樣樣來得,見李煜長得風流倜儻,說話又文雅,便拉著他一起喝酒作樂。李煜喝到興頭上,便拿起筆趁醉在牆壁上題上了:「淺斟低唱偎紅倚翠大師,鴛鴦寺主,傳持風流教法」一行大字。

那和尚並不知道李煜的身分,哪會想到國主微服私行來開他的玩笑,當下便摟著妓女自顧玩他的去了。李煜也不在意,隨即便又帶著劉澄和慶奴離開妓院到別的地方視察民情去了。她是真的沒想到他居然是這麼風流的一個人兒,可是她之所以愛他慕他,不正是因為他那風流不拘一格的作風嗎?

是的,她愛他,愛他的一切,好的,壞的,一股腦地全盤接受。因她明白,愛一個人,就要全身心地去愛,無論他做過什麼,無論他心裡藏了多少風花雪月。在他淺淺淡淡的眸光裡,她輕輕聆聽四季的呢喃,任指尖靈動的舞蹈,倘佯著他溫柔的訴說,心裡波瀾迭起。如果可以,她願擷一輪明月於他,讓清輝掃去他內心的所有憂鬱;如果可以,她想採一束素馨花送他,讓淡淡的花香沁入他的心底,任詩意瀰漫在他的眼角,讓他的世界永遠都不會再有失意和落寞……

他把她緊緊擁入懷抱,千憐萬愛地望著她,滿面春風。她渾身打著顫,腳尖不由自主地踮了起來。國主。她不無忐忑地凝視著他熱情如火的眸,哆囉哆嗦地喊著他的尊號,顯得有些不知所措。這一切都是真的嗎?他把她夢境裡的期盼變成了現實,可她卻不敢相信她真的得到了他的愛幸。

「叫我從嘉。」他緊緊握住她的手,深情的吻暖暖地印在她的額間。

　　「從……從嘉……」在他萬般的寵愛裡,她雙目微閉,顫抖著為他傾注了人世間最古老最厚重的深情,枕著一宿的無眠,換來他片刻的歡娛。只是她仍然忐忑,不知道天明之際,清晨的那縷清新是否能淡薄得了她內心糾結了很久很久的愁絲?

　　一晌偷歡,他賜她黃羅扇。在黃羅扇上為她題詞一首《柳枝》,用真心真情換她惆悵幾許,換她眉間活色生香的微笑:

　　風情漸老見春羞,到處芳魂感舊遊。多謝長條似相識,強垂煙穗拂人頭。

—— 李煜《柳枝》

　　「風情漸老見春羞,到處芳魂感舊遊。」放眼望去,滿園春光,千樹芬芳。那桃紅柳綠和眼前嬌媚可愛的慶奴冷不妨間卻讓他思緒沉入曾經的青春年華,彷彿又重遊昔日流年,所有逝去的美好都在剎那間再次映入眼簾。

　　如果不是青春貌美的慶奴,他怎會感受到眼前這番美好,又怎會想起曾經無憂無慮的青春歲月?可惜他的風華早已被歲月的滄桑、人世的沉浮所掩埋,如此這般的情境已讓他羞於看到慶奴這樣正當風華的青春年少,甚至連春日的美景於他而言也覺奢侈。

　　「多謝長條似相識,強垂煙穗拂人頭。」還是要感謝那似曾相似的柳條,要不是它在煙雨朦朧中努力垂下柳絮輕拂他的面龐,撩起他春心幾許,又哪裡去尋年少時的點滴美好?當然,還要感謝他的慶奴,若不是她走進他風情漸老的世界,他又怎會將那風流美事於這寂寞深處演了再演,卻從未感到力不從心?

　　慶奴啊慶奴,你就是我生命裡的及時雨,是我返老還童的一劑靈丹妙藥啊!

第 8 卷
秋風乍起

寂寞寒砧

深院靜，小庭空，斷續寒砧斷續風。無奈夜長人不寐，數聲和月到簾櫳。

—— 李煜《搗練子》

佛曰：一切有為法，盡是因緣和合，緣起時起，緣盡還無，不外如是。

只是，那心底的傷痕卻無法痊癒，最後化作胎記，在往生的路上，如蓮花開落，使路過的每一個人都清晰可辨。開到荼蘼花事了，轉身之後，遺忘了前生遺忘了愛，縱使紅塵萬里，剩下的也只有開在忘川的彼岸花還如火如荼地在她眼前隨風漫舞。

白衣白衫，羽扇綸巾，眉如橫劍，目如朗星，面如冠玉。長長的頭髮攏著一季的風流，纖瘦的十指撥開愛的琴弦，紙箋上潑墨揮毫，任妊紫嫣紅剎那開遍在他如水般澄澈的目光裡。

那是她初見時的他。溫文爾雅，玉樹臨風，瀟灑裡帶著些許不羈，雅緻裡帶著些許恣意。

然而，這樣一個男子，若不是真正懂他，應該是切齒恨他吧？可每當夜深人靜，捧著他一卷清詞於燈下輕輕唸起時，卻又深深理解著他的心，那綿綿如水的恨便在漣漣珠光中悄然退去。想他，念他，還是不可抑制地惦記著他種種的好，即便相思成災、血染桃花，閒抱琵琶暗自嗟嘆的她，除了在靜謐中繼續為他鎖眉，為他垂淚，別無他情。

她的心不曾為誰開啟，但白衣勝雪、妙筆生花的他卻輕而易舉地走了進來。她不願做紅塵俗世裡孤獨徘徊的寂寞看客，只願成為他的萬世荼蘼，成為他遺忘前世的彼岸花。那麼，在他眼裡，她究竟是他的誰呢？

她不是傾國傾城的大周后娥皇，鳳簫吹斷水雲間，重按霓裳歌遍徹，

向人微露丁香顆，一曲清歌，暫引櫻桃破。

她不是美豔絕倫的小周后嘉敏，雙眸靈動，巧笑嫣然，剗襪步香階，手提金縷鞋，畫堂南畔見，一晌偎人顫。

她不是清麗脫俗的黃保儀，姿容絕世，才勝兒郎，一紙別緒在澄心堂搖香曳芳，卻甘心淪為班婕妤第二，一把團扇，收起人間多少芬芳。

她更不是簪花引蝶的秋水，娉婷嫋娜，眉若春山，眼含秋波，淺淺一個回眸便勝卻人間無數。

她自然也不是風華絕代的窅娘，窅然窈然，步步生蓮，三寸金蓮在六尺蓮臺舞翩躚，舞低明月，舞盡風雪，舞溜金釵，舞醉人間。

那麼，她是誰？

她應該是一隻蝶，一隻飛舞在他身邊的蝶。她不會引起他更多的注意，只是默默地飛舞，舞在淒涼的風中，舞在無人的夜空，舞在寂靜的蒼穹，舞在悠悠紅塵裡。她的舞步不會生蓮，可步步皆是愛的凝結。

她無時無刻不陪著他，只是他從未在意。她是那樣的愛他懂他。

她知道，他愛的是花滿渚，酒滿甌，一棹春風一葉舟。

她了解，她嚮往絢爛深處倚斜欄，涼風燈火欲燃天。

可是現實卻牢牢將他束縛，他悲哀的成為了一隻掙扎於籠中的金絲雀。本應是一個太白似的痴狂文人，騎金虎，逐白鹿，放浪於山水間，散發弄扁舟，卻偏偏成了一國之君，面對雕欄玉砌只能一聲聲無奈嘆息。

當他一再要求她抱著那具燒槽琵琶彈起娥皇國后的《恨來遲破》、《邀醉舞破》時，她一直以為自己贏得了他的心，直到有一天，當她看到青銅鏡裡只餘她一人的蒼白面孔，才知道自己輸了，輸得一乾二淨。在她最美好的年華，她最喜歡的人卻不在身邊。他所有的愛，所有的眷戀都分給了那個害得娥皇國后病情加劇、抱恨離世的女人——嘉敏國后。

第 8 卷　秋風乍起

　　她恨，恨之入骨，然而卻不知道究竟該恨的到底是嘉敏國后，還是她夢裡最愛的那個男人？她本是他最愛女人身邊的侍婢，所以便也愛屋及烏，雖無正式封號，卻也是當之無愧的嬪御。那些年，她受恩於娥皇，得以承受他的雨露，卻仍然心甘情願只為他的婢。不為別的，就為他那份真真切切的愛，一個女人，一個侍婢，能夠得到國主的寵愛已是萬分之幸，那封妃封嬪的浮華又要它做什麼呢？

　　她只想長長久久地侍候在娥皇國后的殿前，只想在他到瑤光殿探視娥皇之際，分享他嘴邊的淺笑和他指間的溫暖，可是，當嘉敏出現在畫堂的那一剎那，她和娥皇的幸福瞬時倒塌，頃刻間便都分崩離析了。娥皇走了，帶著無盡的怨和傷，然而她卻仍然留在這已然失去溫度的後宮，活在對他深深的思念和無限的怨恨中，卻不知為誰又將那多情的琵琶彈落在大雁起飛的季節裡。

　　心頭的翠微，誰能捏起？當所有的繁華隨風落盡，她無力阻止，一如深陷於戰事陰影中的他，在日益強大的北宋政權下苟延殘喘、黯然度日。她知道，有生之年，她是不會再求得他深情的回顧，亦不可能再像從前一樣伴他左右替他分憂解愁，然而，她明白，還有些事是她能為他做的，那便是陪伴著他，一起隕落，一起毀滅。

　　西元 970，北宋開寶三年九月，宋太祖趙匡胤派兵攻打南漢。南唐大將林仁肇見有機可趁，立即上書密陳收復淮南之計，然而面對強大的宋朝軍隊，她心愛的男人再次表現了一貫的軟弱與毫無主張的性格。宋朝的軍隊就布置在一江之隔的揚州，縱使林仁肇有飛天的本事，也不能保證收復淮南的大計就能順利得以實施吧？弄不好，偷雞不成反蝕把米，那不是自找沒趣，正好給了趙匡胤出兵攻伐南唐的理由？他不敢，他不能拿南唐的半壁江山開玩笑，為阻止林仁肇暗中行事，不久，他就把林仁肇從武昌防守調往天高皇帝遠的南昌，並授其為南都留守。

然而，宋朝的大軍卻沒有停止對南漢的攻伐。密探從邊境打聽回來的全是趙匡胤的軍隊又攻下了南漢哪座城池的消息，眼看著南漢朝廷不保，他不禁心生悵然。荊南、湖南、後蜀都已經被北宋滅亡了，現在又輪到了南漢，接下來，趙匡胤的矛頭是不是就該指向他領導的南唐了呢？

這些年，他仍然沒有懈怠對北宋的進貢，乾德三年二月，貢宋長春節，御衣金銀器錦綺以千計；同年四月，賀宋滅蜀，貢銀絹以萬計；開寶二年六月，又遣胞弟從謙赴宋朝貢，連年的進貢已經讓入不敷出的南唐財政陷入惡性循環之中，難道這樣恭謹的態度，也不能引起趙匡胤絲毫的憐憫嗎？

兔死狐悲。面對強勢的趙匡胤，他已隱隱約約地感覺到南唐將會再次陷入多事之秋。可他能有什麼辦法消災免難？除了把老百姓的血汗銀繼續送給趙匡胤外，他只能攜著國后嘉敏一起虔誠禮佛，希望慈悲的佛祖能夠拯救即將來臨的危殆。為了顯示自己的誠心，每天下朝後，他都會和嘉敏戴著僧人的帽子，披著袈裟，一起到宮中的佛堂裡唸經拜佛。由於長期不斷地磕頭，竟導致前額淤血了，形成了一個瘤子。

他的所有舉動，她都知道。雖然讀書不多，但她也知道梁武帝媚佛身死的典故，難道他這樣做了，便能保南唐一境百姓平安無事？眼看著趙匡胤東征西討，今天打這個，明天伐那個，她就知道，這把火遲早會燒到南唐來，可他非但不去操練三軍，反而天天在宮裡吃齋念佛，豈不是很荒唐可笑嗎？

唉，罷了罷了！自己已是見棄之人，還操那些心做什麼？縱是國破家亡，她亦做好了隨他而去的準備。無論是上天，還是入地，她流珠都不會棄他而去。

風，呼呼地吹著，梧桐葉落，徒留一地斑駁的月光。她斜倚窗下，任清冷的光芒透過窗紙映上她蒼白的面龐，扶著窗櫺低低地嗚咽，嘴裡唸唸有詞，字字句句都是唸著她的國主。

第 8 卷　秋風乍起

「流珠。」他迎著她紛飛的淚水，攜著一縷愁眉，輕輕走到她的窗下，勉強擠出一絲淺淡笑容。

「國主？」她沒想到他會來。多少個日夜他都沒到自己這裡來了？她掰著手指輕輕地數，卻總是數不明白，只任兩行珠淚打溼他深情凝眸的目光。

深院寂寂，他緊緊擁她入懷，在她耳畔低聲呢喃。正是無限纏綿時，無情的風兒卻送來斷續的寒砧聲，驚起她心間無數哀怨。她閉目蹙眉，他輕輕地嘆，一邊將她冰了的手攢進手心，一邊鋪開紙箋，肆意舞墨，在她窗臺上寫下一紙愁緒，將內心洶湧的情感化為一首絕美而又悽婉的詞：

深院靜，小庭空，斷續寒砧斷續風。無奈夜長人不寐，數聲和月到簾櫳。

　　　　　　　　　　　　　　── 李煜《搗練子》

「深院靜，小庭空，斷續寒砧斷續風。」秋風掃落葉，飛快地掠過地面，越過迴廊，翻過圍牆，和著風聲、砧聲一起透進深院空庭，穿過簾櫳，直抵他和流珠驚懼的眸光，惹起心底無限惆悵。這風聲，這砧聲，是否還是為那思念征人的閨婦所起？

他心疼地望向流珠，散落的詞在搖曳的燈火下片片紛飛，在她眼底迅速化成斷翅的蝶，一一流失在風中，最後幻成永恆的淚，飄飄，緲緲，而當淚碎落一地之際，又於輪迴之中變成了相思的雨，嘀嘀嗒嗒，沒個止歇，只惹得兩個人的心痛莫名。趙匡胤的軍隊已經深入南漢境內，想必過不了多久便會拿下南漢都城，一旦南漢淪陷，金陵遲早都會成為宋人囊中之物，想起這些，不由得他傷感連連，可她又能如何，此時此刻，她悲傷到難以名狀的地步，不是因為國事衰微，而是心疼他的種種無奈與不得已。

「無奈夜長人不寐，數聲和月到簾櫳。」夜深了，秋月如水，隨同寒砧聲從門窗外一起瀉入，更攪擾得他心神不寧、輾轉反側，無法成眠。

他望向流珠,深深地嘆息。一旦歸為臣虜,他將拿流珠怎麼辦呢?他眼裡有了瑩瑩淚光,但她明白,那淚注定不是為她而流,那雨也不注定不是為她而落,那風聲砧聲也注定不是為她而起。

山有木兮木有枝,心悅君兮君不知。這一世,他是不會知曉她有多愛他、多在乎他了。不過,沒關係,至少,她這一生還可以一直守在靜靜的角落靜靜地伴著他,可以恣意地為他哭,為他笑,輕易地落在他的肩頭,任雙手塗上他的墨,沾上他的淚,染上他的血,甚至可以在身上烙上他的印記,只盼來生再與他相遇在紫陌紅塵間。

是的,這就是她,流珠。一個甘願為他生,為他死,甘願為他上刀山、下油鍋,承受萬般苦痛的女子。如果命運可以選擇,她不要做蘭,也不要做菊,只要做他的荼蘼。盛開預示凋謝,繁華昭示完結,一瞬的美麗只為引起他的注意。

開到荼蘼花事了,塵煙過,知多少。國主啊,為了你,我心甘情願開到荼蘼,愛到荼蘼!

空山悲雪

心事數莖白髮,生涯一片青山。空山有雪相待,野路無人自還。

—— 李煜《開元樂》

望著她蹙起的眉,他心痛莫名。

冬季的雪執拗地從亙古的荒蕪中走來,卻絲毫未能阻擋愛人彼此靠近的腳步。紛紛擾擾、來來去去的歲月,遮不住眼前一脈脈連綿的青山,他憑欄凝思,暗自神往著山那邊的世界,只是,那層巒疊翠的地方,是否有

她痴心守望的家園？

　　他站在那裡，焦急地張望。倏忽間，又看到她臉上漾起了如花的笑容，是那麼的熟悉，那麼的親切，一種踏實和溫軟，剎那間便讓他有了家的感覺。在這多事之秋，她的笑容便是他的笑容，她的快樂便是他的快樂，只有沉浸在她溫潤的眉下，他的心才能在遠處傳來的琵琶聲中輕柔成一曲低緩的婉歌。

　　執手於傘下，漫步於雪中。略顯寂寥的星空，閃著朦朦的瑩光，四周裡一片靜謐。細雪霏霏，靜靜地落著，星星在不遠處閃爍，一層層毛絨絨的雪絲輕輕地舒展著，在他眼前密密地織成溫柔恬靜的簾子。雪兒輕輕，步兒輕輕，只恐驚了他敏感多情的愛人。在他靜聽的微笑中，她低低的輕語漸漸抑揚成歡快的音律，飄揚在這夜空的雪花裡。他傾聽著，傾聽著她講述幼時和姐姐娥皇相處的一幕一幕，那些平淡無奇的陳年往事在他聽來都是一曲生動的古樂府，可是那些故事裡卻沒有他的位置，著實令人遺憾。

　　那時的她還小，怎麼會記得那麼多的事？他望著她輕輕地笑，伸手撫著她油亮的烏髮，將身子摟得她更近，更近，唯恐慌片刻的疏離，她便會像娥皇一樣，永遠地離他而去。如果能與她相伴一生，便是放棄這國主之位又有什麼不可以？叵耐這不是他一個人的江山，而是先輩們用鮮血和淚水換回來的基業，他不能眼睜睜看著它毀於一旦，所以必須堅強地站起來，將所有的重擔都扛上肩膀。

　　嘉敏。既然這生已經注定不能回頭，那就允許我請求你來生再做我的妻，再做我一生一世深愛著的那個人吧！他望著她輕輕地嘆，如果真有來世，他絕不會選擇託身到皇家，只願做一個放浪形骸的漁翁，攜她的手，日出而作，日落而息；或者便做一個農夫罷了，我耕田來你織布，一輩子你敬我愛，世間所有的紛爭都與他們無關。他深情凝視著她，緊緊攬著她

纖若柔荑的手,只是怕她過不了農耕的苦日子,讓她跟著他受一輩子委屈,要不就化作一對相親相愛的鴛鴦鳥好了!

不管下輩子變作什麼,嘉敏一定會始終伴你左右。她輕啟朱唇,正色盯著他說。無論王侯將相,或是山野樵農,或是魚蝦牲畜,他到哪裡,她便跟到哪裡,生生世世,不離不棄。最好莫不過是做一個抱著陶罐汲水的鄉下女子,裸露的腳踝戴著清脆作響的銀鈴,眉目含情,滿懷希翼,尋尋覓覓,從橋的這邊,走到橋的那邊,來來回回,反反覆覆地徘徊於那雨中的橋上,只為等她一生的眷戀,等那前世和她許下鄭重諾言的情郎。

他的眼裡有了淚水。「嘉敏,你當真一點都不後悔嫁給我嗎?」

她搖搖頭。他是她前世今生的戀,也是她後世要等的那個人。愛他,她無怨無悔。

他感動,他醉在了她溫柔的目光裡,泣不成聲。其實,和她在這紅塵相遇,是他一生最為驚喜的回眸。曾經,在他風華正茂的年紀裡,她給了他風情萬種、驚天動地的戀;而今,青春的色彩已漸漸消退,歲月的滄桑亦在額頭浮起了淺淺的皺紋,在經歷過生活的重重洗禮和磨礪後,那顆早已被強制禁錮的心,卻又在她的溫情裡開始慢慢復甦。一路走來,忐忑的驚喜被她可及的素手握緊,真誠的眸光,更給了他無聲的堅定,大敵當前之際,一個女子尚且如此鎮定,一國之君的他又有什麼理由不振作起來?

是的,南漢滅亡了。在這一年的初春,即西元971年,宋太祖開寶四年二月,南漢國主劉鋹在北宋大軍壓境之下,被迫開啟城門投降,至此,盤踞於嶺南的南漢朝廷滅亡。而就在前一年,唯一能夠幫助他重振南唐威望的重臣韓熙載因病去世,南唐政權處於內憂外患之中,怎能不讓他愁眉?為了表現自己對大宋王朝的恭順,在宋軍押著南漢主劉鋹前往汴京之際,他所派遣的進貢使也帶著占城、闍婆、大食等國送來的奇珍異寶踏上

了出使汴京的旅途。然而，他還是安不下心來，稍後再遣胞弟從謙入宋，貢珍寶器用金帛無數，皆數倍於前。

可這真能打消趙匡胤對南唐的覬覦之心嗎？他不是傻子，北宋的軍隊遲早會打過大江來，多拖一天就多拖一天吧！拖過了初一便能拖過十五，盼只盼，老天爺讓他早點撒手人寰，那麼等趙匡胤的軍隊打來之際，他便看不到國破山河碎的淒涼之象了！

「唉！」他望著她深深地嘆。在她溫暖的眸光裡，心仍被無盡的惆悵填滿。雪停了，夜空柔軟似錦，不染塵埃，一彎新月衝破濃濃的雲層，靜默地鉤著屋簷，鉤起他無限傷感。在她遞來的筆墨紙硯邊，在她善解人意的勸慰裡，他舉筆蘸墨，然而，憂傷的素箋終寫不出一絲輕鬆明快。

蜀主孟昶被俘至汴京，很快就被趙匡胤毒死，連他最心愛的妃子花蕊夫人也淪為趙匡胤的玩物；南漢國主劉鋹也被俘至汴京被幽禁了起來，雖然還沒被毒死，但境遇比孟昶也好不到哪去。如果有一天金陵城破，江南敗亡，他是不是也會被俘至汴京？答案是肯定的。趙匡胤是會把他毒死，還是像劉鋹一樣被幽禁起來，一個破舊的院落，一把生鏽的銅鎖，伴他夜夜酒醉到天明？可是他的嘉敏呢？嘉敏是不是也會像花蕊夫人那樣淪落為……

他不敢再往下想。嘉敏啊嘉敏，我將為之奈何？他唯一能做的就是在用澄心堂紙、李廷珪墨寫出的一首首話盡淒涼語的詞中，沉醉不再醒來。

心事數莖白髮，生涯一片青山。空山有雪相待，野路無人自還。

—— 李煜《開元樂》

「心事數莖白髮，生涯一片青山。」歲月，是紅燭下燃盡的燈花；冬雪，是寒風裡江南的面紗。著上風塵沾染的白衣，擦亮清輝如昔的長劍，即使在她柔情似水的撫慰裡，他亦無法拋卻過往的憂傷和舊日的羈絆。

一生經歷難回首，前路更是無望，正如青山起伏連綿、坎坷難行，心中的愁苦越積越深，冷不妨卻霜白了他數莖白髮。以「青山」喻「生涯」，生動貼切，以「生涯」見「心事」，明白透澈。

　　「空山有雪相待，野路無人自還。」因念「生涯」而覓「空山」，因「空山有雪」、「野路無人」而自還。字裡行間明白無誤地傳達了他想要擺脫現實世界悲慘狀況的願望，然而兜兜轉轉後，卻又發現這大千世界根本就沒有可以讓他和嘉敏隱遁的地方，迫不得已之下，只好帶著一顆孤寂難捺的心重新回到殘酷的現實中來，悲不自勝。「自還」與「相待」對應，是孤獨，是冷寂，但更多的是無奈，是因無望、絕望而生的自傷自泣和憂鬱低迷。

　　無路可走，無路可逃。這對即將面臨國破家亡的從嘉來說的確是殘酷無情的。然而，他又能如何？在這末日征途，除了寫詞，他唯一能做的就是為他深愛的嘉敏開啟一扇心門，或許，只要她還住在他心裡，縱使走過的路上會有悽風苦雨，牽著她的手，他就不會害怕離別的傷重複塵封的痛。

鴉啼影亂

　　梵宮百尺同雲護，漸白滿蒼苔路，破臘梅花李蚤露。銀濤無際，玉山萬里，寒罩江南樹。

　　鴉啼影亂天將暮，海月纖痕映煙霧，修竹低垂孤鶴舞。楊花風弄，鵝毛天剪，總是詩人誤。

—— 李煜《青玉案》

曾經一度認為，青玉案，或是橫塘路，是所有詞牌中最美好的名字，亦是世間最美好的字詞。貝齒輕觸櫻桃唇，舌尖微顫，便讓人口舌含香。悠悠婉轉的三個字，便能勾勒起一番別樣情愫，如同江南夜霧籠罩的煙水，輕柔地，緩緩蕩漾在心底，自是雋秀柔美，繾綣纏綿。

東漢張衡《四愁詩》有云：「美人贈我錦繡緞，何以報之青玉案？」

青玉案。她瞥著案端的詞箋澀澀地笑。卻於不經意間，看到「梵宮百尺同雲護，漸白滿蒼苔路，破臘梅花李蚤露」的句子，眉頭不禁一皺，空氣，也似於一瞬間凝住。心中的某一處，突然肆無忌憚地疼痛起來，彷彿有人用繡花針一點一點地扎了進去。

是啊，青玉案，那寂寞的青玉案，該往何處相思？當朱唇輕啟，淺唸著青玉案、橫塘路的時候，卻忘了，問一問那一緞錦繡，是否願意換他青玉案；亦忘了，美玉本該配錦繡，當青玉案遇到錦繡緞的時候，似乎就注定了會在寂靜的角落孤獨舔傷，一生一世。青玉案啊青玉案，她，南唐國風華絕代、豔傾天下的國后，是否也如他手邊的青玉案，終其一身都只能守在他的身邊，卻仍然走不出這孤寂的讖，要在他憂鬱的眸裡傷痛一生？

有些疼痛，只能深深埋葬在心底，因為她愛他，愛那個名叫從嘉，玉樹臨風的男子。只是因為，她愛他，深至骨髓，所以才把一切委屈與艱難，和淚嚥下。

看盡風雲變幻，寫盡紅塵四合，半夢半醒之間，究竟是誰又在風中輕輕喚起他「從嘉」的名字？思念無塵，心門輕輕為他開啟，歲月的崢嶸裡，無論多少嫵媚紅顏伴他左右，留他春光無限，留她深閨清冷，她仍心甘情願地守在有他的夢裡輕舞紅袖，攜著一抹相思只做他眉間的笑、燈下的花，羞顏未改，終還是他經年的執手。

她知道他心裡的苦。鐵馬金戈的北宋王朝造成了他巨大的心理壓力，

讓他終日寢食難安，愁白了他的雙鬢，卻痛在了她的心裡。可她又能如何，當他被重重陰霾壓抑得難以喘息之際，她縱是想盡千方百計也終是無能為力，不能撫平他心底寸寸傷痕。她唯一能做的便是用青春的展顏，染他滄桑的年輪，任心的一角，靜靜地依靠在屬於她和他的天荒地老裡，從此不再讓他一個人憂鬱惆悵。無論如何，她都會陪他走下去，就算國破山河碎，她也要陪他去做那囚徒，用自己溫柔的目光做他堅定的依靠，儘管空而無力，可畢竟能讓他孤獨的心找到些許溫暖啊。

深宮遣懷，秦淮水在她潸然的淚眼裡繾綣。在他凌亂的眉宇下，她躲在紅羅亭、錦洞天裡，追憶他風華正茂時的一襲青衫，未曾想，等到的還是他滿心的愁緒、滿眼的殤然。不，她不能讓他繼續沉淪下去。他是南唐的國主，他是她的夫君，他不能就這樣垮了，他要垮了，她該怎麼辦？南唐的老百姓該怎麼辦？無論如何，她都要設法讓他振作起來，因為南唐的老百姓需要他，她更需要他，她絕不能眼睜睜看著他倒下去的！

從嘉。她呢喃著喊著他的名字，輕輕靠近他的溫暖，任年少的青澀，沾滿她如今的盛容。浮光的掠影下，她靜靜守著兩顆心的默契，以墨色的暈染，在遠隔的時空裡與他做著心與心的撞擊，只盼他早日舒展蹙起的眉頭，讓昔日溫婉的笑顏重新回歸他俊美的面龐。就這樣，默默地靠近他，她在他的夢裡落腳，千山之外的相遇，終縮短了一個天涯的距離，生命的色彩依然明透，只是把舊章翻過，在新的扉頁上描摹下春天的花深似海。

從嘉，暫且把那些惱人的國事都拋諸腦後，好嗎？不是讓你做一個不負責任、全無心肝的君主，只是盼你變回從前那個無憂無慮，只把冬雪當作春風來欣賞的明媚男子，莫非你連回歸的勇氣都沒有了嗎？靠近我，請你靠近我，靠近了我，你便會發現我不再是你相忘的江湖，彼此凝視的目光裡便可渡了紅塵的暖，而我，亦會在這凜冽的季節裡，為你提筆蘸墨，任你所有的文字都在詩箋下詮釋出最美的溫柔，從此，慌亂的心緒終被柔

第 8 卷　秋風乍起

情取代，所有破碎的聲息都會眠在你如水的眸光裡，一一化作你心海無潮的起伏，只與溫暖相關，只與平靜牽手。

　　梵宮百尺同雲護，漸白滿蒼苔路，破臘梅花李蚤露。銀濤無際，玉山萬里，寒罩江南樹。

　　鴉啼影亂天將暮，海月纖痕映煙霧，修竹低垂孤鶴舞。楊花風弄，鵝毛天剪，總是詩人誤。

── 李煜《青玉案》

　　「梵宮百尺同雲護，漸白滿蒼苔路，破臘梅花李蚤露。」揀起案上墨跡未乾的詞箋，她仍在為他先前寫下的詞句驚心。

　　他眼裡望過去的仍是窗外一片迷芒的雪景。佛塔高聳，陰雲密布，雪越下越大，長滿青苔的小路慢慢變成了一片白色的雪徑；落光了葉子的樹枝上也綴滿了雪花，宛若梅花和李花提前綻放在這冷寂的冬日。

　　「銀濤無際，玉山萬里，寒罩江南樹。」還有那遠處連綿起伏的群山，也在大雪的肆虐下變成了起伏不斷的銀色波濤，一眼望過去，漫無邊際，只覺得濃重的寒意把江南所有的樹木都罩住了。

　　「鴉啼影亂天將暮，海月纖痕映煙霧，修竹低垂孤鶴舞。」一群烏鴉啼叫著在空中凌亂地飛過，眼看著天就要黑了。鴉聲淒厲，叫他得心煩意亂，沒過多久，一彎纖細的淡月便從海的近頭升上天空，沐浴著這如煙似霧的世界，更讓他惆悵滿懷。可這還不夠，映入眼簾的偏偏還有那低垂著身影的修竹，和那寒風中孤單起舞的仙鶴，一切的一切都染著冷到骨子裡的愁情悵緒，好一幅孤冷悽清的畫面！

　　她輕輕地嘆，這風中獨舞的孤鶴不就是說他自己的嗎？還有那一句「鴉啼影亂天將暮」，是否預示著他已經感受到南唐氣數將盡？她不知道。不，她輕輕搖著頭，其實她是知道的，只是不願意承認罷了。莫非，南唐

的氣數真的就快盡了？縱使大軍壓境，作為一國之主，他也不該寫出這種亡國之音啊！

她假裝不解，心痛猶如刀絞。誰也不願做那亡國之奴，但誰也不能否認，南唐政權能不能繼續存在下去，主動權並不在她心愛的男人手裡，一切的一切都被那個叫做趙匡胤的男人牢牢掌握著，只要他高興，隨時可以像宰割一隻羔羊一樣屠宰南唐，何況是手無寸鐵的從嘉和她？

真的沒有迴旋的餘地了嗎？其實他一直在努力，在做著最後的抗爭，所以在春天派遣胞弟從謙入宋進貢後，這年的十月，他又派出韓王從善帶著無數稀世奇珍前往汴京進貢，並且上表請去唐號，印文改為江南國，稱江南國主，並請罷詔書不名，主動要求趙匡胤把贈予他的最後一塊遮羞布也揭開了。

南唐？江南？一字之差，謬之千里。若不是毫無辦法，他又何至於出此下策，連最後的顏面都不要了？可是，趙匡胤真能放過他嗎？

「楊花風弄，鵝毛天剪，總是詩人誤。」那些詩人總是讚美大雪紛飛如同風吹楊花，彷若天剪鵝毛，美得不可勝收，又有誰知道他眼前盤旋的雪花卻將他拽入一座看不見摸不到的無底深淵？那些文字裡的美麗終不過是詩人們的一廂情願罷了！

會好起來的。她丟開詞箋，將他攬入她溫暖的懷抱，伸手撫著他日漸消瘦的面龐，輕輕安慰著他。窗外芭蕉招瀟瀟，梧桐攬細雨，風灌湧到耳依舊是脈脈的柔情，是呢喃的輕語。從嘉啊從嘉，你是妾的夫，是妾的國主，縱使國破家亡，今生今世，妾身便是拼卻粉身碎骨，也會在淚珠裡，為你演繹傾城的寂寞，綻放傾城的笑靨，揭去黑夜的琉璃，讓你在昏黃的光線下也能夠抓住指縫間那片藍天的幸福。

離恨斷腸

> 別來春半，觸目柔腸斷。砌下落梅如雪亂，拂了一身還滿。雁來音信無憑，路遙歸夢難成。離恨恰如春草，更行更遠還生。
>
> —— 李煜《清平樂》

剪剪春風吹過季節的窗臺，轉眼，乍暖還寒的煙花三月便已到了尾聲。

從等待春天的聲音，到初春在眼底蠢蠢欲動，再到春意漸濃，此時此刻，她望到的春天已然是春光旖旎成海。凝眸處，百花裹著綠意競相綻放，到處都是一派春意盎然的景象，讓人目不暇接，深深為之陶醉，卻又不敢聲張，彷彿些許的慌張，便會驚落枝頭那些千嬌百媚的花兒。

於是，屏息凝神，小心翼翼地站立在水湄，把滿眼的綠，還有那五彩繽紛的花兒悉數裝進心裡，再氣定神閒地拈起畫筆，把這一場傾城的花事都輕輕塗抹在了心底，任歡笑的顏悄然綻開在她如花的面龐。

觸目所及之處，早春已經閒閒地走過，那一頁明媚的春色，即將點綴在四月花團錦簇的畫捲上。春風拂過，煙柳搖曳，處處芳菲，此刻最適宜到陌上踏青，走進春的深處，讓微風薰染，任滿眼的青翠蔥蘢、遍地的奼紫嫣紅悄然滑進春日的醉意風流裡，然後靜靜地倚在桃樹下，折取一枝春，斜斜地插在流光溢彩的春夢裡，再拈花微笑，閒看這鋪天蓋地的春色。

或者，泡上一盞花茶，什麼都不做，只慵懶地獨坐柳枝下，靜候一場場的花事在眼底爭先恐後地湧來。紅的似火，白的若雪，粉的如霞，轉眼就開了個淋漓盡致，轉眼就開了個花香滿懷。又或者，等待一場綿綿密密的淅瀝春雨，然後守在春日的午後，手捧一卷喜歡的書，在微寒的雨中，讓心棲息在文字的海洋裡，任春雨淋溼那些飽滿的思緒。

其實春天的雨最是纏綿多情，此時若倚在窗邊，聽著雨滴清脆滑落的聲音，等待屋外的花蕾衝破最後的束縛，乍然綻放，未嘗不是樁賞心樂事。她喜歡這樣的季節，喜歡這季節裡溫潤的雨水，每年這個時候，她都會沉浸在春雨中默默感受那份獨特的清冷氣息，為那些花兒從一朵含苞待放的花骨朵蛻變成嬌豔欲滴的芳華不住地歡喜著，欣慰著。

花兒綻放之前，那欲開未開的樣子、那欲語還休的姿態，絲毫不遜色於那些已經濃烈盛放的花兒。從嘉啊從嘉，你可曾發現，含苞待放的花兒，也像極了正在萌發的愛情？美麗的情愫是那樣的飽滿，那樣的柔婉，彷彿只在等待一個機會，醞釀了許久的愛情便要深情地表白，便要開花結果，那情形，溫馨而又浪漫；而那雨點跌落的聲音，彷彿就是在催促春天綻開一場場花事，於是便心甘情願地守在風中翹首期盼，期盼能夠在春雨後邂逅一場盛大而又凜冽的花事。

如此光景，想想都很美了，如若真的遇見，必定美得如夢如幻，必定美得讓人心折，流連忘返。於是心底，便和春天有了一個約定：到陌上去，讓她貧乏的詩情畫意飽蘸花團錦簇的春色，用一支柔潤的筆，把一朵又一朵的花兒，繡成光陰畫卷中的傾城秀色，明媚他已然憂傷的目光。

風輕雲淡，清風徐來，燦爛的陽光鋪滿柔儀殿裡裡外外。那一片姹紫嫣紅中，是各式各樣的花兒搖曳招展在綿綿春日裡，隨便開啟哪一頁春色，映入眼簾的都是一幅怡人的百花圖，那麼美麗，那麼潋灩，那麼驚豔，而那種驚豔一點也不張揚，讓人看著看著就融進了春影裡，只覺恬淡無比，只覺由衷的歡喜，好似連自己也正在趕赴這一場盛事的路上，但不卻知道那一回眸裡，到底是花點綴了人，還是人點綴了花。

旖旎春影裡，處處都是濃烈得過火的春色，撲喇喇地來到面前，邀寵似的。那幽幽的春光中，在她眼底開了一場又一場的盛世年華，落了一重又一重的花香滿徑，每一次綻放都讓人迷戀，不知天上宮闕，那百花仙子

是否正忙碌地安排著千姿百態的花兒都依序在適當的時候悠然開放？

　　那還是春寒料峭的時候吧？是高風亮節的寒梅引來了春天，不動聲色，凌寒鬥雪，把一抹傾城的顏色，塗在了春天最初的畫捲上，轉瞬便暈開了一個如夢如詩的季節。那該是早春時候了吧？春風輕輕地吹，吹開了桃花的巧笑嫣然，粉嫩粉嫩的，那樣嬌媚，那樣顯眼，一朵一朵，直看得賞花的人，生出無限的疼惜。桃紅深處，花兒朵朵開，不知那桃花仙子，可曾聽見，有人在阡陌的拐角處輕輕地吟誦：「去年今日此門中，人面桃花相映紅。人面不知何處去，桃花依舊笑春風。」

　　桃花依舊笑春風。輕輕唸起，便叫人心裡綻開無限綿軟，剎那之間醉意橫生。不是嗎？春風吹開了一樹一樹的桃花，桃花在風中輕輕淺淺地笑，那笑靨必定不勝嬌羞、嫵媚柔婉，像極了她臉上騰起的紅雲，只是，她的嬌媚、她的妖嬈，又怎及得上他的柔情似水？

　　那應該到了煙花三月吧？春雨如絲，繁花似錦，遍地的櫻花捲起千堆的雪，滿目的瓊花在風中纏綿繾綣，那種美，朦朧若夢，飄渺似雪，再加上眼前水墨丹青的江南樓閣，更顯得風情萬種、旖旎如畫。看著這如畫美景，冷不妨又想起韋莊《思帝鄉》裡的名句：「春日遊，杏花吹滿頭」，心便欣然醉去，而那杏花雨下，是否有心儀的陌上少年，正守著她的明豔在等待一個美麗的春夢？

　　他亦是她曾經心儀的少年。那年，姐姐娥皇初嫁，她才五歲，只是一個淺淡的回眸，一抹溫暖的微笑，他的風流雅緻便甜醉了她幼稚嬌嫩的心。從十二歲開始，她一直站在自家門前倚扉探望，只盼她心儀的姐夫騎著高頭大馬從她面前經過，盼啊盼啊，十五歲那年，她終於盼來了進宮的機會，盼來了他的垂憐，盼來了他的執手相看，盼來了他的溫柔繾綣，可是屬於他們的歡樂並沒能持續很久，北宋王朝陳列大江之北的金戈鐵馬便讓他一夕數驚，從此，她和他的恩愛裡攙雜了憂鬱，她和他的甜美裡攙雜

了悲傷，愛情變得不再如從前那樣醇美，那樣絢麗，那樣纏綿，那樣搖曳生花，正如這人間四月芳菲盡，落去的杏花亦不可能再在這個春天的枝頭綻開妖嬈的姿，她和他的愛情也被趕進了一個沒有退路的死胡同。

　　望著他深蹙的眉頭，她深深淺淺地嘆，來不及觀賞這一片盎然的春意，心裡便纏繞出一個冰天雪地的冬。究竟，從懵懂的花蕾走到成熟的芬芳，從羞澀的青春走過歲月的迷惘，她遺失的感動有多少，記錄的溫馨又有多少？流年裡的花開花落，她數著瓣瓣飄零的夢想黯然神傷，忽地便有種莫名的疼痛掠過心底。渾濁的淚水在眼眶裡打轉，又在風中悄然滑落，那是她封藏的悲傷，一如裸露的傷疤，只要被輕輕碰觸，痛苦便如鮮血四濺。

　　她把記憶編成了一幕皮影戲，讓過往的故事在白色的幕布上一一再現，沒有斑斕的色彩刻劃歡樂，只有人生的蒼白悄然路過，卻足以讓自己沉醉在不朽的戀慕中默默流淚。陽光輕輕灑在雕花窗櫺上，以裸露的背景覆蓋她淺淺的憂傷，卻無法抹去她心底鬱積已久的惆悵。斜倚窗下，百無聊賴地捧起沾了灰塵的銅鏡，卻發現鏡中那副麻木的神情讓她自己也驚詫不已。這還是她嗎？花容月貌、巧笑嫣然的南唐國后周嘉敏嗎？遠處傳來悠悠的樂聲，無知的樂人們仍在教坊司忙碌地編織著錦瑟的喧囂繁華，然而呼嘯著劃過她耳邊的卻已不再是昔日的歡喜明媚，而是穿心的利箭，叫人痛不欲生。

　　她的寂寞在風中流淌，隱約的傷痕被陽光輕輕地舔舐，然而，早已被淚水浸透的心，想要得到陽光的溫暖也不過是種奢侈的妄想罷了。在這滿目的芳菲裡，心底的吶喊如決堤的潮水沖毀著情感的防線，針灸的疼痛一直貫穿她失眠的神經，也許誰都無法破解，她滿懷的微笑下隱藏著一顆滴血的心，包括她心愛的那個男人。

　　帶上蠱惑的迷惘，她腳步的沉重鐫刻著陽光的輕盈。來到桃紅柳綠的

第 8 卷　秋風乍起

　　禁苑，過往的背影讓她原本眩暈的雙眼更找不到去路的方向。她追逐著蝴蝶的明豔，尋覓著他曾經歡快的足印，在長滿春草的小徑上迷惘地回首，駐足，一種撕心裂肺的疼，忽地把她扯到了絕望的邊緣。

　　是的，絕望，難以名狀，亦無法找到任何出口的絕望，讓她在無盡的失落後折斷了繼續飛翔的翅膀，再也望不見那份明媚的過往。總在想起曾經的恩愛，曾經的執手，每每夢到他畫堂南畔痴情望向她的那抹溫柔的眼神，內心的痛便增加沉重砝碼。究竟，是什麼，讓昨日還在展翅翱翔的鷹剎那間便失去了對天空的嚮往，又是什麼，使她再也無法把甜美的記憶一一串起，拼湊出一場璀璨的芳夢？

　　其實，無心觀賞這大好春色的又豈是她嘉敏一人？身為國主的他更是沉浸在傷春的氣氛中無法自拔。他真的好怕，不知道趙匡胤什麼時候會對他下手，但隨著南漢政權的滅亡，他更加清晰地感受到這種壓迫的臨近，到底該怎樣才能拖延宋朝的軍隊兵臨城下？他只能一如既往地表演他的謙恭，這年的正月，亦即西元 972 年，宋太祖開寶五年，他下令繼續貶損江南國儀制，並改詔為教，殿闕去鴟吻，不復再設；二月，又派使臣貢宋長春節錢三十萬緡，貢米麥二十萬石，可這樣就能阻止趙匡胤吞併江南的決心嗎？

　　不。不能。自打去年十月，他派遣七弟韓王從善入宋朝貢後，從善就被趙匡胤扣留在了汴京，他多次請求北宋放還從善，都被趙匡胤高高擱起。沒想到，蹉跎至這年閏二月，趙匡胤居然留從善在北宋當起了官，任命他為泰寧軍節度使，並賜第汴陽坊，這不擺明了不肯放從善回來了嗎？非但如此，趙匡胤還在汴梁建造了禮賢館，聽出使的使臣回來說，禮賢館是專門為他李煜準備的，就等著他向北宋投降呢！

　　投降？不，他絕對不會拿祖宗社稷去換取自己的安寧的。可他到底要怎麼做才能避免一場即將來到的戰爭，又怎麼才能把從善接回金陵呢？他

沒有辦法，是的，除了哽咽傷懷外，他什麼辦法也沒有，只能在嘉敏奉上的紙箋間揮毫灑墨，以一闋瘦詞寄託他對從善的思念之情：

> 別來春半，觸目柔腸斷。砌下落梅如雪亂，拂了一身還滿。
>
> 雁來音信無憑，路遙歸夢難成。離恨恰如春草，更行更遠還生。
>
> —— 李煜《清平樂》

「別來春半，觸目柔腸斷。」春天已過了一半，可被趙匡胤扣留在汴梁的從善還未能回來與家人團聚。望著眼前的滿園春色，想起兄弟天各一方、無緣聚首，更令他淒涼神傷、柔腸寸斷。

「砌下落梅如雪亂，拂了一身還滿。」臺階下落滿片片梅花，零亂似雪，紛紛揚揚，都落到久立樹下、望北嗟嘆的他身上，剛剛伸手拂拭乾淨，隨即卻又披滿一身，彷若心中的愁緒，舊的未去，新的又來，怎叫他不觸景傷情、心亂如麻？

「雁來音信無憑，路遙歸夢難成。」雁來了，卻沒有從善的音信，他又怎能放心得下？唉，他悵望江北深深地嘆息，從汴京到金陵，路途遙遠，從善就是想從夢中回來，也恐路遠難成歸期吧？

「離恨恰如春草，更行更遠還生。」離恨綿綿，宛如春草，無邊無際，遙無盡期，他走到哪裡，它們就會蔓延到哪裡，怎麼也無法擺脫。「更行更遠還生」六個字，便讓他心中的離恨一覽無遺地展現了出來，感情之深摯是外人所難以想像的。

時間的累積，讓他的愁腸更長，距離的遙遠，讓他的盼望更加難以實現。長時間的難以實現，讓他內心的離恨漸漸地蔓延、瘋長，沒有停止的勢頭。嘉敏捧著他新寫的《清平樂》詞，已是淚眼朦朧。然而，他覺得一首詞尚不足以表達對從善的思念之情，索性撩開袍襟，飽蘸濃墨，以從善妻子的口吻寫下一首《阮郎歸》詞以寄思慕：

第8卷　秋風乍起

風吹水日銜山，春來長是閒。落花狼籍酒闌珊，笙歌醉夢間。

佩聲悄，晚妝殘，憑誰整翠鬟？留連光景惜朱顏，黃昏獨倚闌。

——李煜《阮郎歸》

「風吹水日銜山，春來長是閒。」嘉敏輕輕念著他新寫的詞句，心莫名的疼痛。他果然是詞壇泰斗，短短幾行字，便將從善妻子對從善無盡的思念毫不誇張地表現了出來。然而，躍然紙上的種種柔情何嘗不是他這個當兄長的對弟弟深重思念的體現？

自從善離去後，從善妻每天都覺得無所事事，無聊得厲害，只好從早到晚守著一份空虛寂寞的「閒」，在窗下看那風過水皺，看那日墜山巔，任心裡裏滿惆悵哀思。

「落花狼籍酒闌珊，笙歌醉夢間。」落花滿地，酒意闌珊，這便是從善妻每天的生活寫照。除了觀花、醉酒，她沒有別的事可做，只好將那夜夜笙歌、醉生夢死的生活持續了一整個春天。

「佩聲悄，晚妝殘，憑誰整翠鬟？」從善妻春睡醒來，明知晚妝已殘，卻懶得裝扮，只是因為愛她的從善不在身邊，青春的美豔無人欣賞。

「留連光景惜朱顏，黃昏獨倚闌。」春光是美好的，朱顏也是，但若無人欣賞，再美也是枉然，梳妝打扮也就失去了意義。

從善妻輕輕地嘆息，這世上，越是美好的東西，就越會留下遺憾。春光與朱顏縱然美麗，卻也是易逝的，如果從善再不回來，恐怕她這青春紅顏就要蹉跎成半老徐娘了。這怎麼可以？她獨自倚闌遠眺，在心裡深切地呼喊著，從善啊從善，你快點回來吧，可千萬別等到妾身一朝春盡紅顏老時才把家回啊！

「從善會回來的。」嘉敏緊緊握住從嘉的手，「我們都得相信佛祖，不是嗎？」

「佛祖？」

「佛祖會保佑從善的。」她輕輕偎到他懷裡，任淚水在他肩頭肆意流淌，從嘉啊從嘉，這以後的以後，我和你究竟該何去何從呢？

第9巻　漁陽鼙鼓

第 9 卷
漁陽鼙鼓

春紅匆匆

林花謝了春紅，太匆匆，無奈朝來寒雨晚來風。

胭脂淚，相留醉，幾時重？自是人生長恨水長東。

—— 李煜《相見歡》

起風了。坐在紅羅亭裡，暮色黃昏中，仍然可以感覺到絲絲寒意正肆無忌憚地侵襲著周身。凝眸，紅羅亭外，柳煙長堤，絮語如織，有白的、紅的、紫的、粉的花兒競相綻放在枝頭，而他的心卻始終起伏難平，總是湧動著一股莫名的愁緒。

芳菲浪漫，春情蕩漾，眼看著春意愈來愈濃，他塵封已久的往事也隨著花開的聲音一起發芽，在滿園春色裡恣意滋長。那些堆積在心中的念想，深埋在靈魂深處的凝思，聯袂踏春而來，在寧靜的水湄，駐足，觀望，懷想，潮水般一一掠過他瀟起的眉眼。

滿滿的情，濃濃的意，暖暖地停在心上，似水一般柔軟，像箋裡的詞一樣詩意。每每這樣的時刻，總是習慣地想要在黃保儀送來的澄心堂紙上用名貴的廷圭墨寫下些什麼，不管是一個字、一首詞，還是一篇賦，只要肯寫，所有的生活片段便都會在剎那間被記憶定格，讓生命在最短暫的喘息裡也能感受到歲月的厚重與豐腴。然而這個春天，在瘦了的指尖握住湖筆的時候，卻突然停頓了下來，回首間才驚地發現，原來從去年入冬以來，已有很長一段日子，都不曾寫過任何像樣的文字了。

一直以為，是冬天的冰涼凍結了情感，是寒風凝結了相思，是那個季節不適合任何刻意的抒情。從初冬到暮春，他一直在逃避，在遠離，或是無可自拔地淪陷在季節的最深處，黯然地漠視著一切的冷暖。也會在很深很深的夜裡，在極淺極淺的睡眠中醒來，無法入睡之時，便很安靜很安靜

地把自己埋藏在別人的文字裡，去傾聽，去品讀，去體會，在那些或是悲傷或是愉悅的字句裡尋找共鳴，尋找兩顆心輕輕碰撞到一起時，那沾滿綠意的篤定和安詳。

心，一刻也不曾閒下。腦海裡總在不停地暗自思忖，盤算著該如何把青春流放，贖回他無處安放的靈魂。於是，開始學著微笑，學著堅強，不再哽咽，不再躲藏，把躊躇的羽扇丟到多風的路口，把失意和眼淚埋葬在寬容的胸懷，並嘗試著盛一盆清亮，把過往洗滌，把回憶擦拭，把沾染灰塵的舊夢，一股腦兒地丟進紙簍，要將一切一切的痛苦和悲傷徹底清除。

其實，沒有人知道，他一直神往的，是閒坐清溪，淡看花開，把時間優雅地捧在手上，從容地欣賞，在現世安穩、歲月靜美中，讓一份安之若素的心境，如水，若蘭，輕輕淺淺地透著幽香。總是在提醒自己，不要與悲傷為友，不要與紛擾作伴，這一世，只要牽著嘉敏的手靜靜駕著心靈的小舟，無憂無慮地漂流在歲月的河流之上，共她漫看雲淡風輕、雲捲雲舒，便好。只要有她相伴左右，暖意便會湧上心頭，經久不衰，哪怕，曾有一些隱晦的影子，會蟄伏在往事的背後，在最不經意的時候悄無聲息地開啟回憶的鎖，那一地由她帶來的或明或暗、若隱若現的光亮，也不會困頓他決意接近春天的心。

就像這個四月天，他不想輕易辜負它的明媚與燦爛。白天和黑夜輪迴在滿目春色裡走過，不盡的綠意在眼眸深處漾成一圈一圈的波瀾，任他的水色江南，始終都瀰漫著醉人的馨香與芬芳。閒暇時分，若帶上月兒、流珠、秋水、窅娘、慶奴去攀山越水，去尋找生命裡的那份綠意，或是在水湄畫下一樹的明媚、滿枝的希望，在每一次提筆按捺的瞬間，任記憶的年輪上都寫滿無聲的祝福，該是多麼的愜意，多麼的逍遙。

繁花似錦，流年似水。他告訴自己，不管紫陌紅塵有多遠，緣來緣去，他都會一直沿著花開的足跡，找尋那片屬於自己的永世花海，一如在

第9卷　漁陽鼙鼓

　　每個山花爛漫的時節，在杏花微雨中等候她的每一次如期而至。可他還是無法做到淡定。這年的暮春，西元973年，宋太祖開寶六年初，趙匡胤派學士盧多遜來金陵求江南圖經，他不得已，只好下令錄一本送之，由此更加明白了北宋有興兵江南之意。於是，那曾經為她柔了的心，便又在漆黑一片的暗夜裡繼續沉淪，伴著春的愁，雨的涼，在絲絲縷縷的思緒裡纏繞、糾結、飄搖，苦苦掙扎。

　　他並不想這樣，不想讓無邊的痛苦繼續糾纏著他。可他做不到。從善派人送回來的密信裡說，已被他從武昌派往南昌任南都留守的大將林仁肇居然私通敵國，要和趙匡胤裡通外合顛覆他江南政權！這是真的嗎？從善言辭鑿鑿、信誓旦旦，而且還在汴京看到了林仁肇送給趙匡胤的一幅畫像，怎麼會有錯呢？林仁肇啊林仁肇，難怪你一直勸我出兵收復淮南，原來是早就心生叵測啊！他當然不能讓軍功卓著，在戰場上多次打敗周世宗柴榮軍隊而被北人稱為「林虎子」的林仁肇倒戈為趙匡胤所用，為保江南社稷，他唯一能做的就是除之而後快！

　　林仁肇很快被他派往南昌的使臣用鴆酒毒死了，舉國皆知其冤，唯獨他李煜被蒙在了鼓裡！原來，從善在汴京看到的林仁肇畫像根本不是林仁肇託人送給趙匡胤以示投誠的信物，林仁肇更沒有向北宋倒戈的意圖，一切的一切都是趙匡胤使出的計謀，為了分化江南勢力，以便揮師南下的北宋軍隊一舉殲滅南唐，趙匡胤故意派奸細潛入南昌，偷偷畫了林仁肇的畫像帶回汴京，又派人故意「洩密」給從善，由此造成林仁肇通敵賣國的假象，目的就是借李煜之手將對北宋形成最大威脅的林仁肇給除掉！

　　林仁肇死了，再也活不回來了。當他得知一切都是趙匡胤在背後使的陰謀後，自是悲不自勝，後悔得無以復加。然而，林仁肇已死，朝中眾臣也因此對他寒心，就連自己最為寵信的內史舍人潘佑也站出來指責自己，更令他悲慟欲絕。

兵未行，卻已自斷肱股，他李煜為什麼會愚蠢到這步田地？嘉敏啊嘉敏，難道我江南氣數真的已盡？只是，大兵壓境之際，你和月兒、流珠、秋水她們該怎麼辦哪？什麼辦法也沒有。任失意浸滿心頭，枕著遠處瑤光殿裡流珠一曲哀怨的琵琶，在悲傷中默默梳理著那份揮之不去的幽怨纏綿，他把自己封閉在了那荒無人煙的心漠，看天高雲淡，感生死輪迴，一箋染滿悵惘與迷茫的《相見歡》便躍然紙上：

林花謝了春紅，太匆匆，無奈朝來寒雨晚來風。

胭脂淚，相留醉，幾時重？自是人生長恨水長東。

——李煜《相見歡》

「林花謝了春紅，太匆匆，無奈朝來寒雨晚來風。」雨打風吹，落紅無數，春去匆匆，只留下傷殘的春心和破碎的春夢，自是令人扼腕痛惜。然而，人生又何嘗不是如此？南唐的頃刻衰頹，正如這曼妙林花之徒然凋敗，又怎能不讓他唏噓萬分？倘若沒有這悽風苦雨的摧殘，沒有趙匡胤的虎視眈眈，南唐怕就不會像後蜀、南漢那樣，頃刻間便要江山易主了吧？

可這一切都不是由他李煜說了算的。只要趙匡胤願意，他隨時都可以發兵攻打江南，到時候只怕這半壁江山也會跟眼前的林花一樣，在朝來的寒雨晚來的風中匆匆凋謝了吧？

「胭脂淚，相留醉，幾時重？自是人生長恨水長東。」雨打落紅，猶如美人紅顏帶淚。花固憐人，人亦惜花，淚眼相向之際，已醉心懷，究是人留花醉抑或花留人醉，已是恍惚難分。一個「醉」字，寫出彼此如痴如醉、眷戀難捨的情態，極為傳神。

然而，流水落花春去也，難捨亦難留，國破家亡在即，一切的一切終將逝去，究竟要等到何時，才能與這滿園林花重聚？一旦宋軍兵臨城下，歸為臣虜，怕就沒有這樣的機會了吧？到那時，自是此恨綿綿無絕期，一如江水，奔流到海，不知何時休矣！

獨上西樓

無言獨上西樓，月如鉤，寂寞梧桐深院鎖清秋。

剪不斷，理還亂，是離愁，別是一般滋味在心頭。

——李煜《相見歡》

　　午夜裡突然下起了一場雨，點點滴滴的雨茫然地敲打著窗戶，嘀嗒的聲韻和著風聲在深深的靜謐裡瞬間迴盪成一首黑暗裡哭泣的哀歌，在他惆悵的心頭倏然響起。夢裡醒來，他再一次失眠，披衣下床，悵坐案邊，空虛的寂靜裡只聽到他忐忑不安的心在無盡的悲涼中呼吸著夜裡溼潤的空氣。

　　風鈴的搖曳依舊茌苒著時光的飛逝，輕輕的囈語依舊訴說著流年的傳聞。他伸出雙手，撫摸著風兒輕浮的靈魂，低低地嘆息，悲傷得難以自禁。一抹雨絲肆意地吹進視窗，毫不客氣地撒在他沉默的臉上，冰涼的感覺一點一點地沁入肌膚，深入骨髓，心底的溫暖剎那間灰飛煙滅。

　　漫步紅塵路，相思風雨中。凝眸望向窗外的秦淮水，寧靜的河水亦漫溢位一碧孤寂與落寞。多少的欲說還休，多少的脈脈情懷，都在歲月流淌的無聲中悄然漫過了遙遠的滄海桑田，再也無法在眼皮底下纏綿繾綣；曾經朦朧的淚眼，用心篆刻著的山盟海誓，也都在飄緲的思緒裡漸行漸遠，萬籟俱寂裡，只留給他一片荒蕪的蒼茫大地，卻開不出滿目的奼紫嫣紅。

　　風兒吹皺了長江水，裡面寫滿了淡淡的傷悲，但他知道，有她的彼岸，秦淮水終會漫溢位所有曼妙的情愫，也會描摹出天下所有的風情萬種。然而，這漫漫長夜，他注定無法從婉轉蛾眉的嫣然一笑裡走出陳舊的心傷，注定會為國事清醒，注定會為江河日下失眠。既然睡不著，那就把那些令人心碎的往昔，一點一點地鐫刻在靈魂的最深處吧，那樣便可不再想起，

因為永遠都不曾忘記。

　　娥皇，他輕輕唸著她的名字。我愛妳，想妳，念妳，走了這麼久，為什麼就不肯入我夢裡再回望我一眼？一直以為抓住的幸福就會永遠屬於自己，當午夜的清芬遠逝，才發現曾經的承諾只不過是雨中花蕾，禁不住一點點的風吹雨打便早早地斷折了憧憬。再回首，她離去的背影泛白了一整個雨季的悲傷，而他卻始終守候在煙靄中等她，任飄零的花雨淋溼情感的荒漠。

　　沒有關於油紙傘的回憶，沒有關於愛恨的離愁，有的只是她黯淡的微笑把他輕輕地淹沒，然後悲傷著走向失卻陽光的地獄。惡夢從她離去的那一天起便緊緊囚牢他這孤寡的天使，即便撲騰的翅膀抖落下燦爛的色彩，也終究不能填補她遺失的空白。半夢半醒間，他枯萎的心枕著在夜裡碎裂成片片落花，那熏紅的記憶卻燒錄不了一點一滴過往的溫馨。

　　流年染指，他揮寫的祭詩沒有平仄的韻律，只有哀悼的悲情，梧桐葉落，腳印踩踏的秋風亦沒有蹤影。窗外的月亮彷彿藏著一個憂鬱的女子，頷首顰眉間，便把那淡淡的月光投入稀疏的樹縫，將五彩的夢悄沒聲息地裝進了落葉的軀殼；遠處的山巒鬱鬱蔥蔥，清風朗朗地吹過，蜿延的雲朵正修剪著天空層疊的衣袂，那一抹羞澀的溫柔讓他跳動的心臟變得更加顛狂。

　　是秋天的時節了，他輕輕地嘆息。眼前的風景依舊盎然著春夏的風韻，只有稀落的淡黃鑲嵌於碧綠的生意之間。然而，此刻的心，卻無暇顧及那抹夏末初秋的恬淡和怡然，美麗的風景對他而言依然只是可望不可及的遙遠，在他眼底留下印跡的唯有翻躚的落葉與旋舞的悲傷，正伴隨著淺淺的憂思，一同落在散著清涼的秦淮水中，如蓬漂泊，無依無靠。

　　調皮的秋水不知從哪撿來一枚殘留著火紅思念的楓葉，輕輕丟在他的

案邊,他一直未忍丟棄。楓葉上那清晰可見的脈絡分明,如深厚的祝福裏藏著濃濃的情意,可是,總有遺憾在他心底徘徊不去,就像秋天裡綻放的菊花,爛漫之後終免不了秋霜凍雨的肆意摧殘。魚書遙有寄,流水莫匆匆。當娥皇不再入他清夢,心亦遠去了夢園,在花紅柳綠、雪雨冰霜中掩藏了真實的自己,背叛了承諾和真摯,任蕭瑟的心情,唯餘黯然的沉默,如牆縫裡的苔鮮,不經意間便慢慢憔悴了自己。

一個蕭瑟的秋,究竟渲染了多少寂寞的魂?流水載不動心底的憂愁,一種無法訴說的傷,瞬間便爬滿了山川的褶皺,勾勒起歲月沉重的印痕,只任流年把他青絲如柳輾轉成斑斑霜白,在落寞中醞釀成一罎苦澀的酒,發酵了悔恨的痛。夜無眠,靜靜的夜,靜靜地想她。人生,充斥著太多的無奈與缺憾,然而,千山萬水裡的遠遠眺望,鏡花水月裡的深深牽掛,還有那不變的信念卻仍舊無言地支撐著彼此多情的心海,無奈三生石上,早已注定了他和她無緣的結局,任它情切切、意綿綿,到頭來終是擺脫不了萬千思緒逝如煙雲的讖。

念她時,長風輕掠窗前,往事一重重,舊夢一幕幕,都隨同麻木的神思,一一升起在思念的月光裡。浸在流珠一曲曲憂傷的琵琶調裡,他試圖忘卻自己,卻是肝腸寸斷恨沖天。舉頭,明月無語,他和她早已是人各天涯,不知雲歸何處,又去哪裡尋找她往昔的輕柔與明媚?千帆過盡,柔腸寸斷,相尋夢裡,他只能獨自站在記憶的路口,一如風中搖曳的勿忘我,用那淡淡的紫色鋪滿她歸來的路,在風中守候她絢美的降臨。多想讓它就這樣一直延伸到她的靈魂深處,即使被孤獨囚禁,也依然會堅守著散失的諾言,可是她真的會踩著他畫出的這一片明月光,悄然抵達他期盼的清歡嗎?

悲歡離合,心頭牽。盼只盼她再回頭看他一眼,再懷抱琵琶在他身邊淺吟低唱一曲《邀醉舞破》,再牽著他的手在瘦西湖畔二十四橋明月夜下

將驚豔的瓊花輕輕拈起,然後枕著這月光同眠,擁抱這一湖秋水和他一起等待黎明的到來。然而,黎明真的會來到他和她的面前嗎?

他搖搖頭,那只是他心中期盼的奇蹟罷了。不久前,趙匡胤遣合門使梁迥出使金陵,謂天子今冬將行柴燎禮,要他前往汴京助祭,甚至傳出流言,說將趁他上船為梁迥餞行時將他挾歸北宋,一切的跡象都表明趙匡胤這次是真要下手對付江南了。去汴京助祭?這不明擺著是有去無回嗎?

他自然不敢去,只能以沉默作為回應,並再次上表請求趙匡胤放歸韓王從善,卻仍然得不到允諾。沒想到梁迥走了沒多久,北宋復遣知制誥李穆為國信使,持詔來促其入朝,且諭以將出師之意。他沒想到,長期的恭順、連年的進貢、一再的自損儀制,最終還是換來了趙匡胤的一再相逼,看來天命如此,也只好稍盡人事了。為了繼續拖延北宋對江南進攻的日程,他一方面上表以疾辭行,且聲言以死相抗;一方面,遣弟從益貢宋帛二十萬匹、白金二十萬兩,又遣大臣潘慎修貢買宴帛萬匹、錢五百萬,同是下令築城聚糧,以為守備,整個江南都陷入了緊張的氛圍中。

到底要怎麼辦才好?娥皇啊娥皇,要是妳還在,我就不會這樣束手無策,只能眼睜睜等著敵寇攻入金陵,成為任人宰割的魚鱉了!不會出現什麼奇蹟的,能夠抵抗北宋的猛將林仁肇已被他派人毒死了,就連以正直聞名的內史舍人潘佑也因為對他心生不滿、出言不遜,而被他下令關押了起來。潘佑不甘受辱,已於去年十月在獄中自殺而死,受到牽連的戶部侍郎李平也縊死獄中,潘、李一去,朝中已經沒有可以替他挽回大局的文臣武將了,為之奈何?

他好後悔,後悔不該聽信讒言,枉殺了潘佑、李平、林仁肇,可世上是沒有後悔藥的,這杯由他自己釀下的苦酒也只能由他自己喝下去了。

他做錯了很多事,老天爺不會再給他機會了,無盡的黑夜裡也不可能

再出現他期盼已久的光亮。帶著滿身的惆悵，默默承受著無邊的寂寞和悽清，他獨上西樓，望向那如鉤的新月，深深淺淺地嘆。憂慮，如一杯苦酒，在心底愈釀愈濃，或許只有讓那隆起的隱痛，在風中追隨那虛幻的文字魂遊千里，才能稍稍解脫。

蹣跚在滿是泥濘人生裡，冷眼望著那無數的風雨，無盡的寒夜，只是茫然四顧，身心俱疲，更不知何處是岸。悵然漂泊，往昔的堅強變成了可怕的脆弱，唯有悵然問月，心歸何處？

心歸何處？心歸何處？期待，那麼綿長，就像這月光之吻那樣纏綿，卻又充滿悲愴，或許，也只有一闋《相見歡》才能寄他相思無限，才能撫平他心底曲曲彎彎的傷痕：

無言獨上西樓，月如鉤，寂寞梧桐深院鎖清秋。

剪不斷，理還亂，是離愁，別是一般滋味在心頭。

——李煜《相見歡》

「無言獨上西樓，月如鉤，寂寞梧桐深院鎖清秋。」最了解他、理解他的娥皇不在了，心裡纏綿不盡的憂思痛苦不知向誰去訴，只能「無言獨上西樓」，憑闌傷神。「無言」二字，攝盡悽婉之神。

那如鉤的殘月經歷了無數次的陰晴圓缺，見證了人世間無數的悲歡離合，如今又勾起他的離愁別恨。俯視庭院，茂密的梧桐葉已被無情的秋風掃蕩殆盡，只剩下光禿禿的樹幹和幾片殘葉在秋風中瑟縮，不由得他不「寂寞」情生。然而，「寂寞」的不只是梧桐，即使是悽慘秋色，也要被「鎖」於這高牆深院之中，而「鎖」住的也不只是這滿院秋色，落魄的人，孤寂的心，思妻的情，即將亡國的恨，都被這高牆深院禁錮了起來，此景此情，怎一個「愁」字說得？

「剪不斷，理還亂，是離愁，別是一般滋味在心頭。」絲長可以剪斷，

絲亂可以整理，而那千絲萬縷的「離愁」卻是「剪不斷，理還亂」。知音娥皇紅顏早逝，嘉敏又太過年輕，不能完全理解他的悲愴，月兒的鎮定自若、流珠嗚咽的琵琶聲、窅娘風情萬種的金蓮舞、秋水出奇制勝的簪花引蝶、慶奴的不諳世事，都讓他愁上加愁。一旦國破山河碎，這些女子又該往哪兒打發？諸多的愁苦悲恨哽咽於胸，糾纏不去，卻無法找到一個可以嚎啕傾訴的對象，自是別有一番滋味在心頭。

惆悵風絮

　　櫻桃落盡春歸去，蝶翻輕粉雙飛。子規啼月小樓西，玉鈎羅幕，惆悵暮煙垂。

　　別巷寂寥人散後，望殘煙草低迷。爐香閒裊鳳凰兒，空持羅帶，回首恨依依。

—— 李煜《臨江仙》

　　佛說，前世的五百次回眸，才換來今生的一次擦肩而過。她悵坐簾下，雙手輕輕托住玉腮，在萬籟俱寂中默默憶著他的容顏，痴痴念著他的笑靨，心開始莫名地疼痛起來。到底，她修了幾生幾世，才換得今生與他一次的凝眸？

　　往事如煙，歲月如歌，人生彷彿一曲優美的旋律，悠遠而綿長，孤獨也好，寂寞也罷，或許都只是一個人的事，當品味了生活的酸甜苦辣之後，便會伴著時光一起流淌，終至覆沒無痕。回望裡，任多少舊事終成追憶，任多少恩怨隨風飄逝，一縷新綠，終最後，都飄落在海角天涯，再多的嘆息也只能換來更多的無可奈何。

第9卷　漁陽鼙鼓

　　隔世的燈紅酒綠裡，他深情不悔的目光隨著層層的漣漪深陷在她清澈的眸裡。石頭城下，莫愁湖畔，胭脂井邊，一派歌舞昇平，她藉著濃妝淡抹的花容，藉著錦繡綢緞的衣裳，在月下輕拈蘭花素指，任寬大的水袖半遮玉面，吳儂軟語，咿咿啞啞，用花腔唱盡半生的惘然。

　　簾卷西風，人比黃花瘦，任誰婉轉悠揚的曲調，陽春白雪唱到千千遍，也唱不回歸人匆匆。人生如若只初見，少了磨難，少了離殤，該有多好，只可惜，庭院深深深幾許，望過去瀰漫在眼底的盡是離愁別恨。

　　原諒她只是一個無依無靠的歌女，總是攜著與生俱來的憂傷，徘徊在煙花飄緲的水邊，偶爾無聲地哭，偶爾淡漠地笑，滿目的迷亂中，卻分不清那些看客中，究竟張揚著多少的歡顏，又瀰漫著多少的感傷。沒有人會在笙歌過後的寂寞裡聽她講述那些過往的悲歡，所以她只能守在自己的心事裡盼望下一個輪迴後，能夠把他從那場早已休眠的風花雪月中喚醒，讓他在來世故事裡的車水馬龍中，和她繼續演繹這份刻骨的前緣。然而，念想總是好的，放眼望去，前方依舊是煙鎖重樓明月斜，闌桿拍遍，夙願亦依舊未了。

　　一年又一年的風起雲湧，徒然換得寂寞滿城的殤，卻還有誰會記得她是誰的傳說？迷津之畔的她，飲下忘川的水，依然不願意做個忘記的人。當年的明月光依舊浮現在她的心頭，曾經的花下盟誓依舊溫婉著她的眉梢，如果他想知道他們前生的故事，她願意坐在青苔遍生的三生石上，慢慢講給他聽，就在這南唐深宮，在這落紅滿地的秦淮水畔。

　　今生的她，因為無法忘記前生裡他給她的種種溫暖，所以沿著舊時的煙雲，緩緩走進了他案頭的墨詞書卷中，卻不意回眸之間，依然還迷失在過去那個醉裡挑燈、輕愁唱花腔的朝代，潮紅的眼睛，卻猜不透今生的他是否還記得前生的故事。前世的他，前世的她，撐一把印著月光的油紙傘，在杏花微雨中靜看雲捲雲舒，掬一捧明月，卷一簾清夢，把相思都翻成了花下的落英繽紛；那時的他，那時的她，攜一縷繡著深情的春風，在

惆悵風絮

　　藍天白雲下共賞江南煙雨，捧一把夕陽，撒一地桃紅，把痴纏都編成了枕畔的軟玉溫香。還記得，夜夜入眠時，夢中都有他低頭探花，附在她耳邊輕輕地問，是誰家的碧玉，把害羞的眼神撒落一地的慌亂？而她，亦總是低首回眸，在他如水的目光裡偷偷把羅裙輕移，任窗外花絮紛飛的朵朵桃花都飄搖著女兒家旖旎的心事。只是今生裡，當春風再次吹開滿樹的桃花，她的繡花鞋上那一針一線密密麻麻的針腳上，是否還可以找到昔日夢裡掉入他眼底的那朵嫣紅？

　　舊時的紅燈籠依舊高高掛在青磚黛瓦的廊簷下，南柯夢裡餘音繞梁的曲調依舊盤旋在錦繡深院，然而，唱詞裡牽出的那匹他心愛的白馬，是否還能載著她在陽春三月裡一路煙花下江南？只想在他深情不悔的注視裡，畫最淺的眉，撐油紙的傘，穿素白的衣衫，環珮叮噹地流連於曲徑通幽的青石板巷，在一枝出牆的紅杏下與他執手相對，兩看相不厭；可為什麼，在她眉眼低垂的時候，他卻雲淡風輕地轉身離開，一回眸間，曾經緊緊牽絆著他們的紅線便化成了手中無情的剪刀，在那飄緲的夜色裡，把萬般的相思都毫不猶豫地剪成了一地斑駁的傷？

　　寂寞復寂寞，哀傷復哀傷。一簾捲不起飛花的煙雨中，她枕著憂傷，把所有的歡喜與明媚，一點一點地織成了前朝的煙，任金陵的六朝金粉都在絲絲縷縷的惆悵中，輕輕落入流光碎影的悵夢中。模糊的淚眼中，所有的故事，所有的對白，均已是春水了無痕，而他依舊走馬於章臺柳巷間，只留她在寂寞中孤單地揮霍一個人的悲傷。燈火闌珊，重上西樓，在隔了幾世的窗幔下，她依舊執著地尋覓著他前世走失前的模樣，卻不知輪迴之後的他是否已成為一個無心無情的過客。那藏於亭臺樓榭中的溫婉容顏，亦早已隨同一池春水吹皺她的心思，徬徨中，不由得不心生惆悵，今生的她和他，或許終是那傳說裡滄海桑田轉換中的煙絮迷離，一切，都不復往昔的良辰美景。

第9卷　漁陽鞞鼓

　　千年一夢，她知道，他依舊篆刻在她的心底，可卻無從知曉，她又是否停留在了他的夢中。濃得化不開的思念中，那些剪不斷理還亂的情絲依然在心底糾結，那個喚不回的天涯浪子依然是她今生盼歸的人，嘆只嘆，那日為他情動的朱弦餘音尚在，只是當時的歡欣卻都換作了今朝的寂寞心。為什麼還要想他？為什麼還要尋他？前世的孤枕難眠，今生的孤衾冰涼，莫非她早就忘得一乾二淨？不，她沒有忘，她只是愛得太過投入，所以不管他是否還留戀於她，她都要為自己的愛找一個理由，找一個出口，哪怕他真的再也不回來。

　　曾經一直以為這一生都要這樣蹉跎下去，於是，一次次給自己畫地為牢，一回回覓不到該走的出路。一直追問自己為何執著如許，到底是放不下還是不願放下？其實在一起的回憶少之又少，只是相守的瞬間太過刻骨銘心，又何必為了一句不負責任的諾言堅持到底？看落花飛舞，始終翻捲不了舊日的明媚，還是不明白一場感情的始末，究竟需要多少人來書寫，是否她和他還不足夠？「唉！」她深深地悵嘆，卻原來戲裡戲外，亦如局裡局外，無論前世今生，她終逃不過配角的命運，撇不開過客的本質，儘管花容玉貌，儘管蕙質蘭心，依然還是無法擺脫只做他身邊那個最不起眼的女子的讖。

　　她是誰？

　　她是喬氏，是他前世留戀的人，亦是今生尋覓他的人，千迴百轉，終於從一個漁家女搖身變作他宮中的婢，被安排在佛堂灑掃拭案。他是虔誠的禮佛人，見不得几案上一絲灰跡，她終日忙忙碌碌，疲了身，麻了心，卻仍然笑意溫婉、蓮步款款，心甘情願地為他付出，將大好青春都賦予這手中的一柄拂塵。

　　她為他心痛，為他難過。她不知道怎麼做才能撫平他心底愈積愈深的憂愁。望著他這日理萬機的國主日夜出沒於佛堂之中，不是磕頭唸經就是

親自為僧人削起廁籌，她的心就宛如被刀子剜了一樣疼痛。無論如何，他也是一國之君啊！為了他崇信的佛祖，他算是把自己作為帝王的尊嚴整個丟了，可佛祖為什麼就不能保佑他，不能保佑江南一境的安寧呢？

國主啊國主！她的心在流淚，在淌血。他居然旁若無人地拿起削好的廁籌往自己的臉上颳去，她自然明白他是在替僧人們試驗它的光滑程度，是在向佛祖表現他的虔誠，可是她再也看不下去了，她義無反顧地扔下手中的拂塵衝了過去，一把搶過他手中的廁籌，慍怒地扔到地上，發出一陣「噼嚦啪啦」的聲響。

他愣了一下，繼而開懷大笑。敢在他面前如此放肆的宮人，她還是第一個，或許也是最後一個。

妳叫什麼名字？他朗聲問她。

我沒有名字。她鎮定自若地望向他，在家鄉的時候，大家都叫我漁姑。

怎麼會沒有名字？

國主就叫妾身喬氏好了。

喬氏？他回過頭，瞥一眼窗外飛過的黃鶯，要不妳就叫鶯鶯吧。

鶯鶯？他給了她一個名字。是的，從自後，直到她死，除了他，再也沒人叫過她鶯鶯，可她喜歡，喜歡聽他叫她鶯鶯，心裡溢著無與倫比的溫暖。可是國主，你真的忘了我們前世的緣分了嗎？前世的我，是莫愁湖畔一個倚闌賣笑的歌女，國主你一襲白衫打馬經過，雕欄畫舫，琴瑟生香，相逢的一瞬，抵過了世間萬千的暖。那時的我們，夜夜笙歌酒滿，清歌起舞胭脂井畔，這些，你還都記得嗎？

那次不經意的回眸，成就了妾身一世的淪落。曾經，妾為你紅袖夜添香，夢迴月色柔如水，淡眉描紅妝，盼得西窗共剪燭。夢裡不知身是客，妾身卻為了一晌貪歡，凝眸眷戀，掂來雲錦繞君心，一如莫愁湖畔第一枝

第 9 卷　漁陽鼙鼓

綻放的桃花，嫣紅了妾身整個春天。爾後，你便轉身而去，離歌切切，只留妾身固守在那出煙消雲散的殤曲中坐等天明，直到三千青絲換白髮，直到柔腸寸斷，為君徒增幾多愁，情也綿綿，恨亦悠悠。

鶯鶯。他輕輕唸她的名，擁她入懷。雖然每天都可以在佛堂中看到她嬌弱的身影，可現在卻是第一次見她貌美如花、驚若天人。做我的嬪妃吧！等天下太平了，我就封你為妃。

封妃？她淚眼模糊地望向他，難道這就是她等來的結局？她不要封妃，只要今生能分享他片刻的溫暖足矣。

相信我。他緊緊攥著她的手，佛祖一定會保佑江南，只要皇甫繼勳將軍打敗宋軍，他立刻便宣告天下，封她喬氏為他的妃。

國主。她哽咽著偎在他懷中，除了淚眼相向，她還能說什麼？

去年冬天，即西元 974 年，宋太祖開寶七年冬，趙匡胤已遣大將曹彬、曹翰等人率軍攻伐江南，並於閏十月率先攻入池州，繼而又於十一月在採石磯造浮橋渡江，直趨金陵，李煜不能敵，一戰敗績，舉國皆驚。十二月，金陵開始戒嚴，李煜下令去開寶年號，公私記籍但稱甲戌歲，並募民為兵，誓死抵抗。誰知蹉跎至來年新春，正月，來勢洶洶的宋師又拔下金陵關城，時李煜尚被大將皇甫繼勳及中書舍人張洎所矇蔽，不知長圍已合，等到四月，吳越奉北宋之命兵圍常州，城中守將不戰而降之際，他才知道國破山河碎的日子真的離自己不遠了。

可他還存在僥倖心理。他不相信佛祖真的會拋棄自己。所以他長長久久地跪伏在佛堂前祈禱，求佛祖拯救他於水火之中，然而，佛祖真能助他一臂之力，逃過這一劫嗎？無論如何，他總要再試一次。望著哭成淚人的喬氏，他亦難以抑制內心的悲痛，於是當即手書金字《心經》一卷賜她，以作來日封她為妃的見證。

「國主……」她手捧金字《心經》，數度哽咽，心碎成了一塊一塊風化了的木炭。

「陪孤一塊去巡城吧。」他輕輕拉起她的手，一起朝城牆上走去，「用不了多久，你就會看到宋人的軍隊會被英勇善戰的皇甫繼勳將軍打敗的，到時候，被他們拔下的金陵關城就會重新回到我們手裡。」

「皇甫將軍？」

「是的，皇甫將軍。他是清流關一役為國捐軀的皇甫暉將軍的兒子，大有乃父之風，江南得將如此，何愁不能保住這半壁江山？」

他一邊說，一邊輕輕捏著她的手背，一股暖流在她周身迴旋、盪漾。站立風中，悵望城下，他才知宋兵已臨城下，金陵城已成甕中之鱉，可為什麼皇甫繼勳和張洎都跟他說宋人的軍隊很快就會被他們打回長江以北？為什麼？為什麼到這時候了，他們還在欺騙自己？皇甫繼勳！皇甫繼勳！他捏緊雙拳，重重砸在城牆上，再也無法抑制內心洶湧的憤怒，立即下令將那誤國誤民的皇甫繼勳推出去斬首示眾。

皇甫繼勳死了，江南的氣數眼看著也盡了。這大好的江山啊，還有這溫婉可人的喬氏，他該拿什麼去保護她，又該拿什麼去撫慰她那顆破碎的心？他無能為力，只能躲在無盡的悲傷裡，將那滿懷愴痛賦予一硯新墨，在那苔影斑駁的牆壁上，和著一闋《臨江仙》，寫下他長長久久的痛，寫下她前世今生的傷：

櫻桃落盡春歸去，蝶翻輕粉雙飛。子規啼月小樓西，玉鉤羅幕，惆悵暮煙垂。

別巷寂寥人散後，望殘菸草低迷。爐香閒裊鳳凰兒，空持羅帶，回首恨依依。

──李煜《臨江仙》

「櫻桃落盡春歸去,蝶翻輕粉雙飛。」櫻桃落盡,蝴蝶不知春日將近,依舊在百花叢中無憂無慮地飛舞。眼前的春盡了,他心裡的春也凋謝了,眼看著北宋軍隊頃刻間便要攻入金陵,隨時都有可能面臨國破家亡的悲慘境遇,可教坊司的宮人們猶在演練新聲,怎能不讓他悲不自勝?還有喬氏,他才剛剛把心交到她手裡,可轉眼間天就要塌下來了,該如何畫一幅四季如春的心軸,撫平她緊蹙的眉頭?

「子規啼月小樓西,玉鉤羅幕,惆悵暮煙垂。」那失國的蜀帝杜宇化作的子規在小樓西面夜夜泣血,悲啼之聲如同秋風捲過枯黃的曠野,瞬間拉扯開天地的胸腔,嘶啞嚎叫,更令他心驚莫名。她卻手捧他新贈的《心經》,倚著樓窗的玉鉤羅幕,惆悵地望向低垂的幕煙,不知如何是好。

「別巷寂寥人散後,望殘菸草低迷。」人已去,空餘寂寞庭院。巷陌中的草色迷濛,瀰漫得如同人的離愁。風聲勁,卻吹不動人世悲歡離合,她唯有強作鎮定,在他繾綣的目光中望殘這低迷的菸草,卻止不住潸然淚下。

儘管無語,但他和她都清楚,好日子是真的就要煙消雲散了。只是,金陵城破之際,她是否還會掬一灣清水,在水波裡依稀望向他的朱樓玉宇,倚著雕花的茶几,再為他沏一杯甘甜的新茶?

「爐香閒裊鳳凰兒,空持羅帶,回首恨依依。」爐裡的香菸悠閒地繞著繪飾著鳳凰的衾枕,卻暖不起他日益冷寂的心。塵緣如戲,斜月如鉤,一簾西風,到最後究竟落入了誰的眉眼?胭脂妝殘,燭花醒了一宿,她在搖曳的燈火中看得分明,原來所有的相守都只是情到深處緣分淺、春到盡頭梨花薄!

轉身,情劫已至,卻見得勞燕分飛,鴛鴦驚竄,叫他情何以堪,又叫他情何以對?亂世的明月下,滿城的風絮落花中,又是誰一聲幽幽的輕嘆

落在了她空持羅帶、回首恨依依的眉間？紫陌紅塵中，他和她，到底誰才是誰的畫眉人？是他，還是飄緲在雲煙深處，重了又重、疊了又疊的她？

倉皇辭廟

　　四十年來家國，三千里地山河。鳳閣龍樓連霄漢，玉樹瓊枝作煙蘿，幾曾識干戈？

　　一旦歸為臣虜，沉腰潘鬢消磨。最是倉皇辭廟日，教坊猶奏離別歌，垂淚對宮娥。

—— 李煜《破陣子》

　　倚立窗下，她翹首以盼，期待的眼神中帶著幾分熱切，卻終不過是徒然增添了黑夜的牽掛與思念罷了。曾經，從來都沒有等待的習慣，而今，等待卻在她心底留下最大的悲哀，哪怕只是聽到這個詞語，便會有無盡的憂傷在她心頭不住地盤旋、縈繞。

　　月光猶如一把利劍，狠狠插入她的心房，讓她讀懂了黑夜的悲哀與悽楚。她知道，那些夜晚不是她的過，卻是她逃不脫的錯。無休無止的靜默中，跳動著的心房彷彿奏響了世間最和諧的旋律，而她，便在那深不見底的黑暗之中，跳出了最華麗的舞蹈，儘管知道謝幕之後仍是找不見他注視的目光。

　　凝眸，四周一片靜謐，彷彿天地間只剩下一縷明淨的月光在她窗前輕輕地搖曳，娓娓地講述著她和他曾經的故事。清婉的月色中，她孤單的腳步合著月光流瀉的曼妙，在無人喝采的沉默裡跳著黑夜裡最美的舞姿，頃刻間便醉了所有的湖光山色。她知道，是月光給予了她力量，是月光的輕

撫喚醒了沉睡的她，喚醒了沉睡在憂傷中的她，所以才有勇氣在亙古的荒蕪中演繹出這段不朽的傳奇。

其實，今夜裡，她只想讓自己一直都這樣空白著守護在他的紅塵之外，然後輕輕地行走在他的字裡行間，任歲月見證她青春的又一次臨場。層戀疊翠的芳華裡，春去秋來的交替中，她依舊在他如水的眼波裡橫渡闌珊，只是所有的嫵媚嬌豔都與風月無關，只與真情有染。然而，當琴瑟相和的絃音在微風裡滑落六音的起伏之際，她卻看不到，那年在秋的暖陽下，她和他執手相望時，水面上倒映出的她桂花般醉人的歡顏，瞬間便又染了一身的孤寂落寞。

流雲千里，浮光掠影，滿腔的深情無處可安放。不捨的眷戀依舊在懷想中訴說著再聚的念頭，而那些年少時不識愁滋味強賦的詞章，卻在靜守的午夜被她翻閱成一紙苦笑的自嘲。一回頭，離愁別緒像太陽照常升起在她冷寂的屋中，而她卻感受不到點滴的陽光之暖，於是只能任由緊鎖的眉頭在眺望舊日情懷的時候刻意描摹那日歡聚的印痕，將所有的皺起都化成心底曲曲折折的翠微。

傷春悲秋之後，識盡了愁苦滋味，萬般的緣由都在不捨的眸光中深藏成一曲離章，被琵琶舊了的絲絃輕輕彈落。攬鏡自照，青春的容顏還依舊，只是少了他的側目與愛撫，早已換不來昨日的花團錦簇、鶯歌燕舞。那一份不變的執念唯心可見，舊了的紙箋上，那一句句白首同心，亦依然承載著古老的的誓言，只可惜，轉身之後，所有的華美都化作了她一個人的孤單嘆息，而那字字生香的青詞卻在兜兜轉轉之後，生生地熬煮成了她指尖的一縷飛煙。

告別時，他沒對她說再見，剎那的猶豫終成她半生的悽苦，於是，當悲傷逆流成河之際，她只能一邊自欺欺人地勸慰自己無需傷感，一邊將隱藏的心事一覽無遺地輕輕落筆在尺素之上。其實終不過是一場離別罷了，

如果不是愛得太深，又何苦自尋煩惱？煙鎖重樓，年年柳色，只是霸陵傷別似乎也與她無關，那麼，就讓那些相逢的美好，執手的深情，從今往後都賦予一紙翰墨裡盡情地徜徉吧！

　　一段蕩氣迴腸的戀歌，終還是隨著陽關三疊的琴音，把誓言裡的不離不棄，與他隔院收藏。再回首，思念還是灼了心，瘦了臉，故作的安然經不起歲月的推敲與追逐，瞬間便在枝頭亂了黃昏與月光的憶念。秋雨綿密，涼了錦瑟；半月高懸，冷了青衫。午夜的枕端觸及的傷悲，總是在最深的黑暗裡隨她驚魂坐起，千里之外，依稀也可以聽到她輾轉的反側，還有那無眠的徬徨。

　　秋的腳步漸行漸遠，卻總是莫名地憶起他離開時的場面，空氣中積鬱的沉悶揮之不散，無語的對視中，他陡然地轉身，凌亂的腳步瞬間傾覆了她所有的自尊與驕傲。她還能怎樣？她做不到低聲下氣地去求他，亦無法假裝軟弱騙取他的憐憫，唯一能做的便是任長髮掩蓋她眼角懸掛的淚滴，儘管那不捨的悲苦，在他離去之後昭然若揭。低低的嘆息聲裡，她知道，他已經走了很久很久，為什麼經年之後她還要任自己繼續沉溺在他離去後的悲傷之中？答案只有兩個字，那便是愛情。

　　桂花凋落的時候，秋光早已在陌上消退，冷不妨卻又看見菊花燦燦地開了，於是，一個季節便在她凝望的眼中分成了兩處天涯。此時此刻，思念也被裁成了兩端，他在那頭，獨賞故園落桂如雨，她在這頭，痴看菊花的朝發夕落，只是，當心思與綠意一脈相纏，她還能流連在他蔥蘢的盛景裡一次次地回望他昔日的溫婉與明媚嗎？

　　憶往昔，秦淮水畔，桃葉渡口，送別的柳絲輕垂了他的婉約清芬，那玉樹臨風的背影，沉靜如水的笑顏，一如她初見他時的懵懂羞怯。再回首，驀地發現，他的今生是她永遠不變的江南，然而，他轉身之後，二十四橋明月夜下，簫聲的婉轉，卻只吹奏出了她一個人的大唐宮闕，那

第 9 卷　漁陽鼙鼓

杏花微雨的青石板巷，亦只老了她的記憶，卻無法還她一份曾經的明豔。

望秦樓，簫聲咽，思念的憔悴洩露了偽裝的真言。抬頭，悵問一宣告月，是不是如果可以愛得少一點，就可以把蝕骨的疼痛消減一二？其實，分離與悲傷都是早已注定了的，因為相遇，便再也難以逃脫一場心痛的離殤。然而也就是那次遇見，讓她心甘情願地沉陷在他給的所有傷痛中，即便他早已轉身離去，她依舊迫切地期待著下一次的重逢，哪怕只是任她一生相隨的足音漂泊在他的夢裡也是好的啊！

自尊與驕傲注定她不會去苦苦乞求，於是，她只能讓自己永遠都處於虔誠的等待之中。可惜，一片痴心終究難敵時光的流逝與摧折，等待的過程不僅漫長，而且悽苦，甚至看不到一絲一毫的光明，但她依舊願意拋開所有的羈絆，一如既往地淪陷在他曾經如水的柔情裡，即便那只是一個虛假的夢，即便明知這唯一的一次等待也許就是耗盡長長的一生，她也要用她的執著向他證明，很多時候，時間都不是問題，縱使它長到永遠那麼久。

永遠到底有多遠，沒有人能夠回答她的問題。她的心傷，無法勸慰，她的堅守，無從安放，日昇日落裡，只能任易冷的煙花在落幕的那一瞬溫暖她早已冰涼的眼角眉梢。揮之不去的惆悵裡，她依然臨窗描摹著那一季的攜手，目光鋪滿遙望的戀慕，那無處不在的思念，輕而易舉地，便在今夜的燭光下，肆意地縱容起她盛大的祈盼。搖曳而又模糊的光影中，菊花淡染了流年，秋月卻難圓經年的等待，或許，她只能等到桂花再度飄香時，才能找回他遺失在她眼底的青蔥與蓊鬱，只是如若等到那時，他依然不在，她孤寂的身影又該如何舞起斑斕的歡悅？難道，就讓那一顆徬徨的心始終都染著一如既往的孤寂，在明明滅滅的月色中一再地演繹出自欺欺人的戲碼嗎？

她不怪他去得太早，只怪自己來得太晚。嘆只嘆，能在他心弦上彈奏

出美妙旋律的人，以前不是她，現在不是她，以後也不會是她。看盡煙雨江南，畫盡桃紅柳綠，卻不知在這寂寂的夜裡，他還會於姹紫嫣紅的陌上想起曾經遇見的她來嗎？此刻，旖旎的月光正在為那些找不到歸途的靈魂尋找著歸宿，少了幾分淒冷的孤寂，多了幾分熱情的明媚，眼眸深處，那抹溫婉還在風中盡情揮灑著它的青春，而她，又該去哪裡尋覓自己的幸福？

> 晚雨秋陰酒乍醒，感時心緒杳難平。
> 黃花冷落不成豔，紅葉颼颼競鼓聲。
> 背世返能厭俗態，偶緣猶未忘多情。
> 自從雙鬢斑斑白，不學安仁卻自驚。
>
> ——李煜《九月十日偶書》

她手捧宮裡流傳著他新寫的《九月十日偶書》詩，在他深深淺淺的憂愁裡與他纏綿悱惻。夢裡，風花雪月；夢外，冷雪如瀑。

「晚雨秋陰酒乍醒，感時心緒杳難平。」為擺脫王朝末日「鴉啼影亂天將暮」的恐懼與煩惱，她心愛的男人只好遁逃醉鄉，借酒澆愁，靠「杯中物」來消磨時光，特別是在燭殘漏斷、萬籟俱寂的漫漫長夜，更是醉復醒，醒復醉，一味在醉鄉和夢鄉中尋求精神解脫。

「黃花冷落不成豔，紅葉颼颼競鼓聲。」每年的「秋雨梧桐葉落時」，都是他最為悽苦傷神的季節，終日都是夜闌酒醒之後無法入睡，倚枕沉思。面對秋雨孤燈，他望著身邊同他患難與共、為他分憂解愁的嘉敏，想起前半生的悲歡離合，不禁百感交集、心緒難平，痛覺世事無定、人生苦短，大有「今生已矣」之慨。

「背世返能厭俗態，偶緣猶未忘多情。」他深悔自己不該生在這個身不由己的帝王之家，面對山雨欲來、黑雲壓城的時局一籌莫展，也怪自己當

初想皈依佛門，卻無勇氣斬斷同世俗的萬縷情絲，倘若昔日能斷然超脫紅塵，而今就不必因滄海橫流而憂心如焚了。

「自從雙鬢斑斑白，不學安仁卻自驚。」眼下，他雖然尚未跨入不惑之年，但已華髮早生、鬢染秋霜。對此，他並不大驚小怪，覺得沒必要像晉朝的潘岳那樣，寫什麼《秋興賦》來驚嘆自己雙鬢斑白，只要能藉助詩酒發洩淤積胸中的憤懣，便是最大限度的自我超度。

她輕輕放下詩箋，心裡裹著萬分的沉重。一切，真的便這樣結束了嗎？真的連一點迴旋的餘地都沒有了嗎？她不知道。她只知道，這年的六月，趙匡胤派出的大宋軍隊和吳越軍隊合圍江南重鎮潤州；只知道，這年的七月，趙匡胤命大臣李穆送從益還國，手詔促他投降；只知道，這年的八月，萬不得已、走投無路的他決定開城投降，卻被大臣陳喬、張洎勸止；只知道，這年的九月，被他派往潤州任節度使兼留後的侍衛都虞侯劉澄臨陣投敵，把好端端一座潤州城當作獻禮獻給了趙匡胤；只知道，還是這年的九月，為了拖延北宋對江南的進攻，他派出能說會道的大臣徐鉉、周唯簡入汴京進貢，以求緩兵；只知道，這年的十月，徐鉉無功而返後，他又遣使貢銀五萬兩、絹五萬匹，乞緩師；只知道，在梅花初綻的季節，他把最後的籌碼都壓在了大將朱令贇身上，在他一再催促下，被他視為救命稻草的朱令贇率十五萬兵自湖口往援金陵，卻因江水涸淺，戰艦不能驟進，至皖口又與宋軍相遇，一戰而潰，十五萬兵馬全軍覆滅，朱令贇赴火身死。

怎麼會這樣？難道江南的氣數真的已盡？劉澄可是他生平最信任的人，可在國家最最危難的時刻，劉澄居然投降賣敵，讓金陵陷入更為深重的危機之中，這又怎能不讓他悲痛欲絕、肝腸寸斷？

可是，她忘不了他跟她說過的話。就在十天前，他的身影終於出現在澄心堂內。他假裝漫不經心地翻書，有一搭沒一搭地跟她閒聊。那天，他

說了很多很多的話，是他立嘉敏為后以來，跟她說話最多的一次。他蹙著眉頭望向她，跟她說，一旦城破，就得把澄心堂所藏的珍貴典籍付之一炬，不要給宋人留下任何的東西。把澄心堂的藏書典籍通通燒了？她瞪大眼睛看著他，不敢相信這些字句是從他嘴裡說出來的。這些典籍，這些圖冊，還有這些字畫，可都是他，還有先主、中主花了很多的心血才累積起來的，怎麼能將它們付之一炬呢？

「人都死了，還要這些典籍字畫做什麼？」他不無惆悵地盯著她，伸過手，緊緊握住她冰涼了的手，「月兒，這是我最後的心願，拜託你，一定要記著我的話。」

「可是，這可都是你的心血啊！」她緊緊皺著眉頭，不甘心地望著他，「臣妾自幼沒入宮中，從小到大，親眼目睹國主你為收藏這些典籍字畫所付出的心血，可是……」

「正是因為付出了我全部的心血，才更不能讓它們落入宋人之手！」他深深地嘆，「它們是我的生命，你懂的。」

是的，她懂。她明白，他這是決定以死殉國了。這些藏書字畫都是他的心愛之物，作為他的妾妃，她沒有理由拒絕他的請求，所以，當夜半城陷的號角聲響徹金陵上空的時候，她毅然舉起了火把，投向了她和他付出了一輩子心血的澄心堂。

結束了。這次是真的結束了。她記住了這個日子。西元 975 年十一月二十七日。深夜。熊熊的火焰把南唐後宮的上空映成一片春花爛漫的世界，她長滿芳草的心緒終於在他瑩瑩淚光裡嫋娜起陣陣暗香，將撒了多年的愛的種子通通拋向這燃燒的世界，不再猶豫，轉瞬間，所有的希望便都隨著那窒息的煙塵，被一一塵封進了歲月的魔盒裡。

她哭了，她又笑了。火光中，她仔細梳理著自己的過往，一切與他有

關的記憶。從羞澀的荳蔻年華走到成熟的悲傷，從童年的期望走過歲月的朦朧，她採擷的美麗有多少，她銘記的感動就有多少。她不怪他，更不怨他，盼只盼，來世的流年裡用雲朵翩躚，追夢丹青畫譜刻劃出今生的高山流水，再共他在月光下看一齣璀璨的花開花落，然後俯身拾掇起片片的落英，任相思沉澱著袖裡的芬芳，用深情燃亮他幸福的眸，抹去他眉間的空虛，叫他永遠都不再憂鬱不再悲傷。

她走了，帶著對他無盡纏綿的愛。而他，卻在她隨著澄心堂升起的裊裊輕煙縱身躍入火海之際，帶著宰相殷崇義等大臣肉袒降於軍門，徹徹底底地將命運交到了宋軍手裡。

然而，這一切她都已經看不到了，她帶走了一切的悲喜，也帶走了一生的傷痛。從此，她的世界裡不再有孤獨的傷，也不再有黑夜的寂靜；從此，她的心只為這月光之吻，駐足，停留。那些不曾屬於過她的過往，就讓清風在這沒有殘缺的月光之夜將它埋葬掉吧，那些不曾屬於過她的徬徨，就讓這月光帶走它的徘徊吧！

黃保儀死了。總領軍國大事的門下侍郎兼光政院輔政陳喬也自縊身亡，就連與澄心堂一牆之隔的淨德院八十多名女尼也紛紛響應黃保儀的舉措，舉火自焚，為國捐軀了。消息傳到李煜耳裡，自是悲痛欲絕，然而他亦無可奈何，甚至來不及替黃保儀和淨德院的八十多名女尼悲泣，來不及替她們收屍，就在一群奏響離別之曲的教坊司宮娥面前被宋朝大將曹彬催促著押上了北上汴京的大船。

月兒，他冒雨站在北上汴京的船頭，嘆息著青春隕落的疼痛，悲愴地唸著她的名字。為什麼？為什麼就連妳也要離開我？我叫你焚毀澄心堂的典籍字畫，可沒叫妳把自己也付之一炬啊！到底，什麼時候我才能和妳在命運的輪迴裡再次相逢，來生的來生，妳可否還能記得我這樣懦弱的國主？

倉皇辭廟

妳說，每年春天，櫻花爛漫的季節，妳總會想起那片花海，那條小河，那條小徑，還有小徑上漫步的我，可以後的以後，我又要到哪裡去尋覓妳？去哪裡再將妳長長的韶華青絲鋪散在我明亮的窗前？又要去哪裡婉轉打聽妳的消息？或許，在妳離去的日子裡，我這亡國之君也只能用落花記憶，在那墨筆揮染澄心堂紙的沙沙嘈雜聲中才能再把著妳的手寫一曲悽美哀豔的詞，將你深深地憶起吧？

四十年來家國，三千里地山河。鳳閣龍樓連霄漢，玉樹瓊枝作煙蘿，幾曾識干戈？

一旦歸為臣虜，沉腰潘鬢消磨。最是倉皇辭廟日，教坊猶奏離別歌，垂淚對宮娥。

——李煜《破陣子》

「四十年來家國，三千里地山河。」妳不在了，曾經富甲天下的唐國也滅亡了。自從祖父烈祖李昪建國以來，大唐國已歷經四十個年頭，最繁庶昌盛的時候，國土達到三千里地，誰曾想祖宗的江山傳到我手裡，居然會被搞得一敗塗地，連一片瓦一塊磚也難以保全！

「鳳閣龍樓連霄漢，玉樹瓊枝作煙蘿，幾曾識干戈？」曾經，妳我居住的是高聳入雲霄、氣勢磅礡的鳳閣龍樓，侍弄賞玩的花草也都是珍稀品種，我們在那裡享盡了榮華富貴，一直過著無憂無慮的生活，可沒曾想，卻因為我的一錯再錯，不僅失了國破了家，還連累這些不曾識干戈的事物也歷經了戰亂的侵擾，怎能不讓我心痛莫名？還有妳，我的月兒，身為國主，我卻無法保全自己心愛的妃子，叫我九泉之下再與妳相逢時該如何面對妳呢？

「一旦歸為臣虜，沉腰潘鬢消磨。」現在的我已經是宋朝的俘虜了，再過些日子，等到了汴京，我和嘉敏她們就會像南漢國主劉鋹那樣，若階下囚一般被趙匡胤幽禁起來，那沈腰潘鬢暗消磨的日子卻是離得我更加近了。

第 9 卷　漁陽鼙鼓

「最是倉皇辭廟日，教坊猶奏離別歌，垂淚對宮娥。」亡國之君如我，做什麼都失去了自由，就連辭別宗廟的日子也不能隨心所欲，甚至還沒來得及跟祖宗多說幾句話，就被蠻橫的宋軍推搡著催促著趕往江邊，帶著一臉的悽楚踏上了遠赴汴京的路程。猶記離開宗廟之際，宮娥們還在教坊演奏著離別的傷曲，更添我無限愁緒。可我能怎麼辦？我能做的只是望向她們灑下兩行濁淚，只願把心都掏出來留在金陵，留在她們身邊，留在妳的身邊。可我無能為力，就連死也身不由己，到底，該什麼時候離開這個世界，也不是由我說了算的。

第10卷
夢迴江南

望斷江南

> 多少恨，昨夜夢魂中。還似舊時游上苑，車如流水馬如龍，花月正春風！
>
> ——李煜《望江南》

又是人間四月天，穀雨已過，陌上繁花黯然，倏忽間便已芳華褪盡。

窗外陰雲密布，在亙古的荒蕪中翻來覆去地醞釀著一場關於春逝的祭奠。夢裡江南的雕欄玉砌、姹紫嫣紅，似乎還在昨天，為什麼一轉身，滿眼看到的卻是燈火闌珊後的北國淒涼？金陵已遠，桃花已謝，汴梁的春天暖不了他眼底的傷，那裊裊升起的炊煙見證了他心底所有的疼。闌桿拍斷，試問青山可曾老去，碧水可曾枯竭，苦海紅塵，可有懂他的那一行淚光可以撥動他行將就木的心弦？

過往的雲煙，被他輕輕地撩撥開來，而那些沉睡的舊夢未經孵化，便於剎那之間都交付與滄海桑田，幾多無奈，幾多惆悵，終被他以身作薪，燒焚成灰，唯餘兩泓清淚在他眼中淌成恣意咆嘯的河。時光荏苒，無法倒流，人生苦短，無法逆轉，日子在指間悄無聲息地流逝，看似短暫，看似迅速，被囚禁了的心在那分分秒秒的累積中卻是度日如年，只叫他魂飛魄散。以後的以後，當笙歌四起，簫聲響徹這寂寞深院的時候，又叫他如何才能歡喜著聽高山流水，看花團錦簇？

或許，他唯一能做的就是在青燈古佛前做一個虔誠的皈依者，繼續磕頭，繼續打坐，繼續參拜，繼續許願，在昏黃搖曳的燈火下許下一個又一個永遠，一個關於陽光燦爛或是晴空萬里的永遠。當然還要追隨曾經模糊的背影，將薄如蟬翼的痛苦無限延展，在風雨交加的深夜裡拾回他遺忘了的故事，將它們連綴成串，然後一一歸還給夢裡杏花微雨的江南。儘管光

陰的強酸即將腐蝕他等待的姿態，無情的命運亦早已將他棄於荒野之中，但他那顆回望的初心依然是永不言悔，永不妥協。

　　無盡的悲慟中，滿頭青絲尚未墜成斑斑霜雪，心卻早已抵達思海的那端。不息的浪潮召喚了他，也回應了他不停的呼喚與吶喊，於是就在回眸的那一瞬，所有的生死榮哀都在他的無為與不得已中通通化作了袂上的塵埃，揮一揮袖，落下的都是無語的傷、寂寞的識。紫陌紅塵，經歷過車水馬龍的喧囂，遇見過花深似海的春天，沉淪過後，又該如何在記憶裡忘情，把那些過往的明媚與傷痛都埋葬在潮起的浪花中？

　　其實，他不是不想忘，而是不能忘，也無法忘記。曾經的鶯歌燕飛，曾經的陽春白雪，曾經的花前月下，曾經的小橋流水，都是他用生命與青春歡喜著譜寫的戀歌，又怎能說忘就忘？忘不了，忘不了，在記憶這條路上行走，沒有任何的玄機可言，寺廟的鐘聲再幽遠再空靈，也無法把他摒退在思念的心門之外，所以這一生，即便生無可戀，即便痛斷肝腸，他也要帶著他的回憶，帶著他的過去，在晦澀的陽光下，在狹窄的小徑上，義無反顧地走下去，哪怕永遠也看不到那些個煙雨江南春暖花開的日子。

　　他知道，他不是一個聖人，只是一個凡夫俗子，即使做不好萬人期待的國君，也一直想做一個好丈夫好父親。可惜，他終究做不成好丈夫，也做不成好父親，縱使筆下的水墨丹青都畫成了一抹濃釅的湖光山色，案上的桃花杏花都開成了一幅驚豔的人間春色，卻還是無法參透浮生的禪緣，更無法洞悉世間的本質。好想回到從前，那些倦了就歇、夢了還醉、醉了還醒的日子，儘管終日無所事事，卻有嬌妻稚子環繞在身邊，聽他吟詩作賦，聽他撫琴高歌，而今，辜負的終被辜負，逝去的不再歸來，只留下他一個人的負心在悽清的夜裡顫對一簾煙花，卻不知道欠下的孽債到底該如何償還。

　　娥皇，妳還好嗎，我們的仲宣也都好嗎？回首中，木魚終是敲響了他

心底最深的疼，以最沉重的憶念喚醒了他的不捨與不甘。他本可以不讓她傷心的，本可以和她在大唐的宮中白首到老，本可以聽她彈一輩子的琵琶，直到歲月同時霜白了他們兩個人的頭髮，可他終究還是辜負了她，害她韶華年紀就過早地撒手人寰，怎能說他今日的遭際不是一種報應？原來，佛祖不是不憐憫於他，國破家亡，只不過是他負心應該付出的代價，也是對她被辜負的一種彌補，如果真是這樣，他寧可匍匐在佛祖腳下，永遠都不再起身，但求輪迴還她一份安然妥貼，叫她來生永遠都不要再受到被辜負的苦，也不會再為負心的人掉下一滴眼淚。

是他的錯，一切都是他的錯。是他的負心招來了大宋的兵馬，是他的無情讓三千里繁庶之地的大唐國轉瞬覆滅，更是他的無明讓他和南唐後宮的女子成了汴梁城任人魚肉的階下囚。一切的罪愆都緣於他的貪婪和自負，又怎麼能夠怪怨佛祖不護佑他的國家子民？人在做，天在看，當他悄悄放開她手的那一瞬，也就注定了他今天的遭遇，那麼，再多的祈求，再多的企盼，也不過是一種奢望與空想罷了，不是嗎？活著的他，仍然也必須為他犯下的過錯繼續承擔應盡的罪責，或許唯有等她的心恢復平靜了，不再恨他怨他了，他才能回歸到從前的世界吧？對不起娥皇，對不起，是我辜負了妳，我知道現在說什麼都不能彌補妳所受到的傷害，可請妳相信，我對妳的真心從來都沒有隨著時間的流逝發生過絲毫的改變，如果可以，我一定會盡最大的努力對妳補償，讓妳永遠都不再傷心，不再難過，嘴角上揚起的亦永遠都是歡喜明媚的微笑。娥皇，我倦了，真的倦了，讓我回到妳身邊，回到金陵，好不好？我不要做什麼國主，我只要在妳墓前結草為廬，只做為妳守墓的那個人，歲歲年年，日日夜夜，直到生命的最後一刻。

寶枕輕風秋夢薄，誰誤當初青女約？模糊的淚眼中，又是誰在那漢宮秋月裡挑著大紅的燈籠望空興嘆？他知道，任是怎樣的輪迴更變，即便轉

變了容顏，也無法改變深埋心底的思念，所以，往事依舊一如既往地，總是在他望盡明月落西樓的時分，攜著一縷空寂的風迢迢入夢，哪怕那些過往的日子早已跟他隔了千山萬水的距離。長夜漫漫，秋花舞落一場場傾城的愛戀，他依然沉浸在月光灑落的溫柔中，一次次地思量起她曾經的婉約明豔，於相思回望的哀嘆中，任耳畔輕輕落下的琵琶調將他瞬間瘦成清風一縷，任歲月緩緩流淌的聲音將他一點一點地化成一樽望妻的石，無怨無悔，不悲不喜。

北國的煙雨樓臺，不僅模糊了他的眼，更深鎖了這寂寞寒秋，在他杳無人跡的曲徑深院。遠處的簫聲依舊憂傷著他的回憶，也疼痛著她的遙望，有誰知道，當他枕著一懷愁緒為他逝去的家國和那個美豔如花卻過早謝世的嬌妻悲痛莫名時，她亦在他潸然的眼中痛到不可抑制？那一段段塵封已久的故事，似乎早已無人提及，也無人願意揭穿，未曾想，轉身過後，卻又變成了他指間生花的長短句，一字一句，無不沾染著前塵往事的痛，而在她聽來更是裂帛無聲的魂飛魄散，字字驚心。

她不知道該如何撫慰他那顆受傷的心。國破山河碎，她唯一能做的就是不在他身邊提及任何江南的事、江南的人，哪怕是曾經與她一路走來的國后娥皇。她把所有的過往都埋在了心底，即便沒有人陪她看汴水四流，沒有人再與她對酒邀月，她也不曾在他面前提過那些會令他傷心的人和事，悲傷時亦只是對鏡自攬，在驀然的回首中，默默回憶曾經的顧盼生輝、卿卿我我。一切的一切都過去了，她不再是那個無名無份卻又無法不讓南唐後宮佳麗側目豔羨的宮人，不再是那個能在他醉酒高歌時錦上添花的琵琶女，當所有的繁華與喧囂都落寂成枝頭行將凋謝的花時，她唯一能做的便是回頭把周遭的風月，都悄悄地藏在不再為任何人起舞的兩袖中，終日與美酒佳釀為伴，只期盼一醉萬事空。

曾經，那個捻花含笑的女子不見了，樓臺上，廊簷下，庭院裡，唯有

寂寞如影相隨，瞬間便瘦了夕陽下孤身獨立的伊人。一個情字，自古以來就無一人能夠躲過，國主不能，娥皇國后不能，嘉敏國后不能，黃保儀不能，她流珠也不能。她知道，她是深愛著國主的，那份痴絕並不比他身邊的其她女子遜色分毫，所以他心裡的每一份疼，輾輾轉轉之後總是會成為她眼底最深的痛，無休無止，無法停歇。

寂寞如無法測量的深淵，在無數個漆黑難眠的夜裡，被她一針一線地繡成了錦繡衣衫上斑斑的淚痕，而他，依舊在她望晴的眼裡拈著一朵早已落敗的殘花，徒然立於風雨交加的樓臺外，只黯然神傷。太多的打擊，太多的等待，太多的不甘，太多的無奈，早就讓他成了一個只會唏噓淚下的傷春悲秋之人，一點點風吹草動都會惹他惆悵起無名，然而除了祈禱，除了懺悔，他似乎什麼都做不了，也改變不了。她不知道該對他說些什麼，每每這樣的時刻，她都不忍見月色斜下了西廂，更不忍見牡丹亭前荒蕪草迷離，只是，她已經走累了，縱使付出巨大的努力，也無法覓到泗往對岸的渡口，所以只能學著他的樣子，在風雨中默默等候煙雨江南的歸來，哪怕斑駁的等待依舊侵腸蝕骨，讓她痛到撕心裂肺。

莫非，愛一個人愛到最後，只能繼以血淚才能供奉他深深的眷戀嗎？在愛的這條路上，她沒有退路，他心知肚明，卻又無能為力。當那個甚至連名字都叫不出來的宋國將軍耀武揚威地闖進趙匡胤幽禁他的小宅，點名要將那會彈琵琶的流珠帶走之際，他就明白，她沒了退路，更明白，他也沒了退路。兩手空空，他無法容她繼續駐留，只好眼睜睜地看著她被那滿臉橫肉的將軍拖走。落水的鳳凰不如雞，這話用在她身上真正恰當不過，可是，她是他的嬪御，是娥皇留給他最後的憶念，是他真心愛過的女人，他們怎麼可以這樣輕易便帶走了她？

他無法阻攔，更無法原諒自己，於是只能選擇逃避，不斷用酒精麻醉著那顆被痛苦撕扯得五零四散的心。她馬上就要被迫嫁給那個粗魯的漢子

做妾了吧？憶著她的如花玉容，還有那一曲憂傷的琵琶調，他悲痛難禁到極點。到底，該怎樣才能救她於水火之中？是想辦法帶著她逃離汴京？還是與她一起為國殉身？這一切他都做不到，所以只能辜負，用她的犧牲來成全嘉敏、旮娘、秋水、慶奴、喬氏的片刻安寧，然而，他又真的可以保證身邊的女人不會像流珠一樣，一個個都被逼著離他而去嗎？

他不知道。他劇烈地搖著頭，痛不可當。在別人的屋簷下苟且偷生，想要繼續活命，自然要把頭低到不能再低的地方。做一天和尚撞一天鐘，也許，他所崇信的佛祖會保佑她們一個個都平安無事的。只是流珠，他注定要對她不起，就像當初辜負她的主子娥皇一樣。

「唉！」他望著嘉敏潸然的淚眼，在低低的嘆息聲中，聆聽她用秋水生悲的傷慟輕輕彈起的一曲《春江花月夜》，心，莫名的惆悵，莫名的疼痛。春天，太短；江水，東逝；落花，凋殘；月亮，難圓；夜色，空虛……卻原來，所有的美麗只不過是一紙假象，尋遍江南春風十里的煙花路，唯一看見的只有落日黃昏下的煙柳斜陽。落花人獨立，微雨燕雙飛。夢裡的金陵依稀還是舊時的景緻，白鷺洲、燕子磯、莫愁湖、玄武湖、紫金山、雞鳴寺、秦淮河、桃葉渡，依舊美得令人心醉，可每一次睜眼，看到的卻只是四起的狼煙、荒蕪的田地，而在煙雨中落寞地等待著他的也唯有潮溼了他一襲青衫的濁濁淚水。

流珠走了，與他悵別，自此後，當年的粉黛，該去往哪一叢的花下再覓笙簫？是不是，從今往後，他亦只能與她隔著一泓永遠也無法踰越的流水，彼此悵立在能夠望向對方的那一邊，即便能夠讀懂彼此眼神裡的傷愁，也不能再有哪怕是一刹那的交流？是不是，當轉身的背影在彼此留戀的眼中落幕成最後的難捨之際，留在風中的那一抹湛藍便只剩下萬里雲天背後的荒蕪與蒼涼，再也無法任他用前生五百年的思念捻作他與她後世五百年相守的紅線？

第10卷 夢迴江南

　　子夜吳歌在黑暗裡幽幽地輕唱，放眼望去，望穿秋水，望斷千山，卻望不見一絲溫婉的月光。無言的悲傷裡，他在伸手不見五指的漆黑裡靜靜地聽，聽那鳥啼鶯囀的悵痛裡，究竟有誰會踏歌而來，攜一枝竹篙的輕調，令他懷念起江南的煙雨飛花，聽那寒蟬悽切的惆悵裡，究竟有誰會踏波而行，扯一片明月的相思，任花香飄滿他瘦削的肩頭。他不知道，除了他自己還會有誰願意來，莫非，那一袖的曉風，那一彎的殘月，落入離岸的輕舟，載起的相望與執手，都只能是傳說中流傳的永遠？俱往矣，所有的過往只不過是一齣舞臺上演繹的戲，再多的歡喜明媚也逃不開從一開始便被注定成悽婉結局的命運，而那些如花美眷，終不過都是似水流年裡的落花，一旦走開，便不再相見。

　　欲將相思賦紙箋，只可惜案上的墨跡還未乾，她潮起的淚水早就擱淺了他舉筆的雙手。罷罷罷，相思本是無憑語，又何苦再向花箋費淚行？想想，塵世的風月中，他與她終是無緣，才走至今朝的咫尺天涯，而今，放也罷，念也罷，即便所有的記憶都拋不開舊日的情懷，所有的淚珠都糾結著撫不去的離情別緒，隔岸的回望，終不過只是一簾幽夢無人共罷了！

　　工詞麗句，無法描摹他對她的思念，更無法還她一份安然妥貼，所以他只能陷身在無休無止的木魚經聲中，假裝自己已是六根清淨，縱然心中對她有千萬個不捨，也絕口不提與她相關的種種過往。閉目問心，相思已成災，曾經的花前月下、你儂我儂，都在不經意的懷想中瞬間翻滾成一道道眩目的傷，又一一深種在晨鐘暮鼓的朝思暮想中，揮之不去，於是，只能一再地自欺欺人，任自己在幽遠的鐘聲裡跌坐成一個虔誠唸經的姿勢，在濤起的淚浪中祭奠那些過去的日子，還有那些濃得化不開的柔情蜜意。

　　然而，再多的祈禱，再多的懺悔，也不能阻止三重景深裡的記憶一而再、再而三地破空浮現，每唸一聲經，眼前便會浮現出那一日她懷抱琵琶悵然離去的身影。那一雙哀慟欲絕的眼睛，讓他驚心，讓他動魄，不知道

她流浪的途中,可否會被佛祖垂憐,給她一個好的歸宿,讓她不再留戀他給過的恩寵,讓她不再為他心傷難過流淚到天明。流珠啊流珠,休怪我心狠。我手無寸鐵,早已是名副其實的階下囚,若不把妳交出,恐怕連嘉敏也不能保全一二,妳要恨就恨我這無情的人,要罵就罵我這無義之徒,只盼著來生來世,妳能給我為你做牛做馬的機會,縱是粉身碎骨、身首異處,也在所不惜!

想她念她,眼睛開合的剎那,又看到細雨飄飛裡籠罩起連綿的烽火,還有一樹一樹的落花,在血流成河的荒野,飛舞成一個個永世難愈的傷,而她就在那刀光劍影裡悄然飄搖著她曾經的素衣如雪,用無聲的心曲彈落天地間所有的哀傷與不捨,於是,有亙古的痛在他心底瀰漫,鋪天蓋地。她步步生蓮,一步一步,慢慢靠近他的方向,然而,就在他們彼此都以為快要接近對方的那一剎,才發現弱水三千早已將她和他隔在無法泅渡的彼岸,雖近在咫尺,卻不異於隔了千萬里迢遙的距離。她渡不過來,他亦游不過去,所以只能靜坐在濃密的柳蔭下隔河相望,企盼自己也能作為那漫天飛舞的落花中凋零的一瓣,痴痴守候在她歸途必經的路口,讓她舉足踏碎他所有的難過與不安。

也許,通往她深情不悔的心,原本就沒有一條路可以走通,但在狹窄短促的生涯裡,他和她已經泰然接受了上蒼賜予的一段錯簡,並將之梳理成高山流水的韻律和西窗未剪的燈花,在逼仄的巷口彈唱成一首永不停止的戀歌,所以無論如何,他也無法將她留下的痕跡從心底悄然抹去。她走了,帶走了他踏破鐵鞋才覓於燈火闌珊處的短命姻緣,就連時空也被她用一顆空寂的心執意封鎖,只留他身置混沌,再也找不見迷途的禪心。既如此,那就請她再允許自己在她漸行漸遠的背影後捲上一軸水墨丹青,筆走龍蛇,寫意他詩詞的輪廓,填半闋情思難滅,去撫慰她那顆受傷寂滅的心吧!

多少恨,昨夜夢魂中。還似舊時游上苑,車如流水馬如龍,花月正春風!

──李煜《望江南‧多少恨》

　　多少淚,斷臉復橫頤。心事莫將和淚說,鳳笙休向淚時吹,腸斷更無疑!

──李煜《望江南‧多少淚》

　　「多少恨,昨夜夢魂中。」所有的悲恨,所有的苦痛,都來自昨夜夢中的失落。他又夢到了流珠,夢到了流珠懷抱琵琶,在娥皇巧笑嫣然的歡喜裡,將那《長相思》曲彈了又彈,唱了又唱。那時的他們心意相通,是多麼的快活,多麼的無憂無慮,而今,娥皇早已棄世,流珠也被強行奪走,國破山河碎,怎能不讓他終日沉浸在孤掌難鳴的悲慟中痛不欲生?

　　「還似舊時游上苑,車如流水馬如龍,花月正春風!」夢裡,他倚紅偎翠、左擁右抱,共她們笑游上苑,眼見得春風和煦,花月朦朧,正是車如流水馬如龍,一切的一切,都令人目眩神迷,好不開懷。但是,夢再美,也終有醒來的時候,以後的以後,他再也不會看到流珠,不會看到娥皇,只能任愁恨一遍遍吞噬著他那顆早已支離破碎的心。

　　「多少淚,斷臉復橫頤。」夢裡與她「一晌貪歡」,醒來後才發現空蕩蕩的屋子早就失其所在,更覺悲傷難禁,卻只能任憑無盡的淚水縱橫交流於蒼白失色的面龐,想要重溫舊好,亦是無能為力。

　　「心事莫將和淚說,鳳笙休向淚時吹,腸斷更無疑!」流珠不在了,心中積澱的痛楚還能夠向誰訴說呢?恐怕說起來又要惹得嘉敏、秋水她們傷心難過,為不讓她們繼續替自己擔驚受怕,還是和著淚水打落門牙,一聲不吭地往肚子裡嚥下去罷了。

　　窗下,嘉敏在他身邊吹起了鳳簫,聲聲淒涼,如泣如訴,更令他愁腸

百斷。傷心難以自控的他輕輕走過去，與她淚眼相向，一把將她持簫的手緊緊攥住，不讓她再將那一管哀樂吹起。嘉敏啊嘉敏，現在這個時候還是不要吹的好，因為那樣只會令我心中的悲痛愈發加重啊！

　　回首，亭外落花已是遍地狼藉，春天亦在她潮紅的眼睛裡悄然逝去，這世間究竟還有什麼是能夠留得住的？盼只盼，來生還能做個陪她流珠陌上看花的人，只是無需再步入塵緣，僅僅行於陌上，看一川風花，無愛無傷，用他純潔的心，暖她憂傷的眉，便是最深的好。

烏夜悲啼

昨夜風兼雨，簾幃颯颯秋聲。燭殘漏斷頻倚枕。起坐不能平。
世事漫隨流水，算來一夢浮生。醉鄉路穩宜頻到，此外不堪行。

──李煜《烏夜啼》

　　風，悄悄地，把他能夠記起的美夢一股腦兒地埋葬，枕著一縷花開的馨香，寂靜的夜裡，他依然無法安然入眠。一份無法抑制的憂傷，一份永遠痴纏的記憶，依然在他無法合上的眼裡明明滅滅，於是，無限延伸的孤傷，終還是在盛大的思念中翻開了一生的惆悵，任那些遙遠的往事沒有止境地在心底蔓延纏繞，以久違的姿態，一再重複著所有難以忘懷的刻骨銘心。

　　都道是江南好，風景舊曾諳，可惜再多的憶念，那些杏花掩映下的煙雨樓臺，都只是他回不去的恍如隔世。驀然回首，又看到一襲思念的霓裳，起舞在婉約的古樂府裡，娓娓訴說著滿腔的情深意重，卻不知道那年的妊紫嫣紅究竟遺失在了哪一處的明月光裡。古韻聲聲，在柳絲輕揚的那

一刹，依舊纏綿著心中不滅的夢魂，而他滿眼憂傷的風塵，則在她走過的浸滿離愁的塵世裡，瞬間遺落下遍地哀鴻的痕跡。

　　世間的繁花似錦，在她走後，毫不留情地在年華的簾幔上，投下一片斑駁的剪影，潸然的淚眼中，卻是誰將那亙古綿長的幽怨，在風中一一摺疊，細細收藏？轉身之後，多少曲折連綿的心語，多少執手相望的柔軟，終是在煙花盡頭失卻了溫度，於是，只能藉助一曲清婉纏綿的韻調，深情而又感傷地懷念起那些逝去的紅顏，逝去的流年。然而，憂傷的音符，總也彈不出那年的歡喜，更彈不回她嬌美的容顏，所有的過往都在指尖下漸漸沉重成一座移不開的山，再也無法承載四季芳華的溫情與思念，卻又一如既往地滋生出千篇一律的滿箋珠淚。

　　一闋紅塵離歌，唱斷長亭春曉。夢中怦然心動的錯覺，終成他醒來後無病呻吟的疼痛，那些溫柔的呢喃，幽怨的夢囈，都在搖曳的燈火下，轉瞬碎成了一地無法收拾的相思，亦清瘦了她顧盼生輝的嬌顏。知不知道，那些年，卷卷癡婉的詞闋中如何？她走了，他只能眼睜睜看著思念在筆走龍蛇之間瞬間化作千年的滄桑，唯任字裡行間的心語，濺溼他，寫不盡的草長鶯飛、柳暗花明，都只為描摹她的紅袖添香、素心裹雪？而今，這字字句句的柔情似水都因為隔了天涯海角的距離，一一化成他眼裡最深的冷漠，又怎不讓他徬徨得不知所措？就這樣走了嗎？她和他，就這樣訣別了嗎？他不捨，也不甘，可不捨不甘又只能化作心底一曲又一曲的悲歌。

　　在他深深淺淺的嘆息聲裡，他看見，她披一襲素衣輕衫，自陌上的氤氳中一路逶迤而去，蛾眉淡掃，粉黛不施，和著兩行清淚，在桃花漫天的花絮中徘徊起舞，終與他漸行漸遠。一回眸，雲天相接處，那一抹自哀自憐的瘦影終在他眼底瞬間零落成灰，卻原來奼紫嫣紅開遍，到最後都付與這斷井殘垣，而那些陳年往事裡的甜蜜亦在無人過問的剎那淪陷成一道無人憑弔的廢墟！再回首，夢裡繁華早已斑駁成經年鏽跡，煙雨江南亦成他

回不去的讖,無法抑制的悲傷裡,他已想不起今夕究竟是何夕,卻記得與她已成陌路之人,以後的以後,是不是每一次念起,都要在追悔莫及的回憶裡,用他磅礴的淚水,為她寫下一篇又一篇關於她前世今生的悼文?

　　曾經以為遇上了良辰美景錦洞天,卻不知從遇見的那一瞬便已注定他永遠都無法走出命運既定的奈何天。思念潮起的時候,所有的追憶與不捨都在他蹙眉的眼波中流淌成夢裡夢外的恍若千年,再多的情深不悔也無法再冶豔成煙花三月裡的花開錦繡。曲罷舞歇,琵琶聲斷,故事已在他模糊的淚水中落下最後的帷幕,所有的主角亦已穿雲破月,攜風而去,諾大的舞臺唯餘他一個人孤孤單單地坐守在無人喝采的角落,把寂寞彈了又唱,唱了又彈,然而,任憑他怎樣追思,怎樣懺悔,也只是演繹了一場無法演繹的傷罷了。彷彿,一切都該煙消雲散了,那素衣輕衫也早已褪盡了曾經的風華,被封進無人收拾的衣匱中,為什麼他還是不能揮一揮手,與過去從容作別呢?

　　流珠死了。她抱著他賜給她的燒槽琵琶,一頭撞向石階,頓時血濺軒轅,香消玉殞。他在深院小庭裡默默地懷念她,望斷幾世凡塵,用濤起的淚水揮灑下不悔的丹青,半為思念,半為祭奠。憂柔的情思,難耐的愁緒,轉瞬便揉入了幽韻的詩情畫意,以一枝青梅的羞澀,在紙箋上輕輕落下當初你儂我儂的歡喜,她一雙柔情似水的嬌眸,剎那間便在花下染紅他痴守三生三世的唇。他知道,這一切都是他的想像,然而他並不打算作別這樣的幻境,她不在的日子裡,他只想憶著她嬌俏玲瓏的的背影,用他瘦了的指尖為她在月光下挑撥一曲繾綣的絃音,給她想要的溫暖與明媚,哪怕醒來的時候畫裡畫外的桃紅柳綠早已凋謝成他窗外的飛雪飄零,哪怕每一聲珍重到最後都心酸成他前世今生永不衰竭的眷戀。

　　殘風暮雨中,他倚醉疾書,散逸的塵煙,模糊了她夢裡歸來時顧盼的雙眼。輕蘸點墨,孤燈清寒下,思念在不捨的劇痛中緩緩落款成她琴弦裡

煙鎖重樓的傷，而那一回眸的深情更是在無法言說的痛中細膩成一紙詩意的朦朧。再回首，那些為她寫在三生石上的相思，依舊隔著千里煙波，在寒風中私語著清冷落寂的流年；那一曲幽然悽婉的簫音，亦依舊穿梭在時空的長廊裡，執著地追尋著那一抹早已遠去的清姿麗影，冉冉、裊裊、飄飄、裊裊。只是，風煙過後，那些殘落的嘆息，該如何拾取？那些逝去的紅顏，該如何尋覓？盼只盼，隔著時空的河流，永遠都徘徊在她路過的曉風殘月裡，為她低吟淺唱，用心海的顏色點綴不悔的深情，陪她輾轉輪迴在每一世的花團錦簇裡，然而，如果真有來生，她還願意沿著他花深似海的園徑，輕笑著緩緩向他走來嗎？

就在他緬懷祭奠流珠的時候，那個將他擄至北國的宋太祖趙匡胤也死了，死在了這年的十月。他扳著手指數著，從西元976年正月被押送至汴京，他和嘉敏已經在這孤寂的小院中整整度過了十個月的囚徒生活。趙匡胤封他做「違命侯」，以示對他抗命不遵的懲罰。違命侯？違背他的旨意？可南唐本來就是他李家江山，趙匡胤也只不過是個巧取豪奪的巨盜罷了，又有何資格說他違命？

可他不敢爭辯，國破山河碎，他連月兒、流珠都無法保全，又怎敢向趙匡胤的皇權挑戰？然而，趙匡胤終究還是死了，死在了他李煜的前頭，其弟趙光義即位稱帝，是為太宗。十一月，太宗下旨去其違命侯的封號，加特進，封「隴西郡公」，以示榮寵。隴西郡公？他低低地笑，笑出了淚花，笑出了悽楚，流珠已經不在了，就是封他為王為相又能如何？

流珠走了，秋水也不能倖免。一群手執兵器的強盜公然闖進他的宅院，在他眼皮子底下，將那小鳥依人、弱不禁風的秋水架了出去，甚至都沒讓他知道這來的究竟是一幫什麼人！秋水撕心裂肺地哭喊：國主，救我！國后娘娘，救救奴婢！

嘉敏躲在簾後掩面而泣，而他，卻在窅娘和慶奴的拖拽下，硬生生被

她們擋在了門內,眼睜睜看著手無搏雞之力的秋水被那幫賊人拖走。那天晚上,外面下了很大很大的雨,他輾轉反側,難以成眠,直到天明才迷糊入夢,恍惚中卻又看到秋水嫋娜明豔地走到他面前,望著他深深淺淺地笑,一如當年簪花引蝶的嬌俏模樣,卻始終與他隔著一席的距離。

她告訴他,她已經不在人世了。為保全名節,不讓他的名聲受到玷汙,她趁那幫強人不備,投河自盡了。

他悲痛欲絕地望著她,泣不成聲。

她叫他不要悲傷。

她告訴他,佛說,前世的他,是佛前的一朵青蓮,日日夜夜都沐浴著清幽的梵唱,靜靜綻放在忘憂河上。幾乎靜止的河水波光瀲灩,澄澈得可以照見所有的微塵,佛祖告訴他,忘憂河不僅可以照見一切塵埃,還可以照見人世間所有的喜怒哀樂,於是,他常常偷眼瞧看到那些紅塵中的男男女女,看他們笑、看他們哭、看他們開心、看他們憂傷、看他們歡喜、看他們憤怒、看他們相聚,看他們悵離。

他不明白,為什麼世間的人總是笑的時候少,哭的時候多,開心的時候少,憂傷的時候多。他問佛,佛祖憐愛地望向他說:人生在世就是一種修煉,只有看破紅塵之後,才能大徹大悟。他把佛祖的話放在心底思索了一遍又一遍,可還是不太明白其中的道理,便又去向佛祖請教,佛祖卻告訴他其實他並不需要明白世間的事。然而,從那個時候開始,他心裡有了疑惑,並因疑惑產生了煩惱,但更多的時候,他依然一如既往地靜靜綻放在忘憂河上,每天都過著與世無爭的日子,照常聽風、看雨,醉月。

一切的改變都來自那個早晨,一種從未見過的景象悄然出現在他的眼前。那淡淡的、青色的、溫柔的事物輕輕地籠罩了整條忘憂河,並以無限包容的姿態緊緊擁抱住他,如同佛祖愛憐地注視著他一般,目光中充滿憐

憫。他只記得佛祖望著他重複低聲囁嚅著孽緣兩個字,他不明白這兩個字的意思,心裡若有所動。她聽到他問佛祖,那青色的淡淡的事物到底是什麼,佛祖告訴他說那便是他沒見過的霧;她還聽到他好奇地問佛祖說,那孽緣又是什麼,佛祖則和藹地望向他,如同霧深情地擁抱著她一般,卻沒有直接回答他的問題,只是語重心長地跟他說,總有一天他會明白的。

她告訴他,佛說,前世的她,是一片白雲,總是輕輕地飄浮在忘憂河的上空,無所謂悲喜,亦無所謂牽掛。在那一場大霧到來之後,她彷彿陷入了一場沉睡,等她睜開雙眼時,才發現自己已落在了青蓮的蓮瓣上,成為一顆晶瑩剔透的露珠。他沉靜如水,溫婉輕柔,周身都帶著淡淡的幽香,在他身邊,她覺得很安全很妥貼,自此,便與他相依相伴,終日廝守在一起,同看明月繁星、日出日落。

靜靜的忘憂河水猶如碧玉一般的溫潤,佛祖常在河邊打坐,每每微風徐來,便可聽到陣陣清幽的梵唱,而她和他每日都沐浴在這醉人的清風梵音當中,自是無憂無慮,逍遙快活。他常常會望著她淺淺地笑,卻又不告訴她究竟在笑些什麼,而她也會滿含嬌羞地望著他笑得前仰後俯,沒心沒肺的。他說她像是一顆圓潤的珍珠,而她說自己只願做他青蓮脖上的頸鍊,每每這時,他的笑意便更加濃了,像孩童一樣純真。她問他為什麼總是那麼傻呵呵地笑,他卻憂傷地望著她說,她總是要走的,因為他的蓮瓣上是不能夠永久地戴著頸鍊的,所以他不會奢望那些不該奢望的東西。他還告訴她,奢望會衍生出不快樂,而世間的人就是因為奢望太多才引起不斷的爭執乃至戰爭。她聽了他的話後,雖然心生徬徨,但也知道他說的都是真的,心底不免生出些許淡淡的憂愁。

她總是不願想太多,總是不願像他那樣看著人世間的紅塵永珍默默地沉思,所以她每天都匍匐在佛祖面前靜聽佛祖講經,把佛祖講過的每一部經都在心裡默默地念了一遍又一遍。她和他依然相依相伴,親密得彷若血

濃於水的親人，總是在互相扶持，互相鼓勵，從來都沒意識到有一天他們也會像世間的人那樣剎那分別，更沒意識到他們早就水乳交融，幾乎分不出彼此。就這樣不知過了幾千百年，有一天，她突然發現自己離開青蓮到了佛祖的掌中，成了佛祖掌中的一顆佛珠。回頭望去，青蓮還在忘憂河上靜靜地綻放著，一如既往地散發出脈脈的幽香，而就在那一剎那的回眸裡，她突然意識到自己已經愛上了青蓮，一種撕心裂肺的痛油然而生。為什麼她沒有及早意識到自己感情的變化，為什麼偏偏要等她成為佛祖掌中的佛珠，才明白對她最重要的東西是什麼？她愛青蓮，她不想離開他，而他，是不是已經記不起蓮瓣上那顆願意做他頸鍊的露珠了？

忘憂河上清晰地對映出人世間所有的悲歡離合、喜怒哀樂。她知道，這就是佛祖常說的眾生相。芸芸眾生，每年每月每日每時每刻每分每秒都在紫陌紅塵間輪迴著那前世後生的恩怨糾葛，歡喜也好、痛苦也好、富貴也好、貧窮也好、愛也好，恨也好，都逃不開一句注定。佛祖總是坐在眾生之上，默默地注視著世間的一切，雙手合十，默無一語，只是靜看日落月升，靜聽花落花開，年復一年，日復一日，似乎人間的苦痛從來都與他無關。她常常無法理解佛祖的冷漠，為什麼以慈悲為懷的佛祖不肯將這些人通通都點化了去，偏偏要讓他們受盡磨難，在輪迴中嘗遍酸甜苦辣的滋味？

佛說，這是他們的劫，亦是他們的緣，所有的喜怒哀樂都要靠他們自己的修為去化解，旁人都是愛莫能助的。那麼她和他呢，他們之間也有著劫和緣嗎？她偷偷瞥一眼忘憂河中看盡人世百態的青蓮，看他依然如故地吐露著芬芳，望向天空與大地，輕輕淺淺地笑。佛祖問她：「知道何謂緣，何謂劫？」她點點頭，又搖搖頭，若有所思，卻又懵懂不明。於是，佛祖便讓她投生做了秋水，亦讓他成了南唐國主，而他們在人間所受的一切喜怒哀樂更是早在忘憂河上就有了的注定。

第 10 卷　夢迴江南

　　青蓮？露珠？他望向她，低低地問。

　　嗯。她望著他嫣然一笑。不要念我，不要想我。這是緣，亦是劫。

　　緣？劫？他不明白。一個箭步向前，想要擁她入懷，她卻早已失其所在。

　　秋水。他悲痛莫名地喚著她的名字，追逐著她的身影，飛快地跑了出去，一個踉蹌，卻從夢中驚醒過來。不，這不是夢，他伸手撫著一身的冷汗，模糊的意識告訴他，一定是秋水回來了，一定是她回來跟他作最後的訣別了，於是，匆匆披了衣裳，什麼話也沒跟嘉敏交待，就跟著她夢中的影子飛奔了出去。流景成殤的時節，傷心欲絕的他在水邊不停地問那擺渡之人，可曾遇見曳水的裙裾，那孤傲的女子，和她手執的一朵青蓮？沒有人能夠回答他的問題，蒼茫大地，從早到晚，唯餘他一個人東跑西竄的身影，而落在他眼底的卻只有那無盡的荒蕪與亙古的悲傷。

　　終於，又一個夜幕降臨的時候，他在那叫不出地名的荒郊野外發現了她早已失去溫度的屍體，花顏依舊，來不及閉上的雙眼寫滿對他的不捨與期盼。原來一切都是真的！他跌坐在地，魂飛魄散，好半天都沒緩過神來。雨還在不停地下，心卻被剮成了一塊一塊，瞬間變得支離破碎。為什麼？為什麼他總是不能也無力保護他心愛的女人？秋水死了，前塵的擦肩，終於凝固成眼前回眸的畫面，在雨夜中倏忽竄改了那些相遇的誓言，也澆滅了他心中的熱情如火。夢中的她抱琴涉水，長髮垂肩，一曲離殤，一抹淚殘，奏不盡他靜聞心殤的塵戀，那絲絲縷縷的哀怨，彈到最後，只留下聲聲的悽楚，聲聲的顫抖，一次次放任他在風雨飄零中哭成一個委屈萬分的孩子。

　　秋水，妳好傻！為什麼要尋死？為什麼？妳知不知道，如果心有知音，陽光便會在晝夜嬗遞的剎那間驚蟄萌發，為什麼不留下性命等我來找

妳？為什麼不肯等到我來尋妳的那一刻？是怪我懦弱嗎？是怪我無能嗎？是怪我無力拯救妳嗎？是的，我是無能，所以才會讓流珠遭遇血濺軒轅的慘禍，所以才會眼睜睜看著妳被那幫無恥的惡徒擄走，可我並不懦弱，哪怕面臨再大的風浪，我也不會忍氣吞聲，更不會就這樣放任你們一再的遭受欺凌！秋水，我知道妳不會相信我說的話，可我向妳發誓，我今天所說的每一句話都是真心的，縱使黑暗再深，縱使水浪滔天，縱使風起雲湧，我也絕不會喪失一個男人該有的氣節與血性！我只是在等待一個機會，我不會永遠都像現在這樣蟄伏下去，我現在所做的一切無異於勾踐的臥薪嘗膽，妳明白嗎？我要帶妳們回金陵，回金陵看小橋流水、花深似海，看秦淮河唱醒兩岸沉睡的楊柳，看江南的月光喚出桃李爭豔的歡喜，可妳為什麼還要棄我而去，讓我在喚不醒妳的彼岸，孤孤單單地咀嚼著這份永訣的痛？

　　雨中不悔的等待，難捨難分的情懷，終在他潸然的淚眼下化作寂寞跳動的音符，隨風一一散落在紫陌紅塵間，於漆黑的夜色中，一遍又一遍地娓娓傾訴著簾裡簾外的幽怨。再回首，寒風瑟瑟，頓時吹皺他思念的心湖，泛起疼痛的漣漪，任惆悵在雨落的瞬息跌入凡塵的牽絆，兜兜轉轉，仍是難以逃開前赴後繼的傷。淚雨磅礴中，枕著一懷相思，再看她徜徉在楊柳岸輕歌漫舞，再看她流連在曉風殘月間潑墨抒懷，再看她踟躕在花開錦繡下撥動琴弦，那翩躚的舞姿，那絹秀的字跡，那悠揚的琴聲，便在風中輕輕蕩起他流年醉夢裡的微瀾，欲仙欲死。

　　還是忘不了她曾經的明媚，忘不了她過去的溫婉，然而，轉身而過後，又留下多少個無眠的雨夜，只供他青燈之下，將那些過往的事孤單著一一殘念成永遠都無法逆轉的寂寞？拈筆落字，為她寫下一句句無言的依戀，心莫名地疼痛，而這一切，都只因他知道，無論如何，再多的努力，再多的憐惜，終不過是在昏暗中鋪開塵夢的迷幻罷了！

第 10 卷　夢迴江南

> 昨夜風兼雨，簾幃颯颯秋聲。燭殘漏斷頻倚枕，起坐不能平。
>
> 世事漫隨流水，算來一夢浮生。醉鄉路穩宜頻到，此外不堪行。
>
> ——李煜《烏夜啼》

「昨夜風兼雨，簾幃颯颯秋聲。」昨夜風雨交加，耳聽得簾外風雨相侵，還有那風吹簾帷發出的颯颯聲響，更添他心中無限悽苦與愁悶。回首往事，流年瞬間蒼老了風華的心顏，歲月迅速卷離了相識的痴戀，那些曾經的執手相望，都化成了他眼裡剔不掉的傷痛。想著她，念著她，心野的螢火終於黯淡了塵世的夜幕，浮華的清夢亦羞怯了指尖的容顏，卻不知道這浩淼的夜色，這淅瀝的秋雨，終是掩卻了誰的嫵媚、誰的悲傷、誰的歡喜、誰的嘆息。只記得她輕輕撩開如雲秀髮的那一瞬，那嬌羞的顏在風中，以迅雷不及掩耳的速度悄然開啟了他的心扉，然而，時光輾轉，塵夢輪迴，昔日的韶華早就碎在了念念不忘的深情裡，唯餘這雨夜的迷醉依然在風中吹落一行行梧桐的淚水，只令他惆悵起無名

「燭殘漏斷頻倚枕，起坐不能平。」紅燭滴殘，更漏漏斷，夜深沉。可他依然還醒著，憶著她的容顏斜靠在枕畔，起伏的心緒久久不能平靜。憶往昔，和她攜手在青溪邊共賞一季的花落花開，看她把芳香的花簪在髮間引來無數的蜂蝶，看她一襲素衣彈落漫天花雨，看她在花榭下臨風輕舞，看她在小樓裡倚窗撫琴，點點滴滴，都是他寫不盡的風情，描不盡的傾國傾城。她甘願為他濃妝淡抹，也甘願為他洗盡鉛華，她甘願為他爭奇鬥豔，也甘願為他沉默不語，她甘願為他歌盡芳菲，也甘願為他紅袖添香，她甘願為他巧笑嫣然，也甘願為他舉案齊眉，總之，她生命中的每一分每一秒都是為他而活，為讓他永遠都綻開歡喜的顏，她竭盡心力、鞠躬盡瘁，至死不悔。可是，他又為她做了什麼？飄緲的琴聲裡，他唯一記得的就是他什麼都沒替她做過，如果有，也只是回眸間那抹不捨的珍重與疼痛。

烏夜悲啼

　　想起枉死的她，他無法不感嘆人事的瞬息萬變，只是那生老病死、悲歡離合的無常之苦，又有誰能救渡，是在忘憂河畔靜看世間萬物而又默無一言的佛祖嗎？心傷難禁，問山山不語，問水水無聲，積鬱心中的煎熬隨著時間的更替越聚越多，越聚越深，到最後只換來日復一日的輾轉反側、不能成眠，看來，要靠他自己的力量拯救自己脫離這慾望的苦海只能是痴人說夢了。

　　「世事漫隨流水，算來一夢浮生。」世間事，無論多麼紛繁，多麼雜亂，皆如覆水難收的流川，最終都要走向一去不返的盡頭。人生亦如春夢一場，就算再美也都是要醒的，可醒來後睜開眼睛再也看不到夢中的鶯歌燕舞、倚紅偎翠，又該如何寂寞著舔舐心口的傷？追憶初見那年的她，在一場璀璨爛漫的花開中，十指纖纖，輕拈漫捻，簪一朵芳菲在那油光可鑑的鬢上，只一瞬便撞綻開了他怒放的心弦，從此，無論月圓還是月缺，她都會守在他身邊煮一爐煙，朝拜他的千憐萬愛，而他亦會伴著她的莞爾一笑，為她在天幕下歡喜著書一絹素白的尺綿，不為寄予遠方歸來的鴻雁，只為催開她滿臉的笑靨。然而，兜兜轉轉之後，她終歸還是退出了他的生活，自此後，他又該如何守候在殘缺的月光下追憶她當初的溫婉明媚，是不是，待到明年春花滿園的季節，他便會在一地的芳菲中撿起她今日遺落的紅顏？

　　「醉鄉路穩宜頻到，此外不堪行。」想她念她，望眼欲穿。在他念念不忘的心語裡，轉瞬間，風便拂離了雨中的柔情，雨亦滌蕩了風中的牽念，寂寞深院，煙鎖重樓，只留下她轉身離去的背影在他模糊的眼裡明明滅滅，一步一步地踏出紅塵的繁亂與孤悵。抬頭，在舊去的閣臺樓亭中望斷他悽楚的眼，卻依然看不到她歸來的盛裝，於是，心殤便在雨夜的流連中化成了一曲曲總也彈不成段的音韻，在風中輾轉吟哦出銷魂的戀慕，一回回惹得他涕淚泗流，慘不忍睹。

還記得她含情脈脈的秀眸，還記得她如黛的柳葉長眉，還記得她素衣點碧水，還記得她綠鬢染春煙，顧盼之間笑燦了他合不攏的嘴。曾經，她清歌一曲，在煙花三月的江南夜雨中依偎著他的柔情似水，歡笑的眸中盡是無限的纏綿、無窮的繾綣；而今，風雨交加轉瞬寂寞了他燭光下的思戀，卻斂不住她翹首以待的回顧盼，更承載不了他太多太多的等待與守候。到底，該怎樣才能攜她之手回歸昔日拈花撲蝶的小徑，不必擔心雨天路滑跌倒，更不必擔心被人攪了清夢？或許，唯有醉鄉才是他們該去的地方，因為只有那裡的路最平穩，也不會有人干擾，所以不妨頻頻醉酒，在醉鄉里再看她紅顏淺笑，再聽她鶯歌燕語。

流水葬沙

簾外雨潺潺，春意闌珊。羅衾不耐五更寒，夢裡不知身是客，一晌貪歡。

獨自莫憑欄，無限江山。別時容易見時難，流水落花春去也，天上人間。

—— 李煜《浪淘沙》

胭脂在舊去的銅鏡中失卻了最後的顏色，珠簾在潮起的嘆息聲中掀開曠古的疼痛，她終是裹著破碎在西樓的那片明月光中，攜著人世間最後的芳菲剎那遠去了他眺望的目光，而他，只能抱病臥倒在早就失去溫度的香衾裡，用瘦了的手指緩緩撥開眼前的迷霧，希冀再看她最後一眼，未曾想，落入眼底的除了滿目的模糊，便是再也來不及收拾的深痛。

簾卷西風，落英繽紛，花香葬在了撕心裂肺的疼裡，昔日的纏綿悱惻

又在飄渺的琴聲裡糾結成他心底揮之不去的殤。他以為他會忘記，他以為酒可以讓他再也想不起那些傷心難過的事，他以為他真的可以臥薪嘗膽，讓時間來證明他不是懦弱的，可即使在醉酒的途中他也未曾忘記些許的痛苦，更不要說那些始終盤旋在他眼角眉梢的傷。身邊鍾情的女子，一個個離他而去，卻叫他如何履行要帶她們回金陵去的承諾？金陵的山還在，金陵的水依然清洌輕柔，金陵的杏花微雨依舊美豔著整個芳菲季節的江南，金陵的歌聲依舊會年復一年、日復一日地響徹在秦淮河畔，只是少了他和她們的流連，人間仙境的美景也不過是一抹寫盡荒蕪的蒼白，到底，什麼時候，他才能夠牽著她們的手，歡聲笑語地出現在江南的煙雨樓臺中，一如當年的模樣？

還能夠嗎，真的還能夠嗎？流珠死了，秋水也死了，鶯鶯不知流落何方，現在他身邊只剩下嘉敏和慶奴幾個宮人了，即便能實現當初的諾言又能如何？他還能在那香霧繚繞的瑤光殿中，和娥皇一起聽流珠彈一曲相思琵琶語嗎？他還能在那花深似海的紅羅亭裡，和嘉敏一起看秋水簪花引蜂蝶嗎？不，他不能。所以那些諾言能不能實現都是沒有意義的，失去了她們，即使回到江南，他也不可能還是當年的國主，無法抹平她們眉角蹙起的傷，更無法還她們一片無憂無慮的天空，有的也只是他一個人的寂寞與懺悔罷了。

還記得，他一直對她們說，他把現在所受的苦都當作是臥薪嘗膽，只要出現機會，他縱是赴湯蹈火也要帶她們回江南去，回江南看姹紫嫣紅開遍在草長鶯飛的春天裡，回江南看荷葉田田起舞在十里荷塘的夏天裡，回江南看桂子飄香盤旋在霜葉楓紅的秋天裡，回江南看漫天飛雪徘徊在梅花三弄的冬天裡，然而，他終究還是食言了。對於現狀，他根本無力改變，臥薪嘗膽的誓言也只不過是自欺欺人的藉口罷了，他連自己的女人都保護不了，又拿什麼重整山河、光復南唐？國主的路是走不通了，江南的家也

第10卷　夢迴江南

　　回不去了，雕欄玉砌的南唐宮闕早已在記憶裡舊成澄心堂紙上模糊的墨跡，他又能拿什麼再為她們撐開一片萬里無雲的晴空？

　　一切都是欺騙，一切都是妄想。就憑他一個隴西郡公的身分就能改變即定的現實嗎？趙光義給了他隴西郡公的封號，聽上去似乎比趙匡胤封他的違命侯光彩了許多，但萬變不離其宗，他仍是大宋國沒有被戴上枷鎖的階下囚，無法起舞於汴梁的天空下，只能聽天由命地在嘆息與失落中度過一個又一個屈辱的日子。他想回去，做夢都想，可他插翅難飛，還說什麼臥薪嘗膽？勾踐有孝忠於他的范蠡、文種，他又有誰？他知道，隨他歸順大宋的文臣武將無一可用，大家都在趙光義的眼皮子底下夾著尾巴做人，誰還會顧及他的江山家國，而他又該拿什麼去跟大宋的軍隊拚個你死我活？他什麼也沒有了，或許剩下的，唯有他一直都不肯承認的懦弱與逆來順受，就這還說什麼臥薪嘗膽？是的，他懦弱，他膽小怕事，他逆來順受，他唯唯諾諾，可不如此他又能如何？蜀主孟昶被毒死了，南漢主劉鋹也被毒死了，他一個沒有戴著鐐銬的階下囚還能拿什麼去對抗兵強馬壯宋廷？反抗無異於以卵擊石，他唯一能做的不就是俯首稱臣嗎？

　　除了等待，他什麼也做不了，可他心裡很清楚，無論用什麼方式，無論再怎麼努力，這輩子恐怕都難活著回到江南，回到他花紅柳綠的南唐宮闕了。然兒，他還是不甘心，還是想回到那個生他養他，帶給他無限歡愉的地方，想再聽流珠彈一曲《長相思》，想再聽鶯鶯在佛堂裡唸一段《心經》，想再聽月兒在澄心堂翻響價值連城的書冊，想再看窅娘跳一支金蓮舞，想再看秋水簪一枝花，想再看娥皇嬌笑著望向他爛嚼紅茸，哪怕在她們曾經流連過的地方駐足片刻也是好的啊！可如今，汴梁城裡局促貧脊的小院中，斜倚小樓西畔，憑欄望遠，望到的卻是雨夜裡始終不滅的離殤，還有那永遠都無法斬斷青絲年華的軫念。

　　彼岸花開的海，終成此地淚眼揮別的落紅；荒草叢生的心野，終在相

流水葬沙

思成災的嘆息中碾盡孤夢癡迷的呼喊。一回眸，雨冷，風寒，又是一個無眠的靜夜，卻叫他如何輕掩心殤，忘卻寂寞紛至沓來的冰寒？涅槃的情緣、輪迴的滄桑，都在他萬般的不捨中輕染了流年，歲月長長路長長，那些明暗交織的憂傷，到最後又會徒然破碎誰人嫣然的笑臉？紅塵世間，花開花落，自是亙古不變的定數，卻為何，人與人的分合也是這樣的匆匆，每一次相聚後都讓他會心的笑意迅速湮滅在桃花落成的雨中，只收穫了一把別離後的笙歌寒？

西風終是吹落了霜葉，一樹楓紅繼續飄零在秋水長天的汴梁城，而他依舊抱著一身的孤悵，任思念與悔恨的淚水叢生在他的髮間眉梢。這樣的日子適合回憶，可回憶帶來的卻是無法逆轉的悲傷，如果可以，他情願忘記，哪怕做個什麼都不知道都不懂得的傀儡，也好過他總是日以繼夜地枯坐風中，滿懷悲痛地將一斗相思的酒毫不猶豫地灌進肚腸。都說一醉解千愁，可他每次醉後都是萬分的清醒，他記得自己是誰，記得他從哪裡來，記得何處是他回不去的鄉原，更忘不了她們嬌好的容顏，每一杯酒下肚，口中清晰唸起的仍是她們溫香軟玉的名字，絲毫都沒有唸錯。忘不了，忘不了，即便醉得不省人事，夢裡仍是她們輕歌漫舞的身影，誰又能說這不是舉杯消愁愁更愁呢？

逝去的青春，走失的情緣，都在酒中化作了他深不見底的愁緒，那一把模糊了的胭脂淚，究竟是她們遺失的心跡，還是他永遠都望不穿的煙雲？恍惚中，只想留下她們繼續相伴在他左右，哪怕只留住她們當中的一個也好啊，可是張開五指，望到的只有千萬里連成一片的漆黑，哪還有她們盛裝歸來的熠熠生輝、燈火通明？寂寞深院，窗外的梧桐痛了幾許送別的人；紗窗日落，案上的冷燭疼了幾多佳人的心。夜深沉，黑暗冰封了所有的傷痛，他望不見曾經溫婉清朗的月光，望不見曾經錦繡成堆的花叢，倚在寂寞的窗帷下，把往事念了又念，亦溫暖不了如水般寒涼的眼波，唯

餘心事如冰，在亙古的落寂中冷透他回望江南的脊背。

往事如風，依然固執地穿行在他潸然的眼中，誰又來疼惜他這一懷深痛？無奈最是朝來寒雨晚來風，這悽風苦雨中，他又該拈一片怎樣的落花，才能將此情念成日日可以觸及的清歡？怕此怕明明此情可待成追憶，偏偏每一念起都成他望眼欲穿的傷，知不知道，她孤單的轉身，早已換了他的淚雨千行？一曲悲歌，唱一段痴情，念一生回憶。漫步在窗前那棵老槐樹下，他又一次沉浸在對往事的追憶裡，任哀傷的曲調、憂傷的音符，彷若流水般從耳畔默默流淌而過，那跳動的旋律中演繹著生命裡無法逆轉亦無法抹去的悲歡與離合。過去的事，他依然還記得，只是那原本熟悉卻早已成陌路的人又會出現在哪裡的明月光下？過去的人，他依然還記得，只是那原來銘記卻早已被塵封了的事又落入了誰家的梨花深院？

漆黑的夜幕掩蓋了太多太多的紛亂，卻掩蓋不了他的傷心難禁，搖曳的燈火亦已隔世般闌珊在他孤寂的目光中，璀璨不了任何的念想。起風了，地面一片狼藉，一股股的細流沿著瓦槽與屋簷潺潺瀉下，瞬間便洗去了白日裡殘留的喧囂與浮豔，卻洗不去他心頭點點滴滴的傷。風雨交加中，他沉醉不知歸路，只好任由磅礴的雨水整個淋溼自己，卻不意心中居然升起一股莫名的快感，不知為何，人竟忽地變得平靜了許多。或許，淋溼他的那一片雨才是真正的甘霖吧，它們就那樣毫無眷戀地墜入他的心底，讓他感受到一種震徹肺腑的涼意，於是，他便在這冰冷的雨中顫慄著漸漸地屈身，以孤芳自賞的姿勢懷抱自己的身體，任風雨冷酷而又無情地不斷抽打在身上的每一個部位，卻仍然執意不肯離去。

他知道，他一直都是清醒著的，情到深處，再多的酒也無法醉去舊日的想念，更無法剔除已逝的那段青澀回憶，又哪管風吹雨打。或許，蜷縮著身體，心才會暖和一些，才會感受到心跳時那抹漸如遊絲的氣息，才會意識到自己還是活著的，只是即便如此，他也無法忘記那些輾轉的紅顏，

又叫他如何舔舐乾淨那些日積月累沉澱在心間的憂傷？繫他一身心，終是負她千行淚，花影斑駁的牆腳下，她素衣輕衫的身影依然寂寞地流連在肆虐的風雨中，卻為何，只是隔了一簾煙雨的咫尺距離，他卻要在她難捨難分的目光中退卻千里，只能匍匐在浩渺的煙波中隔岸凝望她的流年？此岸的淚水，點點滴滴，緩緩澆豔了彼岸的名花，那相思的淚珠早已在莫名的心痛中不經意地摔落在憔悴的面龐，一行行，夾雜著雨水，慢慢滑落在掌心，化成他字裡行間永遠不滅的傷。那一瞬，他很努力地想要去捕捉淚水滑過面龐時的溫度，抬起手，卻發現早已分不清滑過的究竟是雨水還是淚水的溫度，唯一知道的就是，瘦了的指縫間，留下的盡是那一絲絲的微涼。

　　冷，撕心裂肺的冷，摧枯拉朽的冷。無限蔓延的冷意從掌心傳輸到心，又從心底慢慢散開，擴散著、充斥著全身，不一會就把他從上到下、由外而內地包裹個嚴實，由不得他為之一顫。風雨飄搖中，又止不住地想起那些逝去的紅顏中，只是有些人走失了就永遠都不會再回來，任憑他哽咽著挽留，也只是徒勞的慰藉罷了。娥皇走了，月兒走了，流珠走了，秋水走了，很多很多的宮人都失去了音訊，不知所終，想起昔日的倚紅偎翠，又怎能不讓他愁緒叢生？走了，都走了，誰都不曾留下，如果非要問他還留下些什麼，那只能是這滿懷的惆悵與枉然的思念了。

　　一切，都是注定。當所有的過往都風乾成催人淚下的往事，誰還會執著地沉浸在當年那縷破碎的明月光中，刻骨銘心地追憶那次華麗的邂逅，誰還會困守在那些信誓旦旦的諾言裡，只想要一份曾經的卿卿我我？一切都是虛無縹緲的假象，情再深，意再重，也逃不開時間的侵凌、輪迴的魔力，分開在所難免，所以他必須接受眼前的事實，哪怕再難以面對，哪怕痛苦再深。

　　抬頭，看風中那朵雨做的雲，它是不是正思念著風，卻早已忽略了雨

的存在，而他又在思念著誰、忽略了誰？低頭，默無一言地看著滴落在髮隙間的雨水，隨風絲絲飄落，卻不知是哪一縷的傷痛被葬在了他的思念之外，所以只能擁著一懷寂寞枯坐在溼漉漉的地上，一再地嘆息自己與雨同為天涯淪落人的命運。罷了罷了，即便暫時留住了她這個人，但終究還是會因她的心不在他這裡，而失去那暫時屬於他的身體，不是嗎？既然注定不再屬於自己，又何必去苦苦相求？只是，她知不知道，不管她見與不見，為著這份愛，他早已心力交瘁、珠淚千行？

　　窅娘。他悲不自勝地唸著她的名字。她是娥皇親自為他挑選的嬪御，雖然未曾給她相應的名份，但他心底自始至終都是他的眷他的疼，他的憐他的惜，可她居然背叛了他，投向了那個叫做趙光義的男人懷裡！為什麼？為什麼她不能選擇像月兒、流珠、秋水那樣壯烈地去死，卻偏偏要讓他蒙羞，是對他無力保護她的報復嗎？如果真是對他的報復，他無話可說，怕就怕她只是貪慕虛榮，貪圖那大宋皇宮裡的綾羅綢緞、錦衣玉食，傳出去，叫他顏面何存？然而他真的還有什麼顏面嗎？他的顏面難道不是在金陵城外帶著南唐的文臣武將一起肉袒投降時早就丟了個精光嗎？他是亡國的君主，大敵當前，不能選擇以死報國，連月兒一個女子都還不如，又有什麼資格去斥責怪罪窅娘？他從來都沒給她應有的名份，過去沒有，現在也沒有，在他面前，他連妾都算不上，又有什麼理由能夠阻擋她去追求唾手可得的幸福？趙光義早就對她垂涎三尺，只要她願意，趙光義便可以給她想要的封號，讓她在大宋皇宮裡享盡一切的榮華富貴，又憑什麼要求她一直守在他牢籠似的小院裡被嘉敏當成奴才一樣的呼之即來、揮之則去？

　　可他捨不得，雖然他輕易不肯說出那個愛字，但他知道自己是深愛著她的，又怎能眼睜睜地看著她成為趙光義的嬪妃？她是他李煜的女人，是南唐後宮的女人，生是李家的人，死是李家的鬼，無論如何，他也不能任

由著她胡來，任由著她把大寫的恥辱丟進他疼痛的目光裡。回來吧窅娘，不管妳做錯過什麼事，我都會原諒妳的，只要妳回來，我便可以當作什麼也沒發生過，並保證不再讓嘉敏隨意地使喚妳、差遣妳，好嗎？我還要看妳跳金蓮舞呢，即便這裡沒有金蓮臺，妳也能跳得出神入化的，不是嗎？然而，他的呼喚終究還是沒能喚得回她，一場無情的雨，終打得鴛鴦各一方，從此咫尺成殤，曾經相愛的人兒，卻隔了比天涯海角還遠的路。

　　她走後，蒼天已無淚，唯餘他思念寄無涯，只怨今生無緣，但求來世再見。夢裡夢外，一縷相思總不絕，還記得那一年，她和他在冬天紛飛的雪花裡相識，因為怕冰凍到她那顆錦瑟的素心，所以遲遲不敢與她相擁，直到春天歸來，百花綻放在綠意輕揚的枝頭，才歡喜著把她的手輕輕置入他的掌心，從此，相知在那一份感動後的相悅裡。他沒有給她相應的名份，但這絲毫不影響他對她的愛，從花深似海的春天一路走來，到荷風輕曳、流螢飛夢的夏天，再到冷月寂然、桂花飄香的秋天，他們始終執手前行，即便驕陽烙傷了他痴愛的眉，即便冬雪凍傷了他眷戀的眼，他亦未曾將她輕易丟開，卻為何，一起經歷了繁花似錦的好日子，又一起在國破山河碎後彼此扶持著穿過無數的風雨，她偏偏要在他最痛苦的時候選擇琵琶別抱？

　　窅娘，我們的愛就這麼禁不起推敲嗎？我們的情就這麼凋謝在了他鄉望不穿的秋水裡了嗎？妳忘了我們曾經的廝守了嗎？妳忘了我們彼此許下的諾言了嗎？妳說縱使天崩地裂，也要與我白首同心，為什麼言猶在耳，妳卻已經決絕地轉身？是我對妳不夠好嗎？還是我再也給不了妳想要的榮華富貴？難道，這些年妳始終與我並肩同行，只是為了我南唐國主的身分嗎？是的，我現在早已不是什麼南唐國主，給不了妳錦衣玉食、華屋美廈的生活，可我還是妳的男人、妳的丈夫，妳怎麼可以為了一己之私把過去的一切都絕情地捨棄？不，窅娘，我不相信妳是那無情的人，更不相信妳

第 10 卷　夢迴江南

是個貪慕虛榮的女人,如果妳真是那樣膚淺的女人,又怎會在娥皇去世後一直不計名份地守在我身邊,而且心甘情願地受嘉敏的奴役驅使?不,妳一定有你的苦衷,一定有妳的不得已,可妳為什麼不對我說?妳忘了我不僅是妳的國主,也是妳的男人嗎?

他不敢也不願相信窅娘是真的棄他而去了,可也找不到她轉身離去的理由。到底是為了什麼,是她對自己徹底死心絕望了嗎?她想回江南去,她想回到那片生她養她的土地,這些他都知道,難道就因為他無法幫她完成歸鄉的心願,她就要出賣自己,以色相贏取趙光義的歡心嗎?趙光義是大宋天子,讓她去哪兒還不只是一句話的事,可趙光義會履行諾言放她南歸嗎?不,不可能的!窅娘,妳怎麼能相信趙光義的話,難道妳沒聽說他是怎麼用箭對準孟昶的寵妃花蕊夫人的嗎?趙氏兄弟都是禽獸不如的奸雄,能夠射死已成為趙匡胤寵妃的花蕊夫人的趙光義又怎會對妳網開三面?說到底,妳只不過是李煜宮中一個無名無份的舞伎罷了,他趙光義又能把妳看得比曾經三千寵愛在一身的花蕊夫人更重嗎?

回來吧窅娘,別再做夢了,能夠拯救我們的唯有我們自己,妳去祈求那個殺死自己兄長、從姪子手中搶奪來皇位的奸雄又有意義?回來吧,即便回不了江南,即便不能在金蓮臺上跳舞,只要我們還在一起,不是強過生離死別的等待與陣痛嗎?我們已經攜手走過了無數個春夏秋冬,也並肩經歷了無數次悲歡離合,為什麼就不能收起淚眼,守著寂寞安然度日呢?我不想再要那種淚眼相向話淒涼的日子,我只想與妳無漾地相守於那株熟悉的梅樹下,靜靜地等待下一次的璀璨,直至火燭再次明媚我們歡喜的眉眼,把憂傷從心底徹底剔去,而妳又有什麼理由非要打破這份虛幻的寧靜,只叫我悔恨交加?

本以為,他和她的故事終會被人譜成一曲悠遠綿長的《長相思》,不斷吟唱在歲月的江湖裡,年年歲歲,歲歲年年,卻不料最終竟凝固成一支

無人喝采的離殤，隨同枝頭搖曳的春花，零落在流水無情的清波裡，徹底無法逃脫命運即定的苛刻。或許，愛情來過之後，相愛的人才會懂得如何面對冷酷殘忍的現實，也才能明白再盛大的等待亦注定會在離亂中死去。只是他仍然心有不甘，更不肯相信這就是他等待的結局，如果上天憐憫，他一定可以改寫這樣的命運，可上天真的憐憫於他嗎？持筆的手，在風中不住地顫抖，心裡裝下的竟是重於泰山的寒冰，都在思念翻江倒海的那一剎那，一一化作了他潸然的淚水，也就在這個時候，他開始發現青筋暴起的脈絡裡遊走的全都是他鮮紅的血液，一滴一滴，流淌的都是不捨與不甘，而身體的溫度卻早已變得冰冷，偎著牆角，脊背傳來的是陣陣揮之不去的寒意。

　　淚水，在傷心欲絕時滑落，輕輕地流過臉頰，最終滯留在唇角，嚼碎後，才品出了淚的鹹澀與相思的苦澀。此時此刻他還能做些什麼？還不是守著一懷孤悵，在風雨剪破雲煙的清絕時，模糊著一雙淚眼在那些泛黃的故紙堆中尋覓他曾寫下的關於他們的纏綿與悱惻？是的，除此而外，他什麼也做不了，他堅信，即便窅娘對他無情，他卻是真的為她付出了一顆真心，否則他又怎麼會在她轉身離去後如此這般的悵痛？窅娘，我們的情緣早已寫在了前世的三生石上，妳若不信，可以去佛堂聆聽那一縷來自佛國的鐘聲，它一定會讓妳頓悟，如果無緣，妳我根本不會在世間的紫陌紅塵上相識相知，我也不會因為妳的離去感受到撕心裂肺的痛，難道妳以為我對妳未曾說出口的那個愛字只是在裝模作樣嗎？

　　嘆只嘆，她決絕的轉身，曾經近在咫尺的距離瞬間便變成了他眼底趟不過去的山重水遠，那些揮灑的水墨再精美再深情，也不能讓他透過歲月的塵埃把她輕輕地觸碰。倘若那輪初見時的圓月依舊會沿著舊時的花徑涉水而來，落在窗前那朵嫣紅的桃花上翹首張望江南，她可曾會把它認出，然後歡喜著把這個喜訊告訴他？倘若那彎見證他們相愛的新月依舊劃過西

樓的簷角攜風而來,在院中那棵迎風招展的杏樹下試剪輕愁,她又可曾識得它的曼妙,然後輕笑著將它畫成她眉間的紅妝,只為點亮他黯淡的眸?倘若今夜依舊無眠,她會不會憶起金陵城中餘音繞梁的教坊舊曲,和今日悵坐簷下獨自惆悵的他蒼白的臉?

他不知道,她已經走了。她之所以答應趙光義,去宮中為他表演金蓮舞,只是為求那高高在上的男人給他增發月俸。從金陵出來時,他把大部的財產都分給了身邊的宮人和大臣,自己卻所剩無幾,沒想到那厚顏無恥、誤國誤民的江南舊臣張洎在投降宋朝後還經常跑來跟他要東要西。他不得已,把自己僅有的一隻白金面盆也給了張洎,沒曾想,卻還遭來對方一陣沒心沒肺的嘲諷。她知道,他是真的沒錢了,可他身邊還有一群家眷要靠他養活,如果再不想辦法,恐怕用不了多長時日,包括嘉敏國后在內的所有眷屬便要過上淪落街頭的日子,所以當那個早就對其美色垂涎三尺的趙光義下詔命她進宮獻舞之際,她只提了一個要求,那便是給她心愛的國主增加月俸,以助他度過眼下的困厄。

他並不知道她抱了必死之心。當趙光義下詔給他增加月俸,又賜給他三百萬錢之際,她終於在他不捨的目光中走向了金碧輝煌的大宋皇宮。那天,皇宮內外燈火輝煌,她一襲輕紗素裙,裊裊婷婷地立於趙光義從江南特意搬來的高高的金蓮臺上,顧盼生輝、眉目傳情、笑意款款,看不出絲毫的傷心與難過。良久,她動了,她的舞姿如踏浪、如凌波,如夢似幻,如詩如畫,一舞傾城,再舞傾國,喝采聲此起彼伏,綿延不絕。舞蹈的過程中,她始終背朝御座,面向東南,斂衽再拜。那端坐御榻上的趙光義被她惹得心猿意馬,完全顧不得君主的體面,竟當著觀舞的群臣大聲下令:「窅娘妳轉過身來!」然而她卻置若罔聞,好似根本沒聽見一般。

東面是他居住的地方,她在心裡默默唸叨著:「國主啊國主,窅娘無用,活著也只會給你製造麻煩,既然如此,就讓窅娘再替你跳最後一次金

蓮舞吧！」唸完，她張開雙臂，輕舞飛揚，急速旋轉，那一刻，她宛若一朵絕美的曇花，在剎那之間便將絕代的芳華綻放到了極致，成就了自己一生的絢爛。她輕輕地笑，得意地笑，一個女人，一生只為自己心愛的男人而舞，哪怕獻出寶貴的生命，也在所不惜。爾後，便縱身一躍，如展翅的小鳥，飛離高高的金蓮臺，一直往下滑落，滑落，再滑落……

他終於聽說了她的死訊。捧著趙光義賜他的三百萬錢，他數度哽咽，不能自已。或許，世間若是沒有了悲劇，也就沒有了悲壯，沒有了悲壯，也就沒有了崇高。他不知道窅娘縱身一躍的悲壯算不算是一種崇高，但他知道，她的悲劇注定是他餘生的傷，即便事過境遷，他也不可能不去追憶，更無法卸下遺憾的包袱，只能用他永遠永遠的痛，還有那無窮無盡的相思，染綠她沉睡中的芳草天涯。

想她，一遍遍喊著她的名字，又是一個漆黑的雨夜。恨只恨，她消失後的寂寞深院裡，他只能顧影自憐，在她留下的青銅鏡裡痛苦著看自己一張扭曲的臉，還有淚雨千行的殤。到底是怎麼了，為什麼她走後他總是不能安然入眠？是因為愛得太深，還是悲憫她的壯烈？其實他是恨她的，好端端的為什麼非要尋死？她可以跳完舞再回來啊，難不成趙光義還能無恥到當著群臣的面把她強行留在宮中不成？窅娘，為什麼這麼傻，有什麼坎是過不去的，為什麼偏偏要學月兒、流珠、秋水，自尋死路？知不知道，你身上的餘香還滯留在這逼仄的小院裡，而我每天卻都只能嗅著你的體香在無法抑制的痛苦中將妳思了又念、念了又思？斜倚臥榻，在想念中醉嘆含淚揮別的殤，有落寞的旋律，在魂夢間低迴，那舞墨的悲鳴，瞬間流徹他的前世今生，而心底暗湧的惆悵，和她空靈的雙眸，都在這悽風冷雨的夜中化作了一首痛斷肝腸的《浪淘沙》令，於孤寂中訴盡她紅葉的情殤：

簾外雨潺潺，春意闌珊。羅衾不耐五更寒，夢裡不知身是客，一晌貪歡。

第 10 卷　夢迴江南

　　獨自莫憑欄，無限江山。別時容易見時難，流水落花春去也，天上人間。

　　　　　　　　　　　　　　　—— 李煜《浪淘沙》

　　「簾外雨潺潺，春意闌珊。」珠簾低垂，夜已深沉，潺潺的雨聲透過洞開的窗扉，不斷地傳入耳中，眼見得那美好的春光，又在這令人神傷的雨中，即將飄零成心酸的過去。國破家亡，瀟瀟春雨，漫漫長路，都是愁斷肝腸的理由，那份男女相悅、執手相望的歡喜，亦終於在淚別後化作了他隔紙隔沙的傷，一點就破。悵只悵，人生苦短，前生和她未曾盼到相守的一瞬，今世卻又注定在相識後擦肩，怎不是此恨綿綿無絕期？

　　「羅衾不耐五更寒，夢裡不知身是客，一晌貪歡。」五更的寒涼，冷徹骨髓，即使身蓋厚厚的羅衾，也抵擋不住那抹極致的冰冷，心頭的悲涼更是纏綿繾綣，怎麼也無法排遣。宵娘啊宵娘，妳可知，只有在夢裡，我才能暫時忘記自己身是他鄉之客，才能忘記自己已是那亡國的君主、大宋的階下囚；也只有在夢裡，才能伴著妳的金蓮舞，還有流珠的琵琶，秋水的拈花，享受到那片刻的歡娛，可夢醒之後我又要到哪裡去找尋妳們的蹤影？

　　「獨自莫憑欄，無限江山。」每每想起故國家園，都無一例外地心傷難禁。總想憑欄遠眺，看那昔日的南唐宮闕，看那金碧輝煌的亭臺樓閣，看宵娘在金蓮臺上和著他指間輕撫的琴聲翩躚起舞，那含笑的眉梢眼角，有情意在暗中流轉，於四目相對的剎那，轉瞬便蔓延成彼此相思的河流。

　　好想好想，再為她在江南的煙雨飛花中填一闋香詞，寫她在青溪畔曼妙的舞姿，寫她在畫堂中醉酒的嬌態，寫她在金蓮臺上眼波的流轉，寫她在深宮中望向他的那一雙如水的明眸……然而金陵距離汴京卻是太過遙遠，中間有「無限江山」的阻隔，欲見不得，徒喚奈何，更何況這「無限

江山」也不再是他大唐的國土，而是宋朝的屬地，看到這已經淪喪的國土和易主的江山，只不過徒然增加心中的悲苦愁恨罷了！所以，孤身一人的時候，還是「莫憑欄」的好，這樣就不會因睹物思人，更惹得滿腹無法排遣的悲愴了。

「別時容易見時難，流水落花春去也，天上人間。」別了，窅娘；別了，金陵；別了，江南；別了，大唐。當初的離去是那樣的容易，而今想要再見卻是那樣的難上加難。嘆只嘆，是非成敗轉頭空，一切的一切，都宛如那水自長流、花自飄零，是那麼的順其自然，卻又帶著永遠都無法抹去的惆悵。落花，流水，春天行將歸去，而他注定會追隨她的腳步，默默走到人生的盡頭，或許到那個時候，他就不必再為什麼留戀惋惜，也不必再為什麼哀痛唏噓了。

春水愁腸

　　春花秋月何時了，往事知多少。小樓昨夜又東風，故國不堪回首月明中。

　　雕欄玉砌應猶在，只是朱顏改。問君能有幾多愁，恰似一江春水向東流。

── 李煜《虞美人》

　　穿越江南的杏花微雨，遙遙的，一縷幽幽的清風，如泣如訴般從窗外輕輕飄來，路過他蹙起的眉頭，於不經意間，在眼底撩起塵封許久的帷幕，於是，那遠去的故事，便再次在他瘦了的指間濃妝淡抹地上演。

　　匆匆的，匆匆的，來了，走了。

匆匆的，匆匆的，聚了，散了。

亙古不變的悽美與幽怨，早已凝成了他眼裡的愁思百結，兜兜轉轉後，便又化作了無數個輾轉難眠。抬頭，望向窗外那輪高懸的明月，他嘆息著伸過手去，想要把那散落在花枝間的月光緊緊攢成他的相思，然後再將那一縷一縷的皎潔貼上她的額頭，讓她與月光同輝，與花枝同豔，永遠都盛放在不老的青春裡。不知道在另外一個世界，她的容顏是否變老，或是永遠都停留在了二十九歲的韶華年紀，但他知道，只要走近她，他必定能從她望向他的那抹深情的目光中輕易辨認出她來，哪怕她早已是霜白了頭髮的老婦。

多情總是催人老，他亦早已華髮叢生，怎見得她就青春永駐？只要心中有愛，容顏必會憔悴在歲月的流逝中，又哪裡會像眼前這輪明月總是鮮豔欲滴？想來，明月必是無情物，如若不是，千年風霜盡，滄海變桑田，它為何從來都未曾改變過容顏？多情易老，若它有情，也早該隨風老去在時光的河流中了，不是嗎？然而，古往今來，人們明知月無情，為何還有那麼多的文人騷客屢屢寄情於明月，恨不能把一顆血淋淋的心捧出來給它看？

明月無情人有情，所以總是在最不經意的時候想起她來，想起她如花的容顏、想起她嫋娜的身姿、想起她的鶯歌燕語、想起她的明眸似水、想起她一曲琵琶彈落天上的月光、想起她一襲霓裳跳破盛唐的風韻，於是，隱隱然，心底裡那縷盤桓不去的情絲，便又總會在憶念最深的時候浮上他蹙起的眉尖，化作他刻骨銘心的珍重。光陰似箭，流年似水，不知此時此刻，他心中始終都惦念著的娥皇，是否也同樣守在花深似錦的窗下，輕吟低唱著對月抒懷，又是否會拈一枝相思的花望向他駐足的地方，借一縷無心的月光寄他滿懷情思？

還記得，風雨交加後的夢裡，她望向他淡淡地笑著說：「落花無意，

流水無情。」眉眼中平靜如水的神情，彷彿她說出的這句話便是千古不變的道理，任誰也不會心生質疑，更不會去無端地辯駁。然而，她可知道，落紅本有意，流水非無情，之所以起初的兩兩相望變成了最終的兩兩相忘，也只是造化弄人，要怪就怪那世間自古難全的陰晴不定，空虛耗這番花好月圓的執手！

滄海月明，鮫珠有淚，此情天可鑑；藍田日暖，寶玉生煙，此恨亦綿綿。月落烏啼，當歲月的煙塵霜白了季節的風後，百花叢中，可還有那痴情的莊生，依然苦盼著彩蝶的翩然？子規長鳴，當古剎的鐘聲淹沒了桃花的顏色後，桃葉渡口，可還有那儒雅的王郎，仍舊枯等著鍾情的邂逅？念起，起伏的愁緒總是彷若飄緲的瑞腦，瞬間便銷盡了爐中的金獸，銷魂處，簾卷西風，對鏡自顧，卻只看到憔悴蒼白的容顏比那隨風飛舞的漫天黃花還要消瘦。他知道，她走後，相思早已成災，卻未曾料到自己會過早的衰竭，以後的以後，倘若天可憐見，他又該以怎樣的姿態去見她芳華依舊的清顏？

輕輕，掬一縷月華在手，他把盞邀月，淚沾衣襟，卻不意悽悽然中，竟是對影成三人。沒有她，只有他和月亮，還有他自己的影子，看似熱鬧，實則淒涼，而滿滿飲下的也不過只是一懷孤寂罷了！回眸，月已闌珊，燈亦闌珊，他卻依然執著在空曠的天地中尋她，然而，尋來尋去還是不見她的影蹤。說到底，她是不願出來見他，還是他朝拜她的心仍不夠虔誠？流水終是流不去眼裡的傷，光陰終是老不去心底的痛，想她，念她，不由得他不終日流連在半夢半醒之間，苦苦尋覓她不老的紅顏，可看遍了姹紫嫣紅的花下，看遍了所有荒無人煙的拐角，看到的終不過是一叢叢無人踩踏的青苔，又哪裡有她點滴的風情？

所有屬於過去的曾見，都被埋葬在了歲月的流塵後，而他的記憶卻還清晰如昨地被鑲嵌在亙古不變的清風明月中，然而，天上人間，她依舊是

第 10 卷 夢迴江南

　　他找不見的那縷明媚，他又該在哪裡追憶她的清芬？心，惘然在深不見底的黑暗中，離別之後，他唯一能做的就是用淚水挽救一懷深情，只可惜時光總是太匆匆，人事總是瞬息萬變，他的思念再濃再深，到最後也逃脫不了蛻變成無數來不及補救的遺憾。莫非，曾經的相守只為換得他而今的淚滿春衫？莫非，情到深處，愛到最後，他和她只能留下一個個悽絕美絕的千年傳說，讓後來的人去嚮往，去嘆惋？

　　相思未盡，愁腸已斷，雲煙深處，飄來飄去的，是他百般的惆悵萬般的恨，還有他滿心的不捨與不甘。奈何浮生若夢，人難再圓，走過這一程程風雨飄搖的路途，無她作伴，他又該如何在一個人的孤單裡徹底擺脫這心底難掩的殤？東風惡，歡情薄，雲中路遠，恨只恨，遙相顧，卻是錦書難託；月斜星稀，夜已深沉，無奈和衣而臥，仍是心緒難平，一晌的無言依然換得無盡的相思情濃。

　　為什麼，情到濃時總是惹他愁緒叢生？為什麼，片刻的歡喜總是帶給他終生難忘的深痛？問世間情為何物，只教人生死相許，枉將那一輪明月空照！凝眸，看流水葬花紅，看西風擺柳絮，更添他心間牽掛無數，只是，賞遍月照花移的景，嘗盡相思的味道，到如今，紫陌紅塵的故事裡，是不是只剩下他那顆惆悵的心與那縷黯淡的月光交織在飄緲的花香中惺惺相惜？

　　每一個孤單著回憶的日子，總是漫漫長夜清寂，南柯夢難醒。百無聊賴的人生，他還能做些什麼？終不過是守著一懷孤恨對燈哽咽，或是去夢裡追尋她的種種過往。夢裡的她，依舊巧笑嫣然，依舊柔情似水，似舊美豔絕倫，依舊風華絕代，多少回相聚，總能輕易便拭去他潮漲的淚水，喚開他花開的歡笑，然而夢醒之後，伊人卻在千萬里浩渺的煙雲之外，看不見，摸不到，那些夢中的相許更惹他萬般的無奈。月華清婉，在花開的地方，他用洞開的心扉輕輕撞開一縷花香，拈香灰為木，捻清風為弦，攏十

春水愁腸

指深情，撫一曲千年前的相思，任明月皎潔無意，唯求千年的輪迴裡，能與她魂夢永相依。

風回小院庭蕪綠，柳眼春相續。憑闌半日獨無言，依舊竹聲新月似當年。

笙歌未散尊前在，池面冰初解。燭明香暗畫樓深，滿鬢清霜殘雪思難任。

——李煜《虞美人》

他又開始填詞，為她，為他夢中的娥皇，還有伴他走過無數寂寞悽惶夜的嘉敏。娥皇走了，在她短暫的生命裡，他，注定只是一名過客，而她殘留的身影還是遲遲不肯從他生命裡揮去，任由他在每一個思念的日子裡，依然深情眷戀著她的櫻桃香唇，依然迷戀著她身上經久不散的氤氳香氣。

曾經一直以為，在內心深處總會藏著一些事、一些人，或者一段無法言說的感情，有誰知道只在一個轉身的瞬間，她便把他忘了個一乾二淨？亦以為，再久的等待，再深的眷戀，都不會成為錐心刺骨的傷，又有誰知道只在一個凝眸的片刻，他便開始沉陷於撕心裂肺的痛？

思念，永無止境，陷身愛情的他無法翻身，只能把過往的青澀與懵懂、歡聲與笑語，一一鐫刻在滄桑的年輪裡，然後時常埋伏在夜深人靜的黑暗裡，與曾經的執手相望做一場抵死的纏綿，把眉間蹙起的憂傷都寫成一紙不再沉重的煙消雲散。可這樣就真的煙消雲散了嗎？無數個想念的日子裡，滿袖清風吹開的，都不再是他刻骨銘心的傷、傷痕累累的痛了嗎？

只要心裡還有愛，只要還會時常想起她，思念的傷痛就不會如掛在晨曦裡的露珠那樣，會在陽光的照射下消逝得無影無蹤。愛她，念她，心裡總是湧起千萬個不捨，為什麼老天爺就捨得讓她凋謝在最好的年華裡？如

果可以，他願意用他的生命換回她的輕舞飛揚，只是他費盡心機，也不能接近她曾經的明豔，縱九死一生，又如何能夠觸控到她早已走失的溫婉？

　　再回首，曾經的歡笑與憂傷，那些零碎的片段，那些擁進心裡的幸福，那些揉進眉梢的溫暖，彷彿都在搖動的經筒裡，倏忽度過了幾個輪迴的光陰，只是他依然找不見她，於是，無法不開始質疑這塵世中，是否所有的緣分都注定是遇見後再別離、擁有了再去忘卻？

　　驀地，心有些莫名的失落與疼痛。原來，這世間不是所有的緣分都可以成為十指相扣的天長地久，他要的天荒地老在歲月的長河中看去卻是那麼的微不足道，更禁不起任何的推敲。情再深，意再重，終抵不過時間的流逝，也抵不過流沙的湮沒，那些美好的過往，那些綺麗的情懷，那些幸福而又憂傷的期盼，終有一天會被飄忽而逝的風吟唱成永恆的曲終人散，再也無從推敲，無法追憶。這就是世間的本質，冷酷而無情，殘忍而刻毒，任憑你有多不甘，有多不捨，它也不會對你產生絲毫的憐憫，更不會為你改變些什麼。

　　明白了這個世界的本質之後，他那顆憂傷的心變得更加徬徨，更加困惑。難道，真的沒有一種辦法可以讓命運對他們網開一面嗎？蒼天無語，大地靜默，山河噤口，沒有任何的事物能夠回答得了他這個問題，而他心裡卻是出奇的透亮，早就洞悉了那唯一的答案，只是不敢承認、不敢提起罷了。

　　他還能說些什麼、祈盼些什麼？如果與她相守時衍生出的那些色彩繽紛的溫馨片段，最終要用無緣二字來回顧，那麼他寧願選擇遺忘，遺忘過去，遺忘曾經的執手並捨棄舊時的所有幸福，因為唯有假裝未曾經歷、未曾歡喜，才不會在深夜裡痛到無眠，才不會在跟嘉敏閒話時總是沒來由的提起她來。

還記得，初娶嘉敏的時候，紅羅亭的纏綿，錦洞天的繾綣，都讓他以為已將她慢慢遺忘在心海之外，卻不意在翻閱歲月的書簡時，才驚地發現，原來她已然深深烙在他的靈魂深處，無時無刻，不在用一顆遠眺的心凝住他企圖隱匿的微笑。想她，念她，於靜謐的月光下一遍遍翻閱流年中輕泛的過往，用淚水與疼痛，還有那些許苦澀的笑，慢慢縫補起所有散落在歲月中的片段，而那些雲淡風輕、紅袖添香的日子，便又以璀璨的身姿閃入他的眼簾，瞬間便留住了她含嬌帶羞的微笑。

俱往矣，當回憶落入搖曳的燈火，當想像掉進飄去的風中，才發現，一切的一切都早已煙消雲散，兜兜轉轉後，拈在指間的也不過是他的執著罷了。她走了，走進了他無法感知的世界，走出了他雕欄玉砌的南唐宮闕，然而，就算她可以逃離喧囂紅塵，可以逃避燈紅酒綠，可以遺忘他們初見時的那個綠柳生煙的水湄，又如何逃避得了他思念的心，逃避得了已經根植入她心底的他玉樹臨風的身影呢？

娥皇，我是妳記憶裡的一脈沉香，飲於忘川都不能忘卻的一脈沉香，妳怎麼能夠把我丟棄在輪迴的彼岸？他潸然淚下，一遍遍地望著院中靜放的花枝唸叨著，只是，枝頭的哪一朵嬌豔才是他念念不忘的她的來生呢？

「風回小院庭蕪綠，柳眼春相續。」春風又一次吹綠了庭院裡的芳草，細如睡眼的柳葉也相繼生出了一叢叢青蔥的綠意，眼看著又一個奼紫嫣紅的春天就這樣回到了他的身邊。只可惜他一心盼歸的她依然不在，這大好的春光自始至終都抹著他的淺愁淡怨，綻不開一絲的歡喜，卻該如何是好？

有些人，想躲，終究是躲不過；有些人，想追，終究是茫無頭緒。人與人的聚散，人世間的悲歡離合，終是逃不開一個緣字，而他與她今生的相守更是前世早就注定了的緣定三生，即便想逃也絕不可能丟開。是的，他丟不開她，即使她早已撒手人寰，依舊還是他三生石留下芳名的妻，她

第 10 卷　夢迴江南

不要他，他也要把她擁入懷中，千憐萬愛。夢著她似水般澄澈的眸光，他開始心疼著微微地笑，既然所有的相遇別離都是注定的宿命，即便輾轉千年也會遇見那個命中該見的人，那麼就去求佛祖，讓她永遠都綻放在他的生命裡，與他同生、共死，再也不要分離，再也不要錯失在彼此注視的目光裡。

在佛前跪拜了一天又一天，祈求了一回又一回，他還是沒能在紫陌紅塵的花前月下邂逅那個一直住在心裡的人，於是只好祈盼自己早早地死，因為唯有那樣，他才能如願以償地在下一個輪迴裡遇見她的明媚、她的溫婉，才能在梨花的拐角處看到她的眼波流轉，看到她含羞不語地望著他淺淺地笑，只一瞬就換得他的怦然心動。是啊，即便這一生不能與她聚首，誰又能在後一生阻擋他們彼此驚喜著靠近對方？

想必他磕了這麼多的頭，唸了這麼多的經，佛祖早已許下了他們來生的緣，又有什麼理由繼續心痛著徬徨下去？倒是害怕下一次邂逅時忘卻了她昨日的容顏，錯把別處的芳菲認作了她，那麼，還不趕緊著在心裡鐫刻下她嬌俏的模樣，等來世遇見的那一瞬，迅速把他今生裡許給過她的所有承諾都輕輕置入她的掌中，就那麼柔情萬種地溫暖著她、呵護著她、眷戀著她、擁抱著她。

「憑闌半日獨無言，依舊竹聲新月似當年。」駐足在春日的巷口，看春色如昔，芳菲如昔，又想起她當日的輕歌漫舞，於是，目光裡流連的那抹春光，便又多了一份笙簫如昔、月色如昔。今夕何夕，卻為何目中所見、耳中所聞俱如往昔，點點滴滴都是昨日的依稀彷彿？放眼望去，花紅柳綠，草長鶯飛，不由得回憶起從前與她攜手遊園時的那份驚喜與歡顏，只可惜，美好的往昔無法像春光一樣去了還能重來，自己也已不再是當初的自己，只能向著故國的方向憑欄遠眺，卻又因心中生出的無限感懷而沉默不語。

「笙歌未散尊前在，池面冰初解。」靜坐在繁花似錦的紅塵深處，看時

光在花枝間緩緩流過，冷不妨卻聽到不知從何處傳來的悠悠琴聲，帶著一種無法言說的明快與清新，瞬間便穿破了孤寂的天空，在粉牆黛瓦間盈盈地流淌著，那聲音，輕得就像一根羽毛正撫弄著浩瀚的心海，讓他整個人也變得輕鬆了許多。

笙歌還在繼續，酒杯猶在手中。春風不僅吹綠了庭苑，也吹開了冰封的池水，但依然吹不動他的心，吹不回已逝的曾經。錦瑟年華裡，那些人、那些事，都在時光的流轉中漸行漸遠，昔日的聲音，昔日的容顏，昔日的歡喜，昔日的悲傷，皆如一張泛黃的詞箋，乍然呈現在眼前，讓人覺出一種恍若隔世的迷離，縱使當時的聚首也曾纏綿悱惻，當時的誓言也曾堅貞不渝，那滿眼的情深滿腹的相思，亦都抵不過指間輕拈的光陰，會一寸寸地流走，一寸寸地枯竭。

「燭明香暗畫樓深，滿鬢清霜殘雪思難任。」回眸，紅燭未殘，香灰已燼，他揣著一懷相思躲在幽深的畫樓裡，將她深深地憶念。夢中的紅顏依舊，他已是憔悴不堪，想自己人未老卻已鬢髮如雪，自是愁苦不能自已，若有朝一日她踏著一縷明月清風盛裝歸來，他又該如何面對她依舊嬌好的容顏？唉，不想也罷，就讓那一聲悲悵的仰天長嘆，裏挾著他揮之不去的怨念，幽幽地滑入深遠的落寞中吧！

花的影子在無比寂寞的深夜被一縷破碎的月光吹散，而她，被趙匡胤封為鄭國夫人的小周后嘉敏，只是一個人默無一言地坐在窗下，靜靜等待著它下一次的絢美綻放。也許，只有花才不會在黑夜裡飲泣，因為它已熟悉了一個人的孤寂，於是她便把心疊成了花的影子，守護著自己最後的堅強，不肯為眼下的煎熬與折磨，輕易喪失了應有的體面與尊嚴。只是，每當站在那些姹紫嫣紅的芳菲前東張西望時，心中總有莫明的疼痛在隱隱地發作，究竟，什麼時候，從嘉才能履行他許下的諾言，帶她回到六朝金粉、流光溢彩的金陵城？

第 10 卷　夢迴江南

　　金陵是她的家，也是他的家，還是父親和姐姐埋身的地方，難不成這輩子她都要藉助夢的力量，才能回到她思念了無數個日日夜夜的鄉原嗎？她知道，夢的彼岸是她無法登臨的現實，煙雨樓臺中的金陵城更是她捕捉不到只能觀望的傷，於是，淚水終如決堤的海水蔓延在她望眼欲穿的殘景裡，點點滴滴，都是夢破碎時的衰敗，紛紛揚揚，卻又躲躲藏藏，彷若找不到應該掉落的方向。

　　轉眼之間，秋天便在她眺望江南的眼裡變深了。落葉黃了一地，那些被風捲起的心事，在惆悵的光陰裡吐露著韶華易逝的悲哀，怎麼也找不見昨日剛剛遺失了的明媚。淺淺的月光透過斑駁的枝蔓，在窸窣的聲響裡追溯記憶的面容，而她卻執著地等候在早已破碎的夢裡，一如既往地感懷那些摺疊了的心事，把年年歲歲的瑣碎都溶化成過眼煙雲，讓朝朝暮暮的思念都在翻飛的目光裡須臾而生，須臾而逝，不在乎明天的陰晴圓缺，只在乎把一生的憂傷都交付給秋天埋葬進亙古的天高雲淡，讓枯葉緩緩飄成一句最後的離別。

　　她知道，她已經沒有了明天。如果說黑夜裡有一個缺口，能讓她看見光明，看見歡喜，那肯定是往事吹來的風，只是即便看到了光明，看到了杏花微雨的江南，看到了雕欄玉砌的南唐宮闕，看到了他為她蓋起的紅羅亭，又能如何？金陵的歸途，她是永遠也踏不上了，哪怕他揹著她穿過咆哮的風雨，越過一重重高山大河，她也是回不去了。

　　回憶在昏黃的燭火下寫盡相思，潸然的淚水在含笑不語的疼痛中抖落一根深情的羽毛，輕輕吻上她的心湖，與舊了的月光在落花中傾訴著半生糾纏的漣漪，更惹她傷心難禁。院子裡最不起眼的角落裡，那棵不知道活了多少個年月的老槐樹上，停著一隻不肯飛走的鳥，怎麼趕也趕不走它，於是索性不去管它，只靜靜聽它一聲聲地叫喚，想來這大概便是這個季節留給她最後的思念了吧！

無人的時候，星光燦爛的夜讓人突然就有了懷念的藉口，杯中的菊花茶也綻出了難得一見的笑顏，那醉人的芬芳瞬間便香成她一縷不滅的思念。歲月蹣跚，把往昔的悲歡離合都雕刻成年輪的模樣，繼續封存在陳年的酒中，她只想站在青春的路口，以溫暖的微笑去迎接花開四季的璀璨，然而，夢的傷口卻恣意碾過她憂傷的眼角，讓一滴不捨的淚，在即將崩潰的時候，低吟成回首時的種種遺憾，於是，所有記憶中的花開花落，便都又化成了她心甘情願的守望。

他走了。走在那年的七夕深夜，揮揮手，與四十二年悲喜交加的人生作別，終在雲端攜著娥皇的手，微笑著走向永恆。

他的生日，亦是他的忌日。嘉敏記得，那是西元 978 年，宋太宗趙光義太平興國三年秋。那個屢屢召她進宮凌辱她的男人，那個喪心病狂的大宋皇帝趙光義，為了永遠霸占她，讓她成為他正式的妃，就在那天晚上，以祝賀他生日的名義，派其弟趙廷美賜牽機藥予她心愛的從嘉。

牽機引，還未見血，就已封喉。毒發時，他手腳忽捲忽曲，頭或俯或仰，好似牽機一般，不能停止。趙光義為堵物議，廢朝三日，贈李煜太師之位，並追封其為吳王，可這一切的虛名對已經死了的他來說又有什麼意義？

每每想到從嘉的慘死，她便不忍再細思量。一閉上眼，彷彿就能看到他那雙滿含悲傷的眼睛，還有那全身抽搐、痛不欲生的悽慘模樣。夢中囈，怎奈只是一曲夢魘，伸開雙手，早已觸碰不到他曾經的溫度，那抹含淚的微笑也終成她記憶中深烙的傷。手心開始變得冰冷，失去了他的愛撫，她的世界從此不再溫暖，可她還一直執著地守在他的靈床前陪伴著他，企圖用自己內心僅存的那一點希望，努力地去握住他掌心所剩無幾的溫度。

他走了，她的生活變得苦澀，她的日子變得沒有方向。失去他的芬芳，

第10卷 夢迴江南

她的世界自此後再也不會像從前那樣多姿多彩，但她依然還一直固守著那份天荒地老的山盟海誓，用自己羸弱的軀體，堅持著去尋找早已迷失了的自己。只是，山的那頭，海的那端，他還會屹立在春的渡口，將她默默地等待嗎？

春花秋月何時了，往事知多少？小樓昨夜又東風，故國不堪回首月明中。

雕欄玉砌應猶在，只是朱顏改。問君能有幾多愁，恰似一江春水向東流。

—— 李煜《虞美人》

手捧他留下的最後一闋《虞美人》，她傷心難禁。因為這闋詞，趙光義下定決心要將他除之而後快。其實這只是藉口。她知道，趙光義只是想名正言順地擁有她，所以才給他扣上追懷帝王生涯、圖謀不軌的帽子，將他毒死。可又有誰知道，他其實是死在了她的手裡？是的，他是被她害死的，他寫這闋詞只是想排遣妻子被那個衣冠禽獸霸占的痛苦，可未曾想卻害得自己連命也丟了，這又叫她情何以堪？

「春花秋月何時了，往事知多少？」一切的一切都煙消雲散了，心愛的她亦早已遠去了他的世界，可這讓人思春悲秋的春花秋月為什麼偏偏一再出現在他的窗前，總是在他眼底連綿起伏，惹他想起過去的種種美好，卻又無法抑制他內心潮湧的悲傷難禁？罷了罷了，往事已矣，還是不要再想起的好！

「小樓昨夜又東風，故國不堪回首月明中。」春風依舊像往年一樣，悠悠吹拂著幽禁著他的小樓，忍不住抬頭遙望樓前的明月，卻不知道江南的月色又輾轉成了什麼模樣，心裡便又添了一份思鄉的愁緒。想起遠在天邊的金陵宮闕，想起初娶嘉敏時的熱鬧排場，想起初識時她手提金縷鞋在畫堂南畔

與他幽會的情景，再回頭看看她空空如也的繡床，往事只是不堪回首。她又被趙光義召入宮中了，無論如何，她也是他的妻，是他曾經的國后啊！為什麼？為什麼趙光義非要用這種方式踐踏他的尊嚴，折磨凌辱嘉敏呢？

「雕欄玉砌應猶在，只是朱顏改。」遙想六朝金粉的金陵城，華美的宮闕大概還在，秦淮河畔旖旎的歌聲也一定還在，只是那些被逐出宮廷的宮人怕早就白頭換了朱顏，再也不復往日的花容月貌。國破山河碎，而今的她們究竟流落在何方？吃得飽不飽？穿得暖不暖？是不是也和嘉敏一樣遭遇著令人難以啟齒的命運？落水的鳳凰不如雞，國后尚且無法苟且，更何況那些身分卑微的宮人！

「問君能有幾多愁？恰似一江春水向東流。」九曲寒波不溯流，心事休要和淚說。滿腹的愁緒究有幾許？恰似那滾滾東逝的春江水！罷罷罷，再也不會問，再也，不會自問。過去的，終究是過去了，再也找不回來，又何必自欺欺人、自尋煩惱？傾耳，想要聆聽流水的聲音，卻發現這清冷的月光下，只有遠處的鳳簫一遍又一遍，在風中不停地吹奏著，而那飄緲的旋律早就失去了往日的纏綿，只是教人斷腸！

她痴痴唸著這闋抹著無限憂傷的《虞美人》詞，一遍又一遍，一次又一次。窗外，那些落黃的秋葉早就把滿院肅殺倒映在她望不到晴川的眼裡，於是秋天剎那間便愁了，愁成了一隻沒有翅膀的飛鳥，在等待的季節裡兀自悲傷著。凝眸，落在掌心的葉子慢慢捲成了一根針，在她無盡的惆悵與徬徨中，無聲無息地捅破她指尖翻捲的落寞，於是，日子開始變得單純，時光開始變得脆弱，一個人的秋夢裡，她只能用寂寞把所有的深情都彎成了一個問號，哪怕明知她什麼答案也問不出來。

嘆只嘆，有生之年，已經錯過那些不該化繭的心動，得失之間，誰還會在乎把命運滲成一地哀怨？一夜夢醒，窗外的花都開謝了，一瓣瓣，一片片，枯成一句句嘆息，貼在她的眉梢眼角，久久縈繞不去。她知道，那

些人，那些事，終有一天還會再度相逢，只是她已心如止水，再不會對任何人任何事動容，也不會繼續糾纏在悲歡離合裡心痛欲絕，因為她就要遠行，徹底地、遠遠地，離開這些紫陌紅塵間的是是非非。

梧桐落葉的時候，總是輕輕的、淺淺的，無人知曉，無人注目，又有幾個人知道，把它的歸去熬成相思，卻比相思更稠，也更惆？那些如詩如畫的美麗，如泣如訴的心語，如夢如幻的回眸，如風如雲的心事，總是被歲月顛覆得支離破碎，甚至來不及去想像結局是什麼樣的，便已倉促收場。從此，你在彼岸，我在此岸，兩兩相望，卻也兩兩相忘。或許，悲歡離合才是人生的真諦，憂傷與痛苦才是人們真正喜聞樂見的，那麼生生死死、分分合合，又有什麼值得嘆息與徬徨的？

往事如煙，總是在思念時若隱若現，讓你永遠都看不到它的真面目。也許，往事的另一半便是夢的方向，歡喜著笑也好，流著淚疼也好，到頭來終不過只是那些老生常談的歲歲年年、朝朝暮暮罷了。然而還是無可救藥地想他，縱使流淚的眼睛早已模糊在深深的思念裡，她也不曾想過要收起這潮漲的淚眼。

曾經，他帶著玉樹臨風、氣宇軒昂的姿態，歡喜無限地走進了她青澀的夢中；而今，他依然如來時般地瀟灑離去，卻將三生的約定換成了他們今生的擦肩而過。他走後，她一直踮著腳尖，翹首期盼，期盼他再度翩翩的回歸，可終究還是連他的影子都沒能抓到手裡。或許，今生真的不再屬於他們，可是，他們的長相守真的會在來世生發嗎？沒有人回答她，也沒有人能夠回答她的問題，耳邊呼呼刮過的唯有落葉沙沙的翻捲聲，還有她汩汩落淚的心聲。日落黃昏，夕陽西下，蒼天滴落最後一滴眼淚，風看見，面色凝重的她，默無一言，手捧三尺白綾，緩緩，緩緩，走向了深院角落裡那株古老的槐樹下……

完

春水愁腸

千古詞帝的山河舊夢，南唐後主李煜的情與愁：

雕欄玉砌應猶在，只是朱顏改；問君能有幾多愁，恰似一江春水向東流

作　　　者：	吳俁陽
發 行 人：	黃振庭
出 版 者：	崧燁文化事業有限公司
發 行 者：	崧燁文化事業有限公司
E - m a i l：	sonbookservice@gmail.com
粉 絲 頁：	https://www.facebook.com/sonbookss/
網　　　址：	https://sonbook.net/
地　　　址：	台北市中正區重慶南路一段61號8樓 8F., No.61, Sec. 1, Chongqing S. Rd., Zhongzheng Dist., Taipei City 100, Taiwan
電　　　話：	(02)2370-3310
傳　　　真：	(02)2388-1990
印　　　刷：	京峯數位服務有限公司
律師顧問：	廣華律師事務所 張珮琦律師

-版權聲明

本書版權為淞博數字科技所有授權崧燁文化事業有限公司獨家發行電子書及紙本書。若有其他相關權利及授權需求請與本公司聯繫。

未經書面許可，不得複製、發行。

定　　　價：499元
發行日期：2024年11月第一版
◎本書以POD印製

國家圖書館出版品預行編目資料

千古詞帝的山河舊夢，南唐後主李煜的情與愁：雕欄玉砌應猶在，只是朱顏改；問君能有幾多愁，恰似一江春水向東流 / 吳俁陽 著 . -- 第一版 . -- 臺北市：崧燁文化事業有限公司, 2024.11
面；　公分
POD版
ISBN 978-626-416-133-6(平裝)
1.CST:(五代)李煜 2.CST:傳記 3.CST:詩詞
782.848　　　　113017446

電子書購買

爽讀APP　　臉書